KB143621

청대 중국의 경기변동과 시장

전제국가의 협치와 경제성장

청대 중국의 경기변동과 시장

전제국가의 협치와 경제성장

홍성화 지음

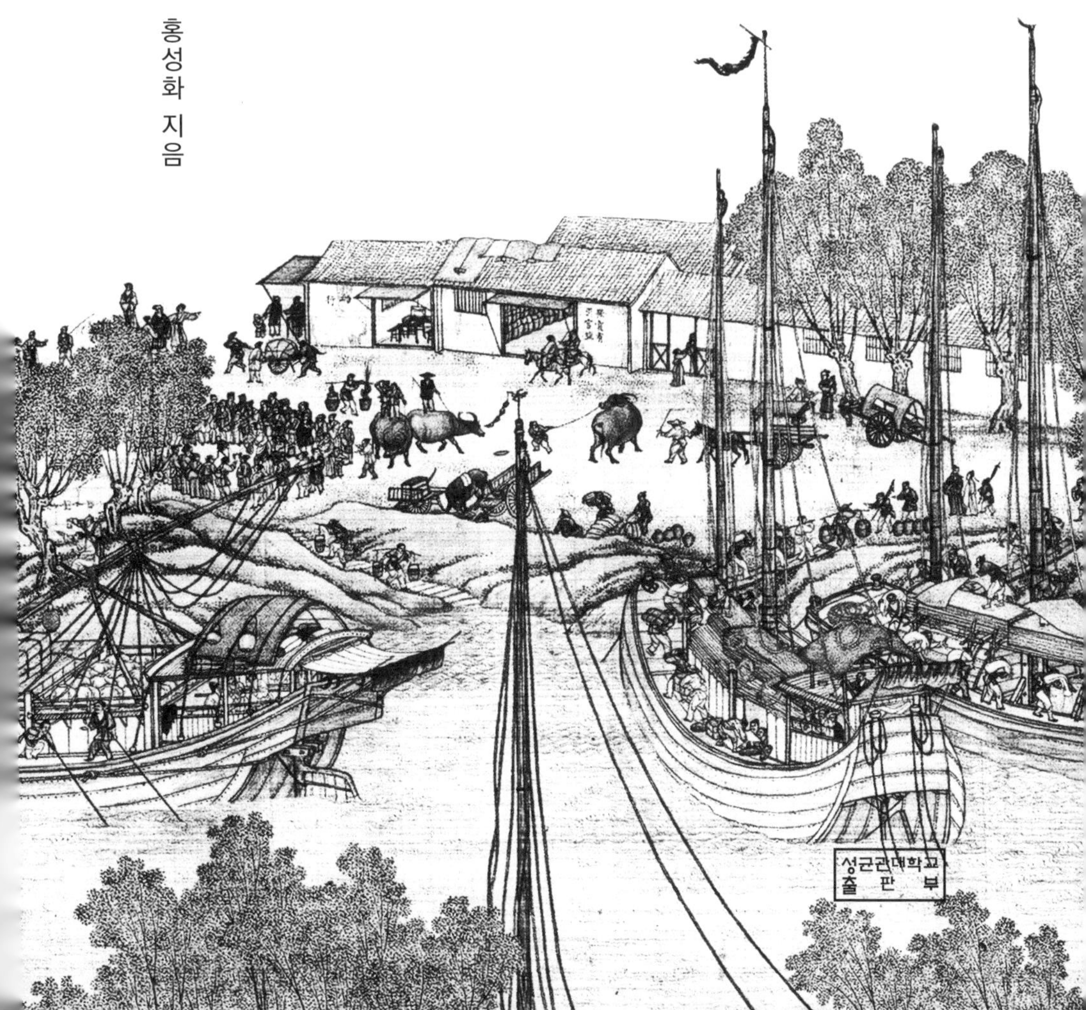

성균관대학교 출판부

책머리에

중국사에서 청대(1644-1912)는 1636년 발발한 병자호란이나 박지원의 『열하일기』 등을 통해 우리에게 비교적 친숙한 시대라고 할 수 있다. 그런데 만주족 등 이민족에 의한 지배 외에도 경제적으로는 서로 상반되는 이미지를 함께 지닌 시대이기도 하다. 즉 상반된 이미지란 다음과 같다. 첫째, 청대는 강희제나 건륭제라는 훌륭한 황제 치하에서 전 세계 GDP의 30%를 차지할 정도로 눈부신 시기였다. 둘째, 청조는 1840년 아편전쟁 이후 국력이 갑자기 쇠락하여 결국 1911년 일어난 신해혁명을 계기로 멸망하게 된 왕조였다. 두 이미지가 지닌 함의는 정반대다. 그렇다면 전성기를 누리던 왕조가 어떻게 불과 몇 십 년 만에 급작스럽게 쇠약해져서 아편전쟁과 청일전쟁에서 패배하고 결국 멸망을 맞이하게 되었을까.

보통 청대사에 조금이라도 관심이 있는 독자라면, 대체로 개설서에서 건륭제 재위기 후반의 총신 화신(和珅)을 비롯한 관료제의 부패, 팔기제(八旗制)의 해이 등을 멸망의 원인으로 꼽고 있다는 것을 알고 있으리라. 다만 관료의 부패라는 것은 사실 전 세계적인 현상이고, 어느 시기나 정도 차이가 있을 뿐 존재해왔는데, 왜 유독 청조만의 멸망 원인이 되었을까. 이런 설명은 자연스럽게 의문을 야기할 수밖에 없다.

청조 쇠락에 관한 교과서적 설명은 일반적으로 두 가지다. 첫째, 조지 매카트니(George Macartney)의 방문에 관한 일화 속에서 건륭제가 영국과의 교역을 거절했다고 하듯이, 당시 폐관자수(閉關自守) 정책 등으로 외부에 문을 걸어 잠그고 있었던 것을 가장 큰 원인으로 본다. 둘째, 아편무역을 통해 대량의 은이 외부로 유출되어 사회가 혼란에 빠지고, 아편전쟁의 도화선이 되었다는 것이다.

그러나 이 역시 생각해보면 뭔가 이상한 설명이 아닐 수 없다. 즉, 폐관자수와 아편무역은 사실 '뜨거운 얼음'처럼 뭔가 모순된 표현이기 때문이다. 외국에 문을 걸어 잠그고 있었다면 설령 아편무역이 이루어졌다고 하더라도 그 영향이 미미했어야만 하지 않을까. 폐관자수와 활발한 국제교역(아편무역). 이 두 가지 중에서 하나는 잘못되거나 과장된 표현이 아닐까 생각된다. 청대 사회는 사실 화폐를 기본 거래수단으로 사용하는 '경제사회'였던 것은 틀림이 없다. 그렇다고 해서 반드시 현대사회와 같은 속성을 지니고 있었던 것도 아니었다. 청대와 현대사회를 비교하면 여러 가지 다른 점 가운데 하나는 화폐와 도량형의 종류가 상당히 많았다는 점이다.

이 책을 쓰게 된 여러 계기들 가운데 하나는 박사과정 중에 청대 상인조직에 관한 사료를 읽다가 같은 도시의 상인조직들이 서로 다른 화폐와 도량형을 쓴다는 사실을 알게 되면서부터 생겨났다. 그때는 정말 깜짝 놀랄 수밖에 없었다. 동일한 공간에서 서로 다른 화폐와 도량형을 사용하면서 이들은 과연 어떻게 교역을 하고 있었을까. 의문이 자연스럽게 생겨났다. 게다가 조금씩 공부를 더 해나가다 보니 같은 도시뿐만 아니라 전국적으로도 이러한 현상이 상당했다는 사실을 알게 되었다. 그렇다면 이러한 경제질서는 과연 어떤 사회구조의 산물이고, 경제발전에 어떤 영향을 끼쳤을까 하는 의문이 들었다. 이것이 이 책이 갖고 있는 소박한 문제인식의 출발점이다.

물론 이 책에서는 이런 문제의식 자체가 상투적인 오리엔탈리즘으로 귀결되는 것은 강하게 거부한다. 화폐와 도량형의 지역 간 차이가 어떤 사회구조의 결함에서 기인한 것은 아니었다. 예를 들어보자. 아마 이 책을 읽는 연구자들 가운데 대부분은 학회에 논문을 투고해보셨으리라 생각된다. 그런데 필자도 그렇지만, 논문을 투고할 때마다 가장 번거로운 일은 학회마다 각주 다는 법이라든가 참고문헌을 표기하는 법이 모두 다르다는 것이다. '왜 이걸 하나로 통일하지 않을까.' 이런 생각을 매번 하곤 한다. 하지만 이것이 통일되는 일은 결코 없을 것이다. 이는 학회마다 자율적으로 결정할 사항이고, 이를 통제한다는 건 그 자체로 자율성을 심각하게 침해하는 것이기 때문이다. 과연 국가가 역사학 관련 학회의 참고문헌 사항을 통일하려고 공청회를 여는 일이 있을 수 있겠는가. 당연히 그런 일은 있을 수 없다. 필자는 이와 비슷한 이유로 청대의 화폐와 도량형 등이 천차만별이었지 않았을까 생각해보곤 한다. 정부는 과연 시장의 어디까지 개입하고 어디까지 방임할 것인가. 이는 문제를 바라보는 인식의 차이일 뿐, 어떤 지역과 국가에 구속된 영속적 속성이라 단정지을 수는 없을 것이다. 그리고 그 개입의 정도는 중국사에서 각 시대마다 달랐다는 것이 이 책의 주장 가운데 하나이기도 하다.

이 책은 현대와 다른 경제질서들이 과연 어떤 사회질서의 산물이었으며, 그것이 이 책이 주목하려는 청대의 경제발전에 과연 어떤 영향을 주었는가를 나름대로 소상히 밝혀보려 노력한 결과이다. 평소 이에 관심을 갖고 있던 독자들께 조그만 단서라도 될 수 있다면 충심으로 기쁠 것이다.

2022년 가을,

금정산 자락 연구실에서 홍성화

목차

| 표 목록 |

그림 목록

서론

청대 후기, 산서성 수양현(壽陽縣)에서 태어나 예부시랑(禮部侍郞)까지 지냈던 기준조(祁寯藻, 1793-1866)는 『마수농언(馬首農言)』이라는 농서를 남겼다.[1] 이 책에서 그는 농업생산에 관한 것뿐만 아니라, 곡물의 가격을 다룬 「양가물가(糧價物價)」라는 항목을 특별히 마련하여 쌀가격에 대해서 다음과 같이 쓰고 있다.

> 8월 초 무렵에 벼가 아직 〔시장에〕 등장하지 않아서 미곡가격은 아침저녁으로 오르고 있으니, 이후 추수가 이루어진 뒤 〔가격은〕 가히 짐작해 볼 수 있다. 그러나 이전에 축적해놓은 것이 남은 것이 있을 텐데, 어찌 시집(市集)의 쌀들이 갑자기 없어질 수 있겠는가. 〔이는〕 참으로 이익을 좇는 무리 때문으로, 〔그들은〕 앉아서 큰 자본을 가지고서 독점을 하니, (…) 갑자기 그들이 사재기를 하여서 일시적으로 시가(市價)가 뛰니 〔천재(天災)로 인한〕 흉년도 어찌할 바를 모르는데, 인재로 인한 흉년은 이미 막기 어렵다.

여기에서 그는 미가의 급등 원인으로 상인들의 사재기를 들고 있는

1 『마수농언(馬首農言)』에 대해서는 강판권, 「『마수농언』 연구」, 『역사학연구』 22권 (2004) 참조.

것이 특징인데, 쌀이 거래되는 장소를 '시집(市集)'이라고 하고 있다. 여기에서도 미곡은 시집, 즉 농촌의 정기시에서 매매되고 있었다는 점을 알 수 있다. 이러한 시집은 현성(縣城) 내에도 있고 현성 밖의 농촌지역에서도 광범위하게 확산되어 있었다.[2] 강남지역이 시진(=상설시)을 중심으로 교역이 이루어졌다면, 화북 농촌지역에서는 정기시를 중심으로 교역이 발전했다.[3]

이러한 시집 내의 교역은 반드시 수양현 내에서만 이루어졌던 것은 아니었다. 수양현의 시장은 다른 인근 지역과의 교역이 활발하게 이루

---

2 스키너는 청대 18개성의 경제중심 지역은 39,000여개이며, 그중에서 1,546곳은 행정중심지라고 추산하고 있는데, 그렇게 보면 1개 행정중심지당 25개 정도의 경제중심지, 즉 교역지역이 있는 셈이다. Skinner, G. W, "Cities and the Hierarchy of Local System", Skinner(ed), The City in Late Imperial China, (Stanford University Press, 1977), p. 287.

3 야마네 유키오(山根幸夫)의 연구에 따르면 현성 내에서 열리는 것은 성집(城集), 향촌에서 열리는 것은 향집(鄕集)으로 나뉜다고 하고, 성집은 매일 열리는 경우가 많은데 향집은 격일부터 매우 다양했다고 한다. 나아가 그는 상업활동이 활발한 시집(大集)과 그렇지 못한 시집(=小集)으로 구분했다. 山根幸夫, 『明清華北定期市の研究』(汲古書院, 1995). 제1장 참조. 광동지역 역시 정기시가 가장 발전한 지역으로 꼽히는데, 불산진(佛山鎭)의 경우를 제외하고 광동지역에는 격일로 열리는 정기시를 다수 찾을 수 있지만, 아직까지 매일 열리는 상설시 단계까지 발전하지는 않았다. 天野元之助, 『中國農業の諸問題』 下(技報堂, 1953), 80쪽 참조.
참고로 같은 중국이라고 하더라도 화북지역과 강남지역(=장강 하류지역)은 자연적 환경 등에서 차이가 있기 때문에 시장의 발달, 신사(紳士), 종족(宗族) 등의 발달과정에서도 차이를 드러내었다. 이를 간략히 표로 정리하면 다음과 같다.

〈표 1〉 화북지역과 강남지역의 사회적 조건 차이

	농업	시장	농민	대지주	신사와 종족 네트워크	주요 모순	갈등 형태
화북	밭농사	정기시	자작농 多	적음	미발달	국가-소농민	국가에 대한 반란
강남	논농사	상설시	소작농 多	많음	발달	지주-전호	노변, 항조

◦ 하북지역과 강남지역의 대비에 대해서는 정병철, 『천붕지열의 시대, 명말청초의 화북사회』(전남대학교출판부, 2008), 「서론: 중국 지방사 연구와 화북사회」 참조.

어지는 곳이기도 했다.

> 〔수양현의〕 속담에 이르기를 "지주〔莊家〕들에게 조금이라도 여유가 있는 경우, 〔쌀의 가격이〕 높아질수록 팔지 않는다"고 하는데, 이것을 말함이다. 더욱 심한 경우, 사들이는 사람은 동전을 제시하지 않고, 파는 사람도 반드시 〔현물〕 미곡을 가지고 있을 필요가 없는데, 이것을 '공렴(空斂)'이라 한다. 현재의 미가를 기준으로 하여 장래의 가격을 정하는데 마음대로 늘리는 것으로서 이를 '매공매공(買空賣空)'이라 하는데, 아무것도 없는데 가격을 높이니 미가가 공평해질 수가 있겠는가. 어떤 사람은 곡가의 가격에는 일정한 한도가 있다고 하지만, 어떨 때 비싸지고 어떨 때는 싸지는데, 이는 아행으로서 하여금 식량의 양을 기준으로 가격을 정하도록 하기 때문이니, 시장의 쌀가격이 어떻게 공평해질 수 있겠는가.

여기에서 말하는 '공렴(空斂)'이나 '매공매공(買空賣空)'은 오늘날 말하자면 일종의 선물거래(futures trading)와 같은 것이라고 할 수 있을 것이다. 중요한 점은 이러한 거래를 할 때 매개수단은 현물이 아니라 어디까지나 화폐였다는 점이다. 즉 청대 농촌사회는 화폐경제가 광범위하게 보급되었다는 특징을 지니고 있었다.[4] 그렇다면 어떤 물품을 어떻게 거래했는지 살펴보기로 하자.

---

4 명초의 경우, 아직까지 현물거래도 다수 존재하고 있었다. 일례로 증우왕(曾羽王)의 『을유필기(乙酉筆記)』에서는 명초 성화연간(成化年間, 1465-1487)만 하더라도 관(棺)을 거래할 때 밀 20곡(斛)을 주고 샀다는 기록이 남아 있다. 曾羽王, 『乙酉筆記』(『淸代日記彙抄』(上海人民出版社, 1982, 35쪽)) "明成化壬寅春, 吳中疫病大作. 五濆涇有一家七人同死, 無人爲殮者. 市有匠人, 遇一人買棺七具, 而赤手不持一錢. 匠人索之, 其人曰 "汝但載我並棺到家. 當還汝也." 匠人遂載棺與俱去. 曰: "我先入, 待汝, 家有麥二十斛可償也. 近鄰西北, 其家予親也, 可爲召來."言畢, 遂先登岸入門. 匠人乃與舟子入舍, 則寂無一人. 視堂內有七尸, 而買棺者在其中. 大駭, 覓其鄰, 果有西北某人, 其親也. 語其故, 親亦驚哀, 來爲酬償, 果有麥二十斛, 乃俱與之."

진매(陳枚) 외, 〈청원본청명상하도(清院本清明上河圖)〉 (18세기, 청대, 부분)

繪苑璚瑤

일용품의 대부분은 다른 현(縣)에서 공급받는다. 그 가격은 시간에 따라서 비싸질 때도 있고 싸질 때도 있는데, 기름은 신지(神池)와 이민(利民)에서 나온다. 매근 100문 정도이고, 쌀 때는 〔동전〕 70문 이상이다. 술은 유차(楡次)나 삭주(朔州)에서 나오는데, 물론 우리 〔수양〕현에서도 생산된다. 모두 고량주인데, 기장으로 만든 술은 우리 현에서 스스로 빚고 있다. 근당 가격은 기름 값과 같고, 쌀 때는 50문 이상이 된다. 소금 중에서 좋은 것은 귀화성(歸化城)에서 나는데, 근당 30문 정도이고, 쌀 때는 20문 정도이다. 〔소금 중에서〕 다음으로 좋은 것은 응주(應州)와 서구(徐溝)에서 나는데, 근당 20문 정도이다.

이를 보면 지역과 지역 사이에서는 일종의 비교우위가 자리 잡고 있어서 어떤 아이템은 어떤 지역 것이 좋고 나쁘다는 확고한 관념이 자리 잡고 있었고, 이러한 관념을 바탕으로 지역 간 교환이 가능했다는 점을 알 수 있다.[5] 이처럼 지역과 지역 사이에서 물자가 교환되는 모습은 명대 가정연간(1522-1566)에 쓰여진 『하간부지(河間府志)』에서도 확인할 수 있다.

하간부(河間府)에서 물건을 파는 행상들은 모두 비단, 곡식, 소금, 철, 목재를 다루는 사람들이다. 비단을 파는 사람들은 남경, 소주, 임청(臨

5 費孝通, 『江村經濟』(中信出版社, 2019), 286쪽에서는 강남지역 촌락 내의 분업에 대해서 다음과 같이 서술하고 있다. "촌락의 내부 판매는 촌락에서의 직업의 차이에 의해서 제한을 받게 된다. 촌락 총인구의 2/3은 농사, 제사(製絲), 목양(牧羊)에 종사하고 있다. 이들 주민은 그 생산물을 촌락 내부에 판매하지 않고 도시에 판매하기 마련이다. 어업에 종사하는 이들은 그들의 생산물의 극히 일부만을 동일한 촌락 사람들에게 파는 것에 불과하다. 특수한 재화를 만들고 특수한 노무를 제공하는 사람들은 소수로 한정되어, 전체 인구의 7%에 지나지 않는다. 그들 대부분의 작업은 전문화되어 있지 못하기 때문에 보통의 세대 유지 작업의 보조적인 것이다. (…) 촌락에서의 직업 분화 정도가 낮은 결과, 대내적 판매의 범위는 매우 좁다. 주민은 재화 내지 노무의 공급을 외부로부터 기대하지 않으면 안 되었다." 즉 중국의 전통촌락은 폐쇄적이지 않고 외부로부터의 재화나 인력을 계속 공급받을 수밖에 없는 개방적 구조였다. 이는 단순히 촌락에만 해당되는 것이 아니라, 청대의 시장구조 전체에 해당된다고 생각된다.

淸)에서 오고, 곡식을 파는 사람들은 위휘(衛輝), 자주(磁州) 및 천진(天津) 연하 일대에서 온다. 시기에 따라서 풍년과 흉년이 반복되어서 곡식을 구입하러 오는 사람도 있고 곡식을 사러 나가는 사람도 있는데, 모두 수레를 타고 다닌다. 판매되는 철기 가운데는 농기구가 많은데, 임청 부두에서 모두 작은 수레에 실려 온다. 소금을 파는 자들은 창주, 천진에서 오고, 목기를 파는 자들은 진정에서 온다. 자기나 칠기를 파는 자들은 요주나 휘주에서 온다. 사재기를 하는 상인들은 대개 하북군현[출신]이고 이를 모두 포호라고 한다. 화물이 유통되어 부주현 가운데 징세업무를 하는 자들도 간혹 있다. 그 곡물을 수도에 파는 자들은 청현, 창주, 고성, 흥제, 동광, 교하, 경주, 헌현 등처에서 오는데 모두 조운(漕運)을 따라 오는 것이다. 하간, 숙녕, 부성, 임구 등처는 모두 육운인데, 간혹 배로 이를 운반하는 자들도 있다. 시장이 열려서 교역이 이루어지는데, 매일매일 열리는 것을 시라고 하고 사람들이 날짜에 따라서 모이는 것을 집이라 한다. 주현에서는 1월에 5-6번 집이 열리고, 향진에서는 1개월에 2-3번 집이 열린다. 부성에서는 매일 한 번씩 집이 열리는데, 강남에서는 이를 '상시(上市)'라고 하고 하북에서는 '간집(赶集)'이라 한다. 이름은 서로 다르지만, 그 뜻은 같다.[6]

수양현은 농촌지역[7]이면서도 주곡을 제외한 다양한 상품들이 각지에

6 嘉靖『河間府志』卷7, 「風俗」"河間行貨之商, 皆販繒·販粟·販鹽·鐵·木植之人. 販繒者至自南京·蘇州·臨淸, 販粟者至自衛輝·磁州并天津沿河一帶, 間以歲之豐歉, 或糴之使來, 或糶之使去, 皆輦致之. 販鐵者農器居多, 至自臨淸泊頭, 皆駕小車而來. 販鹽者至自滄州·天津. 販木植者至自眞定. 其諸販磁器漆器之類, 至自饒州·徽州. 至於居貨之賈, 大抵河北郡縣, 俱謂之舖戶. 貨物旣通, 府州縣間有征之者, 其有售粟於京師者, 靑縣·滄州·故城·興濟·東光·交河·景州·獻縣等處, 皆漕輓. 河間·肅寧·阜城·任丘等處, 皆陸運, 間亦以舟運之. 其爲市者, 以其所有易其所無也, 日中爲市, 人皆依期而集. 在州縣者, 一月期五六集. 在鄕鎭者, 一月期日二三集. 府城日一集. 江南謂之上市, 河北謂之赶集. 名雖不同, 義則一也."

7 『馬首農言』「糧價物價」"壽邑以農爲重."

서 유입되었다. 그래서 저자는 "일용품의 대부분은 다른 현에서 공급받는다"라고까지 하고 있다. 그리고 교역범위도 인근 현들은 물론이고 섬서성까지 포괄하고 있었다. 당시 원거리교역이 상당히 광범위하게 이루어졌음을 알 수 있다.[8] 품목을 보면 기름, 술, 간장, 소금, 목기, 철기 등 일상적인 대부분의 품목들이 거래대상이었다.

이렇게 보면 청대 사회는 결코 자급자족적인 '실물경제(=自然經濟)' 상태가 아니었고 어디까지나 화폐를 매개로 한 교역이 활발히 이루어졌고, 화폐 유통량 변화가 직접적으로 경제변동을 일으켰다는 점에서 시장사회 내지 경제사회였다.[9] 그리고 이러한 지역 간 교역체계는 누가 인위적으로 조정하거나 배치한 산물이 아니라 일상에서의 수많은 경제적 선택들이 오랜 기간 쌓여서 형성된 것이라는 점도 알 수 있다.

명말청초의 대유(大儒)인 고염무(顧炎武, 1613-1682)는 명말청초의 사회경제적 변화상에 대해서 다음과 같이 서술하고 있다.

> (명초에) 군자(君子)는 〔고위관료에게〕 선물을 직접 건네는 법이 없다. 상고시대에 비단 선물을 종이에 잘 싸서 대나무 상자에 넣어 주던 풍습은 단지 선물을 적절하게 장식하려던 것일 뿐 아니라, 재부를 멀리하고 염치를 기르는 정신수양을 위함이기도 했다. 만력연간(1573-1620) 이래, 고관대작들은 모일 때면 대개 은을 〔선물로〕 주고받았다. 하지만 그들은 〔그래도〕 이 선물을 책장 사이에 숨길 줄 알았다. 또 선물을 줄 때도

---

8 송대에도 농촌에서 상업적 농업이나 수공업생산은 이루어지고 있었지만, 이는 어디까지나 1차적으로 세금납부('貢租')를 위한 것이었다고 한다. 斯波義信, 「商工業と都市の展開」, 護雅夫 外, 『岩波講座 世界歷史 中世3』(岩波書店, 1970), 170쪽, 388쪽. 물론 명청시대 상품생산도 이런 측면이 없는 것은 아니지만, 주로 사용가치 획득을 위한 측면이 더욱 강하다고 판단된다.

9 하야미 아키라는 '경제사회'를 경제법칙이 다른 사회적인 여러 현상으로부터 독립하여 자기회전을 개시하게 된 시기로 파악하고 있다. 하야미 아키라, 조성원 역, 『근세 일본의 경제발전과 근면혁명』(혜안, 2006), 35쪽 참조.

> 문정(門丁)에게 부탁하여 주곤 했다. 그러나 지금은 〔즉, 17세기 말 청나라 초기〕 고관들이 스스럼없이 (…) 은을 옷에서 직접 꺼내고, 줄 때도 제3자를 경유하지 않는다. 그들의 담소 주제는 그저 돈 이야기뿐이다. 사모관대는 관리들이 지갑을 넣어두는 장소〔즉, 투자처〕가 되고 말았다. 조정과 정부 관청에서는 시장바닥 분위기마저 물씬 난다.[10]

즉 고염무에 따르면 명대가 경제적 이익보다 체면을 더욱 중시한 사회였다면, 청대는 사대부조차 체면보다도 경제적 이익을 중시했던 시장사회였던 것이다. 청대 중국을 시장사회로 볼 수 있는 근본적인 원인은 수양현의 농민들이 최대한의 경제적 이익을 얻기 위해 다양한 선택들을 했기 때문이다.[11] 이러한 개인들의 선택들이 쌓이면서 나중에는 하나의 지역적 특색이 된다. 그리고 다른 지역은 역시 그 지역적 특성에 맞는 상품을 생산하는 것은 전국적인 현상이 되었다. 일종의 '비교우위(comparative advantage)'의 구조가 자연적으로 형성되었다.

일례로 옹정제는 광동지역에 대해서 "광동지역의 사람들은 오로지 이익만 탐내서 토지에는 용안이나 사탕수수〔甘蔗〕, 담배, 염료 등을 재배하고 있으니, 백성들은 부유할지 모르나 미곡은 결핍하게 되었다"[12]라고 지적하고 있다. 즉 수양현의 농민들과는 반대로 광동지역의 농민들은 상

---

10 顧炎武, 『日知錄』 卷3 「承筐是將」, "君子不親貨賄. 束帛戔戔. 實諸筐篚. 非惟盡飾之道. 亦所以遠財而養恥也. 萬歷以後. 士大夫交際. 多用白金. 乃猶封諸書冊之間. 進自閽人之手. 今則親呈坐上. 徑出懷中. 交收不假他人. 茶話無非此物. 衣冠而爲囊橐之寄. 朝列而有市井之容."

11 陳春聲, 『市場機制與社會變遷－18世紀廣東米價分析』(中山大學出版社, 1992), 22쪽. 陳春聲에 따르면, 당시 농민들은 이윤추구를 위한 선택을 했던 것이 아니라 가계보존 등의 생존을 위한 선택을 했다고 지적하고 있다. 전체적으로 명청시대 농민들은 송대의 경우와 같은 세금납부를 위한 단계를 지나서 화폐 획득을 위한 단계에 진입했지만 그렇다고 해서 자본주의적인 이윤획득을 확대하는 그러한 단계까지는 아니었다.

12 『宮中檔雍正朝奏摺』 雍正5年4月13日 常賚奏.

품작물을 선택하여 도리어 미곡 생산이 줄어들기도 했고, 인근 광서지역에서 미곡을 구입했다. 따라서 각 지역에 맞는 선택과 집중은 필연적으로 더욱 활발한 교역을 가져올 수밖에 없다. 그리고 활발한 교역은 개인이나 지역이 더욱 선택할 수 있는 여지를 넓히는 효과가 있기 때문에 대체로 시간이 지날수록 더욱 빈번해지기 마련인 것이다.

이러한 의미에서 수양현 농촌시장의 거래는 지역 내〔縣內〕의 거래와 지역 외〔縣外〕의 거래로 구분된다. 앞서 『마수농언』 속의 농촌시장[13]에서 일상적인 상품을 거래하는 비율이 높은 편이고, 소액거래를 위한 소액결제 화폐인 동전이 다수 사용되었다. 어떻게 보면 당연하다고 할 수 있는데 100문 정도의 소액을 은으로 거래할 리는 없기 때문이다. 그리고 현과 현 사이의 거래는 대규모 거래이기 때문에 동전으로도 지불할 수 있지만, 주로 은을 사용했다.

동전은 본래 100개의 동전을 백(百) 혹은 맥(陌)이라고 하고 1,000개를 관(貫)이라고 하거나 곶(串), 조(吊)라고도 했다.[14] 동전 1관(貫)은 시대마다 편차가 있긴 하지만, 대체로는 은(銀)으로 계산하자면 1량(약 37g)에 해당했다. 은량(銀兩)의 경우 량(兩)을 기본 단위로 하여, 그 아래로 전(錢, 1/10량)과 분(分, 1/100량)을 단위로 했다.(그림 1 참조). 청조는 시장에 연호를 사용한 동전('通寶')을 지속적으로 발행·공급했다. 이와 아울러서 순치연간(1644-1661)이나 함풍연간, 광서연간 등에 일시적으로 지폐인 보초(寶鈔)를

13 費孝通에 의하면, 근대시기 화북지역에서 농촌시장의 거래반경은 약 2-3.8km였다고 한다. 費孝通, 『江村經濟』(中信出版社, 2019), 220쪽. 한편 근대시기 강소성 무석현(無錫縣) 언교진(堰橋鎭)의 잡화점인 호서무서호(胡瑞茂西號)의 외상장부를 분석한 아마노 모토노스케(天野元之助)의 분석에 따르면, 외상 고객수는 33개촌 864호에 달하고, 언교진(堰橋鎭) 이외에도 동쪽으로는 2.3km, 서쪽으로 2km, 남쪽으로 1.7km, 북쪽으로 1.7km 정도를 범위로 하고 있었다. 대략 2km 정도의 범위가 지역시장의 범위였다. 天野元之助, 앞의 책, 『中國農業の諸問題』 下, (技報堂, 1953), 142쪽 참조.

14 顧鳴塘, 『「儒林外史」與江南士紳生活』(商務印書館, 2004), 135쪽.

〈그림 1〉 동전과 은량의 환산율

발행했으나 사회적으로 널리 통용되지는 않았다. 전반적으로 청대는 앞서 명대와 마찬가지로 주로 은과 동전을 기본 화폐로 사용했다.

이미 명말 포르투갈인 곤잘레스 데 멘도사의 『중국대왕국지』(1582년)에서는 다음과 같이 지적하고 있다. "이 나라에서 통용되는 화폐는 금이나 은인데, 〔그 위에〕 각인도 새기지 않고 저울로 달아서〔=秤量〕 사용되고 있다. 따라서 〔중국인들은〕 금과 은의 작은 부스러기나 저울을 꼭 휴대하고 다닌다. 대량의 물품을 재기 위해서는 커다란 저울이나 국가의 인장이 찍힌 분동(分銅)을 준비해야 한다. 이러한 경우에는 관헌이 매우 엄격하게 단속하여 사람들은 각자의 저울이 지급되고 있다. 〔복건성〕 천주(泉州)의 관할지역에서는 구리로 만든 주조화폐가 있지만, 그 성 밖에서는 〔복건성에서 만든 화폐가〕 통용되지 않는다"고 하고 지적하고 있다.

이처럼 명청시대 중국에서 은(銀)은 주화 형태로 주조하지 않고, 은덩어리〔地銀, bullion silver〕를 일정한 형태로 만든 뒤에, 만든 사람을 나타내는 도장을 찍는 형태로 유통되었다.[15] 이러한 은덩어리를 은정(銀錠)이라고 하고 량(兩)이라는 단위를 기본으로 사용되었기 때문에 은량(銀兩)이라고도 했다. 말발굽 같은 형태로 유통되는 경우가 많아서 마제은(馬蹄銀)이

15 당시 유럽에서도 귀금속 덩어리를 결제수단으로 사용하는 일도 종종 있었다. 빌라르, 김현일 역, 『금과 화폐의 역사』(까치, 2000), 106쪽 참조. 청대 중국에서 전표(錢票)나 회표(匯票)와 같은 일종의 어음도 유통되었지만, 이것이 일반적으로 유통된 것은 도광 연간에 접어들면서였다.

라고도 하지만, 사실 그 형태나 순도가 일정한 것은 결코 아니었다. 따라서 이를 부르는 다양한 이름이 존재했다.

청대에는 오늘날과 같은 은행이 없었고, 은을 전문적으로 다루는 은호(銀號)라는 곳에서 은이 자유롭게 주조되어 유통되었다. 일정한 지역에 여러 곳의 은호가 있었기 때문에, 같은 지역 내에서도 다양한 형태와 규격의 은이 유통되었다. 일반적으로 많이 사용된 것으로는 중량이 50량인 형태가 많았고 10량짜리도 있었다. 문제는 중량보다도 순도가 각각 달랐다는 점이다. 일례로 강소성 소주성(蘇州城) 시내에서 사용된 은의 종류를 보면 다음과 같다.

면포 가공업의 일종인 단포업에서 사용된 은의 종류를 보면 "진평구팔태구육색은(陳平九八兌九六色銀)"이라는 복잡한 이름을 지니고 있다. '진평(陳平)'은 당시 사용되던 저울이고, 98태(兌)는 이 지역에 지배적으로 통용되던 조평은(漕平銀)과의 환산율을 가리킨다. 즉 조평은이 100이라면 이 은은 그의 98%에 해당한다는 의미이다. 그리고 96색(色)이란 은의 순도가 98%임을 의미한다. '고평은(庫平銀)', '조평은(漕平銀)'이라는 명칭은 관이 제정한 규격대로 만든 은을 말하는 것이고, 그 밖의 경우는 당시 사용되던 저울이나 발행처의 이름을 따왔으며, 그 뒤에 순도가 붙는 식이었다.[16]

또 다른 흥미로운 점은 업종별로 기준으로 삼았던 은의 종류가 전혀

16 막스 베버는 중국의 은 사용에 대해서 다음과 같이 서술하고 있다. "은괴의 유통은 언제나 매우 불편했다. 거래할 때마다 매번 그 무게를 저울에 달지 않으면 안 되었으며, 지방의 은행업자들이 항구도시에서 보통 쓰이는 것과 다른 저울을 사용하여 그들의 꽤 많은 비용을 메꾸는 것이 정당하다고 간주되었다. 은의 순도는 세공사에 의해 검사되었다. 중앙정부는 은을 지불하는 비율이 상당히 증가됨에 따라서, 모든 은괴에 대해 산지(産地)와 검사소의 표시를 요구했다. 신발 모양으로 만들어진 은은 지방마다 그 무게가 달랐다." 막스 베버, 이상률 역, 『유교와 도교』(문예출판사, 1990), 18-19쪽(영문판에 의거 번역문 수정).

달랐다는 점이다. 문은(紋銀)이나 조평은의 사용도 보이지만, 사용하는 저울〔平〕, 은량(銀兩)의 순도 등에서 업종마다 공통점이 전혀 없었다. 특히 면포 가공업의 일종인 단포업의 경우, 주목할 점은 한 업종에서 하나의 은〔銀兩〕만을 계속 기준으로 삼았던 것이 아니라, 시대에 따라서 몇 차례나 변화했다는 것이다. 화폐단위라는 것이 청대 중국인들에게는 고정불변의 그 무엇이 아니었다는 점이 여기에서도 확인된다.

가장 두드러지는 것은 '조은(漕銀, 漕平銀)'이라는 지역 내에서 광범위하게 쓰이는 기준이 되는 화폐가 존재했다는 점이다. 주지하다시피, 여타의 은량(銀兩) 명칭에서 '태(兌)'라는 명칭은 바로 조평은과의 환산율을 나타내고 있다. 조평이라는 명칭에서도 알 수 있듯이 관이 제정한 고평은과도 중량이 달랐다.[17] 즉 민간이 사용하는 은의 규격도 제각각이었지만, 관에서 사용하는 은의 규격도 미묘하지만 서로 달랐다. 근대 시기 이전까지 청대엔 이를 하나로 통일하려는 노력은 거의 없었다고 봐도 좋다.

여기에서는 지역에서 가장 빈번하게 사용되는 화폐를 '지역기준화폐'[18]라고 부르고자 한다. 다만 지역별 기준화폐가 전체 업종에 공통적으로 사용되는 것이 아니라, 각 업종별로 이를 사용할 수도 있고 아닐 수도 있었으며, 오히려 빈도 면에서 보면 조평은 이외에 업종 고유의 기준을 세우는 경우가 압도적이었다. 이처럼 업종 고유의 기준화폐를 '업종별 기준화폐'라고 부르고자 한다. 이 양자의 관계를 보면 '태(兌)'라고 표시하기 때문에 업종별 기준화폐라고 하더라도, 항상 지역별 기준화폐를 암묵적으로 의식하고 있었다.

17 東亞同文書院, 『淸國商業慣習及金融事情』(東亜同文書院, 1904), 258쪽.

18 소주와 상해지역의 서로 다른 지역별 기준에 대해서는, 東亞同文會編, 『支那省別全誌』 卷15, 「江蘇省」(1920) 참조.

업종별 기준화폐의 경우, 각 업종별로 품색(品色), 칭(秤), 태(兌) 등의 측면에서 모두 상이했기 때문에 필연적으로 각 업종간의 환산율이 달라지고, 통용도 어려웠을 것으로 생각된다. 업종별 기준화폐 사이에는 상호관련성이 거의 존재하지 않고, 다만 지역별 기준화폐를 통해 매개되었다고 생각된다.[19] 이러한 칭량 단위로서의 은량은 지역마다 다르고, 설령 같은 지역이라도 몇 가지 은량이 동시에 통용되었다. 일례로 20세기 초 호북성 한구(漢口)에서는 40여 종류의 은량이 함께 쓰였다고 한다.[20] 아래는 청대 소주(蘇州)지역에서 각 업종별로 사용된 은량을 표로 만든 것이다.

〈표 1〉 청대 소주지역 각 업종에서 사용된 은량의 종류

업종	은량 종류	사료	업종	은량 종류	사료
견직업 (광서25년)	漕銀	①	단포업 (동치11年)	九八兌九六色銀	⑨
단포업 (강희9년)	紋銀 1分1釐	②	제지업 (건륭21년)	九九平九五色	⑩
단포업 (강희32년)	紋銀 1分1釐	③	제지업 (건륭58년)	九九平九五色	⑪
단포업 (강희54년)	紋銀1分1釐3毫	④	동석철기업 (건륭6년)	九七銀七二	⑫

19 이러한 관행은 청대 강남지역만의 특징이라고는 할 수 없을 것이다. 북송시기의 孟元老, 『東京夢華錄』 「都市錢陌」에서는 단맥관행(短陌慣行)에 대해서 다음과 같이 서술하고 있다. "官用七十七, 街市通用七十五, 魚, 肉. 菜七十二陌, 金銀七十四, 珠珎, 雇婢妮, 買虫蟻六十八, 文字五十六陌, 行市各有短長使用." 이를 보면 송대의 단맥관행 역시 청대의 경우와 극히 유사하게, 관에서 정한 관용(官用)과 지역별로 쓰는 기준(市用)이 각각 별개로 존재했고, 그리고 지역 내에서는 다시 업종별로 업종별 기준화폐가 존재했다. 따라서 이러한 화폐사용 관행은 북송시기 이래 줄곧 계속 이어진 것이라고 생각된다.

20 宮下忠雄, 『中國幣制の特殊硏究』(日本學術振興會, 1952), 270쪽.

업종	은량 종류	사료	업종	은량 종류	사료
단포업 (강희59년)	久七色 1分1釐3毫	⑤	금은보주업 (강희4년)	估定足色. 足色平當	⑬
단포업 (건륭4년)	1分1釐3毫	⑥	전포 (강희42년)	九八色	⑭
단포업 (건륭44년)	1分3釐	⑦	엄납상 (건륭七년)	漕平九七足兌	⑮
단포업 (건륭60년)	陳平九八兌 九六色銀	⑧			

그렇다면 은 1량은 현재 얼마 정도의 가치를 지니고 있을까. 이를 정확히 계산한다는 것은 용이한 일은 결코 아니다. 다만 어림잡아보면, 건륭 연간 초에 쓰여진 유명한 소설 『유림외사(儒林外史)』 속에서 만두(饅頭)는 1개에 3문,[21] 국수(麵條) 1그릇에 16문이었다.[22] 오늘날 국수 한 그릇에 4천 원이 좀 넘는다고 하면, 1문은 250원 정도가 아닐까. 즉 만두는 1개에 750원 정도했던 셈이다. 따라서 오늘날의 가치라면 '1,000문=1량'은 약 25만 원 정도라고 해야 하지 않을까 싶다. 이를 쌀가격으로 얼마인지 확인해보면 청대 당시 1석은 약 100리터로, 무게로 환산하면 약 80kg에 해당했다. 현재 보통 20kg에 5만 원 내지 6만 원하기 때문에 80kg은 20만 원 내지 24만 원 정도로 앞서 국수 가격으로 환산했을 때 가격과 거의 같다. 즉 건륭연간을 기준으로 '은 1량=동전 1,000문'은 대체로 오늘날 25만 원 정도로 생각해도 큰 무리는 없으리라 생각된다. 실제로 청말 사천지역의 한 달 노동자의 임금은 1,800문 정도였다. 참고로 오늘

21 吳敬梓, 『儒林外史』(中華書局, 1999), 215쪽. 第18回 「約詩會名士攜匡二 訪朋友書店會潘三」 "於是走進一個饅頭店, 看了三十個饅頭, 那饅頭三個錢一個."

22 吳敬梓, 『儒林外史』(中華書局, 1999), 171쪽. 第14回 「蘧公孫書坊送良友 馬秀才山洞遇神仙」 "十六個錢吃了一碗面."

날 농민공의 한 달 월급은 3,275위안(약 55만 원) 정도이다.

그러나 동전과 은 혹은 은량의 관계는 사실 매우 복잡하다. 일례로 오늘날 누군가 25만 원을 지불해야 한다면, 신용카드나 인터넷 계좌이체 등 다양하고 간편한 방법이 있지만, 당시에는 25만 원을 내기 위해서는 약 4kg나 되는 동전 1,000개를 낑낑 메고 다니던가, 은 1량을 주어야만 했다. 은은 가벼운 대신에 소재가치가 크기 때문에 고액결제에 매우 편리했다.

그런데 여기에서 주목해야 할 것은 명청시대 사용된 은량이 순전히 칭량화폐였다는 점이다. 국가로부터 봉급을 수령할 때에도 커다란 은덩어리〔銀塊〕에서 자르거나 녹여서 나누어진 형태였다. 일상적인 거래에서 소액을 결제할 때에도 은을 저울에 달아서 자르곤 했다.[23] 당연히 소액으로 지불하는 일이 빈번해질수록, 은량의 사용은 불편할 수밖에 없었다.[24] 예를 들면 19만 원이나 18만 원을 상점에서 지불해야 했다면, 은 1량을 깎거나 잘라서 줄 수밖에 없었다.

만약 은을 깎아서 독자 여러분 앞에 내놓았다고 하더라도, 그냥 받을 수 있을까. 아주 작은 3.75g이라고 하더라도 2만5천 원 정도의 가격이었기 때문에 독자 여러분 역시 언제나 정밀한 저울을 준비해야 하고, 그걸 일일이 달아볼 수밖에 없다. 무게를 안다고 하더라도 일정하지 않은 순도 또한 커다란 문제였다.[25] 순도를 조금만 속여도 커다란 이익을 볼 수 있기 때문에 은의 순도를 속이는 경우가 다반사였다.

---

23 王瑬, 『錢幣芻言續刻』「與包慎伯明府論鈔幣書」"予五六歲時, 徽州一府不見錢, 若千文則用竹籌長尺許, 零用則以碎銀, 雖買青菜, 皆以碎銀. 買菜傭韈中皆帶一釐戥, 小舖戶家, 皆鎔銀之具, 日間所賣碎銀, 夜則傾成薑錠."

24 佐佐木正哉, 「阿片戦争以前の通貨問題」, 『東方學』8(1954), 104쪽.

25 『淸朝文獻通考』卷18, 「錢弊考」4 "商民行使, 自十成至九成, 八成, 七成不等. 遇有交易, 皆按照十成足紋, 遞相覈算, 銀色之不同, 其來已久."

고려 말부터 편찬된 중국어 회화교습본인 『노걸대(老乞大)』 속에서 은에 관한 구절을 뽑아서 보도록 하자.

> "손님 좋은 은으로 주세요. 이 은의 순도는 겨우 80%입니다. 어떻게 사용하라는 겁니까?"
>
> "이 은이 뭐가 의심스럽다는 것인가? (…) 왜 사용하지 못하겠다는 것인가? 만약 은의 순도를 구분할 줄 모른다면, 다른 사람에게 봐달라고 하게."
>
> "제가 왜 은의 순도를 볼 줄 모르겠습니까? 왜 남에게 봐달라고 해야 합니까?"
>
> (…)
>
> "은 가운데서 진짜와 가짜를 우리 고려인〔=朝鮮人〕들은 가리지 못합니다."

위의 구절을 보면 당시 사람들로서도 은의 순도를 알아낸다는 것은 실로 간단치 않다는 것을 알 수 있다. 은을 사용하지 않는 한반도 출신으로서는 더욱 어려울 수밖에 없었다. 은은 매우 다양한 종류가 있었고, 또한 순도와 무게에 따라서 그 가치가 크게 달라졌다. 따라서 이처럼 은의 순도에 대해서 정통하지 못한 상태에서 교역을 하는 경우 커다란 손해를 볼 우려마저 있었다. 은이 이렇게 유통될 수밖에 없었던 것은 은의 발행과 주조를 전적으로 민간에 방임한 청조 정부의 경제정책 탓이 크다.[26] 나중에 본문에서 자세히 서술하겠지만, 명대 중기부터 서양의 은화〔洋錢〕가 유입되어서 특히 중국 연해지방을 중심으로 크게 유행했고

26 도광연간에 임칙서가 중앙에 은화의 주조를 건의한 적이 있었으나 시행되지 못했다. 다만 임칙서는 강서순무로 재직했을 때 양전을 모방하여 은병(銀瓶)을 주조했으나 위조가 많아서 순조롭게 유통되지 않았다. 그가 주조한 은병이 어떤 모양인지는 알 수 없다. 彭信威, 앞의 책, 785-786쪽 참조.

심지어 웃돈을 주고 거래도 되었는데, 이런 유행에는 은화가 지닌 간편함, 고정성, 신뢰성 등이 큰 몫을 차지했다.

고액을 소지해야 했던 상인들은 휴대가 간편한 은을 자주 사용했기 때문에 은의 순도를 비교적 수월하게 파악할 수 있었다. 물론 그들도 저울을 가지고 다니긴 했지만 말이다. 그러나 농민들은 달랐다. 아차 하는 순간 순도 낮은 은을 잘못 받게 되면 바로 생계에 위협이 될 수 있었다. 반면 동전은 그 자체가 소액이고 가치를 한눈에 파악할 수 있었기 때문에 부담이 없었다. 설령 정부가 발행하지 않은 사주전(私鑄錢)이라고 해도 동전 속에 구리의 가치가 어느 정도 담겨 있기 때문에, 이를 무심결에 수령한다고 해도 완전히 손해만 보는 것은 결코 아니었다.[27] 이렇게 농민들은 동전을 선호했고, 사실 동전 없이는 거래가 불가능했다. 앞서 언급했듯이 1량이 되지 않는 소액은 모두 동전으로 거래하는 것이 편했기 때문이다.

즉, 은은 고액화폐인 만큼 휴대에 용이했으나 순도를 정확히 파악하지 못할 위험이 있었던 반면, 동전은 상대적으로 위험도가 낮아 수령에 용이했다. 이러한 의미에서 농민들이 동전을 선호했던 것은 오늘날 이야기로 하자면 일종의 '위험회피전략(Risk Avoidance Strategy)' 차원이라고 할 수 있다.

위와 같은 소재적 성격 외에도 명청 시기 은과 동전 두 화폐는 국가의 개입이라는 측면에서도 서로 달랐다. 주지하다시피 동전은 국가가 발행

27 사주전이라고 하더라도 오늘날의 위폐(counterfeit)와는 성격이 다른데, 청대의 경우 국가가 발행한 동전(制錢)이 부족한 경우 일상적인 거래에서 사주전(小錢)을 거래 기준으로 사용하는 경우가 많았기 때문이다. 일례로 姚廷遴의 『歷年記』에서는 강희 34년(1695) 당시 쌀가격을 소전(小錢)을 기준으로 기재하고 있으며, 소전의 가치를 은 1전(錢) 당 116문으로 계산하고 있다. 청대 민간에서의 사주전 사용에 대해서는 본서 제3부 제2장 「강남 농촌시장의 세계」 참조.

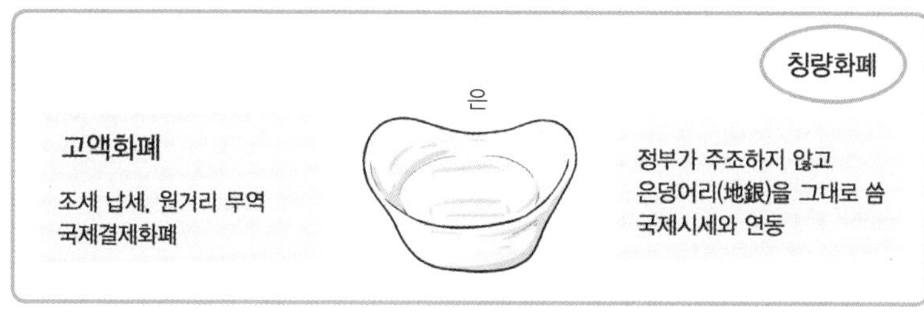

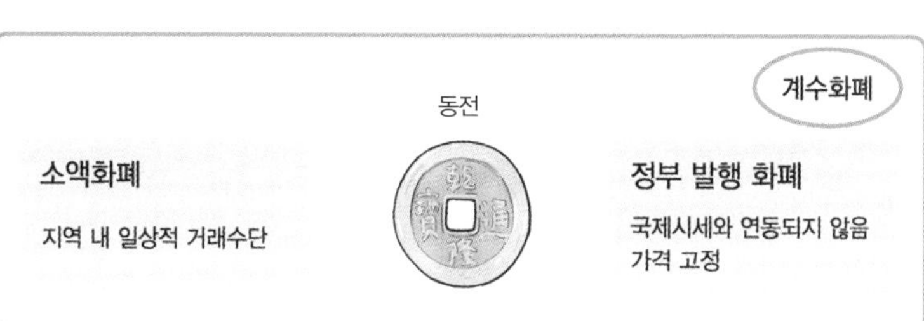

〈그림 2〉 청대 동전과 은의 차이

하지만, 은의 경우 발행은 물론이고 크기나 무게, 순도에 대해 국가는 전혀 규제하지 않았다. 말 그대로 민간이 자율적으로 유통하도록 방임했다. 또한 은은 해외에서 무역을 통해 유입된 것을 그대로 국내에서 적절한 가공을 거쳐 화폐로 사용했다. 따라서 중국 내에서 은의 가치는 외국과의 교역량이 늘어나고 줄어드는 데 많은 영향을 받을 수밖에 없었다. 무역이 잘 돼서 은이 많이 들어오면 은의 가치는 낮아질 수밖에 없었고, 반대로 교역이 순조롭지 않으면 은의 유입량이 줄어들기 때문에 은의 가치는 높아질 수밖에 없었다. 이런 의미에서 은은 오늘날 원유와 같은 느낌이 아닐까. 반면 청대의 경우 동전은 국내에서 주조되어 주로 국내에서 유통되었다. 이러한 차이점은 다음의 그래픽(그림 2)으로 정리했다.

이렇게 은과 동전은 서로 다른 속성을 지닌 화폐였고, 그 쓰임도 각각 달랐다. 그렇다면 은의 쓰임새는 어떤 것이었을까. 명말 융경연간 시기,

산서순무(山西巡撫)였던 근학안(靳學顔, 1514-1571)은 상주문 속에서 정덕연간(1506-21년)이나 가정연간(1522-66)에서는 동전이 많이 유통되었으나 융경연간 당시는 동전이 사용되지 않고 은만 유통되고 있는 현실에 대해서 다음과 같이 논하고 있다.

> 지금은 은만 사용되고 있고 동전은 점점 유통되고 있지 않고 있어서 홀로 은만 사용되고 있습니다. 은이 홀로 사용되고 있으니 지방 유력자〔豪右〕가 〔은을〕 숨기는 현상이 점점 심해지고 있어서 은은 점점 귀해지고 〔반대로〕 물가는 점점 낮아지고 있습니다. 환산〔折色〕하는 일도 점점 어려워지고 있습니다. 지방 유력자들은 그 물가가 낮은 틈을 타서 은을 거두어들이니, 그 가격은 오르고 있습니다.[28]

이처럼 은에 대한 비판적인 견해는 비단 근학안만의 것이 아니었다. 유명한 학자인 고염무(顧炎武, 1613-1682)는 은 사용의 폐해에 대해 다음과 같이 분석하고 있다.

> 산동의 백성들은 화모(火耗)로 인한 학정(虐政)에 근심하지 않는 자들이 없었다. 다만 덕주(德州)만이 그렇지 않았는데 그 이유를 내가 물으니 〔백성들이〕 답하기를 덕주의 부세는 2만9천〔량〕인데 2할이 은이고 8할이 동전이다. 동전은 화모로 인한 추가 부담이 없으니 바로 민력(民力)이 다른 지역보다 더 낫다. 〔이는〕 덕주의 관원이 모두 현명하거나 서리가 모두 착한 사람이라서가 아니다. 자연적인 추세로 어쩔 수 없는 것이다. (…) 그러므로 은이 유통되고 동전〔의 유통〕이 정체되고 있는 것은 관리로서는 행운이겠지만, 백성들로서는 최악의 상황일 것이다.[29]

28 『明隆慶實錄』 卷4, 「隆慶 4年(1570) 2월 28일」.

29 顧炎武, 『顧亭林文集』 卷1 「錢糧論」.

즉 칭량화폐인 은을 세금으로 징수할 때 백성이 납부한 다양한 순도의 시중 은량들을 서리들이 한데 모아놓고 이를 녹여서 규격에 맞게 새롭게 주조했다. 이렇게 녹이는 과정에서 약간이지만 은이 소실되어버리기 때문에, 이를 감안하여 정규세금에 추가로 녹일 때 사라지는 분량[火耗]을 징수하도록 되어 있었다. 그런데 이 화모분이 정확히 얼마인가에 대한 규정이 없고, 지역마다 형편이 달랐기 때문에 화모분을 정확히 얼마로 할 것인지에 관한 전국적인 기준을 마련하기 어려웠다. 서리들로서는 이를 기회로 삼아 최대한 수탈하려고 했다.

그러나 일일이 세야만 했던 동전은 그 숫자를 마음대로 늘리거나 줄일 수도 없었기 때문에 서리로서는 수탈하기 곤란했다. 즉, 고염무는 관리들이 은 징수를 선호하는 까닭은 민간의 편의를 위해서라기보다 이처럼 추가분의 징수과정에서 착복이 가능하기 때문임을 지적하면서 이를 비판하고 있는 것이다. 전체적으로 은은 부자나 관리들에게 유리한 화폐였고, 동전은 백성들에게 더욱 친숙한 화폐였다. 오늘날 5만원권이 어느 계층에 유리한가를 생각해보면 금방 알 수 있는 일이다.

보통 명말 은 경제로의 편입을 경제적 발전이라고 서술하는 개설서 속의 일반적 서술과는 달리, 당시 관료나 사대부들은 은을 주요 화폐로 사용하는 것에 대해 비판하면서 동전 사용으로 돌아갈 것을 주장하는 경우를 자주 찾아볼 수 있다. 다만 융경연간 이후 만력연간이 되면서 다시 국가가 동전을 활발하게 발행했지만 이는 어디까지나 일시적이었고, 그다음 천계연간이나 숭정연간에는 국가재정이 열악한 탓으로 주조차익을 노린 매우 질 나쁜 동전이 발행되었다.[30] 게다가 이와 같은 동전 부족 현상을 메꾼 것은 다름 아닌 사주전(私鑄錢)이었기에 명말의 화폐 사용 환경은 명(明)이라는 국가의 운명처럼 함께 수렁으로 빠져들었다.

30 葉夢珠, 『閱世編』 卷7, 「錢法」 참조.

그리고 청대에 들어와서 동전 발행이 순조로워지면서 서민경제는 겨우 회복하기 시작했다. 그러나 은에 대한 사대부들의 반감은 용이하게 줄어들지 않았다.

일례로 황종희는 『명이대방록(明夷待訪錄)』「재계(財計)」편에서 다음과 같이 동전으로 복귀할 것을 주장했다. 황종휘는 '금은제도'를 폐지해야만 하며, 이렇게 하면 여러 가지 좋은 점이 있다고 지적하고 있다. 그중 몇 가지만 보면 다음과 같다.

> "금은을 저장하지 않으면 빈부의 차가 심해지지 않을 것이다. 이것이 세 번째이다. 가볍게 지니고 다니기에 불편하니 백성들은 고향을 떠나는 것이 어렵게 될 것이다. 이것이 네 번째이다."

언뜻 보면, 오로지 새로운 화폐인 은에 대한 반감에서 나온 것처럼 보일 수 있겠으나, 운반하기 용이한 고액화폐를 사용하게 되면서, 부가 한곳으로 집중되게 되고, 이로써 빈부의 격차를 심화시키는 경향이 있다는 점은 오늘날과도 결코 다르지 않다는 점을 알 수 있다. 황종희의 논의는 오늘날에도 제기되는 '5만원권 폐지론'과 별반 다르지 않다고 할 수 있다. 그러나 이처럼 황종희가 좋은 유통수단으로서 거론한 동전 역시 생각처럼 양질의 수단이었던 것은 결코 아니었다. 당시 동전이 가지고 있었던 단점 가운데 하나로서 그 역시 규격이 통일되지 않았다는 점을 들 수 있다. 청대 동전의 종류가 얼마나 많았는지 가경연간 상해 인근지역의 지방지를 통해 확인해보도록 하자.

> 동전에는 '족백전(足百錢)'이 있고, '칠절전(七折錢)'도 있다. '족백(足百)'은 천, 백, 십〔을 단위로 하고〕, '칠전(七折)'은 양(兩), 전(錢), 분(分)〔을 단위로 한다〕. '저곶(低串)'은 족백(足百)이고 칠전구구(七折九九)부터 구십(九七), 육구(六九)부터 육칠(六七)까지〔를 단위로 한다〕. '요관(要串)', 1000량

> 중에 4〔文〕나 2〔文〕가 모자라다. '무저관(無底串)'은 천(千文)을 통족(通足)이라 한다. (…) 양(兩)을 '족저전(足底錢)'이라 한다. '유시전(有時錢)'은 100〔文〕마다 사전(沙錢)을 섞는다. 10부터 30까지〔를 단위로 한다〕. '유시전(有串錢)'. 무시전(無沙錢) 96〔文〕을 100으로 한다. '청전(靑錢)'을 제(提)라고 하고, 크고 작은 동전을 사전(沙錢)이라 한다. 〔동(銅)〕전(錢)을 금하는 것을 피전(疲錢)이라 한다. 동전을 금지하는 데는 3가지가 있는데 사주(私鑄), 전변(剪邊) 및 위호(僞號)가 있다. 건륭연간에 '금전식(禁錢式)'을 발표했는데, 마을에 의지할 데 없는 노인들에게 일당을 주어, 시진에 궤짝을 마련하여 〔사주전을〕 거두어 녹이도록 했다. 〔사주전을〕 9할까지 〔값을 쳐서〕 교환하거나 대등하게 교환하여 〔거두어들였는데, 무게를 달아〕 근으로 헤아리기도 했다. 고로 능히 〔사주전을〕 거두어 깨끗이 없앨 수 있었다.[31]

일단 동전의 종류가 생각보다 매우 많다는 것을 알 수 있는데, 종류가 많았던 중요한 이유 가운데 하나는 각각의 환산율이 달랐기 때문이다. 동전의 경우 이른바 단맥(短陌) 관행이 당말오대(唐末五代) 시기부터 지속되었다.[32] 즉, 1관(串)을 동전 몇 개를 기준으로 하느냐에 따라서 1,000문을 1관으로 하는 족백전(足百錢)이 있고, 동전 700개를 기준으로 하는 이른바 '칠절전(七折錢)' 관행도 존재했다. '무저관(無底串)'도 역시 족백(足百)과 같이 1,000개를 1관으로 하고 있고, '요관(要串)'은 996문이나 998문을 1관으로 하고 있다. 즉 공식적으로는 동전 1,000개를 1관이라고 하는 것이 맞지만, 상당수의 경우 1,000개가 되지 않아도 이를 1관으로 인정하는 경우가 자주 있었다. 오늘날의 관점에서 보자면 일 원짜리 동전 800개를 천 원으로 계산하는 셈인데 아무리 생각해 봐도, 이해하기 힘든 관

31 『珠里小志』 卷3, 「風俗」.

32 井上泰也, 「短陌慣行の再検討－唐末五代期における貨幣使用の動向と國家」, 『立命館文學』 475・476・477호(1985-3).

행이 아닐까. 사전(沙錢), 즉 질 나쁜 동전을 섞는 관행이 있었는데 사주전의 일종이라고 생각된다. 이러한 사주전에 대해서는 특히 건륭연간 청 정부는 이를 사들여서 녹이는 방식으로 사주전을 단속했다.

이처럼 청대 화폐제도와 그 사용양태는 매우 복잡했기 때문에 특히 외국인들로서는 적응하기 난감한 일이었다. 19세기말 중국을 여행한 이사벨라 비숍(Isabella Bird Bishop, 1831-1904)의 견문록에는 중국인의 화폐 사용 관행에 대한 생생한 묘사가 수록되어 있다.

> "돈 때문에 겪어야 되는 불편은 그 후로도 완전히 해결된 적이 없었다. (…) 내가 출발할 때 소지한 현금 18실링은 약 32.6g에 해당되었으며 이를 내 여행 전체를 책임지고 있는 짐꾼과 이들의 우두머리인 부두(負頭)에게 분배해야 했다. 하지만 현금을 사고 파는 상점은 도무지 믿을 수가 없었다. 함량이 부족한 동전도 있었고 크기가 정상보다 작은 동전, 가짜 동전도 있기 때문에 환전하거나 돈을 지불할 때마다 동전을 전부 다시 세야만 했고, 이 일로 한 시간 이상 허비해야 하는 경우도 있었다. 그럼에도 불구하고 백 개짜리 한 꾸러미 가운데 몇 개는 꼭 불량으로 판정이 났고 꾸러미마다 크기가 작은 동전이 한두 개씩 끼어 있었기 때문에 서로 옥신각신하며 다시 세다보면 귀중한 아침시간이 그냥 지나가버리기 일쑤였다. (…) 또한 작은 마을에서는 크기가 작은 동전만 받는 한편 다른 마을들에선 작은 동전을 일체 받지 않았기 때문에 동전의 통용에 있어서 종종 낭패를 당할 수밖에 없었다."[33]

이처럼 수많은 종류의 동전으로 인해서 거래비용(transaction cost)이 상당히 높은 것이 실정이었다. 동전의 종류와 함께 정부든 민간이든 사용되는 도량형의 종류 역시 매우 다양했다.[34]

---

33 이사벨라 버드 비숍, 김태성·박종숙 역, 『양자강 저 너머』(지구촌, 2001), 253-254쪽.
34 홍성화, 「청대도량형연구사」, 『중국사연구』 54호(2008) 참조.

그렇다면 이처럼 화폐가 다양한 것이 사회구조에 과연 어떠한 영향을 끼쳤을지 생각해보자. 중국사학자 로이드 이스트만(Lloyd Eastman)은 청대는 아니지만, 장개석이 이끈 남경정부 시기(1928-1949) 중국사회에 만연한 사회적 부패의 원인에 대해 다음과 같이 분석했다.

> 중국의 엄청난 복잡성 또한 징세(徵稅)체제를 복잡하게 만들고 부패를 유인하는 많은 기회를 만들었다. 예를 들면 토지소유자가 과세액 1원에 몇 두(斗)를 내면 된다는 것은 보기에는 간편한 규정일지라도 행정적으로는 처리하기가 매우 어려웠을 것이다. 왜냐하면 전토(田土)가 모두 미곡을 생산하는 것도 아니었고, 또 농촌지역에서는 도량단위와 도량기가 통일되어 있지 않았기 때문이다. 많은 현이나 촌락에서 양을 재는 단위로 두를 사용하기는 했지만, 말의 크기의 다양함도 가히 무한할 정도였다. 더욱이 거의 반 정도의 성에서는 곡식을 다는 데 양이 아니라 무게로 다루는 것이 관례가 되어 있었다. 그런 곳에서 조세징수자는 세목금액을 양곡으로 환산해야 할 뿐만 아니라, 무게로 단 곡식을 석(石), 말〔斗〕 단위로 환산해야 했다. 어떤 곳에서는 세금부과는 국가법정화폐〔法幣〕가 아니라 은(銀)을 단위로 했다. (…) 이 같은 다양한 계량단위, 화폐, 곡물의 공정환산으로 인해 서로 이가 맞지 않는 혼란과 대단한 불공평이 야기되었다. (…) 이 같은 혼란상황 하에서 징세관이 납세하는 농민을 속일 수 있는 기회는 많았고 유혹은 컸다. 그리하여 이 제도는 곧 부패의 수렁이 되었다. 징세관은 값이나 무게를 환산하면서 농민을 속이는 외에 세금부과를 멋대로 늘리거나, 정규부과액에 불법적인 추가액을 징수하거나 법정의 말〔斗〕보다 큰 말을 사용하거나 하여 사복을 채웠다. 때로는 복잡한 조세납부 수속을 마치는 데 며칠씩 걸리지 않게 해준다고 농민들에게 뇌물을 요구했다.[35]

35 이스트만, 민두기 역, 『장개석은 왜 패하였는가』(지식산업사, 1986), 82-83쪽.

〈그림 3〉 건륭연간부터 청말까지 은전비가의 변동
(출처: 劉朝輝, 2012, 164쪽)

화폐나 도량형이 통일되지 못했던 것이 교역에만 악영향을 준 것이 아니라, 국가의 가장 기본적인 업무인 징세행위에 많은 자의성을 가져왔던 것이다. 보편적이고 통일적인 화폐와 도량형제도가 완비되지 않았기 때문에 관리들이 마음대로 수탈을 할 수 있는 기회를 크게 열어주었다. 한편 이러한 화폐와 도량형제도가 통일되지 못했던 점은 지주-소작관계에서도 많은 악영향을 주었는데, 일례로 악덕관리들이 세금을 징수할 때처럼, 악덕지주가 추수할 때에 일반적인 됫박보다 큰 것으로 소작료를 받고 있다고 지적하는 사례는 청대 사료에서 자주 찾아볼 수 있다.

한편 은의 가치와 동전의 가치 역시 고정적이지 않았기 때문에 교환율에 수시로 변동이 있었다. 그 교환비율을 은전비가(銀錢比價)라고 한다. 오늘날 원화와 달러의 환율이 매우 중요한 것처럼, 청조 당시에도 동전과 은의 교환비율은 사회에 상당한 파급력을 가졌다.

『청조문헌통고(清朝文獻通考)』에서는 "은과 동전은 서로 병행해서 상호 보조하며 통행되고 있다. 화폐가 〔활발하게〕 유통되는 것을 도모한다면,

반드시 먼저 동전의 가격을 정해야만 할 것인데, 동전에는 정해진 가치가 없으나, 포호(鋪戶)에서 교환할 때에는 그 가격을 〔멋대로〕 조정하고, 민간에서 사재기하는 사람들은 그 득실을 엿보고 있다. 동전가격〔錢價〕에는 정해진 것이 없으니, 물가 역시 그 공평함을 잃고 있다. (…) 청조가 정혁(鼎革)했을 초기에, 은 1분(分)을 동전 7문(文)으로 정했으나, 이 해〔順治4年〕 다시 매분(每分) 〔동전〕 10문으로 정했고, 이를 정례로 삼았다. 그 후에 여러 번 이 명령을 다시 내렸다"[36]라고 하고 있다. 여기에서도 알 수 있듯이 은전비가에는 공식적인 청조의 규정은 분명히 존재했지만, 이것이 시장에서도 항상 영향력을 발휘한 것은 아니었고, 고정된 가격이 없이 자주 바뀌고 있었다.[37]

이하에서는 청대 은전비가 변동의 대략적인 추세와 청조 통화정책의 개략적인 특징에 대해서 간략히 정리해보고자 한다. 앞서 서술했듯이 은은 고액결제화폐이고 지금(地金) 형태로 유통되었기 때문에 일상생활에 일반적으로 사용되기에는 매우 불편했다. 은을 편리하게 화폐로서 사용하기 위해서라도, 소액결제 화폐인 동전은 계속 발행되어야 했지만, 원래 명조는 동전을 주조하는 데 그다지 열의를 보이지 않았다. 더구나 명말에는 군사비 지출 때문에 재정이 충분치 않아서 주조차익(seigniorage profits)까지 노려서 악화를 남발했기 때문에, 은 1량=동전 2,000문 이상까지 치솟기도 했다.[38]

반면 청조는 입관전(入關前)부터 이미 '한문전(漢文錢)'이나 '만문전(滿文錢)' 등의 동전을 주조한 바 있었다.[39] 그 뒤 1644년 청조가 중국을 지배

36 『淸朝文獻通考』 卷13, 「錢幣」 1 이에 대해서는 楊端六, 『淸代貨幣金融史稿』(三聯書店, 1962), 181쪽 참조.

37 石毓符, 『中國貨幣金融史略』(天津人民出版社, 1984), 114쪽.

38 von Glahn, Richard., "Myth and Reality of China's Seventeenth-Century Monetary Crisis," *Journal of Economic History*, Vol.56, No.2(1996), p. 431.

하게 되자, 이듬해 1645년에 정국을 안정시키기 위해 우선 순치통보(順治通寶)를 전국적으로 유통시켰다. 이듬해인 순치 3년(1646)에는 명나라에서 발행했던 '구전(舊錢)'을 사용하는 것을 중지시켰고, 법으로 은전비가(銀錢比價)를 정하여 '은 1분(分)=동전 7문(文)'으로 정했다. 다음 해인 순치 4년(1647)에 비로소 '은 1분(分)=동전 10문(文)'으로 바꾸었고[40], 이것이 줄곧 중기까지 정례로 자리 잡았다. 즉 양질의 동전을 체계적으로 유통시켰다는 점에서 명조와 청조는 일단 그 비교대상이 아니라고 할 수 있다.

순치연간(1644-1661)을 통해서 점차 국가재정이 호전되었기 때문에 순치 8년(1651), 정부가 발행하는 공식 동전인 제전(制錢)[41]을 문(文)마다 그 중량을 1전2분5리로 증가시켰고, 순치 14년(1657) 다시 더욱 증가시켜서 매문 중량 1전4분까지 이르렀다. 즉, 질 좋은 양전(良錢)의 발행을 통해 시장에서 옛날 명조가 발행한 옛 동전과 사주전을 쫓아내고 통화시장을 안정화하고자 했다.[42] 그러나 강희 12년(1673)부터 점차 구리의 시장가격이 높아지기 시작했다. 이러한 앙등의 원인에는 동전에 대한 수요가 증가했던 까닭도 있지만, 주요 구리 산지인 운남지역에서 구리 생산이 부진했기 때문이기도 했다.[43]

이처럼 구리 가격이 높아지는 시기에는 동전을 녹여서 구리를 얻으려

---

39 彭信威, 『中國貨幣史』(上海人民出版社, 1965(2版)), 753쪽.

40 『清朝文獻通考』 卷13, 「錢弊」 1 "更定錢直, 戶部議定, 制錢行使, 原係每七文準銀一分, 錢價旣重, 小民交易不便, 應改爲每十文銀一分, 永著爲令."

41 제전(制錢)이란 전근대에서 왕조가 정해진 제도에 따라서 발행한 동전, 즉 왕조가 직접 발행한 동전을 말한다. 청대 제전에 대해서는 劉朝輝, 『嘉慶道光年間制錢問題研究』(文物出版社, 2012) 참조. 그 밖에도 민간에서 만든 사주전(私鑄錢), 지방 주전국에서 몰래 만든 소전(小錢), 그리고 이전 왕조 즉 당나라, 송나라 등에서 발행한 옛날 동전, 즉 구전(舊錢) 등이 있었다.

42 鄭永昌, 『明末清初的銀貴錢賤現象與相關政治經濟思想』(國立台灣師範大學歷史研究所, 1994)

고 하는 현상, 즉 사소(私銷) 현상이 점차 나타나기 시작했다. 이에 청조는 동전 발행량을 늘리는 정책을 취했지만 이 현상은 줄어들지 않고 동전의 시장가격은 계속 상승했다. 결국 청조는 동전의 무게를 1전4분에서 1전2분으로 줄임으로서 동전의 소재가치를 줄여서 동전이 훼손되는 것을 막으려 했다.[44]

거꾸로 동전의 소재가치가 지나치게 낮을 때에는 사주전을 주조하는 세력들 입장에서는 자신들의 사주전과 얼마든지 경쟁이 가능했기 때문에 사주전을 남발하기 용이한 환경이 조성되었다. 이러한 상황 하에서는 사주전 남발 현상이 자주 나타났다. 따라서 청대 내내 청조 정부는 자신들이 발행한 동전이 시장에서 어떤 대접을 받는지 늘 면밀히 고려하여 동전의 무게와 순도를 정할 수밖에 없었다. 이는 지역별로도 역시 차이

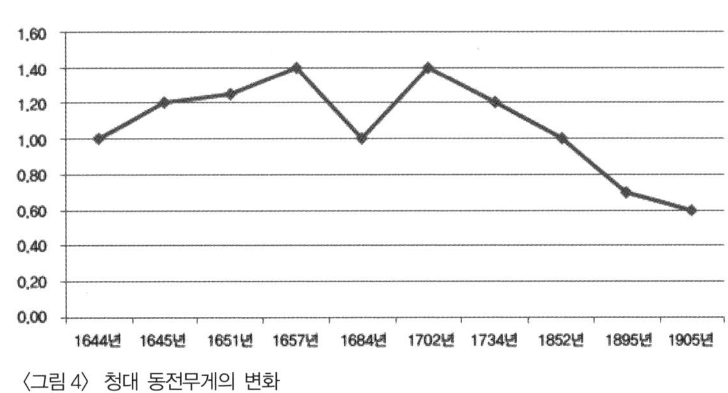

〈그림 4〉 청대 동전무게의 변화

(세로축: 무게, 단위: 錢, 1錢=3.768g, 출처: 楊端六, 1962, 13쪽)

43 운남지역의 구리 생산에 대해서는 楊端六, 1962, 25-35쪽; 우에다 마코토, 임성모 역, 『동유라시아 생태환경사』(어문학사, 2016) 3장 「동광·페스트·무역: 구리의 생태환경사」 참조.

44 『清朝文獻通考』 권13, 「錢幣」 1 "民間所不便者, 莫甚於錢價昂貴, 定制每錢一千直銀一兩, 今每銀一兩, 僅得錢八九百文, 錢日少而貴者, 蓋因奸宄不法, 毁錢作銅, 牟利所致, 鼓鑄之數有限, 銷毁之途無窮, 錢安得不貴乎, 欲除毁錢之弊, 求制錢之多, 莫若鑄稍輕之錢, 毁錢爲銅, 既無厚利, 則起弊自絶."

가 있었으며, 심지어 같은 황제 치하에서 발행된 동전에도 역시 차이가 있었다.

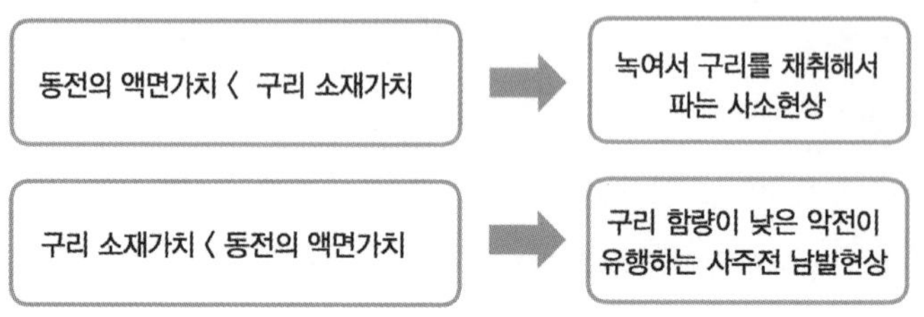

결국 청조가 발행한 동전이 시장에서 통용력을 가질 수 있었던 것은 청조가 발행했다는 사실 그 자체, 즉 흠정성(欽定性)에 있던 것이 아니었다.[45] 만약 청대의 동전이 황제가 발행했기 때문에 시장에서 굳건한 통용력을 가졌다면, 사주전 현상이나 사소(私銷) 현상도 역시 나타날 수 없을 것이다. 이러한 '동전=국가 발행=시장 통용력'이라는 도식만으로는 이러한 복잡한 현상을 도저히 설명할 수가 없다. 동전에 찍힌 왕조의 공인보다는 동전 자체에 얼마나 양질의 구리가 담겨 있었는가, 즉 소재가치가 가장 중요했다. 시장에 통화부족 현상을 해결하고 은전비가를 일정하게 유지하기 위해 청조는 양질의 동전을 발행할 수밖에 없었고, 이는 청조 재정에 상당히 부담되는 사안이었다.

만약 동전의 소재가치가 낮은 화폐를 유통시킨다면, 국가재정상 이득이고 부담도 적었겠지만, 시장에서는 통용력을 잃고 금방 사주전이 남발되는 현상이 나타났기 때문이다. 즉 국가가 자신들이 발행한 동전을 시장에 유통시키고 시장을 안정된 화폐로 채우려 한다면 국가재정상 마이

45 정부가 발행하고 국가가 인정한 지불수단이기 때문에 통용력을 갖다는 속성을 '흠정(欽定)지불수단'이라고 한다. 구로다 아키노부, 정혜중 역, 『화폐시스템의 세계사』(논형, 2005), 65쪽 참조.

너스가 되겠지만, 그럼에도 재정이 허락하는 한 다소 손해를 보더라도 양질의 동전을 발행하려고 노력했다.

구로다 아키노부(黑田明伸)의 논의에 따르면, 사주전이 지역사회에서 받아들여졌던 것은 "현지에서 사용되는 기호 같은 계수(計數) 기능 때문"[46]이라고 하고 있다. 반면 은의 경우 소재가치에 기반한 가치저장 기능을 담당하고 있다고 주장하고 있다. 동전은 '신축적 매개기능'을 담당하고 은은 '장기적 가치보장'을 담당한다면서[47] 마치 동전은 실질 소재가치를 가지고 있지 않고 '기호적 속성'만을 담당한다고 간주하고 있는 것이다. 그러나 앞서 살펴보았듯이 동전 역시 소재가치가 중요했고, 각각의 사주전의 가치는 '기호적 속성' 때문에 수령되는 것이 아니라 어디까지나 얼마만큼 높은 순도를 지니느냐, 즉 소재가치가 많고 적음에 따라 좌우되었다. 이런 의미에서 정부 발행 동전인 제전(制錢)과 사주전 사이에서 백성들의 일상적 동전 사용에는 현격한 차이가 있었다고는 볼 수 없다.

이렇게 본다면, "악화(惡貨, 나쁜 화폐)가 양화(良貨, 좋은 화폐)를 구축(驅逐)한다(Bad money drives out good)"는 이른바 그레샴의 법칙(Gresham's law)은 청대 중국에서는 별로 통용되지 않는 현상이라고 해야 할 것 같다. 오히려 "좋은 화폐만이 나쁜 화폐를 시장에서 내쫓을 수 있다"고 해야 정확하지 않을까 생각된다. 그레샴의 법칙이 가능했던 것은 다음과 같은 사정 때문이었다. 예를 들어 같은 액면가이지만 서로 순도가 다른 화폐가 두 종류 있다고 할 때, 순도가 높은 화폐 쪽이 '양화'가 되고 순도가 낮은 쪽이 '악화'가 되기 마련이다. 그렇지만 이 두 화폐에 대한 국가의 보증은 같기 때문에, 사람들은 자연스럽게 양화는 자신이 몰래 감추어놓고, 악화

46 구로다 아키노부, 정혜중 역, 『화폐시스템의 세계사』(논형, 2005), 58쪽.
47 구로다 아키노부, 위의 책, 18쪽.

를 시장에 내놓기 마련이다. 따라서 자연스럽게 시장에서는 악화가 더 많아지게 된다는 것이다.

반면 청대 사회에서 국가가 발행한 화폐가 일정한 통용력을 갖고 시장에서 선호되기는 했지만, 그 통용력은 국가가 정했기 때문이 아니라, 해당 화폐가 지니고 있던 소재가치에 의해 좌우되었다. 즉, 액면 그대로 통용되었던 것이 아니라, 모든 시장 참여자들이 자기 입장에서, 자기 눈앞에 놓인 화폐를 면밀히 계산하고 다시 측정할 수밖에 없었던 것이다.

이렇게 동전의 주조와 유통에서 청조가 확실한 장악력을 획득하고 있지 못했던 측면은 은을 화폐로 활용하는 태도에서도 발견할 수 있다. 앞서 서술했듯이, 전통 중국에서는 동전을 소액화폐로 사용하고, 은을 고액화폐로 사용했다. 그런데도 은을 동시대 유럽처럼 주화, 즉 은화(銀貨)로 발행하는 일은 찾기 힘들었다. 대체로 지은(地銀), 즉 은덩어리를 정부나 민간에서 각자 규격을 정해 나름대로 사용하도록 방임했다. 당시 순도 높은 은을 문은(紋銀)이라고 했는데, 순은이라고 하더라도 지금처럼 순도 100%는 당시 주조기술로는 불가능했다. 순도 96% 내지 94%라고 하더라도 흔히 '문은'이라고 불렸다.[48]

이 대목에서 누구나 쉽게 상상할 수 있듯이, 실제로 은덩어리(地銀)에 조금만 불순물을 첨가하여 순도를 낮추거나 무게를 줄이기만 해도 상당한 이익을 얻을 수 있었다. 따라서 사람들은 속임수에 넘어가지 않기 위해 시장에서 은을 거래할 때마다 각자 저울을 가지고 다녔고, 은을 받을 때마다 그 은을 다시 자신이 가져온 저울로 달아보고 그 무게를 확인한 뒤 덩어리를 두드려서 순도를 확인하곤 했다. 모든 사람에게 가능한 것은 아니지만, 어느 정도 은 거래에 익숙한 사람들은 육안으로도 순도를 알아 맞출 수 있었다. 은은 두드려서 맑은 소리가 날수록 순도가 높

48 凌濛初, 『初刻拍案惊奇』 卷15 "他却把九六七銀子, 充作紋銀."

다고 하는데, 때문에 반드시 은을 두드려서 순도를 확인하곤 했다. 즉 은은 고액화폐로서 동전의 불편함, 다시 말해 무거운 중량 탓에 고액일 경우 늘어나는 운반비용을 줄이는 장점이 있었다.[49] 반면 그 가치를 정확하게 가늠하기 어려운 탓에 거래 시 정확한 가치 측정을 위해 많은 탐색비용(search costs)이 소모되었다.

이러한 모습은 명말 소설인 풍몽룡(馮夢龍)의 『성세항언(醒世恒言)』 속에서 매우 상세하게 묘사되고 있다.

> 시복(施復)은 예전부터 잘 알고 있는〔相熟〕 전문가에게 가서 비단을 팔려 했는데, 보아하니 점포에는 비단을 팔러온 많은 사람들이 있었고, 안에는 서너 명의 객상이 앉아 있었다. 주인은 계산대에 서서 비단을 펼쳐보고, 견적을 내어 큰 소리로 가격을 외치고 있었다. 시복은 비단 팔러온 사람들을 헤치고 들어가서, 주인에게 자신의 비단을 건네주었다. 주인은 비단을 받아든 다음, 보자기를 펼쳐서, 비단을 하나하나 뒤집어서 살펴본 뒤에, 저울로 하나하나 재어서 가격을 부른 뒤에, 객상(客商)에게 "이 사람은 매우 충후(忠厚)한 사람입니다. 그에게 질 좋은 은자(銀子)를 주심이 좋을 것 같습니다"라고 말했다. 그 객상은 좋은 은을 골라서 정확히 잰 다음에 시복에게 주었다. 그 역시 작은 저울을 꺼내 은자를 재보았는데, 여전히 은이 가볍다고 느껴서 한두 푼 더 달라고 했으나 바로 〔흥정을〕 그만두었다. 종이 한 장 달라고 하여, 은자는 싸서 바지 주머니에 넣고, 작은 저울은 자신의 보자기에 넣은

49 명초 홍무제는 은을 화폐로 사용하는 것을 금지하는 동시에 현물 위주의 재정정책을 시행했지만, 몽골 등의 북방민족과 대치하는 명조의 입장에서는 북방민족을 막기 위해 북변(北邊)에 많은 식량과 은을 보급할 수밖에 없었고, 이 과정에서 점차 운반비용이 많이 드는 현물을 대신하여 은이 주요 화폐로서 다시 부각되었다. 이 과정에 대해서는 寺田隆信, 『山西商人の研究』(東洋史研究會, 1972) 2장 「開中法の展開」 참조. 화폐로서 동전이 지닌 약점에 대해서는 막스 베버, 『유교와 도교』(문예출판사, 1990), 14쪽 참조.

> 뒤에 주인에게 예를 취하면서 "수고하셨습니다"라고 인사한 뒤에 떠나갔다.[50]

풍몽룡(馮夢龍)의 소설이 지닌 특징으로는 여타의 소설들보다 상인에 대한 묘사가 많은 비중을 차지하고 있다는 점[51] 그리고 지극히 디테일한 묘사까지 이루어지고 있다는 점을 들 수 있을 것이다. 여기에서 흥미로운 부분은 시복이라는 일반 농민 역시 은을 재는 저울을 소지하고 다녔다는 것이다.[52] 그렇다면 청대 중국의 시장에서 거래하는 모든 사람들은 단순히 화폐를 수령하는 수동적인 존재라기보다는 적극적으로 측정하고 심지어는 만들어서 유통하는 적극적인 참여자였다고 평가할 수 있을 것이다.

당시 청대 중국의 시장은 화폐주조권을 독점한 정부와 이를 단순히 수령하는 상인이나 농민으로 양분되지 않았다. 모두가 플레이어(player)로서 활약하고 있었고, 정부와 민간의 차이는 절대적인 차이라기보다는 상대적인 차이라고 할 수 있을 것이다. 사회학자 비효통(費孝通, 1910-2005)은 서구와 중국의 사회구조[格局]의 차이를 비교하면서, 서구의 경우 각 단체끼리 고유한 경계가 명확하지만, 중국의 경우는 경계가 명확하지 않은 마치 동심원과 같은 구조를 이루고 있다고 하면서 이를 '차서격국(差序格局, 차등적 질서구조, The Structure Of Grade)'이라고 하고 있다.

> 중국사회구조의 틀은 (…) 돌덩어리를 던지면 수면 위에 동그라미를

50 馮夢龍,『醒世恒言』卷18,「施潤澤灘闕遇友」.

51 大木康,『明末のはぐれ知識人: 馮夢龍と蘇州文化』(講談社, 1995), 39쪽.

52 물론 이처럼 시장에서 화폐를 재기 위해 저울을 소지하는 관습은 고대부터 전 세계적으로 흔히 볼 수 있는 현상이었다. 이러한 측정비용을 줄이기 위해 주화, 즉 개수화폐(個數貨幣)가 출현했다. 피터 번스타인, 김승욱 역,『황금의 지배』(작가정신, 2001), 45-46쪽 참조.

만들어서 동심원을 밀어내는 파문과 같다. 모든 개인들이 파문과 같은 사회적 영향을 만들어내는 원의 중심이 된다. 자기가 중심이 되어 돌을 물에 던진 것 같이 우리가 중시하는 것은 자신과 다른 사람이 결부되어 이루어지는 사회관계이다. 단체 가운데 구성원은 모두가 하나의 평면 위에 있지 않고, 마치 물의 파문과 같다. 파문은 한 바퀴 밀려나면 밀려 날수록 더 멀어지고 밀려날수록 얇아지기도 한다.

반면 서양의 경우, 계약을 바탕으로 서로 연결된 인간 관계망으로 구성되어 있다면서 이를 '단체격국(團體格局)'이라고 하고 있다. 그는 서양사회의 기본 원리를 땔감 묶음과 비슷하다고 설명한다. 먼저 한줌의 땔감을 묶어서 다발로 하고, 그 다발을 몇 개 합쳐서 다시 묶어 큰 다발을 만들고, 더 큰 다발 몇 개를 만들어 다시 큰 다발을 만든다는 식이다. 이 경우 어떤 땔감이 어떤 다발에 속하는지, 같은 다발에 속한 것이 어떤 땔감인지는 매우 분명하다. 다발은 묶여서 큰 다발이 되는데, 다발과 다발의 경계는 각 단계마다 명확하다. 서양사회는 이렇게 안과 밖을 명확히 구분하고 또한 여러 단체의 중층적 통합으로 이루어졌다고 설명하고 있다. 그의 말을 들어보자.

"나는 서양의 사회조직이 땔감 묶음 같다는 것을 분명히 지적하려고 한다. 서양 사람들은 항상 몇몇 사람들이 모여서 단체를 구성한다. 그리고 그러한 단체는 분명한 제한성을 가지고 있다. 누가 단체에 속한 사람인지, 단체 밖의 사람인지 모호하지 않아서 분명하게 나눌 수 있다. 서양의 가정은 일종의 한계가 분명한 단체이다."[53]

이와 같은 비효통의 논의구조를 청대 중국의 시장에 적용하자면 다음

53 費孝通, 이경규 역, 『중국사회의 기본구조』(일조각, 1995), 30쪽.

과 같이 묘사될 것이다. 중국을 하나의 연못에 비유한다면, 그 안에는 크고 작은 수많은 동심원들이 각각 존재한다. 근세 서구의 경우처럼 정부가 화폐주조권 등을 독점한 단독 플레이어가 아니라, 중앙정부, 원격지 상인〔客商〕, 중개업자〔牙行〕, 전당(典當), 사주전 업자 등이 모두 각각 자신의 플레이를 펼치고 있었다. 다만 크기와 영향력이라는 면에서 가장 큰 중앙정부라는 동심원이 있을 뿐이었다.

다만 청대 시장과 연못과의 결정적인 차이점이라면, 연못의 물방울들이 질서를 이루고 있기 어려운데 비해, 청대 시장의 경우에는 중앙정부와 원격지 상인, 중개업자 등이 각자 물방울의 크기를 넓히려고 하면서도, 힘의 순서에 따라 상하관계, 즉 하나의 유기적 질서를 이루고 있다는 점이다.

그렇다면 청대의 경우, 시장에 미치는 중앙권력의 힘은 어느 정도였을까. 한 지방지는 다음과 같이 서술하고 있다.

> "초가교(焦家橋)는 원래는 의집(義集)으로 (…) 계속해서 의집이라는 명목 하에 상인과 백성들이 스스로 교역했고, 시장에서 세금을 거두는 아행도 없었다. (…) 모든 초가교 등의 의집에는 원래 교역을 감시하는 아행이 없어서 여러 문제가 일어나곤 했다."[54]

의집(義集)이란 국가에서 정식 허가한 중개인인 아행(牙行)을 두지 않는 시장을 말하는데, 이런 시장이 상당히 존재하고 있었다. 즉 청대 농촌시장은 국가권력의 말단에 존재하고 있어서 상인과 백성들의 자발적인 교역에 의지하는 경우가 많았다. 다시 말해서 중국의 전통 농촌시장은 중앙정부나 지방정부의 권위에 의존하지 않는 자발적인 측면이 상당히 강했다. 반면 중세 서양의 경우, 전통 중국사회와 달리 시장을 개설할 수

54 嘉慶『長山縣志』卷1,「市集」「焦家橋」.

있는 권한을 부여하는 존재는 오로지 국왕에게 독점되어 있었고, 그 개설권을 부여받은 영주들은 시장을 철저히 감독하고 징세할 수 있는 권한을 위임받았다. 즉 시장에 대한 개입의 강도는 중국과 유럽이 매우 달랐다고 볼 수 있다.[55]

그런데 만약 이러한 설명대로 청대 중국의 경우 시장에서 중앙정부의 권위가 절대적이지 않았다면, 흔히 청조에 대해 '군주독재체제'[56]라고 부르는 것은 어찌된 이유에서일까. 일단 이것이 과연 사실에 근거한 합당한 표현인지 의문부터 든다. 청대 중앙의 정치기구에 한정해서 말하자면, 잘 알려진 대로 황제가 모든 관리에 대한 임면권과 재정에 대한 권리를 장악했다는 점에서 군주독재체제였다. 청대의 군주독재체제는 동시대 유럽의 절대왕정에 비교되기도 할 정도이다.[57] 그러나 사실 양자의 차이는 결정적이다. 동시대 유럽의 경우 중앙집권적 재정국가가 형성되었지만, 청대 중국의 경우 군주독재체제임에는 틀림없지만, 관료제도의 경우 유럽식의 중앙집권국가가 아니라 분권적 구조에 가까웠다.

청대 중국을 중앙집권국가가 아니라 실제로 분권국가에 가깝다고 보는 견해는 청조가 아직 존속하고 있을 때 W. F. 마이어스와 오다 오로즈(織田萬, 1868-1945)가 주편한 『청국행정법(淸國行政法)』에서 가장 전형적으로 나타나고 있다. 이 책에 따르면, 지방장관(총독·순무)은 황제에게 직속하긴 하나 중앙관청〔六部〕과 대등하며 그 지휘명령을 받지 않는다. 그리고 중앙의 여러 관청들 역시 서로 대등하며 각각 황제에 직속되어 있다.[58] 거의 같은 시기 마이어스도 자신의 저서에서 청대 행정시스템의

55 荒井政治, 「イギリスにおける市の發達について」, 『社會經濟史學』 25권 1호(1959) 참조.

56 內藤湖南, 『內藤湖南全集 卷8-淸朝史通論』(筑摩書房, 1969).

57 미야자키 이치사다, 차혜원 역, 『옹정제』(이산, 2001), 26쪽.

58 臨時臺灣舊慣調査會, 『淸國行政法』 1卷上 (汲古書院, 1972), 188-189쪽.

특징에 대해서 다음과 같이 지적하고 있다.

> 지금까지 현존하는 청대 중앙정부의 속성은, 다양한 지방행정을 직접 주도적으로 처리한다고 간주되기보다는, 등록하고 검열하는 방법으로 조율하는 방법을 채택해왔다고 간주되고 있다.

두 연구가 공통적으로 지적하고 있는 것은 청대는 군현제(郡縣制)라고는 하지만 실제로는 분권적인 구조에 가깝다는 사실이다. 다만 봉건제와 다른 점은 지방의 우두머리가 봉건제후가 아니라 지방관이라는 점일 뿐이다. 이 두 연구자가 공통적으로 청조 지방관을 봉건제후에 비유하는 것은 어찌된 연유일까. 각 성의 총독과 순무가 북경의 황제에 직속하고 있다는 점은 말할 나위 없지만, 그들이 각각의 관할지역 내에서는 모두 전권을 보유하고 있기 때문이다. 마이어스에 따르면, 청국 중앙정부가 행정사무를 볼 때 직접적으로 안건을 발의할 권한은 없으며, 지방행정의 여러 사무에 대해서 견제하거나 기록할 수 있는 권한만을 가졌을 뿐이었다. 또한 청조 중앙정부는 22개 행성의 사무를 처리할 수 없었고, 지방행정에 대해서 평가만을 할 뿐이었다.[59]

이렇게 본다면 청대 관료제도는 각각 독립된 관료기구의 집합체라고 보아야 한다. 예를 들면 청대 관료의 기구는 크고 작은 여러 군함이 모인 함대와 같은 것이다. 각각의 중요성에 따라 지위의 상하가 관품에 따라 정해진다. 크고 작은 차이는 있다고 하더라도 하나하나의 단위가 장(長)을 세워서 독립적으로 행동할 수 있도록 되어 있었다.

위와 같은 정치기구의 분권적 성격은 국가재정의 구조에서도 잘 나타

59 Mayers, W. Frederick., The Chinese Government. *A Manual of Chinese Titles*, categorically arranged and explained, with an Appendix(American Presbyterian Mission Press, 1878), p. 12.

난다. 이에 대해 일찍이 H. B. 모스(Morse, 1855-1934)는 청조 국가재정은 '공통지갑(common purse)' 시스템의 결여라고 정의내린 바 있다. 그에 따르면 공통지갑 시스템이라는 것은 모든 세금수입을 국고수입으로 하여 이른바 하나의 주머니에 넣어서 그 주머니에서 각종 항목의 지출을 하는 것을 말한다. 모스는 이에 대해서 다음과 같이 말하고 있다.

> 동양과 서양의 재정구조 중에 차이점은 국고(國庫)제도라고 할 수 있다. 영국에서 모든 국가기관의 수입은 국고(exchequer)로 들어가고, 미국은 재무부(Treasury)로 들어간다. 그러나 중국에서는 이론과 실제상에 분리가 일어났다. 이론적으로 모든 토지, 재산과 세수는 황제에 속한다고 하지만, 실제로는 어떤 종류의 세원(稅源)은 〔중앙의 계획 하에서 중앙에 한데 모였다가 지출되는 것이 아니라 미리—인용자〕 어떤 종류의 지출로 정해져 있었다. 예를 들면 어떤 지역의 세금이 매년 50만 량 정도 걷힌다고 하면, 그 50만 량이 모두 호부로 들어가거나 황제의 명령에 따라서 지출되는 것이 아니었다. 그 가운데 10만 량은 상해도(上海道)로 보내져서 외채를 갚는 데 사용되고, 5만 량은 상해도에서 재외 영사관의 경비로 사용되기도 했다. 20만 량은 하남으로 보내져서 황하의 수리시설을 관리하는 비용으로 사용되었다.[60]

이처럼 청조 재정의 경우, 여러 곳에서 올라온 어떤 항목의 수입은 어떤 관청에서 어떤 항목으로 사용될 것인지 미리 하나하나 지정되었다. 또한 반대로 어떤 관청에서 어떤 항목의 지출을 위한 재원으로서 여러 곳의 세수입이 지정되었다. 청대 중국의 재정은 이처럼 하나로 일사분란하게 통일되어 있지 않고 수많은 재원과 지출이 거미줄처럼 얽혀 있어서 쉽게 파악하기 어려운 구조다.[61]

60 馬士(Morse), 張匯文 等譯, 『中華帝國對外關係史』 1권 (上海書店出版社, 2000), 29쪽.

이렇게 된 이유는 중국의 광대한 영토 탓도 있을 것이다. 예를 들면 광동성에서 생산된 미곡을 수도인 북경까지 가지고 온다는 것은 사실 무의미한 일이다. 너무나 많은 운송비용이 들기 때문이다. 호부가 광동성의 미곡 생산량을 완전히 파악해서 일사불란하게 예산을 짜는 것 역시 불가능하다고 할 수 있다. 가장 합리적인 방법은 역시 앞서 밝힌 대로 주변의 필요한 곳에 적절하게 미리 예산을 분배해놓는 것이라고 할 수 있다. 다만 이렇게 하면 전체 재정을 한곳에서 파악하거나 개혁하는 것은 이미 불가능에 가깝게 되고, 현상유지의 차원에만 머물 수밖에 없다. 게다가 각지의 지방관들이 이러한 재정구조를 통해서 수입원을 얻고 있기 때문에, 중앙에서 이러한 권한을 빼앗는 것은 있을 수 없는 일이었다.

이렇게 재정이 분리되어 일사불란한 통일대오를 이루지 않은 것과 마찬가지로, 화폐 역시 통일되어 있지 않고, 통일적인 발행주체가 있지 않았다. 중앙행정만 이러했던 것은 아니었다. 청대 지방행정에 관한 구동조(瞿同祖, T'ung-tsu Ch'ü)의 연구에 따르면, 청대 주현 등의 지방정부는 공공복지에 관한 업무, 즉 복리, 풍속, 도덕, 교육, 농업 등에 관해서는 자신의 관할 영역이라고 판단했지만, 나머지 업무는 모두 민간의 일로 간주했다고 정의하고 있다.

그렇다면 지방정부가 기타 업무에 대한 책임을 지려 하지 않을 때, 이 일에 대한 책임을 맡은 사람들은 대체 누구였을까. 그들이 바로 '신사(紳士, gentry)'였다. 구동조에 따르면 지방정부와 신사 간에는 일종의 전통적인 기능분담이 이루어졌다고 하며, 신사는 지방정부와 아울러서 그 지역의 사무를 책임진 지역 엘리트라고 정의하고 있다.[62] 실제로 태평천국

61 청대 재정구조의 특징에 대해서는 "협향제도의 복잡함은 마치 바둑판과 같은 것이다"라고 할 정도다. 彭雨新, 「清代田賦起運存留制度的演進」 『中國經濟史研究』(1992-4) 참조.

62 Ch'ü, T'ung-tsu, *Local Government in China Under the Ch'ing* (Harvard University Press, 1962), p. 168.

시기, 청조가 태평천국군을 위해 조직한 단련(團練, local militia)의 경우, 지방관의 위세만으로는 단련을 조직하는 것이 불가능했다. 그 일은 상층 신사와 하층 신사의 힘에 의지해서야만 비로소 가능했다.[63]

이스트만은 장개석 하의 남경정부 시기, 국가의 장악능력에 대해 다음과 같이 평가하고 있다.

> 국민정부는 겉으로는 영토, 인민, 혹은 자원을 지배한 것처럼 보였으나 결코 확고한 통제는 할 수 없었다. 예컨대 1944년 국민정부는 정부의 모든 기능을 지탱하는 데 중국 국민총생산의 약 3%(5% 미만은 확실하다) 밖에 쓰지 못했고, 이는 미국의 경우 47%인 것과 대비가 된다. (…) 역사가인 왕육전(王毓銓)의 서술을 빌리면, "정부에서 명령이 내려져도 현장(縣長)은 그 지방 유력자들의 동의를 얻지 않고서는 그 명령을 집행할 수 없었다. 그 지방행정을 장악하고 있었던 것은 현장이 아니라 유력자들이었다." 왕의 말은 항일전쟁 초기의 산동지방에 대한 언급이지만, 이 말은 사실상 심지어 1949년까지 국민정부 지배 하의 중국 어느 농촌에도 해당될 것이다. 국민 대부분이 국민정부의 행정기관이나 국민정부의 군대에 대해 무관심하거나 적대적인 상황에서 (장개석의) 국민정부는 대중적 지지의 넓은 기반을 갖고 있지 않았다.[64]

63 Ch'ü, *ibid*, pp. 184-185.

64 이스트만, 앞의 책, 58쪽. 민국시기(1912-1949)는 1928년 반(反) 군벌투쟁인 '국민혁명'을 경계로 구(舊) 민국시대와 신(新) 민국시대로 구분할 수 있다. 구 민국시대의 정치구조는 각지의 세수권(稅收權)과 병력 및 노동력의 징발권 장악을 위한 주병(駐兵)지역을 근거로, 각 군벌들의 분권적 존재양태를 주된 특색으로 한다. 북경의 중앙정부는 이렇게 지방할거적인 군벌들의 연합 성격을 띠고 있었다. 따라서 근대국가에 필수적인 정치경제적 통일성의 추구는 사실상 방치된 상태였다. 하지만 국민혁명은 그나마 구 민국시대 정권보다는 훨씬 강력한 통일을 가져왔으며 이를 바탕으로 중앙집권적인 근대화 시책들을 추진했다. 국민혁명을 추진한 국민당 내에서는 군권이나 행정권보다 민주집중제에 근거한 당권의 우위를 근거로 당의 전정(專政)을 통해 국가자본을 육성하려는 지향이 존재했다. 민두기, 「도론: 중국국민혁명의 이해와 방향」, 민두기 외, 『중국국민혁명 지도자의 사상과 행동』(지식산업사, 1988) 참조. 다만 본문

1928년 성립한 근대국가체제인 장개석의 남경정부 시대에도 지방에 대한 중앙정부의 장악력은 지극히 낮은 상태였다. 이처럼 대중적 지지에 기반을 두지 못한 중앙정부가 대중을 동원하는 데 곤란을 겪었다는 사실은 위 서술에서 특히 주목할 만하다. 이러한 측면은 청조의 중국에도 마찬가지로 적용될 수 있다. 청조 중국은 한마디로 전제국가(專制國家)였다. 여기서 전제국가란 어떤 정책의 계획과 시행이라는 측면에서 사회적 동의에 입각하지 않는 국가를 말한다.[65] 얼핏 보면 이런 국가는 중앙조정의 권위가 매우 높아서 모든 사람들이 정부의 명령에 순종하고 중앙이 지방을 마음대로 할 것 같지만, 실제로는 사회적 동의가 이루어지지 않은 채 명령이 내려지기 때문에, 도리어 그 명령이 집행되기까지 많은 난관이 존재했다. 따라서 실제 전통 중국사회에서 지방관은 어떤 사업을 시행하기 위해 해당 임지에서 여러 지역사회의 구성원에게 협조를 구할 수밖에 없었다.

에서 인용한 이스트만의 견해를 따르는 한, 장개석 시기의 경제정책 역시 상당히 한계가 많고 불철저했다는 점을 알 수 있다. 화폐와 도량형을 통일하려는 계획이 장개석 정권 하에서 입안되기는 했으나 제대로 추진되지 못했고, 1949년 신중국 성립 이후에나 화폐와 도량형을 통일하는 정책이 관철될 수 있었다.

65 그렇다면 중국은 어째서 전제국가일까. 간단히 서술해보면 이렇다. 일례로 청대 중국의 재판은 국가가 정한 법률을 안건마다 무조건 적용하지 않았다. 중국은 매우 넓고 각 지방의 조건과 지역관행이 달랐기 때문이다. 각 지방의 사정을 적절히 참작해 지방관이 현명하게 판결을 내리는 것을 가장 이상적인 모습으로 상정했다. 재판뿐 아니라 행정에서도 국법이나 조정의 명령을 전국에 일률적으로 적용하기보다 지역의 서로 다른 사정을 '적절히' 감안해 시행하는 것을 가장 이상적으로 생각했다. 청대 사료에서 흔히 발견되는 '인시제의(因時制宜)'나 '인지제의(因地制宜)'라는 표현이 바로 이를 뜻한다. 그런데 문제는 이 '적절함'의 기준이 애매하다는 것이고, 이런 상황에서 소수의 현명한 사람들만이 적절한 판단을 내릴 수 있다는 것이다. 이렇게 되면서 중국사회는 '적절한' 판단을 내릴 수 있는 소수와 그렇지 못한 다수로 양분된다. 더 나아가 현명한 소수는 법의 제한을 뛰어넘는 반면, 다수는 늘 소수의 현명한 판단에 의지할 수밖에 없게 된다. 이러한 정치적·사회적 토양이 현인정치(賢人政治) 혹은 전제국가를 만들었다고 생각한다.

이런 의미에서 청대 중국의 경우, 지방관이 징세와 재판 등의 자기 업무 외, 예를 들면 화폐나 도량형 등에 관한 업무를 처리할 때는 지방 세력(신사 혹은 상인단체)과의 협력[66]이 필수적이었다고 할 수 있다. 구동조뿐만 아니라, 비효통 역시 지방통치는 지방관과 신사와의 협력을 통해서만 가능하다고 지적하고 있다. 그는 이러한 구조를 '쌍궤정치(雙軌政治, Double-track Political System)'[67]라고 칭한다. 이를 통해 지방관은 지방재정이 한정되어 있다는 불리한 조건 속에서도 지방을 통치해 갈 수 있었다. 물론 징세나 재판, 치안 등의 사안에 대해서는 지방관이 주도권을 쥐고 있는 것이 틀림없으나, 모든 문제를 그렇게 할 수는 없었다. 그 이외의 지방문제는 지방관과 신사, 상인 등의 거버넌스(governance, 협치) 속에서 해결되었다고 할 수 있다.

이렇게 볼 때, 청대 중국사회에서는 징세, 치안, 재판, 국방 등의 중요 사안에선 황제와 고위관료들이 권한을 위력적으로 행사한 것은 맞지만, 그 밖의 경제와 관련된 여러 가지 업무들은 사실상 책임주체가 모호했고 그 책임과 권한이 분산되어 있었다. 따라서 국가가 정해놓은 화폐를 일방적으로 강요하기에는 지방관이 동원할 수 있는 자원이 한정적이었기 때문에 불가능했고, 민간에서 만든 화폐, 즉 사주전을 어느 정도는 용인할 수밖에 없었다. 이렇게 되면서 시장에서는 청조가 발행한 화폐, 그

---

66 여기에서 언급하는 신사나 상인계층을 동시대 유럽의 시민사회와 유사한 성격으로 간주할지 모르겠지만, 실제로는 그와는 거리가 멀다. 잘 알려진 대로 신사계급은 어디까지나 국가가 시행하는 과거시험의 합격자였고, 그에 관한 신분 역시 민간사회에서 추인된 것이 아니라, 국가의 법적 규정에 의거한 것이었다. 또한 청대 상인계층 역시 매우 다양하지만, 이 책에서 언급하고 있는 상인이란 지방관아와 유기적으로 협력하면서 지방관아가 부여한 차역을 수행하는 그룹을 말한다. 결론적으로 이들은 민간사회의 대표자라기보다는 지방관아와 협력하면서, 행정업무의 공백을 메꾸는 존재라고 할 수 있을 것이다.

67 費孝通, 「鄉土重建」, 『費孝通文集』 卷4(群言出版社, 1999), 336쪽. 페이샤오퉁, 최만원 역, 『중국의 신사계급』(갈무리, 2019), 109-113쪽.

이전 왕조가 발행한 화폐, 그리고 민간에서 만든 사주전 등 다양한 화폐가 병존할 수밖에 없었다.[68]

이처럼 다양한 퀄리티의 화폐들이 발행하는 사람들의 능력에 따라 사회에서 하나의 서열을 이루고 있었다. 주조차익을 노리기보다는 도리어 가급적 양질의 동전을 유통시키려 했던 북경의 황제부터 악화를 발행하여 차익을 편취하려고 했던 민간 사주전 업자에 이르기까지 여러 가지 층위를 이루고 있었던 것이다.

황제는 동전을 발행하고 유통시키는 존재로서 전국에 군림했다. 다만 그의 지위는 결코 독점적인 것이 아니었다. 공식적으로는『대청율례』등을 통해 법률로써 사주전을 금지하면서도 실제로는 시장에 다양한 화폐 공급자가 참여하는 것을 용인할 수밖에 없는 구조였다. 따라서 시장에는 다양한 화폐 공급자가 존재했고 여러 매개자들이 존재했다. 다만 황제가 아닌 공급자들은 지역 내 공급자에 머무를 뿐이었지만, 황제는 우월한 관료체제에 입각하여 전국적이면서도 좀 더 양질의 화폐를 유통시킬 수 있었다는 점에서만 차이가 있을 뿐이었다. 이러한 의미에서 정부와 시장 사회 사이에 철저한 분리는 결코 이루어지지 않았다.

이러한 화폐공급체제를 앞서 '차서격국'에 관한 비효통의 논의와 연결지어보면 다음과 같다. 청대 중국의 화폐라는 세계는 조정의 정부뿐만 아니라 다양한 공급자들이 참여하는 열린 세계였고, 공급할 수 있는 퀄리

---

68 이러한 모습은 건륭제의 다음과 같은 상유에서도 확인할 수 있다.『清乾隆實錄』卷 841「乾隆34年(1769) 8월 29일」"又諭, 據李侍堯等覆奏, 查辦粵省行使小錢摺內. 所稱現在錢舖易換錢文. 每千文, 有唐宋元明古錢一百餘文, 行用已久, 似應免其查禁, 俾錢價不致昂貴等語, 所辦殊未妥協. 前代錢文, 閱時既久, 存者應已寥寥, 豈有唐宋元明錢文. 至今尚盈千累萬, 與現在制錢, 一體流行之理, 此必係私鑄之徒. 知僞造國寶, 將干重罪. 因而變為狡計, 假託前代名目, 肆行銷鑄. 既顯售其攙和射利之奸, 又得陰蓋其盜鑄制錢之跡. 其爲害於錢法尤甚. 若以聽民自便之故, 不行查禁, 留此罅隙, 致若輩益得潛蹤滋弊."

티에 따라서 서열이 메겨지는 사회이기도 했다. 이러한 서열은 동심원적인 것으로 제전(制錢)부터 각종의 사주전들이 쭉 늘어서 있었다. 그리고 각 동전의 유통범위 역시 동심원적인 것으로 가장 커다란 유통범위를 가지고 있는 제전과 가장 조악한 퀄리티의 사주전까지 각각 다른 동심원 크기를 지니고 있었다.

이처럼 중국 화폐의 세계는 다양한 플레이어가 참여하는 세계로서, 각각의 플레이어들은 독자적 가치를 갖는 각각의 주인공들이었다. 그들이 만들어낸 화폐 또한 각각의 퀄리티를 갖는 각각의 주인공들이었다. 각각의 플레이어들이 독자적이었기 때문에 다른 플레이어와의 연결은 심히 미약해서 서로간의 환산은 잘 이루어지지 않았다. 비유하건대 중국의 화폐세계는 오늘날의 시점으로 보면 '주인공들이 너무 많은 무협지'와도 같은 세계였다.

하지만 어떻게 보면 오늘날 화폐환경과 유사한 점도 있다. 오늘날 정부가 발행하는 화폐가 있고, 그 반대편에 탈중앙화를 주장하는 비트코인이라는 가상화폐가 있는 것처럼, 청대에는 정부가 발행하는 동전인 제전(制錢)이 있고, 개인이 발행하는 사주전이 있었다. 누군가는 비트코인을 어떤 거래에 사용할 수 있듯이, 사주전 역시 청대 사회에서는 일정한 통용력을 지니고 있었다. 그리고 오늘날 정부가 비트코인 거래에 직접 개입할지를 놓고 늘 고민하듯이, 청조 정부 역시 사주전 거래에 개입하는데 한계를 느낄 수밖에 없었다.

흔히 명말 이후에 은 경제(silver economy)에 완전히 편입되어서 은만 사용된 것 같지만, 실제로는 그렇지 않았다. 더구나 18세기 중반인 건륭연간 이후부터는 도리어 동전이 다량으로 사용되었다. 동전 사용에서 놀라운 점은 결코 단순히 일상적인 거래에서만 동전 사용이 늘어난 게 아니라, 대량의 미곡과 토지 등 거액 거래에서도 동전을 기준으로 삼았다는 것이다. 이러한 변화는 지역마다 그 시기가 각각 달랐다. 강소성지역은

1770년대부터, 북경지역은 19세기 초부터, 산동지역은 1760년부터였다. 복건지역의 경우 19세기 후반에는 은 사용이 줄어들고, 동전 사용이 많아지는데, 다시 19세기 말에는 은 사용이 증가되었다.

다만 거래기준이라는 측면에서 '은→동전'의 이행 이후에도 청대 중기 이후, 스페인 은화인 카를로스 은화 등이 강소, 절강, 광동지역 등에서 매우 유행했다. 서양에서 온 화폐라 하여 이를 '양전(洋錢)'이라고 했는데, 즉 청대를 통해 동남 연해지역에서 기준이 되었던 화폐는 '은→동전→양전' 순으로 시대마다 바뀌었다.

양전에는 본디 순도보다 더 높은 프리미엄이 붙기도 했는데, 이는 카를로스 은화 등이 일정한 순도, 분량, 형상으로 주조하여 표면에 가격을 표시한 화폐, 즉 중량을 달아볼 필요 없이 그 수만 헤아려도 가치 확인이 가능한 개수화폐(個數貨幣)였기 때문이다. 개수화폐는 탐색비용이 매우 낮고, 누구나 쉽게 그 가치를 확인할 수 있었기 때문에, 시장에서 널리 환영받았다.[69]

그렇다면 동시대 바다 건너 일본의 사정은 어떠했을까. 화폐에 한정

---

69 兩江總督 陶澍와 江蘇巡撫 林則徐 등은 양전(洋錢)의 편리함에 대해 다음과 같이 적고 있다. "「兩江總督陶澍, 江蘇巡撫林則徐－報告銀貴錢賤情形竝請鑄五錢重銀元, 道光13년4월6일」"百年以前, 洋錢尙未盛行, 抑價可也, 卽厲禁亦可也. 自粵販愈通愈廣, 民間用洋錢之處, 轉比用銀爲多, 其勢斷難驟遏, 蓋民情圖省圖便, 尋常交接用銀一兩者, 易而用洋錢一枚, 自覺節省, 而且無須彈兌, 又便取携." 中國人民銀行總行參事室金融史料組編 『近代中國貨幣史資料』 上卷 (中華書局, 1964), 15쪽. 한편 왕휘조(汪輝祖)의 『병탑몽흔록』 「가경원년」 조에 따르면, "번은(番銀) 1원(元의) 가치는 제전(制錢) 1,070문 내지 80문, 90문인데, 시장에서는 1,130문에서 70문이나 80문까지 거래되고 있고, 항주(杭州)에서는 이러한 경향이 심하다"라고 기록하고 있어서 가경연간부터 양전에 관한 프리미엄이 상당했다는 점을 알 수 있다. 가경·도광연간부터는 본격적으로 거래비용을 가능한 한 줄이는 쪽으로 상업관행이 한 단계 더 고도화되었다고 할 수 있다. 양전이 유행하던 19세기 초인 도광연간에 대부업의 일종인 장국(賬局)과 환전과 송금업무를 주로 담당했던 표호(票號)가 발달하기 시작한 것도 우연이라고 할 수는 없을 것이다. 劉逖, 『前近代中國總量經濟硏究』(上海人民出版社, 2010), 94쪽.

해서 말하자면, 상당히 다른 양상을 보여주고 있었다.

> 도쿠가와막부에 의해 사실상 처음으로 국내통화가 통일된 것을 지적하지 않으면 안 된다. 막부는 최초로 금은화를 주조하고 다시 1636년부터 서민통화로서 간에이통보〔寬永通寶〕를 대량으로 주조했다. 중세에서 전국시대 말기에 걸쳐 사용되고 있던 주요한 화폐는 중국으로부터의 도래전(渡來錢)이었으며, 일본의 정권은 독자적인 화폐주조권을 확립하지 못했다. 그러나 명의 쇠퇴, 중국무역의 정체에 의해 도래전이 부족하게 되자 전국시대 말기에는 마멸되거나 파선된 도래전이나 이를 모방한 동전이 유통되어 원활한 화폐거래가 지장을 받았다. 도쿠가와막부에 의한 화폐제도의 정비는 이러한 상황을 크게 개선하여 화폐경제의 발전에 중요한 역할을 했다.[70]

이러한 통일이 비단 일본 에도막부에서만 이루어진 것은 아니었다. 17세기 초만 하더라도 유럽 역시 화폐의 주조권이 제각각이었던 것은 마찬가지다. 그러나 스페인의 경우, "지방들의 전통적인 특권이 폐지된 1716년 이후 전 영토에서 유통화폐가 통일"[71]되었다. 17세기 초를 기점으로 전 세계 주요 문명은 모두 화폐경제를 기본으로 하는 '경제사회'로 진입했다. 그렇다면 세계사에서는 화폐와 도량형을 통일해나갔던 나라와 그렇지 않았던 나라로 구분할 수 있지 않을까. 물론 청조 중국의 경우는 분명히 후자에 속했다.

그렇다면 청조는 어째서 근세 유럽이나 일본 에도막부처럼 화폐와 도량형을 통일하려 하지 않았을까. 우선 은에 대해서 살펴보면, 16세기 후

70 미야모토 마타오(宮本又郞) 외, 정진성 역, 『일본경영사』(한울, 2001), 18-19쪽. 번역본 약간 수정. 에도시대 시장경제에 대해서는 오카자키 데쓰지(岡崎哲二), 이창민 역, 『제도와 조직의 경제사』(한울, 2008), 126-132쪽 참조.

71 빌라르, 앞의 책, 293쪽.

반에서 17세기 초반, 당시 중국에 유통되던 은의 총량은 2억-3억만 량 정도가 아닐까 생각된다.[72] 그러나 명조나 청조의 재정규모는 그 1/8 내지 1/10정도에 불과했다. 그리고 그 전체 국가재정이 은을 기준으로 통일된 것도 아니었다. 전체 은 유통량과 비교하여 정부가 개입할 수 있는 양은 극히 일부에 불과했다. 다시 말해서 은을 규격화하여 편리하게 유통시킨다고 해도, 그것이 시장 전체에 영향을 주기는 어려운 상태였다. 스페인이나 일본의 경우만 보더라도 중앙권력이 은의 산지, 즉 은광 등을 직접적으로 지배해서, 캐낸 은을 바로 은화로 주조하는 것이 가능했다.[73] 은에 관한 채굴권을 독점한 상태에서는 바로 은화를 유통시킬 수 있었지만, 명조와 청조의 경우 은은 중국 국내에서 생산되는 비율은 낮았고, 상당수는 해외에서 들어오는 것이고, 사무역, 즉 오늘날의 기준으로 보면 밀수를 통해서 들어오는 경우가 많았기 때문에, 이를 모두 수거하여 은화로 주조할 수는 없었다.

여기에 덧붙여 애초부터 은을 은화로 주조해야 할 뚜렷한 동기도 존재하지 않았다는 점도 중요하다.[74] 은화로 주조해야 한다면, 이를 관리하기 위해 막대한 행정비용이 들 수밖에 없다. 명조나 청조 모두 동전을 발행하고 그 통일을 유지하는 데에도 많은 어려움을 겪고 있었다. 알다

---

72 본서 제1부 제1장 「명말청초 이후 은과 동전 유통량」 참조.

73 치폴라, 장문석 역, 『스페인 은의 세계사』(미지북스 2015), 92-93쪽.

74 구로다 아키노부는 중국왕조는 적극적으로 통일된 은화를 도입하겠다는 동기가 없었다고 하는데, 그 이유를 정부(上)와 민간(下)에서 각각 서로 다른 화폐를 사용하여 양자를 분리하는 것이 왕조재정으로서는 유리했기 때문이라고 하고 있다. 앞의 책, 124-125쪽. 은과 동전이라는 두 가지 서로 다른 화폐를 사용하는 것에 대해서 명조나 청조에서 어떤 복잡한 생각이 있었다고 하기는 어렵고, 오히려 명대의 경우, 은 유입은 왕조의 해금체제 바깥에 있던 해상세력이 반입한 것이 대부분이었기 때문에, 은은 기본적으로 왕조의 관리대상이 아니었고, 따라서 스페인 제국처럼 은화로서 주조하거나 통일적으로 관리하는 대상 자체가 아니었기 때문이라고 보는 편이 좀 더 사실에 가깝지 않을까 생각된다.

시피 동전은 진대(秦代) 반량전(半兩錢) 이래 주조해온 오랜 역사가 있어서 해당 왕조마다 그 주조에 대한 책임을 느꼈지만, 은은 송대 이래 본격적으로 화폐로서 사용되어, 역사도 비교적 짧기 때문에 이를 관리해야 할 역사적 당위성도 적었으리라는 점은 충분히 짐작할 수 있다.

실제로 귀금속 덩어리로 결제하는 일 자체는 세계사적으로 드물지 않았다. 빌라르 역시 "〔16세기 서인도제도에서는—인용자〕 판매대금이 화폐로 결제되는 게 아니라 여전히 귀금속 덩어리로 결제되었는데, 그것은 서인도에서 아직 귀금속을 화폐로 주조하지 않았기 때문"[75]이라고 적고 있다. 나아가 "그것들〔귀금속 덩어리〕은 무게가 알려져 있고 순도가 원칙적으로 보장되었기 때문에 거의 화폐처럼 사용되었다. 거래와 수출 태반이 16세기 전반 그리고 16세기 말까지도 이러한 체제에 기반을 두었다"[76]라고 지적하고 있다. 즉, 서양 역시 지금(地金)이나 지은(地銀)을 그대로 사용하다가 점차 오늘날과 같은 개수화폐 형태로 진화했다는 점을 알 수 있다. 위에서 서술한 모습을 보면, 청대 사회는 다양한 화폐가 사용되었다는 점에서 현대사회와 이질적이긴 하지만, 화폐를 기본적인 거래수단으로 삼은 사회였다는 점에서 '경제사회'라고 할 수 있을 것이다.

*

이 책의 주제인 '경기변동(Business Cycle)'은 이러한 화폐를 통한 개인 간의 교역, 지역 간의 교역이 눈처럼 차곡차곡 쌓여 하나의 거대한 파도를 이루는 것을 가리킨다.[77] 한마디로 말하면, 어떤 시기는 교역이 상당히 활

---

75 빌라르, 앞의 책, 106쪽.

76 빌라르, 앞의 책, 172쪽.

77 미야자키 이치사다(宮崎市定)는 후한대까지를 고대로 상정하고, 이를 화폐경제시대, 삼국시대부터 당말·오대까지를 자연경제시대로 비정했다. 다시 송대부터 청대까지는 화폐경제시대로 파악했다. 이에 나아가 경제의 커다란 파동을 상정하여 고대는

발하고, 어떤 시기는 줄어들기도 한다는 의미다. 이것은 가장 직접적으로 화폐 유통량의 변동을 중심으로 생산·고용·물가변동이라는 형태로 나타난다. 그 변동은 일단 한 방향으로 탄력이 붙어 움직이기 시작하면 같은 방향으로 누적적으로 발전하며, 어느 지점에 도달하면 기동력이 떨어져 마침내 반대 방향으로 역전하는 경향을 갖고 있다.

그렇다면 교역이 활발하거나 그렇지 못한 시기를 어떻게 구분할 수 있을까. 여기서 가장 중요한 지표가 물가다. 물가가 왜 경제성장의 지표가 되는 것일까. 일반적으로 경제성장이 이루어지면 소득이 증가하기 마련이다. 소득이 증가하면 상품에 대한 수요가 높아지므로 물가는 상승한다(인플레이션). 물론 홍수나 가뭄 등의 자연재해로 곡물생산이 줄어 물가가 상승하는 경우도 있다. 하지만 이런 현상은 보통 단기간에 그친다. 반대로 성장이 둔화되면 자연스럽게 소득이 하락하고, 소득이 하락하면 상품에 대한 수요가 줄어들기 때문에, 물가는 하락하게 된다(디플레이션). 즉 장기적으로 호황과 불황 그리고 물가는 밀접한 상관관계에 있다고 할 수 있다. 이러한 전제하에서 이 책에서는 아편전쟁 이전 청대(1644-1840) 중국의 경기변동을 파악하고, 그것이 어떤 이유에서 비롯되었는지 살펴보려 한다.

오늘날 온·오프라인 시장에서 상품을 구입할 때도 가격변동은 늘 일어난다. 가격변동은 정부정책, 유통기구 문제, 생산량 변화 그리고 기

호경기시대, 중세는 불경기시대, 근세는 호경기시대이며, 근세가 될수록 경기변동의 간격은 짧아진다고 지적하기도 했다. 미야자키 이치사다, 조병한 역, 『중국통사』(서커스, 2016) 참조.

고대	후한까지	화폐경제
중세	삼국시대－당말·오대	자연경제
근세	송대－청대	화폐경제

후변화 등 다양한 요소들이 중첩되어 나타나는 결과다. 청대 역시 마찬가지였다. 앞으로 서술해나가겠지만, 청대 역시 국제교역, 정부정책, 특히 통화정책 그리고 사회구조, 생산량 변동 등 다양한 요소들이 함께 작용했고, 이러한 요소들이 합쳐져 물가변동이라는 거대한 흐름을 만들어냈다.

물가변동이 단순히 가격변화만을 의미하지 않으며, 사회구조를 변화시키는 중요한 계기가 된다는 사실은 누구나 잘 알고 있다. 일례로 대부분의 사람들은 부동산 정보에 민감하며, 부동산 양극화가 사회 양극화를 가져온다는 데 동의할 것이다. 이는 청대 중국의 경우에도 마찬가지였다. 물가변동은 매우 다양한 요소가 복합적으로 작용한 결과였고, 물가변동은 다시 사회구조에 커다란 영향을 주었다. 심지어 사회구조를 크게 변용시키기도 했다. 이 책에서 언뜻 숫자들의 모음일 것 같은 경기변동이란 주제를 선택한 이유 또한 단순히 물가변동과 그 원인을 설명하는데 그치지 않고, 청대 중국에서 물가변동이 과연 어떠한 사회구조의 산물이었으며, 궁극적으로 다시 어떻게 사회구조가 재편되는 데 영향을 끼쳤는지 분석하고 설명하는 데 있다.

경기변동을 사회구조 속에서 이해하고자 할 때 중요한 단서가 되는 것이 시장구조이다. 일례로 페르낭 브로델은 『물질문명과 자본주의』 제2권 「교환의 세계」 중 16-18세기 세계사를 서술하는 과정에서 도시와 함께 정기시(定期市, fair)의 발전을 매우 비중 있게 다루고 있다. 그는 역사적 교역의 방식이 '행상인→정기시→상설시장'으로 이행해가는 것을 이른바 '교환의 세계'가 성립하는 데 중요한 지표로 간주하고 있다.

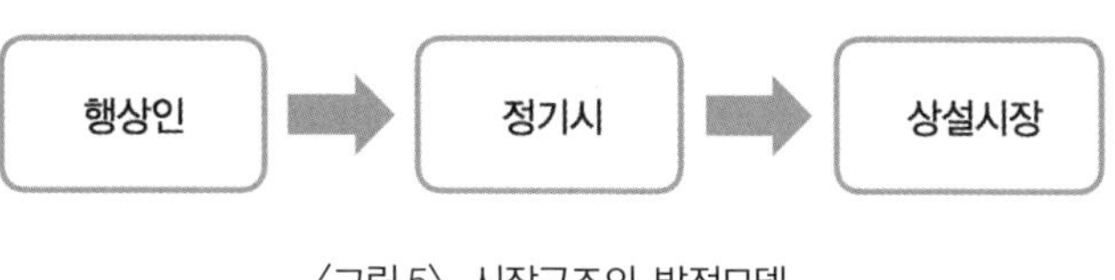

〈그림 5〉 시장구조의 발전모델

서양(徐揚), 〈고소번화도(姑蘇繁華圖)〉(18세기, 청대, 부분)

16-18세기엔 전 세계적으로 많은 지역에서 정기시가 성립되었다. 정기시들이 흥망을 반복하고, 상설시장 나아가 대도시로 발전해나가는 모습은 '세계적' 규모라고 해도 좋을 만큼 16-18세기 역사에서 주요한 특징 가운데 하나다.

반면 청대 중국경제사에 관한 기존의 연구들을 살펴보면, 리보중(李伯重) 등의 경우[78] 경제성장에서 농업생산력을 중심으로 일국사의 관점에서 서술해나가고 있다. 필립 황의 '과밀화(involution)' 가설 역시 이와 마찬가지다.[79] 물론 안드레 군더 프랑크나 케네츠 포메란츠처럼 은 경제(silver economy) 하에서 서구와 중국의 사례를 비교하는 지구사적 연구도 나왔지만, 중국사회의 고유한 내부 요인은 거의 설명하지 않은 채, 유럽이 중국을 능가한 이유를 석탄과 신대륙 발견이라는 우연적 요인에서 찾고 있다.

따라서 이 책은 생산력이나 지주전호제와 같은 '생산관계' 대신, '시장과 유통'을 중심으로 청대 중국의 경제사를 파악해보려 한다. 기존의 연구들처럼 직선적이고 단계적인 경제발전모델로써 경제현상을 해석하기보다 '호황(好況)'과 '불황(不況)'이라는 파동적인 경기순환으로서 경제의 역사를 이해해보려는 것이다. 이러한 관점에서 보면, 생산력이 단계적 · 지속적으로 상승한다는 직선적 역사관의 맹점을 대신해 각 시기마다의 특징이 훨씬 더 선명하게 제시될 수 있으리라 생각한다. 이는 청대 중국사회를 하나의 이미지로 고정시키는 것에서 벗어나 훨씬 더 다양하게 이해할 수 있는 길을 제시하고, 나아가 그 경기변동의 요인을 보다 근본적으로 검토할 수 있게 할 것이다.

---

78 리보중(李伯重), 이화승 역, 『중국경제사 연구의 새로운 모색』(책세상, 2006).

79 Huang, Philip., *The Peasant Family and Rural Development in the Yangzi Delta, 1350-1988* (Stanford University Press, 1990), pp. 11-15.

이 책은 청대 경제사를 경기변동과 시장구조를 중심으로 재구성하고, 이를 다른 나라의 경험, 예를 들면 에도시대 일본이라든가 같은 시기 서구와의 비교라는 관점에서 서술하려는 시도이다. 기존의 연구들에서는 청대 중국만을 대상으로 하고 있기 때문에, 도리어 청대 중국이 지닌 경제사적 특징이 무엇인지는 알기 어려웠다. 다른 비교대상이 없었기 때문인데, 어떤 연구결과가 나온다고 하더라도, 이것이 과연 중국만의 특징인지 아니면 다른 사회에서도 얼마든지 발견할 수 있는 것인지 판별하기가 어려웠다. 이 책은 기존 연구들에 내재한 한계들을 극복하기 위해 비교사적 관점에서 청대 사회경제사가 갖는 특징을 부각시켜보고자 한다. 이 책의 문제의식은 무엇보다 명청시대 화폐 유통에 따른 변화를 단순히 '상품경제의 발달'이나 '화폐경제의 진전'으로 파악하는 게 아니라, 중국 사회에서 화폐현상이 지닌 다양한 측면을 사회구조 속에서 함께 고찰하는 데 있다.

제1부

화폐 유통과 농민소득의 변화

| 제 1 장 |

명말청초부터 청대 후기까지 화폐 유통량

1

안드레 군더 프랑크의 『리오리엔트』[1]는 출간되자마자 학계에 커다란 반향을 불러일으켰고, 명청시대, 세계사 속에서 중국경제가 차지하는 위상에 대해 다시 해석할 것을 주장했다. 이에 대한 주요한 논거로서 명청시대 중국으로의 은 유입량을 들고 있다. 그에 따르면 아메리카 대륙에서 16세기에는 17,000톤, 17세기 37,000톤, 18세기에는 75,000톤의 은이 생산되었다고 한다. 그리고 일본에서는 9,000톤 정도가 생산되었다고 한다. 이 가운데 50%가 동시에 중국으로 유입될 정도로 중국의 산업적 위상이 높았다고 주장했다.[2] 생산량의 50%가 중국으로 유입되었다는 그의 주장은 과연 얼마나 사실과 부합하는 것일까. 다음은 이 주장을 표로 정리한 것이다.

〈표 1〉 프랑크의 중국 은 유입 추계 (『리오리엔트』, 254-257쪽 변용)

유럽 → 중국	39,000톤	약 55.7%
마닐라 갈레온 무역	10,000톤	약 14.3%

1 Frank, Andre Gunder,. *ReORIENT: Global Economy in the Asian Age* (University of California Press, 1998)(안드레 군더 프랑크, 이희재 역, 『리오리엔트』(이산, 2003)).

2 프랑크, 같은 책, 254-257쪽 참조.

일본 → 중국	9,000톤	약 12.8%
중국 국내 생산분을 포함한 기타	12,000톤	약 17.1%
총계	70,000톤	200년간 연간 350톤

한편 또 다른 연구자인 하네다 마사시(羽田正)의 연구에 따르면, 1600년을 전후해 연간 80톤의 일본 은이 유입되었고, 25톤에서 50톤의 아메리카 은이 마닐라를 경유해 유입되었을 것으로 추산되며, 인도양을 경유해 마카오로 운반된 은까지 포함하면 1년에 유입된 외국 은의 총량은 약 100-150톤에 달했을 것이라고 추정된다.[3] 양자를 비교해보면 하네다 마사시의 추계보다 프랑크의 추계가 약 2-3배 많은 셈이다. 당시 중국에서 은 1량(兩)의 무게는 약 36.7g 정도였는데, 1톤의 은은 약 2만7,200량에 해당한다. 반면 지구 반대편의 기축통화였던 스페인 1페소의 순은 함유량은 25.5g으로, 1톤의 은은 약 4만 페소에 해당한다. 1페소는 은으로 0.66-0.7량 정도이지만 은량은 그 순도가 100%가 아니기 때문에, 학계에서는 1페소의 순은 함유량(25.5g)을 중국의 은량 1량의 무게(35.7g)와

3 하네다 마사시, 조영헌 외 역, 『바다에서 본 역사』(민음사, 2018), 212쪽 참조. 그 밖에 명청시대 은 유통량에 관한 연구로서는 리처드 폰 글란, 류형식 역, 『폰 글란의 중국경제사』(소와당, 2019); 余捷瓊, 『1700-1937年中國銀貨輸出入的一個估計』(商務印書館, 1940); 彭信威, 『中國貨幣史』(上海人民出版社, 1965); 全漢昇, 『中國經濟史論叢』 1冊 · 2冊 (新亞書院, 1972); 黃國樞 · 王業鍵, 「清代糧價的長期變動」, 『經濟論文』 9卷1期(1981); 林滿紅, 「世界經濟與近代中國農業－清人汪輝祖一段乾隆糧價記述之解析」, 中央研究院近代史研究所編, 『近代中國農村經濟史論文集』(中央研究院近代史研究所, 1989); 同, 「與岸本教授論清乾隆年間的經濟」, 『中央研究院近代史研究所集刊』 28期 (1997); 邱永志, 『「白銀時代」的落地: 明代貨幣白銀化與銀錢竝行格局的形成』(社會科學文獻出版社, 2018); 莊國土, 「16-18世紀白銀流入中國數量估算」, 『中國錢幣』 (1995-3); 李隆生, 「清代(1645-1911)每年流入中國白銀數量的初步估計」, 『人文暨社會科學期刊』 5卷 第2期(2009); 岸本美緖, 앞의 책, 市古尙三, 『清代貨幣史考』(鳳書房, 2004); von Glahn, Richard., 'Myth and Reality of China's Seventeenth-century Monetary Crisis', *The Journal of Economy History* 56: 2(1996), p. 439. 등 참조.

비교해 70% 내지 73%로 표현하기도 한다. 참고로 당시 일본에서 통용되던 무게 단위인 1관(貫)은 중국에서는 약 100량에 해당한다.[4] 이러한 단위를 감안하면, 프랑크의 추계로는 그 유입량이 연간 952만 량이 되고, 하네다의 추계에 따르면 272-408만 량이 된다.

이 수치가 과연 얼마 정도인지 와 닿지 않을 텐데, 통상 명대의 1년 재정규모를 은으로 환산하면 2,200만 량[5]에서 3,700만 량 정도[6]였고, 아편전쟁 이전 청조의 연간 예산은 대체로 약 6,000만 량 정도[7]였다. 따라서 프랑크의 추계에 의하면 연간 유입량은 청조 예산의 15.8%가 되며, 하네다의 추산으로는 4.5%-6.8%에 해당한다. 만약 정말 매년 국가예산의 15%에 해당하는 은이 유입되었다면 매우 높은 인플레이션을 보여야 할 터인데 실제로 명청시대 중국의 물가는 그렇게까지 많은 상승을 보여주지 않았다는 점[8]에 대한 프랑크의 설명은 의문이 들 수밖에 없다.

프랑크의 연구가 갖는 또 하나의 의구심은 청대에 화폐로서 은만이 유통되었던 것은 아니라는 점이다. 주지하다시피 명청시대에서는 은과 동전을 모두 중요한 화폐로 사용하고 있었다.[9] 이처럼 프랑크의 연구 등에서는 동전에 대한 고려가 전혀 이루어지지 않았기 때문에 청대 경제사

---

4 小葉田淳, 『金銀貿易史の硏究』(法政大學出版局, 1976), 7쪽.

5 폰 글란, 앞의 책, 548쪽.

6 홍성구, 「임진왜란과 명의 재정」, 『역사교육논집』 58호(2016), 140쪽.

7 Yeh-chien Wang, *The Land Taxation in Imperial China*, 1750-1901(Harvard Univ Press, 1973), p. 72. 岩井茂樹, 『中國近世財政史の硏究』(京都大學出版會, 2004), 30쪽.

8 이에 관해서는 홍성화, 「청대 중기 미가와 인구, 그리고 화폐－건륭연간 미가변동 해외연구 검토」, 『동국사학』 69호(2020) 참조.

9 勒輔, 『勒文襄公奏疏』 권7, 「生財裕餉第二疏 開洋」 "江浙等省, 一切村鎭收買, 絲布袍紬鹽之行市, 以及天下之開張鋪面者, 合計何止數百萬家, 些小交易用錢, 稍大則皆銀也." 한편 足立啓二는 동전을 위주로 한 경제〔銅錢經濟〕에서 은을 위주로 한 경제〔銀經濟〕로 이행했던 것이 명청시기라고 통상 알고 있지만, 이 시기는 동전경제가 확대되는 시기이기도 했다고 지적하고 있다. 足立啓二, 「淸代前期における國家と錢」 同, 『明淸中國の經濟構造』(汲古書院, 2012).

의 이미지를 온전히 보여주지 못하고 있다고 판단된다.

은과 동전에 대한 명청시대 화폐에 대한 연구에서 커다란 난점은 이에 관한 신뢰도 높은 사료를 찾기 어렵다는 점에서도 찾을 수 있다.[10] 이로 인해 프랑크와 하네다 마사시의 추계처럼 서로 커다란 편차를 보이는 것이 현실이다. 이에 이 장에서는 청대 전중기(1644-1840)를 중심으로 기존의 연구[11]를 가능한 한 망라하여 청대 화폐 유통량을 종합적으로 추계해 보도록 한다. 청조가 주조한 동전을 제전(制錢)이라고 하고 민간에서 관의 허락 없이 주조한 것은 사주전(私鑄錢)이라고 한다. 제전은 다시 중앙에서 주조한 것과 지방 주조국에서 발행한 것으로 크게 나눌 수 있다. 위와 같은 정부 주조량에 대한 기본적인 사료로서는 청실록(淸實錄), 『청조문헌통고(淸朝文獻通考)』, 『대청회전사례(大淸會典事例)』 등을 들 수 있다. 다만 중앙 주조분〔京師二局〕에 대한 기록은 비교적 상세한 편이지만, 지방 주조국에서의 주조량은 누락된 부분이 많기 때문에 어디까지나 추측에 의할 수밖에 없다. 경사이국(京師二局)과 지방 주전국 사이에는 상하관계가 없었기 때문에, 중앙에서도 지방 주전국이 얼마나 주전하는지 파악하기 힘들었던 것으로 보인다. 즉 사료상의 한계로 인해 청조가 발행한 동전 주조량의 전체 수치를 정확히 파악할 수 있는 방법은 사실상 없는 셈이다. 실제로 청대 민간에서 사용된 상당량의 동전은 사주전이었다고 추측되는데,

---

10 彭凱翔, 『淸代以來的糧價－歷史學的解釋與再解釋』(上海人民出版社, 2006), 55쪽.

11 청대 동전 주조량에 대한 연구로서는 彭信威, 『中國貨幣史』(上海人民出版社, 1965); 楊端六, 『淸代貨幣金融史稿』(三聯書店, 1962); 杜家驥, 「淸中期以前鑄錢量問題－兼析所謂淸代“錢荒”現象」, 『史學集刊』(1991-1期); 王德泰, 「十九世紀初期淸代銅錢産量與當時銀貴錢賤關係的考察」, 『天水師範學院學報』(2002-1期); 上田裕之, 『淸朝支配と貨幣政策』(汲古書院, 2009); 黨武彦, 『淸代經濟政策史の硏究』(汲古書院, 2011); 佐伯富, 「淸代雍正期における通貨問題」, 東洋史硏究會編, 『雍正時代の硏究』(同朋舍, 1986); 足立啓二, 2012; 李紅梅, 「淸代における銅銭鋳造量の推計－順治~嘉慶・道光期を中心として」, 『松山大學論集』 21-3 (2009). 참조.

원칙적으로 불법이기 때문에 이 역시 정부의 파악 밖에 놓여 있다.

이러한 자료상이 난점 때문에, 은 유통량과 동전 주조량에 대한 기존의 연구자들의 연구결과 역시 커다란 편차가 있다. 다만 이 장에서는 이러한 편차를 확인하고 대조하는 가운데 일정한 경향성을 발견할 수 있으리라 기대한다. 그리고 은의 유입량과 동전의 발행량에 관한 각각의 추계 및 연구는 존재하지만, 양자를 같은 선상에 놓고 비교하는 연구는 그다지 찾기 어렵다. 실제 명청시대 은과 동전은 같은 일상 공간에서 사용되었음에도 불구하고, 이상할 정도로 그에 대한 통합적 연구는 찾기 어려운 것이 그 실정이다. 이에 이 장에서는 기존의 연구를 종합하여 은 유입량과 동전 발행량을 복원하고, 이 양자를 비교함으로써 양자의 관계와 청조의 경제정책의 한 단면을 밝히고자 한다.

1. 명말 은 유입과 동전 주조량 추계

명말(1550-1644) 시기에는 동전 발행이 상당히 원활하지 않았고 특히 동전의 질이 매우 열악했다.[12] 반면 은은 주로 무역을 통해 해외에서 막대한 양이 유입되었다.[13] 명말의 주요 무역루트는 다음과 같다. ① 포르투갈 상인을 중개로 한 일본과의 교역, ② 갈레온 무역,[14] ③ 포르투갈 등을 통한 유럽과의 교역 등이다. 여기서는 주로 ①과 ②에 초점을 맞추어본다.

12 홍성화, 「명대 통화정책 연구—동전과 사주전을 중심으로」, 『사총』 86권(2015) 참조.

13 명말 견직물을 중심으로 한 중국의 해외 교역에 관해서는 李隆生, 『晚明海外貿易數量研究』(秀威資訊, 2009); 莊國土, 「明季海外中國絲綢貿易」, 『海上絲路與中國國際研討會論文集』(福建人民出版社, 1991) 참조.

14 갈레온 무역의 구조에 대해서는 서성철, 『마닐라 갤리온 무역』(산지니, 2017) 참조.

우선 ① 일본을 통한 은 유입규모를 보면, 오승명(吳承明)은 1550-1645년까지 6,280-8,580만 량 정도가 유입되었다고 보고 있다.[15] 고바타 아츠시(小葉田淳)는 1540년부터 1644년까지 일본은 모두 중국에 26,620만 량을 수출했다고 한다.[16] 또한 야마무라와 카미키는 1550-1600년까지 1,700-2,370톤이며(연평균 34-47.4톤, 92만 량-128만 량), 1601-1645년은 6,900-8,400톤(연평균 150-182톤, 408만 량-500만 량)으로 계산하고 있다.[17] 이들은 16세기 후반보다 17세기 초에 은 유입량이 약 4배 정도 상승했다고 보고 있는 셈이다. 전체로는 8,600톤-10,770톤으로 이를 은량으로 계산하면 2억3,392만 량에서 2억9,294만 량 정도가 되며, 연간 평균 246만 량에서 308만 량 정도가 된다.

반면 폰 글랜의 추계로는 9,884만 량 내지 10,404만 량이 유입되어 평균 104만 량에서 109만 량 정도 유입되었다고 파악하고 있다. 수치가 지나치게 많은 경우인 야마무라와 카미키의 연구는 2억3,392만 량에서 2억9,294만 량으로 계산하고 있는데, 이는 같은 시기 일본 은 생산량의 2/3 내지 거의 100%에 해당하는 셈인데, 현실과는 맞지 않는다고 할 수 있다. 만일 일본 은 생산량의 절반이 중국에 수입되었다고 가정한다면, 대략 1억3,000만 량, 연간 약 136만 량이 되는데 이쪽이 합리적이라고 판단된다.

② 갈레온 무역을 통해서는 대체로 명말 1550년부터 1644년까지 대략 4,000만 량 내지 6,000만 량의 은이 해외에서 유입되었을 것으로 추산되

---

15 吳承明, 『經濟史理論與實證』(浙江大學出版社, 2012), 144쪽.

16 Kobata, A., 'The production and uses of gold and silver in sixteenth and seventeenth-century Japan', *The Economic History Review*, 18: 2(1965).

17 Yamamura and Kamiki, "Silver Mines and Sung Coins: A Monetary History of Medieval and Modern Japan in International Perspective." In *Precious Metals in the Late Medieval and Early Modern World*, edited by Richards, J. F., 329-62.(Carolina Academic Press, 1983) 참조.

고 있다. 즉 팽신위(彭信威) 4,000만 량,[18] 임만홍(林滿紅) 1,927만 량,[19] 오승명(吳承明) 6,868만 량,[20] 장국토(莊國土) 7,500만 량,[21] 폰 글랜 6,748만 량으로 각각 추계하고 있는데, 이렇게 보면 대략 전체적으로 6,000만 량 정도, 즉 연간 약 66만 량 정도의 은이 유입되었고 보는 편이 합당하지 않을까 생각된다.

③ 유럽과 중국과의 무역을 통한 은 유입량에 대해서 폰 글랜은 1550-1644년까지 1,230톤(3,345만 량, 연평균 37만 량)이라고 파악하고 있다.[22] 즉 연간 55만 량 정도로 파악하는 것이 무리가 없으리라 생각된다.

〈표 2〉 명대 은 유입량 추계

	전체 유입량	연간 유입량
대 일본 무역	1억3,000만 량	약 136만 량(54%)
대 마닐라 무역	6,000만 량	약 63만 량(25%)
대 유럽 무역	5,000만 량	약 53만 량(21%)
은 유입 전체	2억4,000만 량	약 252만 량(100%)

명말 전 세계 은 교역에 대한 기시모토 미오(岸本美緖)의 추계는 다음과 같다. 17세기 초반 연간 약 250톤의 은이 스페인을 경유하여 유럽으로 흘러들어갔으며, 반면 갈레온 무역을 통해서는 연평균 25톤 정도가 중국으로 유입되었다고 추측된다. 일본 은의 유입에 대해서는 1610년대

18 彭信威. 『中國貨幣史』(上海人民出版社, 1965), 662-663쪽.

19 林滿紅, 「世界經濟與近代中國農業ー清人汪輝祖一段乾隆糧價記述之解析」, 中央研究院近代史研究所編, 『近代中國農村經濟史論文集』(中央研究院近代史研究所, 1989).

20 吳承明, 앞의 책, 143쪽.

21 莊國土, 앞의 논문.

22 폰 글란, 앞의 책, 547쪽.

대체로 연간 50톤 내지 1630년대에는 85톤에 이르렀다고 추측된다. 이렇게 볼 때, 이 시기 중국으로 유입되는 연간 유입량은 75톤 내지 150톤이고 은량으로 환산하면 200만 량에서 400만 량이 되는 셈이다.[23] 16세기 후반보다 17세기 초반의 유입량이 거의 2.2배에 달한다는 것을 알 수 있다.[24]

물론 다른 수치를 제시하는 연구도 존재한다. 장국토(莊國土)의 연구에 따르면 1530-1644년 사이에 전체 35,500만 페소(28,000만 량)가 유입되었고 연간 평균 240만 량이 유입되었다고 한다.[25] 그리고 이융생(李隆生)에 따르면, 이 시기 은 유입량은 연평균 300만 량 정도였다고 한다.[26] 이런 의미에서 어떤 설을 채택하더라도 숭정연간 말에도 은 유입의 양은 상당했다. 따라서 명말에 은 유입이 감소했으며, 이를 명의 멸망과 연관 짓는 애트웰(Atwell) 등의 설은 실증으로서는 뒷받침되지 않는다.[27] 폰 글래이 톤을 단위로 작성한 아래의 표에 따르면, 주로 갈레온 무역과 일본 사이에서 일본에서 유입된 은의 양이 갈레온 무역으로 인한 유입량보다 더 많았다는 점을 알 수 있다.[28]

---

23 기시모토 미오, 노영구 역, 『동아시아의 근세』(와이즈플랜, 2018), 29-31쪽 참조.

24 추계는 약간 다르지만, 全漢昇 역시 16세기 말보다는 17세기 초에 갈레온 무역이 확대되었다고 보고 있다. 同, 「明季中國與菲律賓間的貿易」, 同, 『中國經濟史論叢』 1冊(新亞書院, 1972), 432쪽.

25 莊國土, 「16-18世紀白銀流入中國數量估算」, 『中國錢幣』(1995-3期).

26 李隆生, 『晚明海外貿易數量研究』(秀威資訊, 2005), 165쪽.

27 Atwell, W. S., “Some Observations on the 'Seventeenth-Century Crisis in China and Japan”, The Journal of Asian Studies, 45-2(1986); W. S. Atwell, “A Seventeenth-Century ‘General Crisis’ in East Asia?”, *Modern Asian Studies*, 24-4(1990). 倪来恩 · 夏维中, 「外國白銀與明帝國的崩壞一關于明末外國白銀的輸入及其作用的重新檢討」, 『中國社會經濟史研究』(1990-3) 참조.

28 16세기 중반 이후 목면 교역을 통해 일본에서 조선으로 다량의 은이 유입되었고, 이것이 다시 중국으로 유입되기도 했다. 小葉田淳, 『金銀貿易史の研究』(法政大學出版局, 2005), 113-118쪽; 무라이 쇼스케, 이영 역, 『중세 왜인의 세계』(소화, 1998), 176-177쪽 참조. 다만 얼마나 많은 양이 조선 루트를 통해 은이 유입되었는지는 지금으로서는

이 표를 간략하게 1톤=약 2만7,200량으로 하여 은량으로 환산하면 〈표 3〉이 된다. 폰 글랜에 따르면 17세기 초, 즉 1600-1645년 사이에는 연평균 303만 량 정도의 은량이 유입되었다고 한다.[29]

〈표 3〉 명말 은 유입량 추계 (출처: G1ahn, R.von., 'Myth and Reality of China's Seventeenth-century Monetary Crisis', p. 439)

내원	연대	1550-1600년	1601-1645년	1550-1645년
일본	포르투갈인	740-920t	650t	1390-1570t
	중국인	450t	599t	1,049t
	주인선(朱印船)		843t	843t
	네덜란드인		340t	340t
	소계	1,190-1,370t+	2,432t+	3,622-3,802t
마닐라 갈레온 무역	중국인		620t	1,204t
	포르투갈인		75t	75t
	밀수		1,030t	1,030t+
	소계	584t	1,725t	2,304t+
인도양/유럽			850t	1,230t
총계		2,154-2,334t+	5,017t+	7,161t-7,341t+

한편 명말의 생원 장신(蔣臣)이 추산한 바에 따르면 당시 중국 은 재고는 2억5천만 량(=3억5천만 폐소)에 달했다고 한다.[30] 명대 후기(1550-1644)

사료의 한계로 추정하기 어렵다.

29 명말 은 유입으로 인한 중국사회의 변용에 대해서는 다음과 같은 포괄적인 논의를 참조. 傅衣凌, 『明代江南市民經濟試探』(上海人民出版社, 1957), 「導言」; 劉志偉, 「從"納糧當差"到"完納錢糧"—明清王朝國家轉型之大關鍵」, 『貢賦體制與市場: 明清社會經濟史論稿』(中華書局, 2019).

30 명말 장신(蔣臣)의 은 추계량에 대해서는 寺田隆信, 「明末における銀の流通量につい

중국의 은 증가분은 전체로 약 2억4천만 량이 되는 셈이다. 장신(蔣臣)이 추산한 대로라면, 명말 유입되기 이전의 은의 재고는 5천만 량이 되고, 여기에 추가로 2.4억 량이 유입된 셈이다.[31] 한편 관한휘(管漢暉) 등의 연구에 따르면, 명말 GDP는 2.9-3억 량으로 추산하고 있는데,[32] 이와 거의 상당히 일치하는 숫자가 된다. 당시 명말 인구가 1.5-2억 명이었다고 한다면, 평균 보유 은은 1.45-1.93량 정도로 추산된다.

반면 명말의 동전 유통량은 사료의 부족으로 추산하는 것조차 어려운 것이 그 실정이다. 명조는 동전 주조량이 적은 것으로 잘 알려져 있는데,[33] 동전을 설사 주조했다고 하더라도 그 양이 적어서 일상적으로는 대체로 당송시대의 구전(舊錢)을 사용할 정도였다.[34] 명말 동전 유통량을 추측할 수 있는 단서 가운데 하나가 은전비가가 아닐까 하는데, 오승명(吳承明)의 정리에 따르면 역대 은전비가의 변동은 다음과 같다.

て」, 『田村博士頌壽東洋史論叢』(1968) 참조. 명말의 은량에 대해서 全漢昇은 1억 량, 王業鍵은 1680년 전후로 2.2억-2.5억 량으로 추산했고, 1650년 전후로 2.0억-2.4억 량으로 추산했다. 이에 대해서 오승명(吳承明)은 1.5억 량 내지 2.5억 량으로 추산하고 있다. 吳承明, 앞의 책, 139-140쪽 참조.

31 일상적인 교환 중에서 소모되는 은의 비율에 대해서는 靳輔, 『靳文襄公奏疏』 卷7, 「生財裕餉第二疏」 참조.

32 管漢暉 · 李稻葵, 「明代GDP及結構試探」, 『經濟學(季刊)』 9卷3期(2010). 물론 은으로 표시되는 재산 이외에 동전이나 현물 등을 포함하면 보유재산은 더욱 많아질 것이다.

33 足立啓二, 앞의 책, 451쪽.

34 彭信威, 앞의 책, 637쪽. 명말 천계연간에는 주전양이 많지 않았다. 반면 주전량이 늘어난 숭정전(崇禎錢)은 "중국 동전 중에서 가장 복잡"(彭信威, 643쪽)하다고 할 정도로 착종의 양상을 드러냈으며, 이로 인해 사주전 범람의 원인이 되었다. 한편 만력연간에는 주조에 대한 의욕이 높은 시기였는데, 중앙뿐만 아니라 지방, 특히 남경을 중심으로 주전이 계속되었다. 다만 천계연간부터는 동전의 질이 저하되었고, 숭정연간에 발행된 숭정전은 단순한 구리 소재보다도 못하게 평가될 정도로 화폐로서 극히 평가가 낮았다. 足立啓二, 앞의 책, 451-452쪽 참조.

〈표 4〉 명청시대 은의 가치 변동 (吳承明, 앞의 책, 145쪽)

연도	금은비가(兩)	연도	은전비가(文)
1375	4	1375	1,000
1385	5	1407	1,000
1397	5	1465-1487	700-800
1413	7.5	1493	700
1481	7	1504	700
1573-1620	7-8	1628	700
1628-1644	10	1645-1647	2,000-5,000
1662-1700	10	1662	700
1790	15	1721	780

위의 표에서 보면, 명말 은전비가는 1량 당 2,000문이 넘는다. 이는 전란의 영향도 있었겠지만, 숭정전(崇禎錢)의 낮은 퀄리티도 커다란 몫을 차지한다고 판단된다. 청대 은전비가[35]를 기준으로 생각하면, 명말 동전 주조량은 청초에 비해서도 상당히 부족한 편이었다는 점을 알 수 있다.

2. 청대 전중기 은 유입 추계

청대에 유통된 은은 그 출처에 따라서 크게 외부에서 수입되는 분량과 국내에서 채굴되는 분량으로 나눌 수 있다. 대체로 10% 정도만 운남지역에서 생산되었고, 나머지 90% 정도는 무역을 통해 중국 이외의 국가에서

35 陳鋒, 『清代財政政策與貨幣政策研究』(武漢大學出版社, 2008), 584-586쪽 참조.

수입된 것이었다.[36] 따라서 무역량이라든가 무역수지 균형변화 등이 은 유입에 커다란 영향을 주었다.[37] 위의 사실에서 유추해볼 때, 해외 교역량은 중국으로서는 바로 은 유입량이라는 점을 알 수 있다. 반면 이에 관한 자료는 매우 단편적이고 성긴 것이 사실이다.

청대 전중기(1664-1840)의 은 유입 추계를 살펴보기 위해서는 은 유입의 주요 경로인 무역구조에 대해서 고찰해야 할 것이다. 청대 무역은 명대보다도 더 다양한 국가들과 교역이 이루어졌다는 특징이 있다. 명대의 은 유입은 주로 일본과 마닐라와의 무역을 통해 이루어졌는데, 그 가운데서도 대 일본 무역을 통해 더 많은 은이 유입되었다. 반면 1680년대에는 일본에서 중국으로 수출되는 은의 양이 크게 감소했다.[38] 이로 인한 공백을 주로 유럽선을 통한 교역으로 채웠다는 점이 청대 대외교역의 커다란 특징 가운데 하나였다. 청대에는 1644년 명청교체나 1661-1684년까지 천계령(遷界令)의 실시 및 남양교역(南洋交易)의 중지 등 여러 가지

---

36 魏源, 『聖武記』 卷14, 「軍儲篇一」 "銀之出於開采者十之三四, 而來自番舶者十分六七." 이와 같은 魏源의 추계는 실제와는 맞지 않는 것이다. 다만 이 문제에 관한 당시 지식인들의 인식을 엿볼 수 있어서 흥미롭다.

37 勒輔, 『勒文襄公奏疏』 卷7, 「生財裕餉第二疏」 「開洋」 "蓋天下之物, 無貴賤無小大, 悉皆準其價値於銀. 雖奇珍異寶, 莫不皆然. 是銀操世寶之權, 綦重而不可片時或缺者也. 但海內之銀, 見存有限, 而日耗無窮. (…) 夫銀之爲物産, 自山中然, 多生於海外日本諸國." 다만 주의할 것은 해외 교역량이 바로 은 유입량이라고는 하기 어려운 측면이 있다. 청대 외국인들이 중국에 가져온 상품은 대부분 은이 맞긴 하지만, 지불대금으로서 은을 선택하는 경우는 전체의 3/4정도이고, 나머지는 자신이 가져온 상품으로 지불했다고 한다. 彭信威, 앞의 책, 854쪽.

38 리처드 폰 글랜, 561쪽. 중국과 일본 사이에도 활발한 무역이 권장되었으나, 당시 일본의 도쿠가와정권은 은 수출을 엄격히 제한했다. 중국 상인은 종목을 구리로 바꾸어 엄청난 양의 일본 구리를 수입했고(1685-1715년 연간 2,600톤), 그 구리가 청나라에서 동전을 주조하는 데 사용되었다. 그러나 1715년 일본 당국이 더욱 엄격한 해외무역 통제정책을 실시함으로써 구리 수출도 크게 줄어들었다. 18세기 동안 중국과 일본의 무역 거래량도 급격히 감소했다. 일본은 비단, 도자기, 설탕의 수요가 있었지만, 점차 중국에서 수입하지 않고 국내 생산으로 대체할 수 있었다.

우여곡절이 있었다.[39]

1661년부터 1684년까지 천계령이 실시되었는데, 그 와중에도 중국의 대외교역이 완전히 두절된 것은 아니어서, 복건의 정남왕 정계무나 광동의 평남왕 상가희 등은 군사비 조달을 위해서 몰래 해외무역에 참여하기도 했고, 타이완의 정씨 세력 역시 그 공백을 메꾸는 데 일조했다.[40] 일본은 천계령으로 인해 중국과의 교역이 어려워지자, 조선과 류큐를 통해 중국산 비단을 수입하려 했다.[41]

청조는 자국민의 해외이주를 막기 위해 강희 56년(1717) 남양 도항을 금지했으나, 이는 마닐라 등에 한정된 것이었고, 외국 선박의 내항 그리고 자국 선박의 일본, 류큐, 베트남으로의 도항은 계속 인정했다. 이 남양해금(南洋海禁)은 복건인들의 생활에 위협이 되었기 때문에, 1727년 회항기한에 대한 제약을 붙이는 조건으로 해금이 해제되었다. 원래는 2년의 회항기간을 넘겨서 귀국하면 두 번 다시 출항할 수 없었지만, 1742년 기한은 3년으로 완화되었고 1754년에는 이것 역시 폐지되었다.[42] 다만 강희연간 시기, 남양해금은 그 정책의 실효성이 부족하여 중국 내지의

39 천계령 시기 청조 중국의 무역상황에 대해서는 朱德蘭, 「清初遷界時期中國沿海上貿易之硏究」, 『中國海洋發展史論文集』 2輯(1986) 참조.

40 李隆生, 『清代的國際貿易』(秀威資訊, 2010), 24-27쪽; 永積洋子, 「東西交易の中繼地臺灣の盛衰」, 佐藤次高外編, 『市場の地域史』(山川出版社, 1999) 참조.

41 김종원, 『근세 동아시아 관계사연구』 제4장 「동아 삼국무역 전개과정」 (혜안, 1999) 참조. 한편 林滿紅은 1686년 당시 조선을 통해 유입된 일본 은의 양이 중국으로 직접 유입된 양의 6.2배에 달한다고 추론하고 있다. Lin, M. H., *China Upside Down* (Cambridge: Harvard University Press, 2006), pp. 62-63. 다만 천계령 시기 연간 30-40만 량의 일본 은이 들어왔으나, 옹정연간(1723-35)에 중국이 일본의 나가사키와 통상하면서 조선에 들어오는 일본 은은 크게 감소했다고 한다. 張存武, 김택중 등역, 『근대한중무역사』(교문사, 2001), 97쪽.

42 홍성구, 「청조 해금정책의 성격」, 이문기 외, 『한·중·일의 해양인식과 해금』(동북아역사재단, 2007); 柳澤明, 「康熙56年の南洋海禁の背景－清朝における中國世界と非中國世界の問題に寄せて」, 『史觀』 140(1999) 참조.

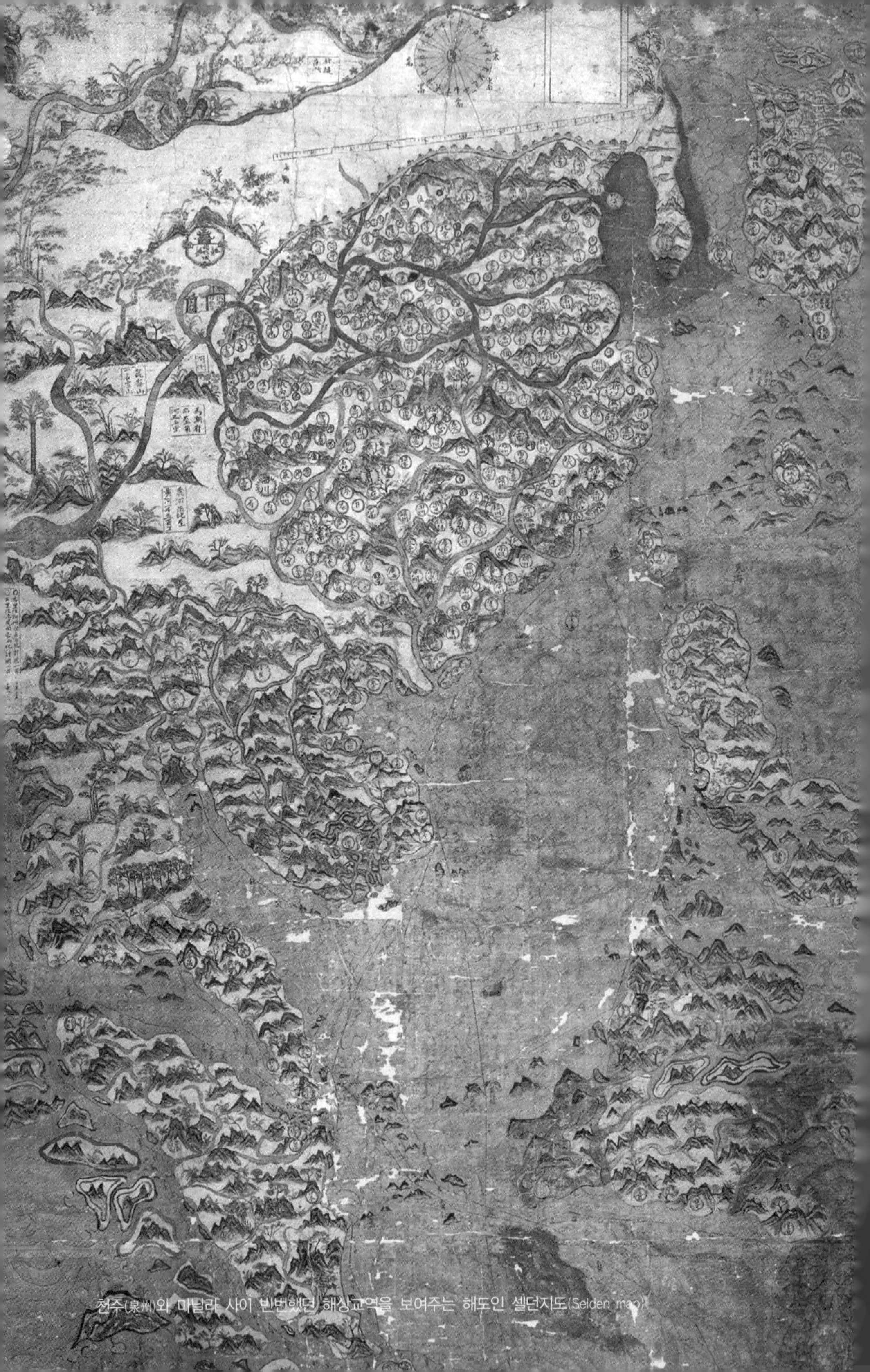

천주(泉州)와 마닐라 사이 빈번했던 해상교역을 보여주는 해도인 셀던지도(Selden map)

물가에는 거의 영향을 주지 못했다.[43] 아래에서는 청대의 무역량을 개괄해보도록 하자.

① 일본과의 무역의 경우, 1661년 천계령 실시 이후 나가사키에 도착한 중국 측 선박은 모두 정성공 측이라고 판단된다.[44] 1685년 에도막부는 조쿄레이(貞享令)를 내려서, 나가사키를 통한 수입액의 상한선을 9,000만 관(중국선 6,000관, 네덜란드 3,000관)으로 한정했다.[45] 한편 오승명(吳承明),[46] 이융생(李隆生) 등은 대체로 1645-1830년까지 누계 3,000만 량으로 파악하고 있다. 아래 표는 임만홍(林滿紅)이 추계한 연평균 일본 은 유입량의 변화이다.[47] 1페소=0.73량으로 계산했다. 대체로 모두 4,200만 량 정도로 추산하고 있다. 여기에서도 강희연간 후기 일본 은의 유입은 급속히 줄어들었다는 것을 알 수 있다.

〈표 5〉 은 유입량 추계(출처: 林滿紅)

1648년	140만 페소=102만 량
1648-1708년	86만 페소=63만 량
1709-1764년	2만 페소=1.46만 량

② 청대 중국의 동남아시아 무역은 크게 ㉠ 마닐라 갈레온 무역〔東洋〕, ㉡ 바타비아 등의 동남아시아 무역〔西洋〕으로 크게 나눌 수 있다.[48] 마닐

43 岸本美緖, 앞의 책, 199쪽 참조.

44 岩生成一, 「近世日支貿易に関する數量的考察」, 『史學雜誌』 62-11(1958), 987쪽; 永積洋子, 1999 참조.

45 로널드 토비, 허은주 역, 『일본 근세의 쇄국이라는 외교』(창해, 2013), 183-184쪽.

46 吳承明, 앞의 책, 184-186쪽.

47 林滿紅, 「世界經濟與近代中國農業－清人汪輝祖一段乾隆糧價記述之解析」, 中央研究院近代史研究所編, 『近代中國農村經濟史論文集』(中央研究院近代史研究所, 1989).

48 명청시대 중국에서 동양과 서양의 구분에 대해서는 宮崎市定, 「中國南洋關係史概說」;

라 갈레온 무역의 경우 상당한 양의 은이 여전히 청대 중국으로 유입되었다고 추정되고 있다.[49] 갈레온 무역은 17세기 후반 급속히 감소했다가 약간 회복했으나 이전의 고점을 상회하는 수준까지는 이르지 못했다. 18세기 후반 중국 필리핀 무역 가운데 중국 범선의 비율은 유럽선에 의한 지방무역의 증가에 따라서 감소할 수밖에 없었다.[50]

한편 전한승(全漢昇)은 마닐라로 유입된 멕시코 은의 절반 정도가 중국으로 유입되어서 2억 페소(1억4천만 량)이 유입되었다고 추측하고 있다.[51] 1700-1830년에 중국으로 유입된 아메리카산 은은 6억 페소이고, 이를 중국 화폐단위인 량(兩)으로 환산하면 약 4.4억 량이며, 매년 평균 330만 량이라고 추계했다. 한편 전강(錢江)은 1570-1799년 갈레온 무역 총액을 1.77억 량으로 추산하고 있는데, 명대 부분인 0.6억 량을 제외하면 1.17억 량이 된다.[52] 반면 오승명은 상당히 작은 편인 4,604.5만 량으로 추산하고 있다.[53] 한편 이융생(李隆生)은 9,399만 량으로 추계하고 있는데[54] 이렇게 보면 대략 1억1천 량으로 파악하는 것이 적절하다고 판단된다. 이렇게 보면 전체적으로 중국인의 동남아시아 무역, 즉 남양무역

同, 「南洋を東西洋に分つ根拠に就いて」(두 논문 모두, 同, 『宮崎市定全集19ー東西交涉』(岩波書店, 1992) 참조. 청대까지 '동양'은 대체로 말라카지역 동쪽을 가리키는 말이었고, '서양'은 말라카지역 서쪽을 가리키는 단어였다. '남양'은 오늘날의 동남아지역을 폭넓게 지칭했다.

49 百瀨弘, 『明淸社會經濟史硏究』(硏文出版, 1980); Atwell, W. S., "International Bullion Flows and the Chinese Economy circa 1530-1630" *Past and Present*, 9(1982); 全漢昇, 444쪽.

50 菅谷成子, 「18世紀後半における福建ーマニラ間の中國帆船貿易」, 『寧樂史苑』 34(1989).

51 全漢昇, 『中國經濟史論叢』 1冊, 「明淸間美洲白銀的輸入中國」 (新亞書院, 1972). 449쪽.

52 錢江, 「1570-1760年西屬菲律賓流入中國的美洲白銀」, 『南洋問題』(1985-3)

53 吳承明, 앞의 책, 184-186쪽.

54 李隆生, 앞의 책, 36쪽.

에서 갈레온 무역이 차지하는 비율이 절대적이라는 점 그리고 청대 갈레온 무역의 규모는 명말 6,000만 량보다도 오히려 4,000만 량 정도 증가되었다는 것을 알 수 있다.

〈표 6〉 청대 갈레온 무역 추계(출처: 李隆生)

연대	유입량	연평균 유입량
1645-1700	2,795만 량	50만 량
1700-1800	6,604만 량	66만 량
전체	9,399만 량	60만 량

③ 남양무역(비(非)갈레온 무역)의 경우, 이에 대한 수자(Souza)의 추계에 의하면 연평균 약 21만 량, 11만 량 정도라고 한다.[55] 남양무역 전체를 동양과 서양으로 나누면 아래 표와 같다. 실제로 바타비아를 중심으로 한 갈레온 무역이 아닌 남양무역은 주로 물물교환으로 이루어졌기 때문에, 은 유입과는 크게 관련이 없었다.

〈표 7〉 청대 남양무역의 특징과 무역수지

구분	해당 지역	담당 선박	무역수지
동양	루손↔갈레온 무역	중국 선박	출초(出超) 즉, 중국으로서는 흑자 무역
서양	동남아시아 서쪽	네덜란드 선박	물물교환에 의한 바터(barter) 무역 즉, 은 유입과는 관련 없음

55 Souza, George B., *The Survival of Empire : Portuguese Trade and Society in China and the South China Sea, 1630-1754* (Cambridge University Press, 1986), p. 58.

④ 유럽선에 의한 무역의 경우, 1684년 천계령 해제 이후 청조의 해외교역에 대한 정책은 호시를 장려하면서도 그에 대한 확실한 통제를 가하려는 것에 주안점이 놓여 있었다. 청조는 기존의 시박사를 해관(海關)으로 개칭하여, 출항하는 중국인 해상이나 내항하는 외국상선으로부터 관세를 징수했다. 당초에는 광주, 하문, 영파, 상해 등의 4개 항구였으나, 건륭제는 1757년 서양과의 무역항을 광주 한곳으로 제한했다. 이를 통상 '광동체제(canton system)' 혹은 '일구통상체제(一口通商體制)'라고 한다.

특히 서양과의 무역에서도 시기별로 차이점이 발견되는데, 즉 중국을 중심으로 한 해외무역은 ㉠ 15-16세기 포르투갈과 스페인 주도기, ㉡ 17-18세기 네덜란드 주도기. ㉢ 18-19세기 영국 주도기로 각각 구분할 수 있다. 이러한 변화는 비단 중국에서뿐만 아니라, 세계경제에서 차지하는 위상의 변화와 궤를 같이 하는 것이기도 하다.[56]

특히 18세기 초부터 영국 동인도회사 상선이 본격적으로 내항하면서 무역액수는 크게 증가했다. 유럽선에 의한 광주무역에 대해서 처음으로 정리한 여첩경(余捷瓊)의 논의를 소개하면 다음과 같다. 이 계산에 따르면 1700-1838년까지 모든 유입량은 2억4,747페소(1억8천만 량)가 유입되었고, 유출량은 8,572만 페소(6,239만 량)가 되어, 순유입량은 1억6,175페소이며, 1페소=0.73량으로 계산하면 1억1,807량이 된다.

56 1700년부터 1757년까지 영국의 대 중국 무역액은 그렇게 크지 않았지만, 1757년 일구통상정책이 실시된 이후, 영국의 대 중국 무역이 점차 증가했고, 1764년부터 1784년까지 중국 무역의 65.66%에 달했으며, 1785년부터 1804년까지는 무려 86.25%에 달했다. 18세기 하반기 영국에 산업혁명이 일어났던 것이, 1784년 이후 중국 무역의 확장에 핵심적 역할을 했다. 林滿紅, 「世界經濟與近代中國農業－清人汪輝祖一段乾隆糧價記述之解析」, 中央研究院近代史研究所編, 『近代中國農村經濟史論文集』(中央研究院近代史研究所, 1989) 참조.

〈표 8〉 청대 전체 은 유입량 추계(출처: 余捷瓊)

기간	쪽	전체 액수	수지	연평균
1700-1751년	33쪽	6,800만 페소	흑자	130만 페소, 95만 량
1752-1800년	36쪽	1억,479만 페소	흑자	213만 페소, 156만 량
1801-1826년	30쪽	7,468만 페소	흑자	287만 페소, 209만 량
1827-1833년	24쪽	2,992만 페소	적자	427만 페소, -311만 량
1834-1838년	24쪽	5,580만 페소	적자	1,116만 페소, -814만 량

한편 광주(廣州) 무역에 대한 이융생의 추계에 따르면, 시대에 따른 각각의 변화상은 다음과 같다.[57] 아래 표를 보면 영국과의 무역액이 전체 대 유럽 무역액의 약 절반 정도를 차지했다.

〈표 9〉 청대 광주 무역 추계(출처: 李隆生, 앞의 책)

연대	영국	연평균	기타 국가	연평균	총계	연평균
1700-1756	2,445만 량	43만 량	1,925만 량	30만 량	4,370만 량	77만 량
1757-1774	1,315만 량	73만 량	1,161만 량	65만 량	2,476만 량	138만 량
1775-1800	2,127만 량	82만 량	2,844만 량	109만 량	4,971만 량	191만 량
1700-1800	5,887만 량	58만 량	5,930만 량	59만 량	11,817만 량	118만 량

1800-1826년에는 순유입 5,151만 량(연평균 206만 량)에 달하지만, 아편 유입에 따라서 1826-1846년 은 유출은 9,222만 량(연평균 461만 량 유출)에 달했다. 이와 같은 막대한 유출은 허내제(許乃濟)[58]와 황작자(黃爵玆)[59]의

57 李隆生, 앞의 책, 44-45쪽 내용 변용.

58 『籌辦夷務始末 道光朝』 卷1 「許乃濟奏鴉片煙例禁愈嚴流弊愈大應亟請變通辦理摺」 "道光十六年丙申四月己卯, 太常寺少卿許乃濟奏. 鴉片煙本屬藥材, 其性能提神、止洩、辟瘴, 見明李時珍本草綱目, 謂之阿芙蓉. 惟吸食既久, 則食必應時, 謂之上癮. 發

상주문 속에서도 확인할 수 있다. 전체적으로 유럽선에 의한 무역은 청조 입관 이후부터 1840년 아편전쟁까지 순유입량은 1억8천만 량, 유출분은 8천만 량 정도로, 전체적으로 볼 때 아편무역[60]으로 인한 유출분까지 감안해도, 청대 유럽선에 의한 순유입량은 1억 량 정도이지 않았을까 추측된다. ① 일본 무역, ② 갈레온 무역, ③ 유럽선 무역에서 순은 유입량을 추계해보면 다음과 같다.

〈표 10〉 아편전쟁 이전까지 청대 은 유출입 통계

연대	수량
대 일본 무역	3,000만 량(12%)
갈레온 무역	1억1천만 량(44%)
유럽선 무역	1억 량(40%)
조선을 포함한 기타	1천만 량(4%)
전체	2억5천만 량(100%)

時失業, 相依爲命, 甚者氣弱中乾, 面灰齒黑, 明知其害而不能已. 誠不可不嚴加厲禁以杜惡習也. 查鴉片之類有三. 曰公班皮, 黑色, 亦謂之烏土, 出明雅喇. 一曰白皮, 出孟買. 一曰紅皮, 出曼達喇薩, 皆暎咭唎屬國. 乾隆以前, 海關則例列列入藥材項下, 每百斤稅銀三兩, 又分頭銀二兩四錢五分. 其後, 始有禁例. 嘉慶初年, 食鴉片者罪止枷杖, 今遞加徒、流、絞監候各重典. 而食者愈眾, 幾遍天下. 乾隆以前, 鴉片入關納稅後, 交付洋行兌換茶葉等貨, 今以功令森嚴, 不敢公然易貨, 皆用銀私售. 嘉慶年間, 每歲約來數百箱, 近竟多至二萬餘箱, 每箱百斤. 烏土爲上, 每箱約價洋銀八百圓. 白皮次之, 約價六百圓. 紅皮又次之, 約價四百圓. 歲售銀一千數百萬圓, 每圓以庫平七錢計算, 歲耗銀總在一千萬兩以上！夷商向攜洋銀至中國購貨, 沿海各省民用, 頗資其利. 近則夷商有私售鴉片價值, 無庸挾貲, 由是洋銀有出而無入矣. 許乃濟의 아편 금지론에 관하여서는 이학로, 「광주의 아편문제와 허내제의 이금론」, 『중국사연구』 26(2003) 참조.

59 『籌辦夷務始末 道光朝』 卷2, 「黃爵滋請嚴塞漏卮以培國本摺」 道光18年閏4月初10日 "故自道光三年至十一年, 幾漏銀一千七八百萬兩. 自十一年至十四年, 歲榭銀二干餘萬兩. 自十四年至今, 漸漏至三千萬兩之多."

60 19세기 초 아편무역에 관해서는 하오옌핑, 이화승 역, 『중국의 상업혁명』(소나무, 2001) 5장 「시장의 성장: 아편무역」 참조.

한편 전한승(全漢昇)에 따르면 1700-1830년에 중국으로 유입된 아메리카산 은은 6억 페소가 된다. 이를 중국 화폐단위인 량으로 환산하면 약 4.3억 량이며, 매년 평균 330만 량이 되는 셈이다.[61] 팽신위(彭信威)에 따르면 강희 22년부터 도광 13년까지 153년 동안에 유럽선을 통해 중국으로 유입된 은은 8-9,000만 량 이상이고, 갈레온 무역과 대 일본 무역을 합치면 모두 몇 억 량이 유입되었을 것이라고 추계하고 있다.[62] 오승명(吳承明)은 청초부터 1833년까지 은 유입량은 1억7,824.8만 량에 달하고, 19세기 전기의 전체 은 유출량은 2,9241.6만 량이라고 한다. 즉 1827년부터 은 유출이 시작되어 매년 350여만 량에서 400만 량에 이르렀고, 1833년에는 669만 량에 달했다고 하고 있다. 전체적으로 아편전쟁 이전까지 순수 은 유입량은 1억4,883.2만 량으로 추론하고 있다.[63] 이융생(李隆生)은 전체 은 유입 추계를 연도순으로 정리했는데,[64] 이를 시간 순 연평균으로 환산하면 다음 표와 같다. 여기에 중국 자체 생산량을 6,000만 량이라고 감안[65]하면 모두 2억9천만 량이 증가했으리라 추측된다.

61 全漢昇, 『中國經濟史論叢』 2冊, 「美洲白銀與十八世紀中國物價革命的關係」 (新亞書院, 1972).

62 彭信威, 앞의 책, 854쪽.

63 吳承明, 앞의 책, 191쪽.

64 李隆生, 앞의 책.

65 李隆生, 앞의 책. 1708년부터 1829년까지 운남 은과(銀課)는 매년 2.1-7만 량 정도였는데, 이를 은 생산량으로 추계하면 운남에서는 매년 6-20만 량 정도의 은이 생산되었다고 추측된다. 운남 지역은 전체 중국의 약 절반 정도를 생산했기 때문에, 청대 연간 은 생산량은 10-30만 량 정도였고 추측되며, 1644년부터 1840년까지 대체로 6,000만 량 정도의 은이 생산되었다고 추측된다.

〈표 11〉 청대 조대별(朝代別) 연평균 은 유출입량

연대	수량
16세기 후반	148만 량
17세기 초반	370만 량
순치연간	137만 량
강희연간	103만 량
옹정연간	139만 량
건륭연간	217만 량
가경연간	217만 량
도광연간	유출 195만 량

앞서 안드레 군더 프랑크는 연간 350톤 정도가 유입되었을 것이라고 추측하고 있는데, 1톤당 27,200량이라고 추산해보면 연간 약 952만 량이 되는 셈으로, 당시 청조 예산 6,000만 량의 15.8%가 해외에서 통화로서 추가되었던 셈이다. 그러나 건륭연간 가장 많은 양의 은이 유입되었을 때라도 217만 량을 넘기는 어려웠을 것으로 추측된다. 반면 200만 량이라면 당시 청조 1년 예산의 3.3% 정도에 해당하며, 이는 전고점인 명말의 유입량인 300만 량보다는 적은 수치에 해당한다. 또한 당시 은전비가(銀錢比價)와 물가상승 추세를 감안한다면 217만 량 쪽이 현실적이라고 판단된다.

앞서 2절에서 추계한 명말의 은 유입량은 2억4천만 량인데, 아편전쟁 이전까지의 청대 순수 은 유입량은 2억5천만 량으로서 거의 비슷한 액수가 유입되었다. 다만 명말의 95년 연평균 252만 량과 청대 아편전쟁 이전 195년 동안의 128만 량이라는 점을 생각하면, 명말의 은 유입량이 얼마나 많았는지를 실감할 수 있다. 설사 천계령 시기(1661-1684)인 24년간을 제외한다고 하더라도 연평균 146만 량의 수준에 머물렀다. 지역별 비중의 변화를 보면, 대 일본 무역은 명말 54%의 수준에서 12%로 급감하고, 갈레온 무역의 비중은 23%에서 44%로 늘었으며, 유럽과의 무역 비중은 명말 4%에서 21%로 증가했다. 즉 명말에는 일본을 포함한 동아시아 무역이 중심이 되었지만, 청대에는 유럽과의 비중이 훨씬 더 커졌다. 다음으로는 소액화폐인 동전의 주조량에 대해서 살펴보기로 하자.

3. 청대 전중기 동전 주조량 추계

청대 동전 주조량을 확인하기 전에, 동전 주조에 관한 청조의 자세에 대해서 우선 확인해보고자 한다. 『청건륭실록(淸乾隆實錄)』 권232 「건륭 10년(1745) 1월 9일」에서는 건륭제가 북경의 동전가격이 올라가자 이에 대해서 크게 염려하고 여러 가지 방법을 동원하여 동전가격을 낮추라는 지시를 내리는 모습을 확인할 수 있다. 그 조치 이후 몇 개월 내에 동전가격은 점차 내려가서 "민간이 편해졌다〔民間稱便〕"는 상황까지 이르렀다. 그리고 북경 이외의 곳에서는 "외성(外省)과 수도〔京師〕가 사정이 같지 않으니, 하나의 〔고정된〕 방침으로는 어렵다"는 자세도 확인할 수 있다.[66] 즉 청조는 일상적으로 사용되는 소액화폐인 동전의 가격에 대해서 매우 민감하게 반응했으며, 가급적 이 가격을 낮추려 여러 가지 노력했다는 점, 그리고 이를 전국적으로 시행하기 위해서는 하나의 원칙을 전국에 통일적으

66 『淸乾隆實錄』 卷232, 「乾隆10年(1745) 1月9日」 "命直省籌鼓鑄. 諭軍機大臣等, 近年以來. 京師錢價增長. 民用不便. 朕深爲廑念. 多方籌畫. 諭廷臣悉心計議, 務得善策以平價值. 冬伊等議得數條, 試行於京師. 數月以來, 錢價漸減, 似有微效, 民間稱便. 至於外省錢價昂貴, 比比皆然. 爾等可將京師所議各款內, 摘取數條, 密寄外省有鼓鑄地方之督撫, 令其密爲商酌, 能仿照而行, 以便民用否. 外省與京師. 情形不同. 自有難於一例之處."

로 시행하려 하지 않고 각 지방의 사정에 맞게 적절하게 안배하여 시행했다는 점을 확인할 수 있다.

또한 청조에서는 은전비가를 일정하게 유지하는 데 정책의 역점을 두었다.[67] 『청조문헌통고(淸朝文獻通考)』에서는 "은과 동전은 서로 병행해서 상호보조하며 통행되고 있다. 화폐가 〔활발하게〕 유통되는 것을 도모한다면, 반드시 먼저 동전의 가격을 정해야만 할 것인데, 동전에는 정해진 가치가 없으나, 포호(鋪戶)에서 교환할 때에는 그 가격을 〔멋대로〕 조정하고, 민간에서 사재기하는 사람들은 그 득실을 엿보고 있다. 동전가격〔錢價〕에는 정해진 것이 없으니, 물가 역시 그 공평함을 잃고 있다. (…) 청조가 정혁(鼎革)했을 초기에, 은 1푼〔分〕을 동전 7문으로 정했으나, 이 해(順治4年) 다시 매푼〔每分〕 〔동전〕 10문으로 정했고, 이를 정례로 삼았다. 그 후에 여러 번 이 명령을 다시 내렸다"[68]라고 하고 있다. 청조가 이전 명조와는 달리 적극적으로 동전을 발행한 데에는 물론 주조차익(Seigniorage)을 도모한 시기도 있었지만, 특히 강희연간부터 건륭연간까지는 일상적인 거래에 사용되는 동전을 다량 발행하여 이를 용이하도록 하기 위해서였기도 하고, 일정한 은전비가를 유지하기 위해 상당히 고심했기 때문이기도 했다. 이러한 점을 확인한 뒤에 청조의 동전 주조량에 대해서 확인하도록 하자.

동전 역시 강희연간까지는 주로 일본을 통해서 구리〔洋銅〕를 주로 수입하여 동전 제조의 원료로 사용했는데, 공교롭게도 18세기 이후 일본에서는 구리 생산이 현저히 저하되었다.[69] 이에 옹정연간부터 운남에서 생산된 구리〔滇銅〕로 이를 대체했다.[70] 구리의 공급이 원활할 때와 아닌

67 이에 대해서는 陳鋒, 앞의 책, 제10장 「銀錢比價的波動與對策」 참조.

68 『淸朝文獻通考』 卷13, 「錢弊考」 1. 이에 대해서는 楊端六, 『淸代貨幣金融史稿』(三聯書店, 1962), 181쪽 참조.

69 田代和生, 『近世日朝通交貿易史の研究』(創文社, 1981), 제12장 「輸出銅の調達」 참조.

70 이 과정에 대해서는 우에다 마코토, 임성모 역, 『동유라시아 생태환경사』(어문학사,

때가 있기 때문에 동전의 무게 역시 달라졌다. 아래 그림을 보면 특히 천계령(1661-1684)이 실시된 시기에 동전의 무게가 현저히 줄어들었다는 것을 알 수 있다.

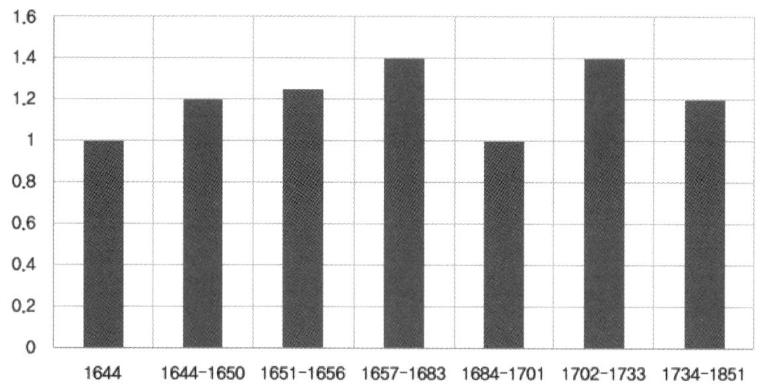

〈그림 1〉 청대 동전 무게의 변화(출처: 楊端六編, 13쪽 변용)

동전은 일단 부피가 크면서도 가치는 소액이라는 특징을 가지고 있다. 따라서 일일이 세는 문(文)이라는 단위로 표기하자면, 숫자의 크기가 너무 커지기 때문에 여기에서는 1,000문=1관(貫)으로 잠정적으로 계산했다. 청조의 동전 주조는 호부 보천국에서만 이루어진 것이 아니라, 공부(工部)에서도 이루어졌고,[71] 각 성에서 설치된 지방 주전국 역시 동전을 각각 주조하도록 되어 있는 중층적인 구조였다.

2016), 80-89쪽; 嚴中平, 『清代雲南銅政考』(文海出版社, 1948); 上田裕之, 「洋銅から滇銅へ」, 『東洋史研究』 70-4(2012) 참조.

71 『清史稿』 卷124 志99, 「食貨」 5 「錢法」 "於戶部置寶泉局, 工部置寶源局. 順治通寶錢, 定制以紅銅七成、白銅三成搭配鼓鑄. 錢千爲萬二千串爲一卯, 年鑄三十卯." 1묘는 1,200만 개의 동전이 되고 은 1량을 동전 1000개로 한다면 1묘는 만2천 량 정도가 되는 셈이고, 매해 30묘는 36만 량이 되는 셈이다. 순치연간에는 매해 36만 량 정도를 주조한 셈이다.

〈표 12〉 청대 동전 주조기구

수도	호부	보천국
	공부	보원국
지방		지방 주전국

그러나 유감스럽게도 이들 각 기구의 동전 주조는 통일적으로 이루어지지 않았고, 따라서 주조량에 관한 통합된 기록도 존재하지 않는다. 호부와 공부의 보천국과 보원국(이른바 '京師二局')의 주조량에 관한 기록은 청실록이나 『청조문헌통고』 등을 통해 비교적 어느 정도 복원이 가능한 편이나,[72] 지방 주전국에 관해서는 단편적인 기록 이외에는 존재하지 않는다. 앞서 은 유입량과 마찬가지로 동전 주조량 역시 상당히 추측의 영역에 가까운 셈이다. 이하에서는 시대별로 청조의 동전 주조량을 추산해보기로 하자.

우선 순치연간(1644-1661)의 주조량에 대해서 살펴보면 다음과 같다. 『청사고(淸史稿)』에서는 "호부에서는 보천국을 두고 공부는 보원국을 두었다. 그리고 순치통보(順治通寶)[73]를 주조했는데 홍동(紅銅) 70%, 백동(白銅) 30%를 배합하여 주조했다. 동전 천 개를 일관(一串)으로 하고 만2천관을 '일묘(一卯)'로 했는데, 해마다 30묘(卯)를 주조했다"[74]라고 하고 있다. 1묘는 1,200만 개의 동전이 되고, 은 1량을 동전 1000개로 한다면

72 彭信威, 앞의 책, 827-829쪽에 제시된 청대 동전 주조량은 청실록에 기재된 보천국(寶泉局)의 주조량만을 근거로 한 것이라는 한계가 있다. 楊端六은 이를 감안하지 않고, 그대로 제전의 전체 주조량으로 간주했다. 同, 『淸代貨幣金融史稿』 6쪽.

73 순치통보(順治通寶) 가운데에는 은의 중량인 리(釐)를 동전에 주조해 넣은 것이 있었다. 이는 명말 이래 동전 남발로 가격이 유동적인 상황에서 청초에는 동전의 가치를 은가에 기반하여 고정시키려는 시도였다. 彭信威. 앞의 책, 754쪽.

74 『淸史稿』 卷124, 「食貨」 5 「錢法」

1묘[75]는 만2천 량 정도가 되는 셈이고, 매해 30묘는 36만 량이 되는 셈이다. 순치연간에는 중앙에서만 연평균 36만 량 정도를 주조한 셈이다.

한편 『청조문헌통고』에는 이보다는 더 상세한 사정이 기재되어 있다. 『청조문헌통고』 권14에 따르면 "국초에 경국주전에는 일정한 액수가 없고, 순치원년 이후 매년 몇 만 관에서 점차 주조량이 증가하여 몇 십만 관까지 늘었지만 일정하지 않았다. 15년(1658) 이후 제전의 무게를 증가시켜서 주조량이 줄어들었다. 17년(1660) 이후 다시 증가했고, 보천국 연간 주전액은 28만여 관이고, 보원국은 연간 19만여 관을 주조했다"[76]라고 하고 있다. 순치 17년(1660) 이후 보천국 28만 관에 보원국 17만 관을 더해 도합 45만 관이 된다. 앞서 『청사고』와 『청조문헌통고』의 서술을 종합하여 판단하자면, 입관(入關) 초기에는 주조량이 미비하다가 어느 정도 안정을 찾은 뒤에는 동전 주조량을 본격적으로 확대한 것이 아닐까 추측된다. 즉 순치 말년에는 45만 관을 발행했지만, 결국 『청사고』의 서술대로 중앙에서는 연평균 36만 관을 주조했다고 추정하는 것이 적절할 것이다.

한편 지방의 주조량을 보면 순치 2년(1645)부터 7년(1650) 사이에 지방 주전국을 개설하여, 순치 14년까지 계속 주조가 이루어졌다. 다만 주조량이 그렇게 많은 것은 아니었던 듯하다. 지방 주전국 가운데 특히 강녕

75 청대 동전 주조단위를 '묘(卯)'라고 했는데, 이 묘가 과연 몇 개의 동전을 의미하는가는 각 시기마다 각 단위마다 미묘하게 달랐다. 또한 일단 호부 보천국의 묘의 숫자는 강희 후기 이전에는 1.288만 관(萬串)이었는데, 이후로는 1.248만 관(萬串)이나 1.2498만 관(萬串)으로 바뀌었었다. 한편 공부 보원국의 1묘는 호부 보천국의 절반 정도여서 약 6천 관(千串)이었고, 강희 말년에는 6,240관(串)이었다. 이에 관한 서술은 『清朝文獻通考』 권14와 권16에 기재되어 있다. 한편 지방 주전국의 1묘의 숫자는 서로 달라서 경사이국(京師二局)보다는 그 단위가 작았다고 한다.

76 『清朝文獻通考』 卷14, 「錢幣考」 2, "國初京局鑄錢尚無一定額數, 順治元年以後, 每年自數萬串遞加鑄至數十萬串不等, 十五年以後以制錢改重, 故鑄額中減. 十七年以後數複加增, 寶泉局歲鑄錢二十八萬餘串, 寶源局歲鑄錢十八萬餘串."

국(江寧局)은 순치 3년(1645)부터 주조를 개시하여 순치 14년(1657)까지 100만 관, 연평균 14만 관을 주조했다. 하지만 전국 주조량 총액은 여전히 파악하기 어렵다. 청조는 1644년 명조를 대신하여 중국을 지배할 수 있었지만, 전란이 완전히 수습되지 않은 극히 열악한 재정상황에서 주조 비용이 많이 드는 동전을 다량 발행한다는 것은 결코 쉬운 일이 아니었다. 이에 청조는 시장의 상황을 고려하기보다는 정부가 처한 입장을 우선시하여, 소재가치가 낮은 저질 동전을 다량으로 발행했고, 그 주조차익〔鑄息〕을 얻음으로써 국가재정의 건실화를 도모했다.[77]

강희연간(1662-1772)은 이전 순치연간과는 달리 주조차익보다는 동전이 유통되지 않는 현실에 대한 개선 차원에서 주조가 시작되었다.[78] 우선 중앙의 주조상황을 보면 다음과 같다. 『청조문헌통고』에 따르면 강희 초년 경사이국(京師二局)의 주조량 역시 감소되었고, 강희 23년(1684)부터 강희 50년(1711) 사이에 보천국은 연간 23묘를 주조했다. 보원국은 12묘 내지 17묘를 주조했다. 보천국의 1묘를 12,480관으로 보원국의 1묘를 6,240관으로 할 때, 즉 강희연간 전체 경사이국의 주전액은 2,500-2,600만 관이 되고,[79] 연평균 41만 관 내지 43만 관이 되는 셈이다.

한편 지방의 동전 주조상황을 보면 다음과 같다. 앞서 서술했듯이 1661년부터 1684년까지 천계령이 실시되어 중국과 일본 사이의 무역

77 上田裕之, 『清朝支配と貨幣政策』(汲古叢書, 2009), 제1장 「明清交替と貨幣」 참조.

78 足立啓二, 2012, 458쪽.

79 『清朝文獻通考』 卷14, 「錢幣考」 2 "康熙初年兩局錢數又稍減, 二十三年以後分定卯數, 嗣後銅鉛辦觧有遲速, 故鑄卯有增減局錢, 仍複盈縮隨時大抵寶泉局. 每年爲二十八九萬餘串, 或二十三萬餘串不等, 寶源局每年爲十七萬餘串, 或十二萬餘串不等, 五十年以後, 兩局卯數銅筋逓經增定, 至康熙六十年間, 兩局各三十六卯每銅鉛百筋, 除耗九筋給工料錢, 一串九百六十九文, 寶泉局每卯用銅七萬二千筋, 鉛四萬八千筋, 鑄錢一萬二千四百八十串, 寶源局每卯用銅三萬六千筋, 鉛二萬四千筋, 鑄錢六千二百四十串, 每年共爲錢六十七萬三千九百二十串云"

은 거의 단절되었고, 은은 물론이고 동전의 원료인 구리 역시 제대로 수입할 수 없는 상황이었다. 따라서 자주 동전의 주조가 중단되곤 했다. 이런 점들을 고려해보면, 지방의 주조량은 그렇게 많지 않았다고 판단된다.[80]

그다음으로는 옹정연간의 주전량에 대해서 살펴보기로 하자. 옹정연간(1723-1735) 화폐정책의 특징은 강희연간보다도 훨씬 적극적으로 시장의 사주전 문제를 해결하려 했다는 점이다. 동전의 원활한 공급을 위해서는 무엇보다도 구리의 안정적인 확보가 관건이라고 여긴 옹정제는 민간에서 구리 그릇〔銅器〕 제조를 금지하고 이를 적극적으로 사들여서 각 성에서 양전(良錢)을 발행·공급하도록 하는 정책을 취했다.[81] 또한 구리와 납의 비율이 6:4에서 5:5로 변경되었고, 동전의 주조원료인 구리를 주로 일본에서 수입했었지만, 운남에서 생산되는 구리로 하도록 방침이 바뀌었다.

---

80 강희연간 후기부터 동전의 가격이 상승하는 현상〔錢貴〕이 다수 발생했는데, 이 원인은 원일당(袁一堂)이 지적한 대로, 동전 주조량이 충분하진 않았지만 시장에서는 상품거래의 활성화에 의하여 소액화폐인 동전에 대한 수요가 높아졌기 때문에 일어난 현상이었다. 袁一堂, 「淸代錢荒硏究」, 『社會科學戰線』(1990-2) 참조. 다만 또 하나 추측할 수 있는 요인 가운데 하나는 강희연간 후기에는 전해령(展海令)에 의한 은 유입의 가속화이다. 전해령 이후 은 유입이 증가했으나, 은은 소액결제에는 사용하기 곤란했기 때문에, 국내에서 고액화폐인 은의 재고가 많아질수록 소액화폐에 대한 수요는 자연히 높아질 수밖에 없었다. 오늘날 한국 역시 수출로 인해 많은 달러가 유입되면 이를 교환하기 위해 많은 원화를 발행해야 하는 구조와 같다고 할 수 있다. 즉 동전에 대한 수요가 높아졌던 전귀(錢貴)현상은 이러한 과정에서 나타났을 것이라 생각된다.

이러한 의미에서 강희연간 후기부터 본격적으로 나타난 전귀현상은 ① 국내 상품생산의 확대, ② 고액결제 화폐인 은이 많아짐에 따라 소액결제 화폐에 대한 수요 증가, 이 두 가지를 주 원인으로 나타난 것이며, 강희연간부터 건륭연간까지 청조 통화정책은 주로 이러한 사회적 수요에 대응하기 위한 것이라고 이해할 수 있을 것이다.

81 川久保悌郞, 「淸代乾隆初年における燒鍋禁止論議について」, 『弘前大學人文社會』 33 (1964); 上田裕之, 『淸朝支配と貨幣政策』 제4장 참조.

그 결과 『청조문헌통고』에 따르면 옹정 10년(1732) 보천국은 41묘를 주조했고, 보원국은 37묘를 각각 주조했다고 한다.[82] 한편 『청실록』에 따르면 옹정연간 전체 동전 주조량은 각각 940만 관 혹은 957만 관으로 기록되어 있는데, 연평균 70여만 관이 되는 셈이다.[83] 이미 언급했듯이 기존에는 구리원료를 주로 일본에서 수입했지만, 옹정연간에는 주로 운남 구리를 사용했는데, 이에 따라 운남 지방 주조국의 생산이 급증하게 되었다. 옹정연간 전체 운남 지방 주조국의 주조량은 222.6만 관에 달했는데,[84] 연평균 13만 관이 되는 셈이다. 그러나 지방 주조국의 전체 주조량은 여전히 분명하게 파악할 수는 없다.

그에 비해서 건륭연간(1736-1795)은 중앙과 지방 모든 면에서 가장 발행량이 많은 시기였다. 이는 비단 청조뿐만 아니라 전근대 중국사에서도 가장 주조량이 많은 시기였다.[85] 일례로 건륭 20년(1755) 전후로 중앙의 호부와 공부가 연간 주조한 것이 71묘 133.1037만 관이었고, 지방 각성 주조량은 222.8425만 관에 달하여, 총 주조량은 354,9462만 관이나 된다.[86] 두가기(杜家驥)가 추산한 이 시기 중앙과 지방의 발행량은 아래 표와 같다. 다른 연구에 의해도 비슷한 수치가 나오는데 전체 중앙 주조량

---

82 『淸朝文獻通考』卷15「錢幣考」3 "臣等謹按, 兩局加鑄, 初自六卯遞增至十五六卯不等. 各設勤爐添鑄, 歲無定額. 皆在正卯之外, 其每年配鑄銅鉛之. 正額仍爲四十一卯, 自雍正十年以後寶源局減正額, 爲三十七卯至十三年複各爲四十一卯."

83 彭信威, 앞의 책, 829쪽.

84 李紅梅, 앞의 논문.

85 黑田明伸, 『中華帝國の構造と世界經濟』(名古屋大學出版會, 1994), 44쪽. 건륭 초기까지는 동전가격이 높아 이른바 전귀현상이 두드러졌다. 그러나 건륭 후기로 접어들면서 동전가격이 점차 낮아졌다. 건륭 초기에는 소농의 거래들이 활발해지기 때문에 동전에 대한 수요가 증가했다. 건륭연간 다량의 동전 발행은 전귀현상의 대응 차원에서 이루어진 것이며, 이러한 동전의 다량 발행과 사주전의 유통으로 인해 전가는 안정을 찾게 되었다. 건륭연간 동전가격에 대한 논고로서는 陳鋒, 2008, 제10장「銀錢比價的波動與對策」참조.

86 杜家驥, 앞의 논문.

은 7,750만 관이며, 이는 연평균 129만 관에 해당한다. 다만 건륭 말기는 연간 70여만 관으로 낮아졌다고 한다.[87]

〈표 13〉 건륭 20년(1755) 전국 동전 주조액 (출처: 足立啓二, 2012, 478쪽)

경사	1,435,920	절강	128,613	사천	291,200
직례	47,923	강서	69,600	운남	728,969
산서	44,180	호북	98,300	귀주	172,000
섬서	93,618	호남	168,758	광서	96,000
강소	111,820	복건	45,000	총계	3,549,901

지방 주조 사정을 위의 표로 정리했다. 두가기(杜家驥)의 추계 역시 건륭 20년(1755) 중앙 133만 관(37%), 지방 221만 관(63%)으로 전체 주조량은 350여만 관에 달한다.[88] 건륭연간의 흐름을 아래 표로 정리했다.

〈표 14〉 건륭연간 연평균 동전 주조 추산액

시기	중앙	지방
건륭 7년-15년	114만 관	건륭 20년대 각성 총합 221만 관
건륭 26-24년	133만 관	
건륭 25-58년	138만 관	

지방 주전국의 주조량이 사료에서 비교적 명확하게 드러낸 때는 건륭연간과 도광연간 정도다. 두 시기는 모두 지방 주조국의 주조량이 중앙보다 훨씬 많았고, 주로 광산이 집중된 운귀(雲貴)지역을 중심으로 주조가

87 李紅梅, 앞의 논문.
88 足立啓二, 앞의 책, 447-448쪽.

이루어지고 있었던 것이 특징이다.

다음으로 가경연간(1796-1820)의 경우를 보면, 이 시기부터는 재정상태가 악화됨에 따라 동전 발행에서 주조차익을 얻기 위한 성격이 강해졌다. 가경 초년은 확실히 중앙 주조량이 56만 량 정도로 적은데, 이는 건륭 후기에 70만 관 정도로 주조량이 줄어들었던 것과 무관하지 않은 듯하다. 다만 가경연간 후기에는 확실히 증가하여 156만 관을 회복했고, 지방에서는 112만 관 정도를 주조했다.[89]

아편전쟁 이전까지의 도광연간 주조량을 보면, 중앙의 경우 166만 관 정도를 주조했지만, 지방의 경우는 주조가 크게 줄었던 것이 특징이었다. 『석거여기(石渠餘紀)』의 기록에 따르면, "지금(도광 후기) 칙례(則例)에 따라서 각성 〔주조〕국 〔가운데〕 산동, 하남, 안휘, 감숙에서는 이미 주조가 정지되었고, 나머지 성에서는 111여만 관을 생산하고 있다. 은가가 나날이 올라가고 동전의 원가가 나날이 높아지고 있어서, 〔지방 주조국의〕 대부분은 주조를 정지하거나 생산을 줄이고 있다"[90]라고 하고 있다. 건륭연간의 전반적인 물가인상, 즉 인플레이션 현상으로 구리가격 역시 상승했고 이것이 다시 동전 주조비용을 상승시키고 재정에 압박을 가했던 것이다. 도광연간의 경우, 중앙의 주조량은 166만 관, 그리고 지방의 경우 111만 관 정도였다. 이렇게 볼 때, 지방의 주조량이 더 많았던 건륭연간은 확실히 예외적인 경우이고, 나머지는 비슷하거나 지방이 조금 적었다고 판단하는 것이 적절하지 않은가 생각된다.

그렇게 볼 때, 순치연간과 강희연간은 잇따른 전쟁과 구리원료 부족으로 지방에서의 주조가 순조롭게 이루어지지 않았던 것은 확실하지 않을

89 杜家驥, 앞의 논문.

90 王慶雲, 『石渠餘紀』 卷5, 「紀戶部局鑄」 "案今則例各省局出錢稅額. 除山東, 河南, 安徽, 甘肅久已停爐, 餘省其出錢一百一十二萬餘串, 自銀價愈昂, 錢本愈貴, 大半皆停爐減卯."

까 생각된다. 강희연간 후기부터 지방 주조국의 주조가 순조로워졌는데, 특히 기존에는 일본산 구리〔洋銅〕를 주요 소재로 했다면, 옹정연간부터는 운남 구리를 통해 주조가 개시되었다는 점에서 특기할 만한 시대라고 할 수 있고, 바로 이때부터 지방에서의 동전 주조도 본격화되었다. 이렇게 본다면, 순치연간과 강희연간의 지방 주조량은 중앙의 절반이나 2/3 정도만 이루어지지 않았을까 추정해본다.

아래는 위에서 검토한 통계에 추정치를 더한 것이다. 특히 지방에서 이루어진 화폐 주조량을 알 수 없는데, 여기에서는 당시 사정을 감안하여 일률적으로 중앙 주조량의 평균치를 절반으로 계산하여 정리했다. 물론 실제 주조량은 이보다 더 많을 수도 있고 적을 수도 있다. 다만 시대별로 뚜렷한 추세를 보여주고 있기 때문에 나름대로 의미가 있으리라 생각된다. 이 수치를 모두 합치면 청대 동전 주조액은 약 4억만 관에 달한다.

〈표 15〉 청대 조대별(朝代別) 동전 주조량 추계

시대	중앙 주조량	지방 주조량	연평균	전체 발행액
순치연간	중앙 36만 관	18만 관(?)	54만 관(?)	1,044만 관(?)
강희연간	24만 관-44만 관	34만 관(?)	67만 관(?)	4,087만 관(?)
옹정연간	49만 관-100만 관 연간 70여만 관	35만 관(?)	105만 관(?)	1,365만 관(?)
건륭연간	건륭 7년-15년: 114만 관 건륭 16-24년: 133만 관 건륭 25-58년: 138만 관	건륭 20년대 각성 221만 관	354만 관(?)	2,1840만 관(?)
가경연간	56만 관-156만 관	112.1만 관	246만 관(?)	6,150만 관(?)
도광연간	166만 관	111만 관	247만 관(?)	4,940만 관(?)

중국 역사상 동전을 대량으로 발행한 시기는 ① 전한(前漢, BC 202-AD 8), ② 북송(960-1127), ③ 청대(1644-1912)라고 한다. 그중 청대에 들어와 이

처럼 많은 동전이 발행된 이유는 무엇이었을까. 청대 동전 발행의 목적은 상당히 복합적이었다. 우선 발행한 동전으로 국가의 지출에 충당하려는 목적이 강했다. 보천국이 주조한 동전은 주로 병향(兵餉)으로 지급되고, 보원국이 주조한 동전은 국가 공사비용으로 지급되었다. 지방 주전국이 주조한 동전 역시 주로 지방에 주둔하던 주방팔기(駐防八旗)의 병향(兵餉)으로 충당되었다. 이렇게 정부 지출용으로 발행된 동전은 다시 시장에 유통되어 시중의 화폐부족 현상〔錢荒〕을 해결해주는 효과까지 기대되었다. 이러한 목적 하에 동전이 발행되는 한, 동전은 양질일수록 좋았고, 그만큼 이를 발행하기 위한 청조의 재정부담은 상당히 컸다.

이러한 경향이 두드러진 시기가 강희연간부터 건륭 중기까지에 해당한다고 생각된다. 다만 이 측면에만 주목한다면, 가경연간에 이르러 시장에 이미 동전이 충분해져 그 가격이 하락했음에도 동전 주조가 계속되었다는 사실은 설명하기 어렵다. 가경연간과 도광연간까지 청대 동전 발행의 주요 목적은 주조차익〔鑄息, Seigniorage〕의 확보를 통해 부족한 지방재정을 보전하는 데 있었다고 생각된다.

잘 알려져 있다시피, 청초까지는 명대 중기에 장거정(張居正)에 의해 전국적으로 확대 실시된 일조편법(一條鞭法)을 기본으로 하고 있었다. 그 뒤 강희연간 후기에는 '성세자생인정(盛世慈生人丁)'으로 인두세인 정세(丁稅)가 고정되었고, 최종적으로 토지세〔地稅〕에 합산되어 이른바 지정은제(地丁銀制)가 성립되었다. 즉 강희연간 후기와 옹정연간을 기점으로 기존의 요역과 토지세〔田賦〕가 일원화되었다. 이 무렵까지 국가재정의 적자는 심각한 상황이 아니었다.

강희연간에 실시된 '성세자생인정'은 정세를 고정시킴으로써 농민들의 부담을 상당히 줄여준 선정(善政)의 대표적 사례로 잘 알려져 있다. 그리고 강희연간 동전 발행이 주조차익을 목적으로 하지 않고 통화시장의 안정화에 초점이 맞추어졌던 점 역시 이러한 선정의 차원에서 이루어진 것으로 보인다. 다만 이러한 선정은 국가재정이라는 차원에서 본다면, 필연적으로 마이너스 요인이 되기 마련이었다.

강희연간 말의 재정흑자는 은(銀) 800만 량 정도였지만, 이 액수는 건륭연간 초기에 2,000만 량까지 확대되었고, 건륭연간 말기에도 7,000여 만 량에 달했다고 한다. 반면 가경연간에 들어와 백련교의 난을 진압하거나 자연재해를 해결하는 데 막대한 재원을 소모해 대체로 이때부터 적자가 심화되었다. 위와 같은 반란의 진압 외에도 재정적자의 주요 원인 가운데 하나는 지정은제 이후 정세에 대한 파악이 필요 없게 되자 토지조사〔編審〕도 불철저해지고, 당연히 국가의 징세능력과 지방사회에 대한 장악력이 현저히 하락해버린 이유도 컸다. 게다가 재해 발생 시 세금감면〔蠲免〕을 수시로 시행했던 것도 이러한 현상을 부채질했다. 선정(善政)을 베푼다는 점에서 청조 통치는 상당히 평가할 만한 것이지만, 도리어 사회에는 나쁜 결과를 가져왔다.

이러한 시기에 청조의 선택지 가운데 하나가 주조차익을 목적으로 한 동전 발행의 증대였다. 이는 특히 지방 주전국에서 주조차익을 더 노리게 만들었다. 당시 청조 정부는 재정적자를 메꾸기 위해 상공분(上供分)을 확대했고, 결과적으로 지방재정 적자는 더욱 심화되었는데, 이를 메꾸는 방안 가운데 하나가 바로 지방 주전국의 동전 발행 증가였기 때문이다. 즉 가경연간과 도광연간에 시장에서 충분한 동전이 발행되어 동전가격〔錢價〕이 계속 하락했는데도 시중에 계속 공급된 것은 바로 이처럼 주조차익을 목적으로 한 발행이 지속되었기 때문이다. 결론적으로 순치연간에는 주조차익을 위한 발행이었다면, 비교적 재정이 넉넉했던 강희연간과 옹정, 건륭연간까지 시장에 안정적인 통화공급과 사주전 억제라는 목적으로 전환되었다. 그러나 다시 재정적자가 현저해진 건륭연간 후반부터 도광연간에 이르기까지, 특히 지방 주전국을 중심으로 주조차익 목적의 발행으로 그 성격이 바뀌게 되었다.[91] 그 결과 사주전 남발현상이 빈번해지고, 아울러 인플레이션이 심화되었다. 이러한 현상이 결국 청대 후기 중국경제를 커다란 혼란으로 몰고 갔다. 충분한 재원을 확보하지 않았던 선정(善政)의 대가는 혹독했다.

참고로 팽신위(彭信威) 『중국화폐사(中國貨幣史)』(827-829쪽)에서는 청실록에 기반하여 보천국(寶泉局) 한곳의 주조량 기록을 조대별(朝代別)로 연평균 내어 정리하면 대략 다음과 같다. 다만 순치 8년(1651)부터 순치 14년(1657)까지의 수치가 비정상적으로 높은데, 이는 한 자리수가 추가된 오기라고 생각되어 이를 삭제하고 계산했다. 그 결과는 아래 표와 같다. 이렇게 볼 때 앞서 순치연간과 강희연간의 수치가 비슷하고 옹정연간의 수치가 상승하는 위의 표와 대체로 일치한다는 것을 알 수 있다. 이렇게 본다면 동전 주조량을 통해서도 청조가 처한 경제적 상황과 황제마다의 화폐 주조정책이 지닌 특징이 비교적 명확하게 드러나리라 생각된다.

〈표 16〉 청대 호부 보천국의 주조량

시대	연평균 주조량
순치연간	약 24만 관
강희연간	약 29만 관
옹정연간	약 53만 관

이를 2절에서 살펴보았던 은 유입량과 합쳐서 대조해보기로 하자. 유입량은 〈표 17〉로 정리했고, 다시 이를 막대그래프로 재현했다. 이렇게 볼 때, 은 유입량은 명말에 약 300만 량이 고점이고, 청대 내내 다시는 그 정도로 회복되지 못했다는 점을 알 수 있다. 이는 남미 포토시 은광의

91 일례로 청말 장지동(張之洞)은 당시 부족한 지방재정을 채우기 위해 남경에 강남유녕관은전국(江南裕寧官銀錢局)을 창설해 신식 동전인 동원(銅元)을 주조하고, 여기서 발생하는 주조차익〔餘息〕으로 교육개혁을 추진하려하기도 했다.

생산량과 밀접한 관련이 있으리라 추측된다. 그리고 청대에는 순치연간에는 정치적 혼란이 있었고, 강희연간에는 천계령이라는 해금정책으로 인한 유입 감소가 있었다고 생각된다. 그 뒤 옹정연간에 순조롭게 회복되어 건륭·가경연간이 은 유입의 최절정이었다는 점을 알 수 있다. 여기에서도 도광연간부터는 은 유출이 본격화되었다는 점이 확인된다.

〈표 17〉 청대 연간 은 유입량과 동전 주조량 추계

연대	연간 은 유입량	정부 동전 주조량
16세기 후반	148만 량	불명
17세기 초반	370만 량	불명
순치연간	137만 량	54만 관
강희연간	103만 량	67만 관
옹정연간	139만 량	105만 관
건륭연간	217만 량	354만 관
가경연간	217만 량	246만 관
도광연간	-195만 량	247만 관

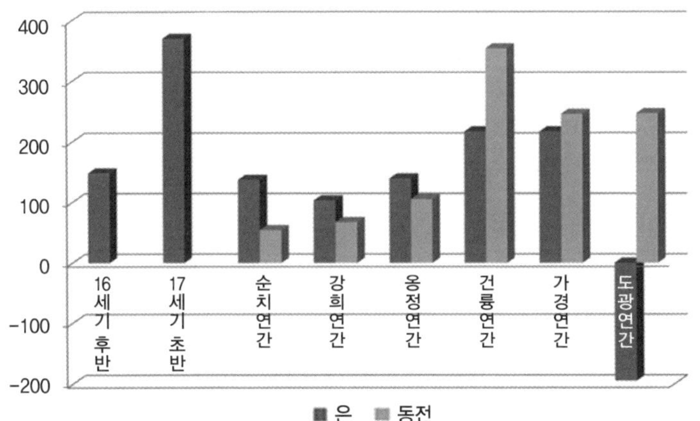

동전 발행은 명말에는 사료상 거의 확인이 되지 않는다. 상태가 조악했던 숭전전(崇禎錢)은 만주족을 막기 위해 실시한 요향(遼餉) 때문에 초래된 재정적자를 해결하고자 주조차익 획득을 목적으로 발행한 것이었다. 그 뒤 1644년 입관 이후 재정이 넉넉하지 않았던 청조 역시 당분간 주조차익을 얻기 위한 목적으로 동전을 발행했다. 강희연간에도 사정은 별로 나아지지 않아서, 천계령으로 인한 구리 수입이 급감했기 때문에, 동전의 무게를 줄이는 방법을 채택할 정도였다. 그 뒤 옹정연간에 운남 구리로 동전을 주조하기 시작했고, 이것이 청조에게 안정적인 동전 주조를 가능하게 했다. 한편 건륭연간은 은 유입의 최절정기이자 동전 주조의 최절정기이기도 했다. 동전 주조에도 힘을 쏟아서 은 유입량보다도 거의 1.5배 내지 2배 정도의 가치에 해당하는 동전이 시장에 투하되었다. 다만 건륭연간 후기부터는 주조차익을 위한 발행이 특히 지방 주전국을 중심으로 전개되었는데, 가경연간에 동전 주조량은 약간 줄어들었고, 이러한 감소세는 지속되었다.

아편전쟁 직전까지의 중국 내 화폐(은+동전) 보유량을 추계해보면 다음과 같다. 명말 총 은량 3억5천만 량 가운데 20%인 7천만 량 정도는 자연소모되었을 것이라고 생각되며, 남은 2억8천만 량에 청대 증가분 3억1천만 량(순유입분 2억5천만 량+중국 생산분 6천만 량)을 더하면 5억9천만 량 정도에 해당한다. 그리고 여기에 4억 관의 동전을 추가하여 은전비가를 1량당 1,000문으로 잠정 계산하면 모두 9억9천만 량에 해당한다. 당시 인구가 3.5억에서 4억이라고 할 때, 1인당 화폐 보유량(은+동전)은 2.475량 내지 2.8량이 된다. 명말에는 은만을 보유했다고 했을 때, 명말 1.45-1.93량보다 청대에는 보유액이 약 60% 증가했다. 보유량의 증가로 경기가 활황을 띠게 되고 소득이 증가했다고 할 수 있다. 참고로 오승명(吳承明)의 추계에 따르면, 청대 전체 상품유통액은 3억5천만 량에 달한다고 한다.[92]

은은 1량(37.5g)에 현재 가치로 약 25만 원에 해당하는 고액화폐이며,

분할해서 사용하기 매우 어려운 화폐이기도 하다. 따라서 설령 많은 은이 중국 내로 유입되더라도 이것을 일상적으로 사용하기 위해서는 또 다른 수단이 반드시 필요했다. 이것이 바로 동전이었다. 은 1량=동전 1,000문이라고 하면 동전 1문은 현재 가치로 약 250원이 되며, 일상적으로 사용하는 소액화폐 수준이다. 따라서 은이 많이 유입될수록 그만큼 동전도 따라서 유통되어야 했다. 청조가 동전 발행에 힘썼던 것은 바로 이 때문이었다. 강희연간부터 건륭연간까지 청조는 동전 유통에 의한 일상적 유동성(Liquidity) 공급으로 시장에 활력을 불어넣었고, 동전을 통해 은을 보유한 특정 부유층의 부를 소민(小民)들도 누릴 수 있도록 했다.

청조의 동전 발행은 어떤 의미에서는 오늘날로 보자면 일종의 '양적 완화(quantitative easing)'[93]에 해당되었고, 이는 명대 중기부터 지속된 만성적인 동전부족이라는 사태에 대한 청조의 기민하고 신속한 대처였다. 1684년 천계령이 해제됨으로써 다시 은 유입이 재개되었지만, 동전이 부족한 상황 속에서는 이러한 은 유입이 가져온 막대한 유효수요를 내수로 전환할 수 있는 매개가 부족할 수밖에 없었는데, 이것을 해결한 것이 청

---

92 吳承明, 『中國資本主義與國內市場』(中國社會科學出版社, 1985), 253쪽. 청대 재정규모를 6천만 량이라고 할 때, 이는 전체 통화량의 약 6%에 해당된다. 한편 발라즈는 송대 교역액을 7천만 관 내지 1억5천만 관으로 추정했다. 퍼킨스, 양필승 역, 『중국경제사 1368-1968』(신서원, 1967), 167쪽. 한편 청말에는 국내에는 6-7억 량이 유통되었고, 해외 교역량까지 합하면 10억 량으로 추산하고 있다. 퍼킨스, 앞의 책, 170쪽 참조. 참고로 2021년 현재 한국의 통화량은 약 3,500조 정도인데, 국가예산은 558조로서 통화량 대비 국가예산은 약 16%에 달한다. 이렇게 볼 때 청대 국가의 재정규모가 상당히 적었다는 것을 명확히 알 수 있다.

93 일반적으로 '양적 완화(量的緩和, quantitative easing)'란 통화정책의 일종으로 중앙은행이 자신들이 발행한 화폐로 국채나 민간의 채권을 매입하는 것을 말한다. 이로 인해 민간에서는 화폐를 받게 돼서 시중에 통화량이 늘어나는 효과를 가져 오게 된다. 반대 효과를 노리는 정책이 '양적 긴축(量的緊縮, Quantitative Tightening)'으로 중앙은행이 매입한 자산을 다시 시중에 팔아서, 시중에 유통되는 화폐를 줄어들도록 하는 것을 말한다.

조의 동전 발행이었다. 즉 순치연간 이후 시장에 안정적인 '유동성'이 공급됨으로써 상품생산이 활발해질 수 있었다. 이렇게 발행된 동전과 더불어 민간에서 발행한 사주전의 유통으로 해외무역을 통해서 얻어진 재화가 비로소 지역시장에 투하되어 농촌지역까지 상품경제가 활발해지는 계기가 되었다. 이른바 '건가성세(乾嘉盛世)'의 경제적 기원은 은 유입이라기보다 주조차익을 노린 청조의 적극적인 동전 주조정책에 있었다. 당시 전체적인 GDP가 증대하기는 했지만 매우 완만했기에, 인플레이션의 발생은 어디까지나 화폐 유통량의 증가 때문이었다. 반면 인플레이션은 소득의 양극화를 가져와 자산을 소유한 계층은 많은 이익을 볼 수 있었지만, 그렇지 못한 계층은 커다란 타격을 받게 되었다. 즉 대대적인 '동전 발행(quantitative easing)'이 가져온 인플레이션, 그리고 이 인플레이션으로 인한 양극화의 심화. 이것이 바로 '건가성세'의 경제사적 의미였다.

이러한 정책 역시 단점을 극복하지 못했는데, 여기서 말하는 '단점'이란 도광연간에 은 유입이 줄어들고 있었음에도 불구하고 동전의 주조가 별로 줄어들지 않았다는 점이다. 건륭 26년(1761)에는 1량=780-790문이었던 은전비가는 건륭 57년(1792)이 되면서 은 1량=1,800-2,000문으로 31년간 2.3배 내지 2.56배 증가했다.[94] 이러한 은전비가의 불균형 현상은 단지 아편무역에 의한 은 유출만으로 일어난 현상이 결코 아니었다. 시중에 통화량이 넘치는데도 불구하고, 동전을 적절히 제어하지 않았던 비탄력적이면서도 주조차익을 노린 가경연간부터 도광연간 청조의 통화정책에서도 그 원인을 찾을 수 있는 것이다.[95] 아래와 같이 청대 후기부

94 건륭·가경연간의 은전비가에 대해서는 王宏斌, 『晚淸貨幣比價硏究』(河南大學出版社, 1990) 1장 「乾嘉時期銀價的逐漸上場(1766-1820)」 참조.

95 반면 구로다 아키노부(黑田明伸)는 건륭연간의 지방 주전국의 동전 발행에 대해 언급하면서, 건륭연간 후기 제전의 통일적 유통이 붕괴되면서 동전 일반에 대한 신용을 떨어뜨렸으며, 반면 은에 대한 신용도가 높아지면서 은귀전천(銀貴錢賤) 현상이 나타

터 재정압박으로 인해 주조된 동전의 질 역시 떨어지게 되면서, 결과적으로 사주전이 시장에 유통되기 시작했다. 결국 시장에서는 정부 발행 동전만이 아니라 민간에서 주조한 사주전도 끊임없이 유입되고 있었다.[96]

청조 화폐시장을 어지럽게 한 또 하나의 문제는 지방 주전국에서 몰래 주조된 함량 미달의 동전, 즉 소전(小錢)이 대량으로 유통되었다는 점이다. 이 역시 비정규적인 동전의 한 종류였다.[97]

> "건륭 50년(1785) 이후, 평화로운 시기가 오래되었다. 간교한 자들이 몰래 늘어나기 시작했다. (…) 소전(小錢)이 물이 솟아나는 것처럼 많아졌다. (…) 소전을 파는 자들은 말이나 노새에 잔뜩 싣거나 선박에 몰래 쌓아놓고 있다. (…) 성문이나 관문 그리고 나루터의 서리(吏胥)들은 그 간사함을 발각하고도 뇌물을 받고 즉시 풀어주고 있다."[98]
>
> "〔건륭 59년 상유(上諭)〕 운남이나 호광(湖廣) 등의 지역에 이르러서 소전이 매우 많아서, 〔장강(長江)〕 하류의 강소, 절강 등도 역시 동전가격이 매우 싸다."[99]
>
> "〔건륭 60년 상유(上諭)〕 북경이나 각성의 동전가격이 나날이 싸지고 있으니, 이는 소전이 매우 많기 때문이다."[100]

위의 사료들을 통해서 건륭연간 후기는 동전(제전+사주전+소전)이 농촌

났다고 하고 있다. 黑田明伸, 앞의 책, 54쪽.

96 건륭연간 수매를 통한 청조의 사주전 단속에 대해서는, 鄭永昌, 「淸代乾隆年間的私錢流通與官方因應政策之分析－以私錢收買政策爲中心」, 『國立臺灣師範大學歷史學報』 25期(1997) 참조.

97 王宏斌은 민간에서 주조한 사주전과 지방 주조국의 비리과정〔局私〕을 통해 주조된 함량 미달의 소전(小錢) 가운데, 소전 쪽이 더 많다고 추산하고 있다. 王宏斌, 앞의 책, 10쪽.

98 『淸經世文編』 卷53, 「岳震天與安郡志食貨論」.

99 『淸高宗實錄』 卷1454, 「乾隆59年6月丙寅」.

100 『淸朝續文獻通考』 卷19考7686, 「乾隆60年」.

매카트니의 영국 사절단을 접견하는 건륭제

시장에 대량 유통되던 시기였다는 점을 알 수 있다. 앞서 살펴보았듯이 아편전쟁 이전 은의 순유입량은 2억5천만 량에 달했지만, 정부가 발행한 동전만 해도 4억만 관에 달하여 거의 1.6배에 달했다. 이런 상태에서 은전비가의 균형이 무너졌던 것은 매우 자연스러운 현상이라고 할 수 있다.[101] 여기에 사주전까지 더한다면 실제로 도광연간에 은전비가가 급상승하던 것[102]이 오로지 아편무역에 의한 은 유출 때문이라고만 할 수는 없을 것이다. 시중에는 해외로부터 유입된 은에 비해 동전이 넘치는데도 불구하고, 이를 조절하려 하지 않고 주조차익으로 부족한 재정을 메우기 위해 계속 동전을 발행했던 가경연간과 도광연간의 비(非)탄력적인 통화정책에도 그 원인이 있었다.

이제까지 이 장에서 서술한 내용에 근거하면, 청대 경기변동의 근본적인 요인은 화폐 유통량의 변화에 있었다는 점을 알 수 있다. 은과 동전 가운데 어느 쪽이 더욱 중요한 요인이었는가는 좀 더 규명할 여지가 있지만, 청대 경제에서 해외로부터 유입되는 은의 중요성은 두말할 나위가 없다. 이런 점에서 볼 때, 청대 중국의 경제에 대해 조지 매카트니의 방문일화 등을 거론하면서 중국을 완전히 닫힌 사회로 파악하는 것은 매우 단순한 사고이다. 16세기 이후 중화제국의 경제시스템과 서구의 국민경

101 王業鍵 역시 청대 동전의 발행이 은 유입량보다 많았다고 지적하고 있다. 黃國樞·王業鍵, 앞의 논문. 『政典類纂』「貨幣」7 "江蘇省寶蘇局所鑄官錢, 銅少鉛多, 而官銅偸鑄小錢, 每錢一千不及四斤, 民間號爲局私. 自蘇松至浙江, 江西流通寢廣, 以致銀價日貴." 즉 강소성의 주전국인 보소국(寶蘇局)에서는 비리로 구리는 적고 납이 많은 동전을 만들고, 주전국의 인원들이 그 남은 구리를 몰래 빼돌려서 소전을 주조했는데, 동전 1천 문이 4근이 채 되지 않았고, 민간에서는 이를 국사(局私)라고 했다. 소전이 강소·절강·강서지역으로 나날이 유통이 확대되면서 은가가 나날이 높아졌다고 하고 있다. 즉 제전뿐만 아니라 사주전과 소전 등 역시 은전비가 상승에 커다란 원인을 제공했다.

102 도광연간 은전비가에 대해서는 王宏斌, 앞의 책, 2장 「道咸時期的銀貴錢賤」; 劉朝輝, 앞의 책, 5장 「銀錢比價問題」 참조.

제시스템은 모두 세계 은 경제로의 편입 속에서 동시대에 나타난 것이며, 이런 의미에서 명대 중엽 이후의 중국사회는 세계 은 경제로의 편입이라는 차원 속에서만 이해될 수 있기 때문이다.

그리고 또 한 가지 프랑크가 주장하는 은 유입 수치 역시 실제로도 지나치게 과장되었다는 점을 알 수 있다. 또 명말 은 유입량은 2억4천만 량, 아편전쟁 이전까지 청대 순수 은 유입량은 2억5천만 량으로서 거의 비슷한 액수가 유입되었다. 지역별 비중의 변화를 보면, 대 일본 무역은 명말 54%의 수준에서 12%로 급감하고, 갈레온 무역은 23%에서 44%로 늘었으며, 유럽과의 무역 비중은 명말 4%에서 21%로 증가했다. 즉 명말에는 일본을 포함한 동아시아 무역이 중심이 되었지만, 청대에는 유럽과의 비중이 훨씬 더 커졌다. 청조는 명조와는 달리 동전 발행을 매우 중시했고, 은과 동전의 비율을 일정하게 유지하기 위해 다대한 노력을 기울였다. 그 발행량도 은 유입액보다 2배 정도 많았다.

여기에 더하여 민간에서 발행한 사주전이 다량으로 유통되었다. 이처럼 동전의 대량 유통이야말로 청대 물가변동과 가경연간부터 시작된 '은귀전천' 현상의 주요 원인이었다. 그리고 도광연간에 일어난 은전비가의 불균형 문제는 단순히 은 유출에 의한 것만이 아니라, 청조의 동전 발행액이 지나치게 많았던 데에도 원인이 있었다.

명말에는 막대한 은 유입과는 대조적으로 동전이 적게 유통됨으로써 고액화폐인 은이 주로 화폐로 사용되어 다른 지역으로 부(富)가 비교적 쉽게 이동했다. 이로 인해 유동성이 높아져 지역경제에 혼란을 가져오기 쉬운 상태였다면, 청조의 경제정책은 동전의 안정적인 공급에 역점을 두었다. 천계령 등의 우여곡절은 있었지만, 비교적 안정적으로 동전이 공급되었고 이것이 도시지역뿐만 아니라 시진(市鎮) 등 지역 농촌시장이 발전하는 원동력이 되었다. 다만 이러한 정책 역시 약점을 지니고 있었는데, 지역 주전국에서 얼마만큼의 통화를 주조하고 있는지 전체적으로 파악하기 어려운 현실이었고, 때문에 시장 통화량이 과잉 상태였을 때 적절히 동전 공급을 줄이는 정책을 펴지 않았다. 덕분에 가경연간부터 점차 동전가격이 싸지고 은가격이 비싸지는 '은귀전천' 현상이 일어나게 되었다.

다만 건륭연간과 가경연간의 은귀전천 현상이 안정적으로 은이 유입되는 상황에서 주로 동전의 과잉공급에 의한 것이었다면, 도광연간의 경우 은가가 이미 상대적으로 높은 상황에서 은이 대량으로 유출되었기 때문에 이 균형이 더욱 빨리 무너지게 된 것이라 생각된다. 도광연간에 은 유출이 일어나기 전, 이미 청대 중국에는 늘어난 은 유입량을 상회할 정도로 제전과 사주전을 비롯한 동전이 시장에 넘쳐나고 있었다. 이러한 '불균형 상황'을 '위기'로 만들었던 것은 바로 도광연간 아편무역으로 인한 은 유출이었다.

| 제 2 장 |

경기변동과 농민소득의 변화

2

청대 강남지역[1]의 농가소득에 관한 연구는 비단 당시 경제적으로 선진지역이었던 강남의 농민들이 어떠한 수준에서 살았는가라는 점에서 중요할 뿐만 아니라, 청대 농업경제 발전의 중요한 지표로서 많은 주목을 받았다. 한편 클리포드 기어츠의 내향적 정교화(involution)라는 개념[2]을 청대 강남 농촌에 적용한 필립 황〔黃宗智〕은 청대에서 "생산과 상거래의 확대를 생산성 증대가 아닌, 가족 노동력의 추가투입에 의존한 것"으로 파악했다.[3] 그와 정반대 위치에서 케네스 포메란츠는 『대분기(The Great

1 본서에서 강남지역은 강소성 남부와 절강성 북부의 양자강 델타지역인 소주(蘇州)·송강(松江)·상주(常州)·가흥(嘉興)·항주(杭州)·호주(湖州)의 6개 부(府)로 한정한다.

2 클리포드 기어츠, 김형준 역, 『농업의 내향적 정교화—인도네시아의 생태적 변화과정』(일조각, 2012).

3 필립 황은 '집약화(Intensification)'와 '발전(Development)'이라는 용어를 구분하여 사용하고 있다. 그는 생산과정에서 생산요소의 투입이 일정 정도 이하이면 조방적인 것이고, 기준 이상이면 집약〔밀집〕적 상태가 되며, 생산요소가 계속 투입되어 새로운 한도에 다다르면 과밀한 상태가 된다고 본다. 따라서 과밀은 생산요소의 투입이 지나치게 밀집〔집약〕된 상태를 말한다. 즉 단위면적당 생산량과 노동량이 같은 속도로 증가하는 것이 밀집이며, 단위면적당 생산량이 증가하지만 단위노동시간의 한계효용이 감소하는 것을 '과밀'이라고 한다. 환언하면 노동시간의 한계효용을 척도로 노동생산성을 결정할 경우, 밀집상태에서는 노동생산성이 변하지 않지만, 과밀상태에서는 토지의 단위면적당 생산성은 상승할지라도, 노동생산성이 하강하는 것이다. 만약 단위면적당 생산량이 노동 투입의 증가속도를 초과하여 증가한다면, 그 상황을 그는 '발전'이라고 하는 것이다. 청대 강남농촌의 과밀화현상은 과학발전, 즉 농업생산력의 발전이 없었

Divergence)』에서 청대 농민들 사이에서 '근면혁명(Industrious Revolution)'이 발생했고, 노동 증가에 따른 이익 증가가 소비 증가로 나타났다고 주장하고 있다.[4]

다만 여기 지적하고 싶은 점은 청대 농민들의 소득이 증가하거나 감소했다고 할 때, 그 기준을 무엇으로 삼는가 하는 점이다. 물론 다른 나라와의 비교연구 역시 중요하겠지만, 일단 중국사의 틀 내에서 우선 확인되어야 할 문제가 아닐까. 청대라고 하면 이전 왕조인 명대와의 비교도 필요하겠지만, 시대적으로 지나치게 가깝기 때문에 도리어 연구에 난점도 존재한다. 이에 여기에서는 좀 더 시간적 간격을 두고 송대와의 비교를 시도해보고자 한다.

실제로 송대와 청대의 농업소득을 비교한 연구도 존재하고 있는데, 대표적인 경우로 앵거스 메디슨(Angus Maddison, 1926-2010)의 연구성과를 들 수 있다. 그의 연구는 세계사 속에서 GDP의 변화를 고찰하면서, 서구경제는 11세기부터 계속 GDP가 발전한다고 결론을 맺고 있다. 반면 중국의 경우 송대부터 GDP가 급격하게 상승한 뒤, 명청시대에는 거의 달라지지 않은 것으로 추계하고 있다(〈그림 1〉 참조).[5] 즉 중국에 대한 메디슨의 서술은 D. H. 퍼킨스의 중국 농업사 연구[6]에 의거하여 농업의 상업화와 도시화의 추세는 송대에 이미 그 정점에 올랐고, 그 뒤 6세기 동안

다는 점을 전제로 하고 있다(Philip Huang, ibid, pp. 11-15 참조).

4 케네스 포메란츠, 김규태 외 역, 『대분기—중국과 유럽 그리고 근대 세계경제의 형성』(에코리브르, 2016); 한편 근면혁명론에 대해서는 하야미 아키라, 앞의 책; 이영석, 「"대분기(大分岐)"와 근면혁명론」, 『역사학연구』 77(2015); 杉原薫, 「東アジアにおける勤勉革命径路の成立」, 『大阪大學經濟學』 54(2004) 참조.

5 Maddison, Angus., The World Economy: A Millennial Perspective, Organization for Economic Cooperation and Development(Organization for Economic Cooperation & Devel, 2001), p. 4. Maddison, Angus., *Chinese Economic Performance in the Long Run*: 960-2030 AD, OECD, 2007, p. 25 · p. 40.

6 퍼킨스, 앞의 책.

GDP는 정체되었다는 것이다. 다만 경지의 외연적 확대와 경지면적당 수확량을 증가시키는 것에 의존해 인구증가분을 흡수하는 정도였다고 지적한다. 이러한 해석에 기초하여 메디슨은 1820년까지 1인당 GDP에는 변화가 없다고 주장하고 있다.[7]

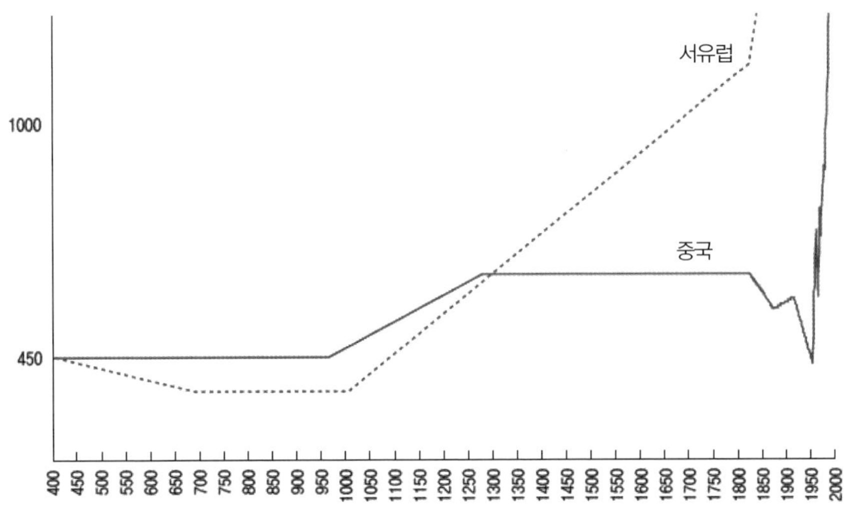

〈그림 1〉 중국과 서유럽의 GDP의 역사적 변화 추계 (출처: Angus Maddison, p. 44)

물론 중국사 연구자들도 송대부터 청대까지 농민들의 가계수입에 대해 꾸준히 연구해왔다. 예를 들면, 송대에 관한 칠협(漆俠)과 조복현의 연구가 있고,[8] 명대 농민의 소득수준 변화에 관한 관한휘(管漢暉)·이도규

7 Maddison, Angus., *The World Economy: A Millennial Perspective*, p. 251. 점성도 도입 등을 이유로 송대 농업생산량이 비약적으로 발전했다는 기존의 송대 농업상에 대한 비판에 대해서는 大澤正昭, 『唐宋變革期農業社會史硏究』(汲古書院, 1996), 7장 「宋代「江南」の生産力評價をめぐって」; 리보중(李伯重), 이화승 역, 『중국경제사 연구의 새로운 모색』(책세상, 2006), 115-129쪽 참조.

8 漆俠, 『宋代經濟史』(上海人民出版社, 1987); 조복현, 『중국 송대 가계수입과 생활비』(신서원, 2016). 참고로 송대 물가수준의 변동을 간략히 정리하면 다음과 같다. 송이

(李稻葵)의 연구[9]를 참조할 수 있을 것이며, 청대의 경우 방행(方行)과 왕가범(王家範) 등의 연구를 들 수 있다.[10] 송대와 청대의 식량소비[11]와 식량생산량[12]을 비교한 경우도 찾아볼 수 있다. 청초부터 민국초기까지 폭넓은 시기를 대상으로 한 황경빈(黃敬斌)의 전저도 있으며,[13] 청말민초 시기 농가소득을 다룬 박정현의 연구[14]도 빼놓을 수 없다. 다만 방행(方行)과 왕가범(王家範)의 연구 등은 제목에서도 알 수 있듯이 농가소비에 관한 것이다. 대체로 1가구 5인을 상정하여 식량소비, 의복소비 등을 파악하고, 이를 연간 소비수준으로 산정했다. 이들 연구가 소비수준을 활용한 것은 직접적 사료가 없는 당시 농민의 소득수준 변화를 파악하기 위한 하나의 방편이었다.

이 장에서는 강남지역에 초점을 두고 송대와 청대 농민소득의 변화를 추적하고, 그 원인을 규명해보려 한다. 소득 변화를 추적하려면 이에 관

건국한 960년부터 11세기 초까지 전체적으로 낮은 가격이었는데, 중기부터 물가가 상승했고, 왕안석신법 시기에는 일시적으로 하락했다가 북송 말기에 다시 상승했고, 남송 시기(1127-1279)에는 일반적으로 높은 수준을 줄곧 유지했다. 井上正夫, 『東アジア國際通貨と中世日本：宋錢と爲替からみた經濟史』(名古屋大学出版會, 2022), 32쪽.

9 管漢暉 · 李稻葵, 「明代GD及結構試探」, 『經濟學(季刊)』 9卷3期(2010); 陳寶良, 「明代的物價波動與消費支出－兼及明朝人的生活質量」,『浙江學報』(2016-3). 그 밖에 명대 물가에 관해서는 黃冕堂, 『明史管見』 「明代物價考略」 (齊魯書社, 1985) 참조.

10 청대 강남지역 농민들의 소비수준의 변화에 대한 연구로서는 方行, 『中國古代經濟論稿』(廈門大學出版社, 2015), 「清代江南農民的消費」; 王家範, 「清代江南農民的消費」, 『中國經濟史硏究』(中國社會科學院經濟硏究所, 1996-3期); 同, 「明淸江南市鎭結構及歷史價値初探」, 『華東師範大學學報』 1984-1期; 同, 「明淸江南消費風氣與消費結構描述」, 『華東師範大學學報』 1988-2期; 同, 「明淸江南消費性質與消費效果解析」, 『上海社會科學學術院季刊』 1988-2期(왕가범의 위 논문은 모두 同, 『明淸江南史叢稿』(三聯書店, 2018)에 수록).

11 조복현, 앞의 책, 하권, 308-310쪽.

12 李伯重, 『多視角江南經濟史 1250-1850』(三聯書店, 2003), 「"天", "地", "人"的變化與明清江南的水稻生産」 참조.

13 黃敬斌, 『民生與家計: 清初至民國時期江南居民的消費』(復旦大學出版社, 2009).

14 박정현, 『근대중국농촌사회연구』(고려대학교출판부, 2004), 100-112쪽.

한 당대인들의 다양한 조사결과가 전제되어야 확실한 사료적 근거가 확보되겠지만, 전통 중국에서 그런 조사는 이뤄진 적이 없기 때문에, 향후 전개는 여러 가지 추론을 포함하고 있다는 점을 미리 밝혀둔다. 다만 추론으로 인한 오류를 줄이기 위해 기본적인 농가소득에 관한 부분은 선행연구에 크게 의지했음을 미리 밝힌다.

한 가지 짚어둘 것은, 이 장에서 모든 지출을 화폐나 미곡으로 환산하려고 했지만, 과연 실제로 모든 부식이나 의복을 화폐로 구입했는가에 대해서는 의문이 든다는 것이다. 부식이나 의복 등은 자가에서 직접 획득하거나 생산하는 부분이 상당수 있었을 것임에 틀림없다. 왜냐하면 송대부터 청대까지 농민경제는 그 비율은 각각 달랐지만 자급경제와 상품경제가 상호 결합되었기 때문이다.[15] 그러나 앞서 밝혔듯이 그 비율을 추적하는 것은 현재 사료상에 어려움이 많고 필연적으로 더 많은 추론을 필요로 하며, 추론이 지나치면 당시 현실을 왜곡할 수 있는 위험성도 커지기 마련이다. 따라서 특히 소비에 관한 부분은 추론 대신 가급적 기존 연구를 따름으로서 위험도를 최대한 줄이고자 했다.

소득은 '명목소득(nominal income)'과 '실질소득(real income)'으로 구분된다. 명목소득은 화폐가치로 표현된 것이고, 실질소득은 여기에 물가상승을 고려해 산출한 것을 말한다. 이를 모두 고려하면 상당히 복잡한 논의가 필요하기 때문에, 여기서는 실질소득을 파악하기 위해 화폐단위로 표현하는 것을 가급적 지양하고 미곡단위로 실질소득을 파악하고자 했다.

덧붙여 단기간의 기상변화에 따라 풍흉이 반복되었고, 지역마다 도량형의 편차[16] 역시 적지 않다는 문제도 있다. 이러한 측면들 역시 여기서는 일단 사상(捨象)할 수밖에 없었다. 또 화폐경제 하에서 송대 말과 청대

15 方行, 淸代江南農民的消費」, 『中國古代經濟論稿』(廈門大學出版社, 2015), 229쪽.
16 특히 미곡과 관련된 도량형 문제에 대해서는 岸本美緖, 앞의 책, 105-106쪽 참조.

도광연간에는 물가변동에 따른 경기하락(depression) 현상이 일어나기도 했지만,[17] 여기서 물가의 단기간 변동까지 고려할 수는 없었기 때문에, 청대라는 시간대 가운데 1644년부터 건륭연간(1736-1795)까지를 그 대상으로 삼았다.

1. 근세 강남 농민의 소비구조 변화

송대든 청대든 당시 농민들이 어떤 음식을 얼마나 소비했는가에 관한 사료는 극히 제한적이다. 여기서는 우선 주곡 소비량에 관한 비교부터 진행하려고 한다.

주곡 소비량 비교

송대부터 청말까지 농촌 1가구는 대체로 성인 3명과 미성년 2명으로 구성되었다는 점에서는 별반 차이가 없다.[18] 그렇다면 5인 가구가 1년 동안 생활하기 위해서는 얼마나 많은 식량을 소모했던 것일까. 송말원초(宋末元初) 시기를 살았던 휘주(徽州) 흡현(歙縣) 사람인 방회(方回, 1227-1307)의

17 도광연간의 물가하락 현상에 대해서는 王業鍵, 「十九世紀前期物價下落與太平天國革命」, 同, 『清代經濟史論文集』 2권(稻香出版社, 2003). 臼井佐知子, 「清代賦税關係數値の一検討」, 『中國近代史研究』 1(1981) 참조.

18 송대의 경우, 斯波義信, 「宋代の消費·生産水準試探」, 『中國史學』 1(1991), 167쪽. 민국시기 농촌조사에 따르면 중국 농촌에는 1가구당 4-5명이 가장 많은데, 같은 강남지역인 오흥(吳興)지역의 경우 1가구당 3명에서 6명이 72.9%이고 그 가운데 4-5명이 41.667%였다고 한다. 中國經濟統計研究所, 『吳興農村經濟』(中國經濟統計研究所, 1939), 23쪽. 南滿洲鐵道株式會社調査部 編 『江蘇省松江縣農村實態調査報告書』(南滿洲鐵道上海事務所, 1940), 173쪽에 따르면 1가구당 경작면적은 약 9무, 평균 가족 구성원은 4.53명이었다.

서술에 따르면 당시 남송말 강남지역의 농가경영 실태는 다음과 같다.

> 강남지역 평야에서 초가집에서 밥 짓는 연기를 보면 끝도 없이 펼쳐져 있는데, 모두 소작농들이다. 농사를 짓는다고 할 때 가경면적은 30무 정도인데, 만약 1년에 1무당 3석 혹은 2석을 수확한다고 하면, 잠정적으로 2석을 중간값으로 할 수 있을 것이다. 그 가운데 장간(莊幹)에게 5석 이상을 납부하며, 지주에게는 30석을 납부하게 되면 전호는 35석을 갖게 된다. 다섯 식구 가족들이 하루에 1승씩을 먹게 되면, 1년에는 18석을 소비하게 되는데 12석이 남게 된다.[19]

여기서 소작인의 연간 수입은 35석이며, 5인 가족이 각각 하루에 1승씩 소비하게 된다고 계산하고 있다. 우선 첫 번째, 식량부터 살펴보도록 하자. 위의 수치에 대해서 칠협(漆俠)은 방회(方回)의 이와 같은 계산은 지나치게 낮다는 이유로 기각하고 있다. 그는 성년의 경우 매일 2승을 소비하고 미성년인 경우 1승을 소비한다고 하며, 그 결과 성인 3명이 매년 21.6석을 소비하고 2명의 미성년은 7.2석을 소비해 1년에 모두 28.8석을 소비한다고 계산하고 있다.[20] 여기서는 일단 칠협의 설명에 의거하고자 한다.

---

19 方回, 『古今攷』 卷18, 「附論班固計井田百畝歲入歲出」. 여기서 원래 원문은 '장간(莊斡)'인데 아마도 '장간(莊幹)'의 다른 표기라고 생각된다. 간인(幹人)은 경제력 있는 지주나 상인 혹은 관료집안에 고용된 고용인으로 집안일을 돌보는 '관리인(매니저)' 역할을 했다. 주인에 대해서는 노복과 같은 신분적 위치에 있었지만, 주인의 정치적·경제적 지위의 고하에 따라 이들이 실제로 행사하는 세력은 본래의 신분적 지위와 다소 차이가 있을 수 있다. 간인 중에서 경지를 관리하는 자를 장간이라고 한다. 박영철 역, 『명공서판청명집 호혼문 역주』(소명출판, 2008), 149쪽 참조.

20 漆俠, 앞의 책, 377쪽. 반면 시바 요시노부(斯波義信)의 경우 1인당 1석이라고 추산하고 있다(同, 1991, 166쪽). 다만 斯波 자신도 밝히듯이 청말 죄수에게 주는 하루 식량이 1승이었는데(149쪽), 그보다도 30-40% 적은 양을 송대 농민이 늘 섭취했다고 파악하는 것은 무리가 있다. 이런 차원에서 여기서는 송대 1인당 평균 미곡 소비량이 매일 2승이라는 칠협의 설을 따르고자 한다.

한편 명대의 경우 농민들의 소비에 관한 직접적인 사료는 상당히 적은 편이다. 승려나 도사가 1년에 대략 6석을 소비한다는 기사가 있다.[21] 이는 아마도 어느 정도 배부르게 먹는 경우를 가정했다고 생각되는데, 만약 생존을 위한 최소한의 식량이라면 물론 이보다 훨씬 적었다. 예를 들면 성화연간(成化年間, 1465-1487) 북경 유민들에 대한 구호미로 '대구(大口)' 한 사람마다 매월 식미 3두, '소구(小口)'인 경우 식미 1두 5승을 지급했다고 한다.[22] 여기서 대구는 성년, 소구는 미성년으로 판단된다. 이는 앞서 살펴보았던 송대의 절반에 그치는 수준이다.

다음으로 청대 강남 농민의 소비지출에 관한 방행(方行)의 연구를 보면 다음과 같다.[23] 그는 『보농서(補農書)』에서 "무릇 배부르게 먹을 것을 계산해보면, 매일 쌀 1승을 소비하며, 어떤 사람은 두 배를 먹기도 한다〔凡計腹而, 日米一升, 能者倍之〕"는 구절과 매년 "쌀 5두 5석을 먹는다〔喫米五斗五石〕"는 구절을 근거로 하여 매일 1.52승을 소비한다고 추정하고 있다. 일반적으로 농가는 성인 3명, 미성년 2명, 즉 5명으로 구성된다. 그는 1가족이 평균 3.6석을 소비한다고 하면서 강남지역의 속담에 "大口小口, 一月三斗"라고 하는 구절과 합치한다고 하고 있다.[24] 이렇게 보면 5인 가족인 농민이 소비할 1년 치 식량은 18석이 된다.

한편 같은 주제에 관한 왕가범(王家範)의 연구는 주로 농업서인 『보농

21 倪岳, 『青溪漫稿』 卷13, 「止給度一」 (上海古籍出版社, 1991), 149쪽.

22 『明成化實錄』 卷266, 成化21年(1485) 5월27일, "丙子太子少保都察院右都御史朱英奏, 比者京師流移之民聚集日多, 宜令順天府縣并五城兵馬司, 月給大口米, 三斗小口一斗五升, 毋令失所."

23 方行, 「清代江南農民的消費」, 『中國古代經濟論稿』(廈門大學出版社, 2015).

24 包世臣(1775-1855)은 1인당 3석을 소비한다고 서술하고 있다. 同, 『齊民四術』 卷2, 「農」 2 「庚辰雜著」 2 "牽算每人歲食米三石." 한편 관한휘(管漢暉)·이도규(李稻葵)의 연구에 따르면, 명대 강남지역 평균 식량 소비는 3.3석으로 추산된다. 管漢暉·李稻葵, 앞의 논문, 821쪽.

서(補農書)』 속에 기재된 장공(長工)의 식사량을 기준으로 하고 있다. 그는 장공이 매일 1승 5합을 소비했는데, 이는 상당히 많은 양이다. 같은 시기 절강성 해녕현(海寧縣) 사람인 진확(陳確, 1604-1677)의 서술을 종합하면, 성인 남성의 경우 1승을 초과하지 않는 것으로 파악된다.[25] 나머지 부녀자와 아이들은 그 절반 정도를 소비한다고 가정하고 있다. 그는 전체적으로 1가구가 15석이나 16석을 소비한다고 파악하고 있다.[26] 다만 왕가범의 경우 6인을 표준으로 하고 있는 만큼, 만약 5인 가구라면 연간 소비량은 약 12석이 되는 셈이다.[27]

이들 연구에서 주목해야 할 점은 다음과 같다. 칠협의 연구를 보면 매일 2승을 소비하고 미성년인 경우 1승을 소비한다고 하지만, 방행과 왕가범의 두 연구 모두 성인 남자는 1승을 소비하고 미성년은 그 절반을 소비한다고 파악하고 있다는 점이다.[28] 위의 수치만을 그대로 따른다면 청대 성인 남성들의 식사량은 송대보다 훨씬 줄어든 셈이 된다.

그러나 이처럼 수치만으로 표현된 식사량 차이는 실제로 송대와 그 이후 시대의 도량형단위의 변화[29]를 고려하지 않은 탓이다. 사실 명대에

25 王家範, 『明淸江南史叢稿』(三聯書店, 2018), 27쪽.

26 斯波義信은 명청시대부터 민국초기까지 최소한의 생존을 위한 하루 1인당 곡물 소비량은 1승 정도였고, 생산이 열악하고 인구압력이 높은 지역은 0.4-0.7승, 재해를 당했을 때 황정(荒政) 차원에서 지급되는 구호미의 경우, 절반 정도인 0.5승이었다고 추산하고 있다. 同, 1991, 151쪽. 하루 1인당 소비량이 1승인 경우 연간 3.6석 정도가 된다. 한편 청대 후기 영국 저술가인 마틴 몽고메리(Montgomery Martin)는 영파(寧波)에 대해서 서술하면서, 당시 평균 중국 남성이 하루에 1승을 소비했다고 적고 있다. Montgomery, R. Martin., *China; Political, Commercial and Social: In an Official Report to Her Majesty's Government*, James Madden, 1847, p. 310.

27 리보중(李伯重)은 명청시대부터 민국까지 강남지역의 미곡 소비는 대략 3.6석 정도로 추론하고 있다. 同, 『江南農業的發展(1620-1850)』(上海古籍出版社, 2007). 121-122쪽; 同, 『江南的早期工業化』(社會科學文獻出版社, 2000), 91-92쪽. 한편 黃敬斌은 1930년대 연평균 미곡 소비량은 대미(大米)를 기준으로 하여 2.3-2.7석으로 개인당 평균 2.5석이며, 대략 1가구당 연간 10-14석을 소비했다고 추론하고 있다. 同, 2009, 65쪽 참조.

28 王家範, 2018, 28쪽.

들어오면 송대에 비해 1석의 도량형 크기가 갑자기 상당히 커진다. 즉, 송대 1가구 소비량인 28석과 명청시대 18석은 거의 같은 셈이다.[30] 결론적으로 송대부터 청대까지 농민의 주곡 소비량에는 별반 변화가 없었다. 화폐로 표현된 미곡가격은 일반적으로 송대 1석=1관(동전 1,000문) 혹은 1석=은 1량(동전 1,000문)인지만, 같은 1석이지만 송대는 670ℓ이고 청대는 1,000ℓ로서 실질적으로 청대 쪽으로 가면서 미곡의 실질가격은 하락했다.[31] 송대 주곡 식사의 질이 낮은 편이었는데,[32] 청대에 들어와서 품종 자체 역시 크게 개량된 상태였고,[33] 청대 농민들 쪽이 더 질 좋은 식사를 할 수 있었을 것으로 추측된다.

다만 송대부터 청대까지 인구가 1억여 명에서 3억5천여 명까지 증가했는데, 인구증가를 생각하면 주곡 소비량의 유지는 어느 정도 충분히 예견할 수 있는 것은 아닐까 한다. 덧붙여 시대에 따른 소비구조의 변화를 파악하려면, 생존에 필수적인 주곡 소비가 아니라 어느 정도 욕구를

---

29 명청시대 도량형단위에 대해서는 黃敬斌, 2009, 48-50쪽 참조.

〈표 1〉 중국 근세 도량형단위 변화

(출처: 吳承洛, 『中國度量衡史』; 『漢語大詞典 索引』, 12-13쪽)

	송	원	명	청
1무(a)	5.67	5.67	5.80	6.14
1석(ℓ)	670	1,000	1,000	1,000

30 송대의 경우 1가족의 소비량은 28.8石×670ℓ=19,008ℓ이고, 청대의 경우 18石×1,000ℓ=18,000ℓ가 된다.

31 송대 국수 1그릇의 가격은 동전 30문 정도였는데(『宋史全文』 卷27上, 「淳熙10年 潤11月乙未」 "聞外間米麵甚平, 見老兵云, 三十文麵一碗, 可飽終日."), 청대 건륭연간 국수 1그릇 가격은 동전 16문 정도였다(『儒林外史』 第14回 「蘧公孫書坊送良友 馬秀才山洞遇神仙」, "十六個錢吃了一碗面"). 이 경우만 볼 때는 청대의 물가 쪽이 오히려 송대보다 낮았다고 볼 수 있다.

32 斯波義信, 앞의 논문, 165쪽.

33 足立啓二, 앞의 책, 2부 2장 「宋代兩浙における水稲作の生産力水準」.

실현하는 부식 소비에 오히려 좀 더 주목할 필요가 있지 않을까 생각된다. 이제 부식 소비의 변화상에 대해서 살펴본다.

〈표 2〉 『보농서』에 나타난 주식과 부식 소비 (출처: 王家範, 2018, 26-27쪽)

식사 \ 기간		중앙 주조량	
주식		아침 죽: 2홉	아침 죽: 2홉
주식		점심: 7합	점심: 7합
주식		간식: 2합반	간식 죽: 3합
주식		저녁: 2합반	야침 죽: 2합반
부식	고기 반찬	상육(鯗肉): 2량	
부식	고기 반찬	돼지고기: 3량	
부식	고기 반찬	생선: 3량	
부식	채소	두부: 한 덩어리	
부식	술	중난활(重難活): 한잔	
부식	술	중등활(中等活): 반잔	
부식	술	경(輕), 성(省), 류가(留家), 천우(天雨): 없음	
비주		여름, 가을: 하루 고기반찬, 하루 채소반찬	
비주		봄, 겨울: 하루 고기반찬, 이틀 채소반찬	

위의 표는 명말청초에 작성된 『보농서』에 나타난 주식과 부식의 소비를 정리한 것이다. 고된 농사일을 하는 고용노동자〔傭工〕를 상정한 것이기는 하지만, 의외로 식사가 충실하고 고기반찬이나 생선도 풍부하게 섭취했다는 점을 알 수 있다.

부식 소비량 비교

칠협은 송대 농가에서 식량 이외에 가장 중요했던 것이 소금이라고 지적한다. 양잠에도 활용되었던 이 소금은 1가구당 1년에 적어도 3두는 필요했다. 칠협은 1년에 적어도 소금 4두는 필요하며, "소금 한 말은 식량 세 말 가격에 해당한다[一斗鹽, 三斗糧]"는 점을 기준으로 소금 소비에 맞춰 최소 1.2석이 필요하다고 계산했다. 한편 의복은[34] 견뎌낼 수 있는 최소한의 수준으로 삼베[麻布] 동복 1벌, 하복 2벌을 감안해 성인은 4필, 미성년은 1필 해서, 도합 적어도 6필은 필요로 했다.

또 칠협은 당시 소를 보유한 농가의 경우, 소작료 부담은 그다지 크지 않았으나 소에게 사료를 주어야 했기 때문에, 보리 이외에 콩 종류로 적어도 3-4석이 필요했다고 한다. 농구 수리나 보충을 위한 지출도 필요했는데, 철기의 경우 대략 24문에서 30문을 잡으면, 그 감가삼각비용으로 1년에 적어도 1석 이상의 식량이 필요했다.[35] 따라서 전체적으로 송대 농민들이 1년간 생활하기 위해서는 36석에서 38석의 식량이 필요했다. 이는 재생산을 위한 최소한의 필요조건으로서,[36] 그 가운데 식량이 28석, 나머지 8석 정도가 부식 등으로 이루어져 있었다.

그렇다면 농민들이 소비했던 물품은 구체적으로 어떤 것이었을까. 이에 대한 사료는 상당히 소략하다. 다만 앞서 인용했던 방회의 『고금고』에 농민들이 시장 왕래하는 모습이 다음과 같이 묘사되어 있다.

> 소작인들은 쌀을 가지고 [농촌시장에 가는데] 어떤 경우는 1두나 5두, 3-4승으로 그 가게에 가서 향촉이나 종이말[紙馬], 기름과 소금, 간장, 국

34 『淳熙三山志』 卷40, 「土俗類」 「歲時」 "富民胥吏皀衫, 農販下戶白布襴衫."
35 漆俠, 앞의 책, 377-378쪽.
36 漆俠, 앞의 책, 378쪽.

수, 산초열매나 생강, 약품 등을 교역하고 있는데, 그 종류는 한 가지가 아니다. 〔거래할 때는〕 모두 미곡을 기준으로 하고 있다.[37]

여기서도 잉여 미곡으로써 교환이 이루어졌고, 그 양이 몇 승 혹은 몇 두 정도로 많지 않기에 교역량 자체도 크지 않았으며, 그에 따라 부식 소비도 매우 제한되어 있었다는 점을 알 수 있다. 그 밖에도 북송시대 승려인 도잠(道潛, 1043-1106)도 농촌시장에서 거래되는 품목들 가운데 "쓰레받기나 빗자루" 등을 언급한다.[38] 여기서도 부식보다 주로 생활도구를 구입하는 데 관심을 두고 있는 것으로 보아, 당시 농민들의 부식 소비는 상당히 제한적이었을 것이다.

그렇다면 청대의 부식 소비는 어떠했을까. 방행(方行)의 연구에 따르면, 연평균 1인당 1.4석이 소모된다고 가정할 때, 5인 가구 소비량은 7석이다. 또 가옥 유지비는 1.6석, 의복비는 매년 포 10필이었다. 청대 강남 지역 농민(1가구 5인 기준)의 연평균 지출액을 32.6량으로 추론할 때, 송대 농민수입(36석) 가운데 주곡 소비는 28.8석, 약 80% 정도로 주로 주곡 소비에 집중되었으나, 청대의 경우 전체 지출 32석 가운데 주곡 소비는 18석, 약 56% 정도로 낮아진 상태였다.

한정된 사료를 바탕으로 하지만, 부식의 질은 비교해볼 수 있지 않을

---

37 方回, 『古今攷』 卷18, 「附論班固計井田百畝歲入歲出」 당대 전반기의 사회는 호족(豪族)·전객(佃客)·균전농민(均田農民)로 구성되었지만, 후반기가 되면서 농민들은 사용가치 획득을 위한 단순상품생산을 행하고, 수공업자는 농민으로부터 분리·전업화되었으며 상품생산자로 변모했다. 송대가 되면서 도시에서는 수공업자를 포함한 상인조합으로부터 수공업자조합이 분리·독립한 반면, 농촌에서는 아직 농공 미분리 상태로 머물렀다고 한다. 이런 의미에서 당송변혁은 상품생산이 아직 미발달된 시대로부터 단순상품생산의 시대로의 이행이고, 농공의 초기 분리이며, 지역시장의 성립으로도 파악할 수 있다. 이에 대해서는 丹喬二, 「唐宋時代における共同體內分業と共同體間分業とについて」, 『(日本大學人文科學研究所) 研究紀要』 37(1989) 참조.

38 道潛, 『參寥子詩集』 卷1, 「歸宗道中」 "朝日 (…) 農夫爭道來 (…) 數辰競一虛邸店如雲, 或攜布與楮或驅雞與豘, 縱橫箕箒材, 瑣細難具論, 老翁主貿, 俯仰衆所尊."

까 한다. 가경연간에 출간된 『주리소지(珠里小志)』 권3 「풍속」에 "모내기하는 날의 음식은 농부를 위해 술과 고기를 풍성하게 마련하는데, 이를 '종앙갱(種秧羹)'이라고 부르고, 이웃사람들도 불러서 같이 대접한다"라고 하면서 농번기에는 육류를 늘 섭취했다는 사실을 전하고 있다. 한편 청말 강남지역 농촌의 모습을 전하는 『조핵(租覈)』에서는 농민들의 육류 섭취에 대해서 다음과 같이 서술하고 있다.

> 여름과 겨울인 경우, 하루는 고기를 먹고, 그다음 날은 채소를 내놓는다. 노동이 힘든 때에는 날마다 고기반찬을 내놓는다. 봄과 겨울에는 하루는 고기를 내놓고 그다음 날은 채소반찬을 내놓는다. 노동이 힘든 때에는 고기를 더욱 많이 내놓는다. 고기를 내놓을 때에는 고기 근마다 8명이 먹는다. 돼지 내장은 근마다 5명이 먹을 수 있다. 중노동을 할 때에는 한 사람마다 술 한 잔씩 주고, 노동 강도가 중간 정도라면 술 반잔을 준다.[39]

그 밖에도 상해 인근 주가각진(朱家角鎭) 내에서 농민들과 거래하던 점포의 종류를 보면 다음과 같다.

> 술 담그는 곳, 보리 빻는 곳, 염색하는 곳을 〔모두〕 '방(坊)'이라 한다. 기름 짜는 곳을 '차(車)'라고 하며, 면포를 사들이고 면화에서 씨를 뽑거나 〔가축을〕 도살하는 곳을 '장(莊)'이라 한다. 술과 음식 파는 곳을 '관(館)'이라 하며, 찻집 역시 관이라 한다. 악재 파는 곳을 '당(堂)'이라 하며, 큰 헌옷 파는 곳을 '장(莊)'이라 하고, 작은 것 파는 곳을 '점(店)'이라 한다.

뿐만 아니라 수공업 작방 등도 다수 있었다. 은장(銀匠) 등의 귀금속

39 陶煦, 『租覈』 「量出入」.

세공, 목공, 죽공, 미장, 칠, 재봉, 피혁, 표구, 선호(船戶), 이발사, 악인(樂人), 사주명리 등 매우 다양했다.[40] 앞서 송대 농촌시장에서 거래되는 품목과 비교해보면, 청대 농민들이 시장에서 구입한 식료품 등의 종류나 수량이 훨씬 더 풍부했다는 점을 알 수 있다.

명말부터 청말까지 200여 년 동안 강남지역 농민들의 소비지출에서 부식 비중이 어떻게 변화되었는지 살펴보기로 하자. 『보농서(補農書)』와 『조핵(租覈)』이라는 사료에 의거하면, 전체 지출에서 식량 소비가 차지하는 비중의 변화를 살펴볼 수 있다. 이를 보면 76%에서 83%로 상승했다. 그중에서 주곡 소비지출은 총 소비지출에서 55%에서 54%로 줄어들었으나, 부식지출은 21%에서 29%로 상승했다.[41] 이와 같은 농민 소비구조의 변화는 실제 생활에서 농민 생활수준의 제고를 의미한다. 〈표 3〉은 여러 연구들이 제시한 수치를 정리한 것이다.

산서지역의 경우지만, 기준조(祁寯藻, 1793-1866)의 『마수농언(馬首農言)』「양가물가(糧價物價)」에는 지역 간 물자유통에 대해 잘 드러나 있다.

> 일용품의 대부분은 다른 현(縣)에서 공급받는다. 그 가격은 시간에 따라서 비싸질 때도 있고 싸질 때도 있는데, 기름은 신지(神池)와 이민(利民)에서 나온다. 매 근에 100문 정도이고, 쌀 때는 〔동전〕 70문 이상이다. 술은 유차(榆次)나 삭주(朔州)에서 나오는데, 물론 우리 〔수양〕현에서도 생산된다. 모두 고량주인데, 기장으로 만든 술은 우리 현에서 스스로 양조하고 있다. 근마다 기름값과 같고, 쌀 때는 50문 이상이 된다.

---

40 嘉慶 『珠里小志』 卷3, 「風俗」.

41 方行, 앞의 책, 272쪽. 한편 포세신(包世臣, 1755-1855)의 서술에 따르면 가경 · 도광 연간의 경우, 소주지역에서 생산되는 미곡 가운데 절반 정도는 술을 빚는 데 사용된다고 적고 있다. 包世臣, 『齊民四術』 卷2 「農」 2 "然蘇州無論豐歉, 江廣安徽之客米來售者, 歲不下數百萬石, 良由槽坊酤於市, 士庶釀於家, 本地所產, 耗於酒者大半故也. (…) 一人飲黃酒五六斤者, 不爲大量."

소금 중에서 좋은 것은 귀화성(歸化城)에서 나는데, 근당 30문 정도이고, 쌀 때는 20문 정도이다. 〔소금 중에서〕 다음으로 좋은 것은 응주(應州)와 서구(徐溝)에서 나는데, 근당 20문 정도이다.[42]

이를 통해 청대 지역 간 일용품 교역이 얼마나 많이 이루어졌는지, 얼마나 다양한 품목이 거래되었는지 알 수 있다. 〈표 3〉에서 볼 수 있듯이, 송대 농민의 지출 가운데 주곡 소비는 약 76%, 나머지는 24%였지만, 청대엔 주곡 소비 약 60%, 나머지가 40%로 변화되었다. 즉 부식 소비가 증가했다.[43] 부식은 주로 농촌시장을 통해서 획득했다. 이런 의미에서 시장에서의 거래가 밀접해질수록 거래품목도 다양해진다고 할 수 있으며, 청대를 통해 시장경제의 발전, 즉 '스미스적 성장(Smithian Growth)'[44]이 발생했다고도 할 수 있다.

〈표 3〉 송대와 청대의 농민 소비 비교(단위: 석(石))

구분	송대(漆侠)	청대(方行)	청대(王家範)
식량	28.8	15-18	16(6인)
부식	1.2(소금)	7(전체)	-
의복	3-4	3	-
소 사료	3-4	-	-
주택 유지비	-	1.6	-
연료비	-	3	-
총계	36-38	29.6-32.6	-

42 祁寯藻, 『馬首農言』 「糧價物價」.

43 포세신은 강소, 절강, 산동지역을 가면 아무리 궁벽한 곳이라도 술집이 없는 곳이 없었으며, 늘 취한 사람들을 볼 수 있다고 적고 있다. 包世臣, 『齊民四術』 卷2, 「農」 2, 「庚辰雜著」 2, "自往來吳越齊豫之郊, 見荒郊野巷, 莫非酒店. 切倚悲謌, 莫非醉民."

44 '스미스적 성장'은 1776년 출간된 아담 스미스의 『국부론』에서 사회적 분업과 이에

송대 1가구의 소비규모는 미곡으로 환산하여 연간 36~38석인데, 이를 리터로 환산하면 24,120ℓ 내지 25,460ℓ에 해당한다. 청대의 경우에는 29.6석~32.6석인데 29,600ℓ 내지 32,600ℓ가 된다. 각각의 중간값을 구하자면 송대의 경우 24,790ℓ이며 청대의 경우는 31,100ℓ이다. 송대에 비해 청대의 1가구당 소비규모가 약 25.4%가 증가한 셈이다.

2. 근세 강남 농민의 수입구조 변화

앞서 살펴보았듯이 송대부터 청대까지 경작면적은 계속 축소되어갔다. 이런 와중에 수익 극대화를 꾀했던 방법으로, ① 토지생산량을 가능한 한 제고시키는 것, 그리고 ② 토지 이외의 농가부업으로서 가정 내 면방직업(=프로토공업화[45])과 ③ 가정 밖에서 단기고용노동〔短工〕에 종사하는 것 등을 꼽아볼 수 있다.

따른 시장교환이 가져온 효율향상을 경제성장의 원동력으로서 강조했기 때문에, 분업의 발달과 시장영역 확대로 인한 경제성장을 '스미스적 성장'이라고 한다.

45 프로토공업화(proto-industrialization), 원시공업화(原始工業化) 혹은 조기공업화(早期工業化)는 경제사가인 F. 멘델스 등이 제창한 개념으로, 농촌지역에서 수공업생산의 확대라는 현상을 가리킨다. 그에 따르면 단순한 농촌공업화가 아니라 이하 3가지 조건을 수반한 역사현상이다. 첫 번째는 자급자족적 경제활동이나 지역 내 시장을 위한 상품생산이 아니라, 특히 국제무역시장을 지향하는 역외시장 지향 수공업생산이다. 두 번째로는 많은 경우 도시부의 선대상인에 의해 조직된 선대제 공업의 형태를 취했다. 농촌부에서는 소농에 의해 경영되는 가내수공업이다. 세 번째로 지방경제 내부에서 한편에서는 농촌공업, 다른 한편에서는 생산성이 높은 대규모 상업농업으로 특화했다. 이 두 지역 간의 분업으로서 전개되었다. 이러한 현상은 영국의 경우 17-18세기, 다른 대륙에서는 18-19세기 초에 진행되었다. 다만 연구 초기에는 프로토공업화를 산업혁명 전단계로 간주하는 견해가 유력했으나, 현재에는 부정되고 있다. 이에 대해서는 다마키 도시아키, 노경아 역, 『물류는 세계사를 어떻게 바꾸었는가』(시그마북스, 2020), 187-196쪽 참조. 리보중(李伯重) 역시 '프로토공업화'와 근대적 공업화(=산업혁명)는 서로 다른 것으로 파악하고 있다. 리보중, 앞의 책, 54-55쪽.

〈표 4〉 청대 농민 수입의 다각화 방향

<table>
<tr><td colspan="2">경지 내</td><td>①농업 집약도 증대에 의한 농업생산량 제고</td><td>근면혁명</td></tr>
<tr><td rowspan="2">경지 외</td><td>농가 내</td><td>②농가 부업(면방직업)</td><td rowspan="2">스미스적 성장
프로토공업화</td></tr>
<tr><td>농가 외</td><td>③단기 고용노동 종사〔短工〕</td></tr>
</table>

경작소득 증대요인

이 절에서는 송대와 청대 농민의 수입을 비교해본다. 우선 송대 미곡 1승(升)의 가격은 동전 기준으로 북송 중후기라면 1석에 1관(貫), 즉 770문이고, 연간 36관이 필요하다.[46] 우선 송대에서 명청시기에 이르기까지 1가구당 경작면적의 변화부터 살펴보아야 할 것이다. 송대부터 청대까지 1무당 면적은 약 10% 정도의 차이가 있을 뿐이다.[47]

남송대 강남델타지역의 호당 평균 경작면적을 보면, 상숙현(常熟縣)의 경우는 45.4무, 가흥부(嘉興府) 화정현(華亭縣)의 경우는 48.45무였다.[48] 송대의 일반적인 가경면적은 40무 정도였는데, 이 정도 면적을 경작한다면 어느 정도 생계가 가능했다.[49] 그러나 그 뒤부터 가경면적은 급속도로 축소되었다. 송말원초의 경우 앞서 방회 『고금고』 속 서술에서도 알 수

46 조복현, 앞의 책, 상권, 65쪽.

47 斯波義信, 『宋代江南經濟史の研究』(汲古書院, 1988), 145쪽.

48 方回, 『古今攷』 卷18, 「附論班固計井田百畝歲入歲出」 14쪽, "一農可耕今田三十畝." 양경요(梁庚堯)의 연구에 따르면, 남송시대 강남델타지역의 호당 평균 경작면적은 상숙현(常熟縣)의 경우는 45.4무, 가흥부(嘉興府) 화정현(華亭縣)의 경우는 48.45무였다. 同, 『南宋的農村經濟』(聯經出版事業公司, 1984), 102-103쪽 참조. 다만 당시 오늘날 강소성 남부지방에 해당하는 절서(浙西)지역의 농업은 상당히 조방적인 수준에 그쳤고, 최선진 지역은 영파, 소흥 등을 포괄하는 절동(浙東)지역이었다. 大澤正昭, 앞의 책, 7장 「宋代「江南」の生産力評價をめぐって」 참조.

49 조복현, 앞의 책, 상권, 64쪽.

있듯이 대체로 30무 정도였다. 반면 명말청초 『심씨농서(沈氏農書)』와 청말 도후(陶煦)의 『조핵(租覈)』에서는 평균 10무 정도를 이 지역의 일반적인 경영면적으로 상정하고 있다.[50]

그다음으로는 송대부터 청대까지의 농업생산량 변화에 대해서 살펴보도록 하자. 송대 농업생산력이 얼마였는가는 자료나 지역에 따라서 편차가 큰 편인데, 최근 무당 1석 정도였다는 것이 점점 통설이 되고 있다.[51] 명대는 강남지역의 경우, 평균 2석 정도였다.[52] 반면 19세기 초 포세신(包世臣, 1775-1855)은 무당 3석을 항상 수확한다고 기록하고 있다.[53] 반면 1석의 단위는 송대·원대·명대보다 상당히 증가했다.[54] 이러한 수치를 도량형 변화에 대입하면, 송대를 1이라고 할 때, 명청시대는 그보다 2배 이상 상승했다.[55]

---

50 『沈氏農書』「運田之法」"凡人家種田十畝.";『租覈』「量出入」"人, 耕十畝."

51 리보중, 앞의 책, 114쪽; 斯波義信, 앞의 논문, 148쪽. 조복현 역시 비옥한 지역의 경우 2-3석인 경우도 있지만 일반적으로는 1-2석으로 추정하고 있다(同, 앞의 책, 상권, 64쪽). 칠협 역시 북방지역의 경우, 1무당 1석으로 계산하고 있다. 同, 앞의 책, 378쪽.

52 許滌新·吳承明主編, 『中國資本主義發展史 제1권 中國資本主義的萌芽』(人民出版社, 1985), 42쪽; 斯波義信, 앞의 책, 137쪽.

53 包世臣, 『齊民四術』卷2, 「農」2「庚辰雜著」2 "蘇民精於農事, 畝常收米三石, 麥一石二斗. 以中歲計之, 畝米二石, 麥七斗抵米五斗, 當歲產米二千二三百萬石." 명청시대 강남지역의 무당 생산량에 관한 리보중(李伯重)의 추론에 따르면, 명대 후기의 경우 1.7석이고 1840년대가 되면 2.5석이 된다. 명대에 비해 청대의 경우 47% 정도 그 생산량이 증가했다. 同, 앞의 책, 138쪽 참조. 그 밖에도 許滌新·吳承明主編, 앞의 책, 190-193쪽 참조.

54 許滌新·吳承明主編, 앞의 책, 42쪽.

55 斯波義信, 앞의 논문, 137-165쪽. 한편 송대부터 청대까지 지방지를 근거로 한 곡물생산량의 변화는 다음과 같다. 이 표를 보면 고찰대상인 강소·절강지역은 송대와 비교할 때 상당한 농업생산량의 증가가 있었지만, 나머지 다른 지역은 그리 큰 변화는 없었다. 강소·절강지역만이 농업집약도가 높은 농업을 했으며, 나머지 지역은 그렇지 않았기 때문이라고 생각된다. 나머지 지역과 다른 지역들 사이에 존재하는 2배 정도의 생산량 차이는 지역 간 소득수준 차이가 상당했다는 것을 추론케 한다.

포전(圃田), 『고금도서집성(古今圖書集成)』 권5, 「박물휘편(博物彙編)·예술전(藝術典)」

그렇다면 이러한 농업생산량 증가가 어떻게 가능했는지 살펴보자. 일반적으로 농업개발은 크게 열악한 환경에서도 생육 가능한 품종의 도입과 같은 '농학적 적응', 그리고 수리시설 개선 등의 '공학적 적응'으로 나눌 수 있다.[56] 우선 품종 변화부터 살펴보면 다음과 같다. 남송대 절서(浙西)델타지역에서 재배된 벼는 황록곡으로 재배기간이 60-70일 정도에 불과했다. 이 품종은 시비량을 많이 요구하지 않았던 데다가 이 지역의 토양은 유기물이 풍부했기 때문에, 짧은 기간에도 재배가 가능했다. 시비수준으로 볼 때, 송대 이 지역의 농업수준은 여전히 한계가 많지만 반대로 발전 가능성도 있는 단계였다.[57] 그 뒤 명대 중기 이후 건전화(乾田化) 수준[58]이 높아짐에 따라 조백도(早白稻)나 황도(黃稻)와 같은 다수확 품종을 재배할 수 있게 되었다. 이들 품종은 필연적으로 높은 시비수준을 요구한 탓에 농업집약도는 점점 제고되었다.

그다음으로 농지개발이라는 공학적 적응 측면에서 보면, 15세기 중기 이전 강남지역 경지개발의 주안점은 주로 경지면적의 확대(외연확대 개발) 측면에 맞춰져 있었다.[59] 그 주요한 수단은 우전(圩田)이나 위전(圍田)을

〈표 5〉 송대부터 청대까지의 곡물 생산량 변화

(단위: 근(斤), 출처: D. H. 퍼킨스, 1997, 40쪽)

시대 \ 지역	강소	절강	호북	사천
송대	347	473		178
청대	450	600	267	263

56 石井米雄, 『タイ國─ひとつの稻作社會』(創文社, 1975), 30쪽.

57 斯波義信, 앞의 논문, 166쪽; 大澤正昭, 앞의 책, 53-67쪽 참조.

58 三好正喜, 「中國における小經營生産樣式展開の生産力的基礎の理解をめぐつて─」, 中國史硏究會編, 『中國史像の再構成』を讀んて」, 『新しい歷史學のために』 177(1985), 23쪽. '건전(乾田)'은 '습전(濕田)'의 반대 개념으로, 관개하지 않을 때 마른 상태를 유지하여 밭농사도 가능한 수전(水田)을 의미한다. 배수가 잘 되지 않은 습전은 농작업이나 벼의 재배에 좋지 않다. 건전인 경우 산소의 보급이 충분하기 때문에 작물의 생육이 좋고 생산력이 높다. 이모작이 가능한 것은 오로지 건전뿐이다.

건설하는 것으로서, 즉 우(圩)나 위(圍) 등의 인공제방을 세워 저습한 곳의 황무지를 둘러막고, 이를 경지로 개간했다. 다만 아직까지는 대우(大圩) 내의 물을 충분히 배출할 수 없어서 이 점이 토양에 상당히 안 좋은 영향을 끼쳤고, 토지의 생산성을 상당히 감소시켰다.[60]

15세기 이후 농지개발은 '내포식 개발'이라고 하는데, 바로 위와 같은 폐단을 극복하기 위한 과정이었다. 이 개량의 주요 특징은 다음과 같다. ① 대우 내부의 대량의 황지(荒地)를 개간하는 과정과 ② '건전화(乾田化)' 실행, 즉 저습지를 개조하여 경지토양을 숙화(熟化)시키는 정도를 높이는 과정이었다. 이처럼 명청시대를 통해 강남지역의 경지조건은 계속 개선되었다.[61] 이러한 농업생산량과 농업생산의 집약도 모두 점차 증가했다.

당대 후기에 강남지방에는 이미 수한윤작(水旱輪作) 1년 2기작이 출현했고,[62] 남송대에는 관개, 치수, 윤작, 농구 사용, 비료 투입 등을 조합한 고도로 발전한 노동집약적인 기술이 어느 정도 자리 잡았다.[63] 다만 경지조건의 한계로 인해 그때까지 조방적인 측면을 완전히 불식시킬 수는 없었다.[64] 그러나 집약적 농법이 주도적인 생산방식으로 자리 잡은 것은

---

59 濱島敦俊, 「土地開發與客商活動ー明代中期江南地主之投資活動」, 『中央硏究院第二屆國際漢學會議論文集』(1989), 117쪽.

60 北田英人에 따르면, 송대부터 명대 전기까지 강남지역에서 홍수가 일어났을 때, 수리관개시설이 미흡하여 일상적으로 경지가 수몰되었다고 지적하고 있다. 同, 「宋元明淸期中國江南三角洲の農業の進化と農村手工業の發展に關する硏究」, 『唐宋變革硏究通訊』 11(2010).

61 濱島敦俊, 「明代の水利技術と江南地主社會の變容」 柴田三千雄等主編 『世界史への問い2: 生活の技術・生産の技術』(岩波書店, 1990) 참조.

62 李伯重, 『唐代江南農業的發展』(農業出版社, 1990), 118-119쪽.

63 斯波義信, 앞의 책, 169-174쪽.

64 명대 가정연간에 수리관리를 담당했던 이갑제가 붕괴하고 지주층의 도시 거주〔城居化〕로 인해 농촌수리시설은 타격을 받게 되었는데, 이러한 공백은 명대 후기 만력연간에 국가 공권력 개입으로써 메꾸어졌다. 濱島敦俊, 『明代江南農村社會の硏究』(東

명대 후기와 청대 전기부터였다.[65] 그 후 이모작체계가 완성된 명말청초에 들어와서 이 지역의 가경면적이 10여 무로 축소되었다는 것은 이 강남델타지역에서 수도작 품종, 비료수준, 김매기체계 그리고 토지이용도의 측면에서 본격적인 집약적 농업이 이루어졌다는 것을 의미한다.[66]

가경면적은 송대와 청대를 비교할 때, 약 1/4 정도로 크게 축소되었다. 반면 농업생산량은 3-5배 정도 상승했다. 이러한 생산량 증가는 노동생산성 증가라기보다도 좋은 품종의 도입과 노동투하량 증대에 있었다고 판단된다. 이러한 요소로 인해 노동집약도는 크게 증대했다. 일례로 명말청초 절강성 동향현 농서인 『심씨농서(沈氏農書)』 「축월사의(逐月事宜)」에서의 연간 농작업 스케줄을 표로 나타내보면 다음과 같다.

〈표 6〉 『심씨농서(沈氏農書)』에서의 월별 농작업

절기	1월	2월	3월	4월	5월	6월	7월	8월	9월	10월	11월	12월
天晴	9	8	8	14	4	5	6	10	7	5	6	5
陰雨	8	13	8	7	6	1	5	4	7	6	9	5
雜作	2	7	7	5	2	3	5	10	5	5	4	5
置備	8	8	3	6	6	6	1	7	6	7	8	8
月計	27	36	26	32	18	15	17	32	25	23	27	23

위의 표를 보면, 농작업은 몇 개월을 제외하고 연중 상당히 균등하게 계획되었으며, 연간 301개 항목으로 월평균 25개 항목에 달할 정도로

京大學出版會, 1982), 제2장 · 제3장 참조.

65 또한 리보중(李伯重)은 농업생산량이나 노동생산율에 있어서 명대 후기와 청대 전기 강남의 농업발전 속도는 10세기 이후 천년 동안 가장 빠른 것이며, 근대 이전에 강남지역에서 농업혁명이 일어났다면 그 시기는 명대 후기와 청대 전기이고, 송대의 농업발전은 그러한 변화의 맹아기로 파악해야 한다고 지적하고 있다. 同, 2006, 136쪽 참조.

66 方行, 「清代前期小農經濟的再生産」, 『歷史研究』(1984-5), 130쪽.

노동집약도가 높은 수준으로 실현되었다는 것을 알 수 있다. 심씨 자신이 "일찍 일어나고 늦게 자는 날이 많다"고 했던 것은 바로 이처럼 노동집약의 정도가 높아짐에 따라 고공(雇工)들을 감독해야 하는 작업도 늘어났기 때문이다.

청대 후기 강남지역의 농민생활에 대해서 도후(陶煦)는 다음과 같이 서술하고 있다.

> 내가 일찍이 주변 여러 마을을 다녀보니, 나이든 사람이나 어린아이나 모두 근면하게 분주히 일하고, 남편이나 부인은 모두 초췌한 것을 볼 수 있었다. 아침, 점심, 저녁은 물론이고 그 사이에 한가한 때는 신발을 만든다든가, 새끼를 꼰다든가, 품팔이를 하거나 채소를 캐서 시장에 팔거나, 인분이나 가축의 분뇨를 주어다가 퇴비를 만들곤 했다. 작은 마을이라도 놀고 있는 사람은 한둘이 안 되었다. 역시 〔농민들이〕 치생(治生)에 얼마나 지극했는지 알 수 있다.[67]

보건대 농민들은 결과적으로 적은 경작규모로도 생계를 꾸려나갈 수 있었다. 청초 엽몽주(葉夢珠)는 "마을에 소호(小戶)는 3무나 5무를 소유하고 있는데, 부역(賦役)이 조금만 부과되어도 중인(中人)의 재산은 모두 없어져버리고 만다"[68]라고 하여 중인의 재산이 3-5무 정도였다는 것을 서술하고 있다. 육세의(陸世儀, 1611-1672) 역시 "부역이 아무리 무거운 시대라 하더라도 비록 능히 4, 5무를 경작할 수 있다면, 한 집안의 생계를 유지할 수 있다"[69]라고 하고 있으며, 같은 시기 장이상(張履祥, 1611-1674)

67 陶煦, 『租覈』「重租申言」「推原」.

68 『閱世編』「田産」一.

69 陸世儀, 『陸桴亭思辨錄輯要』卷11, 「修齊類」, "然當賦役煩重之世, 苟能躬耕四五畝, 卽可爲一家數口之養." 장이상(張履祥)에 따르면, 명말청초 강남지역에서는 "척박한 땅 10무를 자신이 경작한다면, 한가족을 먹여 살릴 수 있다〔瘠田十畝, 自耕僅家族一家之食〕"라고 한다. 『補農書』附錄「策鄔氏生業」「生業」, 177쪽.

역시 14무 정도면 자급할 수 있다고 서술하고 있다.[70]

일반적인 소작인의 경영규모가 12-13무라면, 농업을 통해서 연간 24석에서 많게는 39석 정도를 수확했고, 지대를 지주에게 납부한 뒤에도 12석에서 20석 정도의 연간 수입을 얻을 수 있었다.[71] 이처럼 노동집약도가 지속적으로 향상되어 노동력의 흡수력(1인당 연간 노동일수, 1일당 노동시간)이 크게 상승했는데, 이러한 측면에서도 청대 강남지역에서 근면혁명이 발생했다고 할 수 있을 것이다. 청대 강남지역의 농민들은 천연자원의 제약, 즉 가경면적의 축소라는 제약을 기술적·제도적 노력으로 극복하여 가족노동을 충분히 흡수하고, 생활수준의 완만한 향상을 달성할 수 있었다. 가경면적의 축소와 노동집약도의 상승은 근면혁명을 수반하여 소규모 경영기술을 확립했고, 이를 통해 개별경영의 독립성이 크게 강화되었다. 품종 선택의 독립성에서도 볼 수 있듯이, 소생산자가 생산자 자신의 손으로 생산과 판매가 가능한 기술적 토대가 만들어졌다.[72]

70 張履祥, 『楊園先生全集』 卷13, 「書二」 「與吳仲木」, "弟先人遺田. 變廢之餘. 尙十四畝. 妻子飦粥足以自給."

71 史志宏, 『淸代前期的小農經濟』(中國社會科學出版社, 1994), 77-78쪽

〈표 7〉 청대 강남지역의 지대형태

지역	연대	현물분성조(現物分成租)	현물정액조(現物定額租)	화폐정액조(貨幣定額租)
강소성	건륭연간	11.6%	55.8%	32.6%
	가경연간	–	45.5%	54.5%
절강성	건륭연간	5.3%	77.3%	21.3%
	가경연간	16.7%	43.3%	40.0%

72 돕, 이선근 역, 『자본주의 발전연구』(동녘, 1986), 101쪽. "'소생산양식'이라는 것은 생산이 생산도구의 소유자인 소생산자에 의해서 수행되어지고, 그 소생산자가 자유롭게 자신들의 생산물을 매매하는 생산양식이다." 반면 조선후기 소농경제는 농업생산성 하락으로 인해 그 수입은 강남지역 농민들의 절반 수준에 그쳤고, 소농경영의 안정성이 크게 하락되었다. 이정수·김희호, 「조선후기 소농의 확대현상에 대한 재해석」, 『역사와 경계』 111(2019), 217-218쪽 참조.

전체적으로 송대부터 청대까지 농업생산량에는 상당한 성장이 있었지만, 그에 거의 반비례하여 인구가 대폭 증가함에 따라 경작면적도 줄어들었다. 즉 단위당 농업생산량 증대가 있었지만 경작면적의 감소로 인해, 토지에서 얻을 수 있는 소득은 송대와 청대를 비교할 때 별반 차이가 없었다. 그렇다면 송대부터 청대까지 농민들의 소득은 고정되었다고 봐야 할 것인가. 여기서 특히 주목해야 할 것이 농가부업이다. 실제로 청대 농민들은 다양한 부업을 통해서 수입을 다각적으로 확대해나갈 수 있었다. 이제 농업소득 이외의 수입변화에 대해서 살펴보기로 하자.

농가 부업소득 증대요인

우선 여기서 주목하는 것은 농민이 수입을 극대화하기 위해 농경에 종사하지 않는 시간을 이용하여 더 많은 부업을 영위하려는 충동은 송대나 청대 모두 공통적이라는 점이다. 다만 송대와 청대를 비교할 때 부업을 둘러싼 조건의 변화가 있는지 살피는 게 중요하다. 일단 송대와 청대를 비교할 때 가장 현저한 차이는 농촌시장의 발달 정도였다.[73] 송대에는 생산력 향상과 함께 농촌 수공업이 발달함에 따라 인구 밀집지역이나 교통의 요충지에서 객상들이 활동했으며, 도시 주변에는 허시(墟市) 등의 농촌 정기시장이 등장했다.[74] 일례로 북송시기 상구(商丘)사람 장방평(張方

73 吳淵, 『退庵先生遺集』 卷上, 「江東道院賦」 "終身不入于城市" 남송시기 농촌시장에 상설시가 없었던 것은 아니었지만, 정기시 쪽이 많았다고 한다. 謝維新, 『古今合壁事類備要』 卷10, 「市井門」 「市井」 "荊吳俗, 有取寅 · 申 · 巳 · 亥日集於市, 故謂亥市." 이에 비해서 명대 중기 이후 강남지역의 농촌시장은 기본적으로 상설시였다. 이런 점에서도 송대와 명대 중기 이후의 강남지역 농촌시장에는 근본적인 차이가 존재한다. 이러한 근본적인 차이를 가져온 것은 명대 중기부터 시작된 은 유입과 청대에 본격적으로 확대된 동전 유통이라고 할 수 있다. 본서 제1부 1장 「명말청초부터 청대 후기까지 화폐 유통량」 참조.

74 加藤繁, 『支那經濟史考證』 上 (東洋文庫, 1952), 「唐宋時代の草市及び其の發展」 참조.

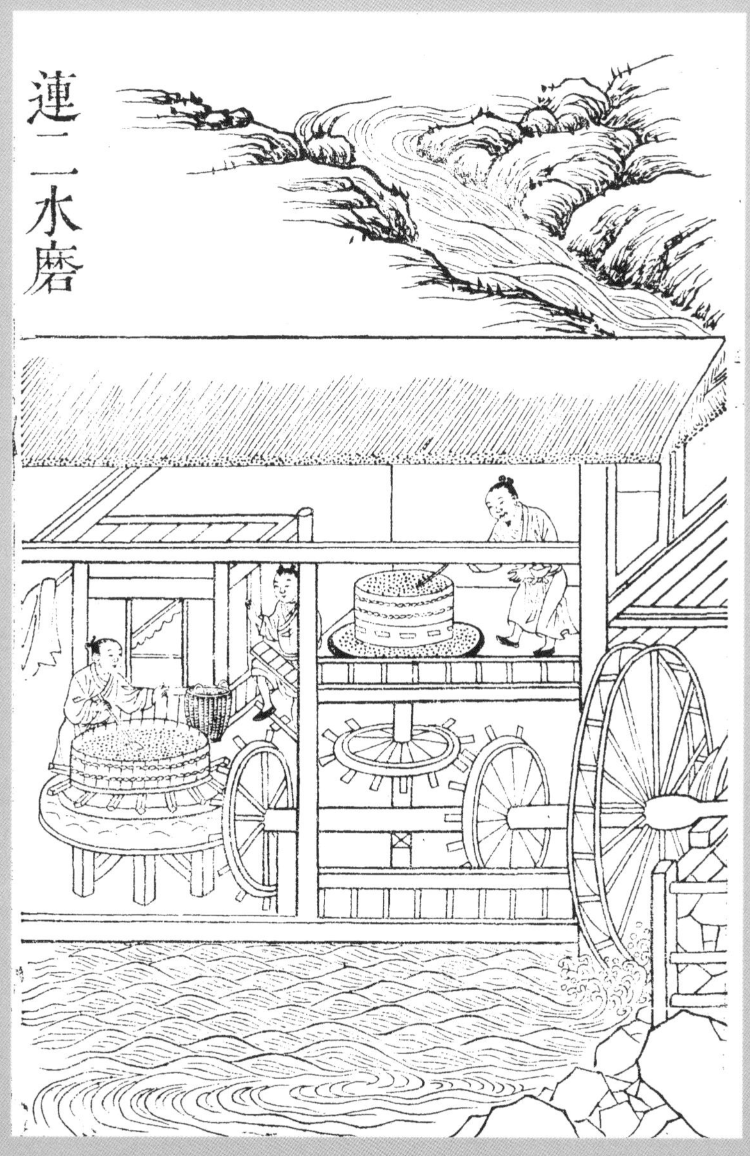

연이수마(連二水磨), 『고금도서집성(古今圖書集成)』 권5, 「박물휘편(博物彙編) · 예술전(藝術典)」

平, 1007-1091)은 당시 농민의 모습에 대해서 다음과 같이 서술하고 있다.

> 궁벽진 황야의 서민들〔下戶細民〕은 연말에 땔나무와 꼴을 메고 성시(城市)에 들어오는데 수십 리를 왕복하여 50전이나 70전을 얻었다. 〔성시에서〕 반찬과 젓갈 등을 〔집에〕 사오니 노인이든 어린아이들이든 〔신년을〕 행복하게 보낼 수 있었다. 〔이러한 상황에서〕 어찌 동전 한 푼이라도 친숙했겠는가.[75]

위의 구절을 보면 북송시대 농민들은 정기시가 발달하지 않았기에 현성까지 출입해야 겨우 여러 부식들을 구입할 수 있었으며, 동전 역시 사용하는 일이 매우 적었다는 점을 알 수 있다.

물론 북송시대 농민들 역시 활발히 농가부업에 종사하고 있었다.[76] 심괄(沈括, 1031-1095)의 『몽계필담』은 원풍연간(元豊年間, 1078-1085) 영창부 양적현의 현성에서 30리 정도 떨어진 곳에 거주하는 두오랑의 일화를 전하고 있는데, 가난한 농민에게 약을 팔거나 점을 치고 날품팔이〔傭耕〕 등의 부업에 의해서 가계를 보충하는 경우가 적지 않다고 적고 있다.[77] 다만 이 일화 속에서도 필요한 물건을 정기시에 가서 구입한 것이 아니라, 현성까지 가야 했다는 점을 알 수 있다.

75 張方平, 『樂全集』 卷25, 「論免役錢札子」 "窮鄕荒野, 下戶細民, 冬至節臘, 荷薪芻入城市往來數十里得五七十錢, 買葱茹鹽醯老稚以爲甘美平日, 何嘗識一錢."

76 呂南公, 『灌園集』 卷14, 「與張戶曹論處置保甲書」 "客户何者所占之地, 非能給其衣食, 而所養常倚於營求." 그 밖에도 다음과 같은 구절 참조. 王柏, 『魯齋王文憲公文集』 卷7, 「社倉利害書」 "秋成之時, 百逋叢身, 解償之餘, 儲積無幾, 往往負販傭工, 以謀朝夕之贏者, 比比皆是也."

77 沈括, 『夢溪筆談』 卷9, "潁昌陽翟縣有一杜生者, 不知其名, 邑人但謂之杜五郎. 所居去縣三十餘里, 唯有屋兩間 (…) 昔時居邑之南, 有田五十畝, 與兄同耕. 後兄之子娶婦, 度所耕不足贍, 乃以田與兄, 攜妻子至此. 偶有鄕人借此屋, 遂居之. 唯與人擇日, 又賣一藥, 以具饘粥, 亦有時不繼. 後子能耕, 鄕人見憐, 與田三十畝, 令子耕之, 尙有餘力, 又爲人傭耕, 自此食足."

한편 북송시대 소식(蘇軾, 1037-1101)의 『동파선생시(東坡先生詩)』 권2 「오중전부탄(吳中田婦歎)」에는 다음과 같은 시가 있다.

금년에는 메벼가 늦게 익어	今年粳稻熟苦遲
(…)	
지친 어깨 땀 흘리며 시장으로 실어가나	汗流肩赬載入市
좋은 가격 구걸해도 싸라기처럼 내어주네	價賤乞與如糠粞
소 팔아 납세하고 집 헐어 땔감으로 쓰니	賣牛納稅托屋炊
(…)	
관청에선 쌀 대신 현금만 받으려 한다	官今要錢不要米

여기서는 주로 메벼를 재배하고 있고 이를 주식으로 삼고 있다는 점을 알 수 있다. 잉여 생산물을 농촌시장을 통해서 교역하고 있다는 점도 알 수 있고, 이를 통해 부식은 물론이고 동전을 입수하여 세금을 냈다는 점을 전하고 있다. 이처럼 송대의 일반 민중들은 유복하지 않은 농민들 사이에서도 스스로 생산물을 매각하고 일용품이나 제사도구 등의 물품을 입수했다. 이때 주요 교환수단은 동전 등의 화폐가 아니라 잉여 미곡 등 현물을 위주로 했다.[78] 농촌시장이 청대만큼 발전하지 않아서 자신의 노동력을 팔거나 농가부업을 영위할 여지는 청대에 비해서 매우 좁았다고 생각된다. 결론적으로 송대의 경우, 명청시대와 비교할 때, 농가부업

78 斯波義信, 『宋代商業史研究』(風間書房, 1968), 169쪽; 漆俠, 앞의 책, 529쪽. 송대까지 농촌시장에서 교환수단은 동전이 아닌 미곡인 경우가 많았다. 宮澤知之, 『宋代中國の國家と經濟: 財政 · 市場 · 貨幣』 創文社, 1998, 58쪽·67쪽 참조. 송대는 '시장적 유통'을 기초로 하여 '재정적 물류'가 조직되는 경우가 많았고, 재정조치로 인해 시장적 유통이 자극을 받아서 성장하는 관계였다. 송대에는 재정적 물류가 시장적 유통보다 우위에 섰던 시대였다. 시장적 유통이 국가적 물류보다 우위에 서게 된 시기는 명대 중후기인 16세기-17세기로 파악되고 있다. 宮澤知之, 「唐宋變革と流通經濟」, 『(佛敎大學)歷史學論集』 1(2011), 83-84쪽.

을 통한 수입증대에는 일정한 한계가 있었다.[79]

그렇다면 이와 같은 송대 농민들의 교역 네트워크는 명대 이후에는 어떠한 변모를 보였을까. 강남지역의 시진망은 송대 초시(草市)[80]를 기본으로 하여 명대 성화·홍치연간에 점차 발전하기 시작했고, 16세기 가경연간과 만력연간 사이에 제1단계 절정기를 맞이했다. 17세기 초 특히 명말에 경제불황을 겪으면서 시진(市鎭)[81] 역시 발전이 정체되었고, 청대에 들어와서 건륭연간에 두 번째 절정기를 맞이했다.[82] 일례로 송강부의 경우 시진이 명대에는 64곳이었는데, 청말에 와서는 235개로 거의 4배에 달할 정도로 급속한 성장을 보였다.[83] 그리고 송대까지는 동전과 미곡을 교환수단으로 사용했지만, 명청시대는 고액화폐인 은이 동전과 함께 활발히 사용되었다는 점에서 송대와 명청시대의 상품교역 간에 양적 차이가 있었다.[84] 이러한 요소가 송대보다 16세기 이후 시진이 더욱 활발하

79 漆侠에 따르면, 소가 있는 전호의 경우 연평균 36석의 수입을 거두었고, 소가 없는 경우 30석의 수입을 거두었으며(同, 앞의 책, 378쪽). 나머지 3석의 부족 부분은 가정부업으로 충당되었을 것이라 한다. 이를 통해서도 송대 농민들의 수입은 거의 대부분 토지경작에 의존하고 있다는 점을 알 수 있다. 한편 郭正忠에 따르면, 송대 역시 농가부업이 발전했고, 이것이 초시의 발전과 연결된다는 점은 명청시대와 거의 같다. 송대의 경우 소금, 차, 술, 식초〔醋〕 등의 상품화율이 높았고(同, 『兩宋城鄕商品貨幣經濟考略』(經濟管理出版社, 1997), 8쪽) 견직업 역시 농가부업으로 활발했던 것도 명청시대와 동일하다. 다만 농가부업으로서 면포업이 아직까지 성립되지 않았다는 점에서 차이가 있다.

80 傅宗文, 『宋代草市鎭硏究』(福建人民出版社, 1989) 참조.

81 번수지(樊樹志)는 시진을 도시와 농촌 사이를 중개하는 과도지역(過渡地域)으로 규정하고 있다. 同, 『明淸江南市鎭探微』(復旦大學出版社, 1990), 5쪽.

82 劉石吉, 『明淸時代江南市鎭硏究』(中國社會科學出版社, 1987), 157쪽. 화북지역에서도 정덕연간부터 정기시가 본격적으로 발전하여 그 뒤 가정연간과 만력연간에 정점을 이루었던 것은 강남지역과 궤를 같이한다. 山根幸夫, 앞의 책 참조.

83 吳建華, 『明淸江南人口社會史硏究』(群言出版社, 2005), 264쪽.

84 은과 동전의 유입은 농촌시장의 활성화를 가져왔다. 즉, 시중에 통화(은+동전) 공급이 늘어나서 유동성이 풍부해지고, 소비가 활성화되었다. 농민들은 이에 대응하여 농가부업, 특히 농촌 수공업을 영위해 경영과 수익을 다각화하는 전략을 취했다. 어떤

게 증가하게 된 계기가 되었다. 이로써 '스미스적 성장(Smithian growth)'이 나타났다.

한마디로 말해서, 송대 농민들은 상품경제에 편입되지 않은 반면, 명대 중기 이후 강남지역 농민들은 시진망을 통해 폭넓게 상품경제로 편입되었다는 데 두 시대 농민경제의 차이가 존재한다. 이에 발맞추어 거래수단으로 사용된 화폐 역시 변화했다. 일반적으로 명대는 영락연간(1403-1424) 이후부터 동전과 은으로 미곡가격을 표지했다. 특히 가정연간(1522-1566) 무렵 미가 표시는 동전에서 은으로 이행했다.[85]

이처럼 농촌시장의 발달과 은 경제의 보급은 농민들로 하여금 유휴 노동시간을 적극적으로 활용할 수 있는 계기가 되었다. 또한 현금화 계기가 풍부해짐에 따라서 투하 노동량과 투하 자금에 대한 수익성이라는 경영적 관심과 이윤추구 증대야말로 강남 농민층의 행동양식을 규제하는 가장 중요한 요소로 작용했다.[86]

후술하듯이 명대 중기 이후 면방직업[87]이 활발해짐에 따라서 농가 부녀의 노동력이 가계에서 차지하는 비중은 점점 높아졌다. 청대 가경연간에 들어와서는 "여공〔女紅〕 가운데 바느질이 능한 자가 1할이고 방직에

의미에서 명대 후기 이후 농촌 수공업의 발달은 통화량 증가(본서 제1부 1장 「명말청초부터 청대 후기까지 화폐 유통량」 참조)로 인한 것이었다고 판단할 수 있을 것이다.

85 홍성화, 「명대 통화정책 연구−동전과 사주전을 중심으로」, 『사총』 86권(2015) 참조.

86 『沈氏農書』 「蠶務」 4段, "男耕女織,農家本務. (…) 酌其常規,婦人二名, 每年織絹一百二十疋, 每絹一兩, 平價一錢, 計得銀一百二十兩, 除應用經絲七百兩, 緯絲五百兩, 該價二十七兩, 籰絲錢, 家伙, 錢蜡五兩, 婦人口食十兩, 共九十兩數, 實有三十兩息. 若自其蠶絲, 利尙有浮. 其爲當織無疑也." 또한 錢泳 『履園叢話』 卷7 「臆論」(11쪽.), "蓋農之一事, 算盡錙銖." 이를 보면 지주층뿐만 아니라, 소작인층으로서도 이익의 여부가 노동력 투하를 결정하는 근본적인 요소로 작용했다는 점을 알 수 있다. 중국 농민의 시장지향성에 대해서는 Tawney, R, H., *Land and Labor in China*, George Allen & Unwin, 1966(originally published 1932), pp. 54-58 참조.

87 강남지역 면방직업에 대해서는 민경준, 「淸代 江南의 棉業商人」, 『釜山史學』 3(1996); 同, 「명청대 江南 면포업시진의 객상과 商路」, 『釜大史學』 23(1999) 참조.

능한 자가 9할"[88]이라고 하면서 대다수 면방직업에 종사한다고 적고 있다. 또한 "농가에서 수확으로 관에 조세를 내고 지조를 내는 것 이외에 이〔면방직업—인용자〕에 의지하여 생활〔衣食〕을 해결한다. 〔반면 주가각진에서는〕 잠상업을 배우는 자가 드물다"[89]라고 하고 있어서, 면방직업이 가계에 얼마나 중요한 역할을 했는지 알 수 있다.[90] 그 결과 명말청초 장이상(張履祥)은 남자가 10무를 경작하고 부녀가 상품생산을 한다면 생활이 충분히 유지될 수 있다고 서술하고 있다.

> 보통의 농민들은 남자는 논 10무를 경작할 수 있고, 여자는 양잠으로 열 광주리를 얻거나 매일 2필의 면포를 짜거나 방사를 해서 하루 면사 8량을 얻을 수 있다. 이같이 노동하면 어찌 다시 춥고 배고픔을 근심하겠는가.[91]

명대 중기 풍여필(馮汝弼, 1498-1577)은 "가흥의 각 현에서는 향민들이 농사를 열심히 짓는 것 이외에도 항상 방직으로 생계를 꾸려나가고 있다. 이 해에 목면이 말라죽어서 베틀이 텅 비게 되었으니 백성들은 속수무책으로 죽기만을 기다릴 수밖에 없었다"라고 서술하고 있다.[92] 면방직업의 중요성에 대해서는 명말 서광계(徐光啓, 1562-1633)의 견해에서도 확인할 수 있다.

---

88 『珠里小志』 卷3, 「風俗」.

89 『珠里小志』 卷3, 「風俗」.

90 청대 강남지역의 면방직업 수익에 대해서는 方行, 「清代江南農民棉紡織的平均收益」, 『中國經濟史研究』(2010-1) 참조.

91 『補農書』 「總論」 7段(151쪽), "且如匹夫匹婦, 男治田地可十畝, 女養蠶可十筐, 日成布可二匹, 或紡綿紗八兩, 寧復憂飢寒乎." 또한 徐獻忠 『吳興掌故集』 卷13 「物產類」 "蘇杭之下, 雖其勤力有餘, 而纖嗇遺陋者尙有, 故其民雖無素封之奉, 而飢疲困苦, 亦稍減少, 是皆有技巧之末多矣."

92 馮汝弼, 『祐山雜說』 「甲辰荒變」 "嘉興各縣 (…) 鄉民力田之外, 恒以紡織爲生. 是歲木棉旱槁. 杼柚爲空. 民皆束手待斃."

〔면방직업으로 인해 조정에서〕 엄청나게 많은 세금을 거둘 수 있을 뿐만 아니라, 300년이 지나고도 근근이 살아가면서도 이익까지 바라볼 수 있는 것은 오직 베틀 하나에 의지할 수 있기 때문이다. 다만 송강(松江)뿐만 아니라 소주(蘇州)·항주(杭州)·상주부(常州府)·진강부(鎭江府)의 비단과 모시, 가흥(嘉興)·호주(湖州)의 실과 솜은 모두 여자가 베를 짜는 말업에 의지하여, 위로는 부세를 납부하고 아래로는 가족을 부양하는 비용을 공급했다. 만일 이를 토지로부터의 수입에서 구한다면 마련할 수 없을 것이다.[93]

이를 보면 강남 농민들은 벼농사와 농가부업을 함께 수행함으로써 가계를 안정화시키려 했다는 점을 알 수 있다. 면방직업의 이익에 대해서 광서(光緖) 『가정현지(嘉定縣志)』에서는 다음과 같이 서술하고 있다.

"과거에는 보통 5인 가정에서는 하루에 1필씩 〔면포를—인용자〕 짰는데, 그 이익이 〔한 필당〕 100문이었다.[94]

뒤에서 서술하겠지만, 이를 계산해보면 연간 15량의 수입이 된다. 미곡 1석을 은 1량으로 계산한다면 면방직업의 수입은 상당히 높은 것이었다. 또 청초 단공(短工)의 하루 임금이 5분(分)[95]이라는 것을 생각해보면, 결국 부녀 한 명의 한 달 수입은 단공의 수입과 거의 같다는 것을 알 수 있다.

---

93 徐光啓, 『農政全書』 卷35, 「木棉」 "所繇百萬之賦, 三百年而尙存視息者, 全賴此一機一杼而已, 非獨松也, 蘇杭常鎭之幣帛枲紵, 嘉湖之絲纊, 皆恃此女紅末業, 以上供賦稅, 下給俯仰. 若求諸田畝之收, 則必不可辦."

94 光緖 『嘉定縣志』 卷8, 「風俗」, "往者匹夫匹婦, 五家之家, 日織一匹, 贏錢百文." 번수지(樊樹志)는 1필의 이익이 은 1전 1푼이라고 계산했다(앞의 책, 147쪽). 이는 光緖 『嘉定縣志』의 서술과 거의 일치하는 것이다.

95 康熙 『常熟縣志』 卷1, "日給工食銀五分"

면방직업 등의 농가부업 이외에도 강남지역 농민들이 손쉽게 수익을 벌어들일 수 있었던 것으로서 고용노동을 들 수 있다.[96] 고용노동은 일 년 혹은 반년 계약으로 고용되는 '장공'과 농번기에 짧은 기간 동안 고용되는 '단공'으로 구분할 수 있다.[97] 이러한 점은 다음 사료에도 잘 나타나고 있다.

> 강남지방의 남녀는 농업에 힘을 다하고 있다. (…) (그중에서) 인력이 모자란 사람들은 단정(單丁) 혹은 장고(長雇) 혹은 단고(短雇)를 고용해서 농사를 돕게 했다. 이들을 장공(長工) 혹은 망공(忙工)이라고도 한다.[98]

전체적으로 청대 강남지역 농민들은 경지에서의 수입만큼 각종 부업을 통해 수익을 벌어들였다. 참고로 1939년 『오흥농촌경제(吳興農村經濟)』의 조사에 근거하여 강소성 오흥(吳興)지역의 1년 전체 농가수입을 표로 나타내면 다음과 같다.

〈표 8〉 1939년 강소성 오흥(吳興)지역 농민 연간 수입 비율

항목	농업	직물업	기타 작업	어업
비율	40.86%	42.6%	6.71%	4.07%

이와 비교할 때 청대 농민들의 수입구조 역시 이와 커다란 차이는 없었을 것이라고 짐작된다. 앞서 방행의 연구결과에 근거하면, 청대 강남

96 黃冕堂, 「略論淸代農業雇工的性質與農業資本主義的萌芽」, 『淸史論叢』 5(1984).
97 朱宗宙, 「明末淸初太湖地區的農業雇傭勞動」, 南京大學歷史系明淸史硏究室編, 『明淸資本主義萌芽討論集』(上海人民出版社, 1981), 571쪽.
98 乾隆 『吳縣志』 卷24, 「風俗」, "吳農治田, 男女效力. 春耕饁餉, 夏耘踏車, 老幼俱前, 人力少者, 雇單丁以襄其事, 或長雇, 或短雇, 總名曰長工或曰忙工."

농민의 평균 소비규모는 연간 30량 정도였다.[99] 그렇다면 과연 당시 이 정도의 수입이 가능했는가를 살펴보도록 하자.

명말청초 『심씨농서(沈氏農書)』와 청말 도후(陶煦)의 『조핵(租覈)』에서는 평균 10무 정도를 이 지역의 일반적인 경영면적으로 상정하고 있다.[100] 이 정도 규모를 경영하는 농가라면 한 해 수확량은 30석 정도가 된다.[101] 대체로 소작료가 최대 5할 정도라고 하고 이를 제외하면 15석 정도가 남는다. 1석당 은 1량으로 계산하면 매년 15량 정도가 순수한 수도작의 수입이 되는 셈이다. 한편 면방직업의 수입을 보자면, 일반적으로 1가구의 연간 면포 생산량은 대략 140-180필이라고 추정하고 있다.[102] 한편 광서(光緖) 『가정현지(嘉定縣志)』에서는 면포 1필당 수익을 100문으로 계산하고 있다.[103] 연평균 150필이라고 하고, 필당 100문의 수입을 올릴 수 있다면, 연간 15량의 수입이 된다. 따라서 앞서 계산했던 수도작을 통한 수익을 합하면, 통상 연간 30량 정도의 수입이 가능한 셈이다. 물론 윤택한 생활이 가능하다고는 할 수 없지만, 어느 정도 재생산이 가능한 수준에는 도달했다.[104]

---

99 건륭 말기 서민가구가 1년간 생계를 유지하는 비용은 20량 정도(劉小萌, 『淸代北京旗人社會』(中國社會科學出版社, 2008), 718쪽)였다고 추정하고 있다. 반면 같은 시기 사천지역의 광부들은 매달 1,400문 정도를 받았다(이준갑, 앞의 책, 318쪽). 청대 중국 내에서 상당한 지역적 차이가 있었다는 점을 알 수 있다.

100 『沈氏農書』「運田之法」16段, "凡人家種田十畝."; 『租覈』「量出入」篇 "人, 耕十畝."

101 包世臣, 『齊民四術』 卷2, 「農」 2 「庚辰雜著」 2 "蘇民精於農事, 畝常收米三石."

102 許滌新 · 吳承明主編, 앞의 책, 392쪽.

103 光緖 『嘉定縣志』 卷8, 「風俗」, "往者匹夫匹婦, 五家之家, 日織一匹, 贏錢百文."

104 명대 GDP에 관한 管漢暉 · 李稻葵(2010)의 연구에 따르면, 1402-1626년간 소맥(밀)을 기준으로 할 때 왕조 초기의 경우 6-6.3석이었으나 15세기 말부터 16세기 초는 6.5-6.9석에 달했고, 16세기 후반에는 다시 5.2-5.4석으로 줄어들었고, 명대 후기는 기본적으로 5.5-6석 정도였다고 한다(810쪽). 명대 소맥의 가격은 대체로 미가의 80% 정도로(793쪽). 소맥으로 평균 6석이라고 할 때, 미곡 4.8석이 1인당 수입이 된다. 5인 가족을 기준으로 할 때, 가족 24석이 평균수입이 된다. 이 수치는 전국 평균이기 때문에, 아마도 명대 강남지역은 이보다 높았을 것으로 생각된다.

결론적으로 양 시대의 소득을 미곡으로 환산해보면, 송대의 경우 36석(36×670ℓ=24,120ℓ)이고 청대의 경우 30석(30×1,000ℓ=30,000ℓ)으로, 청대의 경우가 20% 정도 소득이 향상되었다고 판단할 수 있다.[105] 이는 명말 주국정(朱國禎)의 『용당소품(涌幢小品)』 권2에서 "근년 농부의 임금이 귀해져서 그 가격이 25% 상승했다〔近年農夫日貴, 其值增四之一〕"라는 서술과 서로 부합한다.

위와 같은 소득증가 가운데 수도작을 통해서 얻는 수익은 송대와 청대를 비교할 때, 양 시대 간 차이는 없었다고 판단된다. 농업생산량은 청대 쪽이 높았지만, 반면 그 부분만큼 가경면적이 축소되어 농업생산량의 증가부분이 상쇄되는 결과를 초래했다. 청대 농민들이 가외로 수입을 거들 수 있었던 쪽은 면방직업과 고공 쪽이었다. 소득증대로 인해 부식

〈표 9〉 명대 GDP 변화 (출처: 管漢暉·李稻葵, 2010)

소득 \ 시기	왕조 초기	15세기 말 −16세기 초	16세기 후반	명대 후기
小麥 기준 (단위 石)	6.0-6.3	6.5-6.9	5.2-6.4	5.5-6.0

한편 청말 GDP에 관한 서앙(徐昻)의 연구에 따르면, 1880년대 평균 국민소득은 7.4량이다. 徐昻, 「張仲禮關于19世紀中國國民收入的研究與啓示」, 『上海經濟研究』(2020-9), 7쪽. 다만 19세기 후반은 물가가 앙등한 시기이기 때문에 실질소득은 상당히 축소된 것으로 보아야 할 것이다. 참고로 한대(漢代) 사회경제에 대한 연구에 따르면, 표준 1가(家)의 노동력이 2-3인일 때 1가가 실제 경작할 수 있는 면적은 평균 50무 정도(92쪽)로, 150석을 생산했다고 한다(123-124쪽). 월평균 식량소비가 2석이고(232쪽), 법정 곡물가격은 1석=30전이었다(123쪽). 이성규, 『중국고대제국성립사 연구』(일조각, 1997) 참조.

105 홍홍평은 골드스타인(Goldstein)의 연구에 근거하여 명말청초부터 농민의 소득수준 향상에 대해 다음과 같이 서술하고 있다. "농촌소득, 농민들의 생활수준에서 장기적인 성장이 가능했다. 1600년에서 1750년까지 가장 발전된 지역에서 농민들의 노동에 대한 순수익은 20-50퍼센트가 증가했으며, 고소득과 매우 자발적인 여가를 누리는 농민들에게 아주 인상적인 수입이 수반되었다." 홍호펑, 하남석 역, 『차이나 붐』(글항아리, 2021), 49쪽 참조.

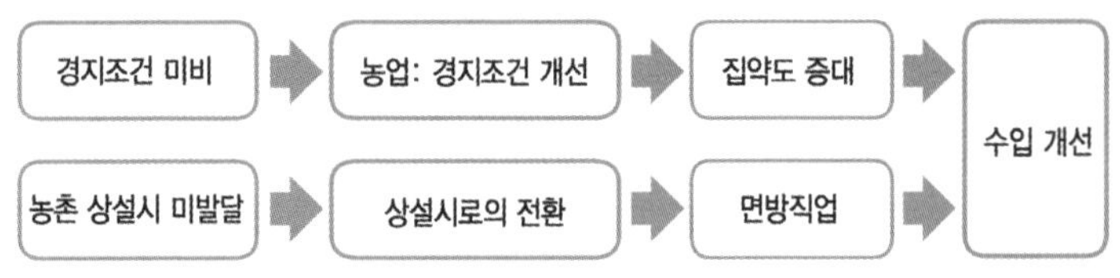

〈그림 2〉 청대 농업경제의 발전

소비가 증가되는 효과가 나타났다. 송대 농민의 수입 가운데 주곡 소비 지출은 약 76% 정도로서 청대의 경우 약 60% 정도로 낮아진 상태였고, 나머지 부분은 부식을 소비했다.

송대의 경우, 농촌시장이 청대만큼 발달하지 않았고 거래액도 적었기 때문에 농민들이 농촌시장을 충분히 이용할 수 없었다. 그 뒤 명대 중기부터 농촌시장의 발전, 즉 '스미스적 성장'으로 인해 프로토공업화와 근면혁명이 가능하게 되었다. 즉 ① 가경면적 축소분을 상쇄할 만큼의 농업생산량 증대, ② 농민적 스미스적 성장의 진전 ③ 프로토공업화의 진전 등을 통해, 송대와 비교할 때 청대에는 20% 정도 소득증가가 있었다고 추론할 수 있다. 이러한 소득증대 현상은 명말청초 시기 강남지역의 다양한 문헌에서도 확인된다.

예를 들면 앞서 계속 인용했던 『보농서』에서 "금년 임금이 이미 높아졌다〔今年人工旣貴〕"라고 하고, 또한 엽소원(葉紹袁) 『계정기문록(啓禎記聞錄)』 1649년조에서 "청조가 입관한 이래〔鼎新〕〔계속된〕 풍년으로 미가는 2량 남짓으로 떨어졌지만, 여러 식료품 및 여러 가지 임금이 2배로 오르지 않은 것이 없다〔然諸食用之物及諸色工作之價, 無不倍增〕"라고 하여 청초 시기 임금이 상승하는 모습을 서술하고 있다. 뿐만 아니라, 육문형(陸文衡)의 『색암수필(嗇菴隨筆)』 권3에는 다음과 같이 서술이 있다.

> 오늘날에 민간에서 미가가 높아진 것을 당연시하고 있다. 순치연간 임진(壬辰, 1652년), 계미(癸巳, 1653년)에는 〔미가가〕 3, 4량에 달했고, 소민

(小民)들의 임금[工作]은 예전의 정상적인 수치의 2배에 달하고 있다.

전체적으로 강남지역에서는 명말부터 임금상승이 시작되었고, 이미 청초에는 이를 당연시하는 풍조가 정착되었다. 결론적으로 1절에서 인용했던 송대와 청대의 사이에 GDP 변화가 없었다는 앵거스 메디슨식의 추계는 재고를 요한다 하겠다. 다만 앞서 각주에서 서술했듯이 이러한 청대의 수익상승은 통화량 확대에 기인한 바가 컸다. 통화량 상승이 농촌시장의 확대를 가져왔고, 청대 농민들은 이러한 상황에서 농촌 수공업을 통해 수익을 다각화했다. 그러나 19세기 초 통화량이 축소되면서 이러한 기본적인 수익구조에 커다란 변화가 생겨났고, 그 결과 농민들의 수익 역시 축소될 수밖에 없었다.

어느 시대 어느 지역의 농민일지라도 더 많은 수익, 안정된 수익을 바라지 않는 경우란 없을 것이다. 그러기 위해서는 다양한 조건, 즉 안정적인 경지조건과 발달된 농촌시장을 필요로 했다. 송대의 경우, 집약적 농법은 이미 등장한 상태였으나 이를 실현하기 위한 경지조건이 충족되지 않았고, 농촌시장 역시 발전하지 않았다. 이러한 조건 아래에서 농민 수입은 주로 농경에 의존할 수밖에 없었다.

그 뒤 명대 중기를 거쳐서 농촌시장이 발전했고, 경지개선도 어느 정도 이루어졌다. 이로 인해 농민들은 농작업을 집약화함으로써 농업생산량을 증대시킬 수 있었다. 농민들은 모내기부터 제초수확에 이르기까지 다양한 작업을 했을 뿐만 아니라, 농번기의 노동수요를 계절적으로 균등화하고 외부의 노동력을 고용하는 것을 피하기 위해 가족 노동력을 고루 분배했다. 나아가 소농세대의 구성원은 농한기의 잉여노동을 이용한 면방직업(=프로토공업)에도 종사했다. 이러한 방식이 정착된 것은 명말청초 시기였다.

명말청초 이후 강남지역의 농민들은 천연자원의 제약, 즉 가경면적의 축소라는 천연자연의 제약을 기술적·제도적 노력에 의해서 극복하여 가족노동을 충분히 흡수하고, 생활수준을 향상시킬 수 있었다. 이처럼 노동 집약도가 지속적으로 향상되어 노동력의 흡수력(1인당 연간 노동일수, 1일당 노동시간)이 크게 상승했는데, 이러한 측면에서도 청대 강남지역에서는 근면혁명이 발생했다고 할 수 있을 것이다. 이러한 과정을 통해 송대와 비교할 때 청대에는 20% 정도 소득 증가가 있었다고 추론할 수 있다. 이는 앞서 인용했던 『용당소품』 속에서의 서술과도 어느 정도 부합한다. 다만 이 20%라는 수치변화는 약 500여 년간에 걸쳐서 이루어졌기 때문에 사실 상당히 완만한 증가였다.

제2부

청대 시장구조와 경기변동

| 제 1 장 |

전국시장과 지역경제

1

명말청초 이후 상품경제가 발전하여, 중층적인 시장권[1]이 형성되었다는 것은 잘 알려진 사실이다. 그중 강남지역이 가장 선진적이었고, 상품경제 발전의 견인차 역할을 맡았다는 것 또한 잘 알려진 사실이다. 그러나 대부분의 연구는 이러한 모습이 분명하게 나타나기 시작한 명 중기부터 청초까지에 집중되어 있다. 청대 중후기 강남지역의 모습을 다룬 연구는 상당히 적다.[2]

하지만 다른 연구들을 살펴보면, 청대 중기부터 1842년 상해개항(上海開港) 이전까지 강남지역 수리시설의 관리능력 저하로 농업생산력이 감소했다는 지적이 있고[3], 명초 이래로 강남지역에서 줄곧 독점적 우위를 유지하던 면방직업이 마찬가지로 청대 중기 이후부터 그 지위를 잃었다는 지적이 있다.[4] 이 연구들보다 훨씬 전에 미야자키 이치사다(宮崎市定)는

1 吳承明, 『中國資本主義與國內市場』(中國社會科學出版社, 1985), 217-222쪽; Skinner, G. W, "Cities and the Hierarchy of Local System", in Skinner(ed), *The City in Late Imperial China* (Stanford University Press, 1977).

2 대표적인 사례로서 范金民, 『明清江南商業的發展』(南京大學出版社, 1998) 참조.

3 강판권, 「청 가경·도광 시기 강소성 남부지역의 벼 농업 연구—姜皐의 『浦泖農咨』를 중심으로—」, 『계명사학』 6(1995).

4 方行, 「論淸代前期棉紡織業的社會分工」, 『中國經濟史研究』(1987-1); 劉秀生, 「淸代棉布市場的變遷與江南棉布生產的衰落」. 『中國社會經濟史研究』(1990-2).

이 현상에 대해 간략히 짚으면서, 강남지역 경기쇠퇴의 원인에 광동지역과의 경합관계가 놓여 있다고 언급했다.[5]

청대 미곡유통 상황을 개관하면서 장건평(蔣建平)은 건륭 말기와 도광 연간에 청 조정에서 미곡유통에 대한 언급이 매우 적어지는데, 이는 "경제사학계의 오랜 기간 동안 풀리지 않는 수수께끼"[6]이며, 실제로 호남 등지의 미곡유통이 줄어들었다고 언급하고 있다. 한편 오승명(吳承明)은 19세기 시장쇠퇴 현상을 '도광불황(道光蕭條)'라고 표현하면서 그 원인을 청조 국력의 쇠락이나 농업생산의 불경기, 재정궁핍, 은귀전천(銀貴錢賤) 현상 등에서 그 원인을 찾고 있다.[7] 이어서 리보중(李伯重)의 최근 연구는 강남지역 불황의 원인을 19세기 기상변화와 수재에서 찾고 있는 점이 두드러진 특징이다.[8] 즉 가경연간과 도광연간 무렵의 강남지역은 이전의 호황이 무색하게 경기가 후퇴하고 있었다.[9] 이는 같은 시기 광동지역의 눈부신 성장과도 매우 대조적이었다.

---

5 宮崎市定, 「明淸時代の蘇州と輕工業の發達」, 同, 『宮崎市定全集』 13(岩波書店, 1992).

6 蔣建平, 『淸代前期米穀貿易硏究』(北京大學出版社, 1992), 23쪽.

7 吳承明, 『中國的現代化: 市場與社會』(三聯書店, 2001), 「18世紀與19世紀上葉的中國市場」.

8 李伯重, 「"道光蕭條"與"癸未大水"—經濟衰退, 氣候劇變及19世紀的危機在松江」, 『社會科學』(2007-6).

9 도광연간 중국사회가 직면했던 전반적인 위기상황에 대해서는 馮爾康, 『淸人生活漫步』(中國社會科學出版社, 1999), 「道光朝的民困與民變」; 홍성화, 「1841-42년 鍾人杰의 난을 통해서 본 청대 지방사회」, 『사림』 43(2012) 참조. 실제로 불경기의 지표로서 19세기 초 소주지역의 쌀가격은 두드러지게 하락하고 있었다. 이 시기 미가하락의 원인에 대해서 왕업건(王業鍵, Yeh-chien Wang) 자신도 만족할 만한 설명을 할 수 없다고 서술하고 있다. Yeh-chien Wang, "Secular Trends of Rice Prices in the Yangzi Delta", 1638–1935, Rawski and Li eds, *Chinese History in Economic Perspective* (University of California Press, 1992), p. 49. 도광연간 물가하락 현상에 대해서는 王業鍵, 앞의 논문; 臼井佐知子, 앞의 논문, 57-65쪽 참조. 사천지역의 경우 19세기 초 좋은 논의 가격은 무 당 40량 이상이었는데, 1840년대에는 30량을 넘지 않았고, 일반적인 논〔水田〕의 가격 역시 30량에서 20량으로 떨어졌다. 심지어는 20량이 안 되는 경우도 있었다. 周育民, 『晩淸財政與社會變遷』(上海人民出版社, 2000), 142쪽.

그러나 이들 연구는 대부분 현상에 대한 개별적 언급일 뿐이고, 어떠한 원리를 통해 불황이 초래되었는가에 대한 고찰은 아직까지 없다고 보인다. 아울러 청조 말기엔 성(省)경제의 분권화와 자립화가 진행되어 예전의 미곡유통망에서 점차 분리되었는데, 야마모토 스스무(山本進)는 이러한 동향이 청대 중기부터 개시되고 있었다고 지적한 바 있다.[10] 그러나 그 자립화가 무엇을 의미하는지 전국시장과 관련하여 구체적으로 언급된 바는 없었다.

이 책에 시사점을 주는 최근 연구로 기시모토 미오(岸本美緖)의 연구를 들 수 있다. 그는 중국 명청시대 각 지역경제가 결코 고립된 것은 아니었다는 전제 하에서 '순환형'과 '연쇄형'이라는 두 가지 모델을 설정했다. 그는 전국시장과 지역시장의 관계에 대해 순환형보다는 연쇄형 모델이 적절하다고 지적한 바 있다.[11]

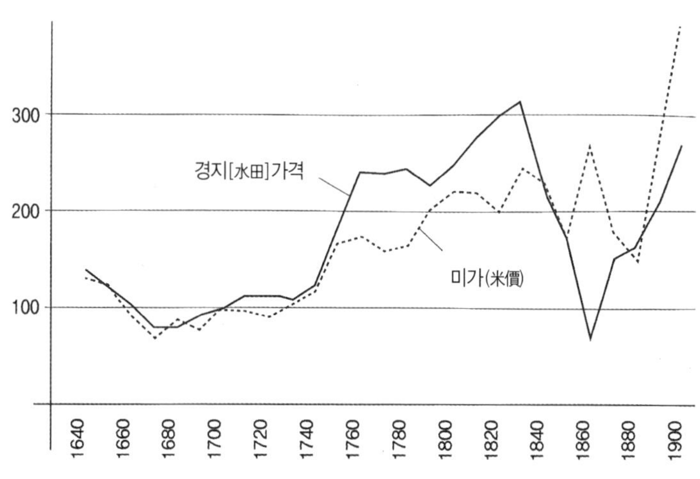

〈그림 1〉 청대 경지[水田]가격과 미가 변동 (출처: 岸本美緖, 앞의 책, 28쪽)

10 山本進, 『清代社會經濟史』(創成社, 2002) 제1장 「清代市場論に關する一考察」.
11 岸本美緖, 「明末清初の市場構造」, 古田和子編, 『中國の市場秩序』(慶應義塾大學出版會, 2013).

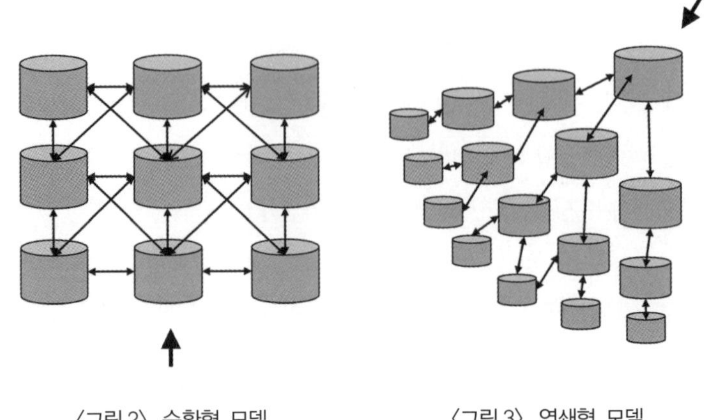

〈그림 2〉 순환형 모델 〈그림 3〉 연쇄형 모델

이 장에서는 강남지역과 광동지역에서 경기의 변천과정을 전국시장과 지역시장의 형성과정 속에서 파악하고자 한다. 특히 "중심부"와 "주변부"를 키워드[12] 삼아 그 각각이 명청시대를 통해 어떻게 형성되고 변용되었는지 살피고, 순환형(그물망 모양)과 연쇄형(=나뭇가지 모양) 모델 가운데 어느 쪽이 타당한지 검토해본다. 하지만 현재까지 명청시대 해외무역 규모에 대한 정확한 통계를 수립할 수 없기 때문에, 중국경제에서 해외무역이 차지하는 비중을 정밀하게 다룬 작업은 없었다고 본다. 다만 그 영향이 미미했다는 견해가 우세한 편이다.[13] 따라서 이러한 여건 속에서 명말청초 이래 중국 시장경제의 특징은 과연 무엇이었는가에 대해 고찰해나가고자 한다.

---

12 월러스틴, 나종일·백영경 역, 『역사적 자본주의/자본주의 문명』(창작과비평사, 1993), 34쪽.

13 吳承明, 1985, 253쪽; 山本進, 앞의 책, 1장 「淸代市場論に關する一考察」; Atwell, W. S., "Some Observations on the 'Seventheenth Century Crisis' in China and Japan", *The Journal of Asian Studies*, 45-2(1986) ; 반면 청대 대외무역이 사회경제적으로 중국사회에 상당한 영향력을 주었다는 견해로는 劉序楓, 「十七・八世紀の中國と東アジア」, 『地域システム ー アジアから考える』 Ⅱ (東京大學出版會, 1993), 121쪽 참조.

1. 전국시장의 형성과 강남지역

제1절에서는 송대부터 전국시장의 성립과정을 간략하게 살펴보고, 강남지역이 전국시장에서 차지하는 입지적 조건과 전국시장 성립[14]의 의미에 대해 살펴보려 한다.

당 말기에 들어와서 강남지역이 왕조의 존립기반으로까지 부상했을 때, 그 중심은 상업이 아니라 주로 농업과 염업이었다. 강남지역에 인구가 밀집하고 대규모 농촌시장〔草市〕이 출현하기 시작한 것은 송대 이후였다.[15] 송대 상품유통의 발전상은 이 농촌시장의 성장과 "소주와 호주에 풍년이 들면 천하가 풍족하다〔蘇湖熟天下足〕"는 속담이 대변하듯이 거대한 전국적 유통망의 형성[16]이라는 두 가지 특징으로 정리해볼 수 있다.

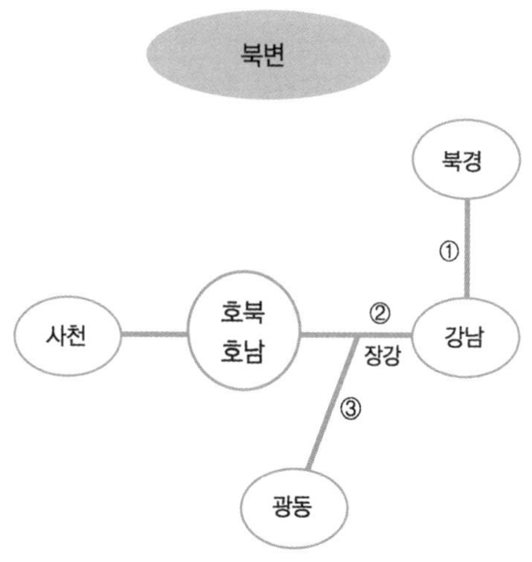

〈그림 4〉 명청시대 주요 상업루트(출처: Yeh-chien Wang, 1992, p. 37)

14 李伯重, 「中國全國市場的形成」, 『清華大學學報』(社科版), 1996-6期 참조.

15 傅宗文, 앞의 책; 樊樹志, 앞의 책, 24-25쪽; 萬繩楠, 『中國長江流域開發史』(黃山書社, 1997), 262-266쪽.

16 斯波義信, 『宋代商業史研究』(風間書房, 1968), 3장 「宋代における全國的市場の形成」.

이는 명대에 들어와서도 마찬가지였다. 명초 북변방어를 위해 대규모 병력을 배치한 명조는 이 지역으로 군향을 운송하기 위해 개중법(開中法)을 실시했다.[17] 그 결과 정부가 발행한 염인(鹽引)을 대가로 막대한 양의 식량과 군수품이 북변(北邊)으로 운반되었다.[18] 아울러 북경으로의 수도 이동 역시 강남지역의 미곡이 대운하를 따라 대규모로 북쪽으로 운반되는 효과를 낳았다(①번 루트). 이 루트를 기반으로 원래는 낙후지역이던 산동지역의 경제적 중요성이 커졌고, 임청(臨淸) 등의 도시가 발달했다.[19]

그 뒤 명조가 세금의 은납화를 점차 허용함에 따라, 납세 목적의 은을 입수하기 위해 농민들은 본격적으로 상품작물을 재배하고 가내수공업에 종사하기 시작했다.[20] 이렇게 활발해진 상품생산과 원격지무역은 명 중기 이후, 강남지역에서 면직업과 견직업이 발전하는 데 큰 영향을 주었다.

민간의 원격지무역은 그때까지 대운하를 통해 북변공급을 중심으로 이뤄지던 ①번 루트보다 주로 강남과 장강을 잇는 ②번 루트를 기반으로 한 것이었다.[21] 이 루트 역시 명대 후기까지는 아직 호남·호북지역〔湖廣〕이나 사천지역이 본격적으로 개발되지 않았기 때문에,[22] 주로 강소와 절

17 이화승, 『상인 이야기』(행성B잎새, 2013), 169-179쪽.

18 寺田隆信, 앞의 책, 2장 「開中法の展開」 참조.

19 吳承明, 2001, 207-8쪽. 전체적으로 명대의 인구이동은 청대에 비해서 현저하지 않은 것이 그 특징이다. 북방과 남방의 인구비율을 보면 홍무연간(1368-1398)에는 북방 26.1%, 남방 73.9%였는데, 오히려 만력연간이 되면서 45.6%, 54.4%가 되었다(橫田整三, 「明代に於ける戶口の移動現象に就いて」 下, 『東洋學報』 26-2(1938)). 이는 ①번 루트의 발전과도 연관이 있다.

20 西嶋定生, 『中國經濟史研究』(東京大學出版會, 1966), 757-762쪽 참조.

21 吳承明, 1985, 223쪽. 이는 그 이전에는 거의 주목받지 못하던 한구진(漢口鎭)이 명대 후반부터 발전하기 시작했다는 점에도 알 수 있다. 청대 한구(漢口)의 발전에 대해서는 Rowe, William T., *Hankow-Commerce and Society in a Chinese City 1790-1889* (Stanford University Press, 1984), pp. 27-29; 시바 요시노부, 신태갑 외 역, 『중국도시사』(서경문화사, 2008), 159-166쪽 참조.

강지역 사이의 루트가 이용되었고, 청대에 들어와서야 비로소 사천까지의 루트가 빈번히 활용되었다. 어쨌든 ①번과 ②루트의 교차점에 위치한 강남지역은 지리적 이점으로 인해 커다란 번영을 맞게 되었다. 이 모습에 대해서 명 중기 육집(陸楫, 1515-1552)은 다음과 같이 서술하고 있다.

> 오늘날 천하의 재부는 강남지역에 있는데, 강남지역에서 가장 사치한 지역은 소주와 항주이다. 〔이들은〕 경작하는 토지가 전혀 없는데도 기름진 음식을 먹고, 한 번도 〔자신들이〕 옷을 짠 적도 없는데 몸에 걸친 옷들은 모두 비단으로 수를 놓은 것들이니, 이러한 사람들이 얼마인지 알 수도 없을 지경이다. 일반적으로 사치하면서 상공업에 종사하는 자가 많다. (…) 소주 · 항주는 천하 남북의 요충지역으로 사방에서 (상인이) 폭주하고, 온갖 재화가 모두 모여들기 때문에 그 백성들은 교역으로 생계를 꾸려나가고 있는데, 〔원래〕 그 풍속이 사치해서 그러한 것은 아니다. (…) 우리 고을〔上海〕은 궁벽하고 해변에 있지만, 사방의 배와 수레가 이곳을 경유하지 않는 것이 없다. 세상 사람들은 "작은 소주"라고 부르고 있다. 상업에서 얻는 이익으로 생계를 꾸려가는 자가 우리 현〔邑中〕에 수십만 명으로 특히 사치가 심한데, 이는 또한 교역으로 생계를 꾸려가고 있기 때문일 뿐이다.[23]

육집의 묘사에 따르면, 소주와 항주의 번영은 바로 교통의 중심지이기 때문이라는 것이다. 이처럼 장강루트가 개발되었을 뿐만 아니라, 특히 일본과의 해외무역 역시 급증하고 있었다. 또 사조제(謝肇淛) 『오잡조(五雜組)』에서는 다음과 같이 기록하고 있다.

22 광대한 한강(漢江) 유역의 대부분 지역은 1700년까지 처녀림에 둘러싸여 있었다. 허핑티, 정철웅, 『중국의 인구』(책세상, 1994), 183쪽.

23 陸楫, 『蒹葭堂雜著摘抄』(『叢書集成』 初編 2920冊, 2-4쪽).

오늘날 강소성의 소주·송강부, 절강의 영파(寧波)·소흥(紹興)·온주(溫州)·태주(台州), 복건(福建)의 복주(福州)·흥화(興化)·천주(泉州)·장주(漳州), 광동의 혜주(惠州)·조주(潮州)·경주(瓊州)·애주(崖州) 〔등 지역의〕 거간꾼〔駔儈〕들은 이익을 도모하여, 바다 보기를 육지 보듯 하며, 일본을 보기를 이웃처럼 여길 뿐이다. 왕래하고 무역함이 서로 간격이 없다. 우리〔中國人〕들은 떳떳하게 가지만, 그들은 몰래 오고 있다.[24]

그렇다면, 명대 중기 시장권의 구조는 어떠한 것이었을까. 우선 명대 중기 강남지역이 아닌 여타지역의 특징을 간략하게 살펴보도록 하자.

강우(江右), 형(荊), 초(楚)·오령(五嶺) 사이의 지역들은 미곡 값이 싸고 그 생산량도 많으나, 농사지을 만한 사람이 없고, 사람들도 농사짓는 것을 귀하게 여기지 않는다. 그렇기 때문에 그 사람들은 몹시 가난한 경우도 없으나, 또한 매우 부자인 경우도 없다. 온갖 물건이 값이 싸지만, 거처할 만한 곳이 없어서, 〔이것이〕 이리저리 이주하는 이유이다. 복건의 세금〔田賦〕 또한 가볍고, 쌀가격 역시 약간 싸기 때문에 〔경작하기〕 매우 적당하다. 그래서 관리와 부호들은 서로 경쟁적으로 토지를 매입하고 있다. 〔전체 토지의〕 9할은 모두 대성(大姓)이 소유하고 있다. 그래서 부자는 나날이 그 부가 늘어나지만, 가난한 자는 나날이 가난해지고 있다.[25]

이를 보면, 강서·호남·호북지역은 미곡을 생산하기는 알맞지만 노동력은 부족했으며, 복건지역은 농업생산이 활발하게 이루어졌고 대토지 소유까지 발달했다는 점을 알 수 있다.

명대 중기에서 유통되는 상품 종류는 주로 ① 식량, ② 면화와 면포,

24 謝肇淛, 『五雜俎』 卷4, 「地部」 2.
25 謝肇淛, 『五雜俎』 卷4, 「地部」 2.

③ 생사(生絲)와 견직물이었다.[26] 식량 운반상황을 보면, 수입지역은 상업적 농업이나 가내수공업이 발전한 강남·복건·안휘 남부지역이었고, 공급지역은 강서 남부·안휘 북부지역이었다.[27] 면화와 면포의 생산을 보면 강남지역에서는 면포가 생산되었고 산동과 하남지역에서는 면화 재배가 대량으로 이루어져 남북으로 교역이 이루어졌다. 이에 관해서는 서광계의 『농정전서(農政全書)』에서도 다음과 같이 서술하고 있다.

> 오늘날 북방지역의 면화는 값이 싸지만, 면포는 비싸다. 남방에서는 이와 반대이다. 면화는 배로 남방에 판매되고, 면포는 배로 북방에 판매되고 있다.[28]

이러한 남북간(주로 하남과 강남지역)의 면화 재배와 면포 생산의 지역적 분업은 강남지역에서 면포 생산이 발전하는 데 중요한 역할을 했다.[29]

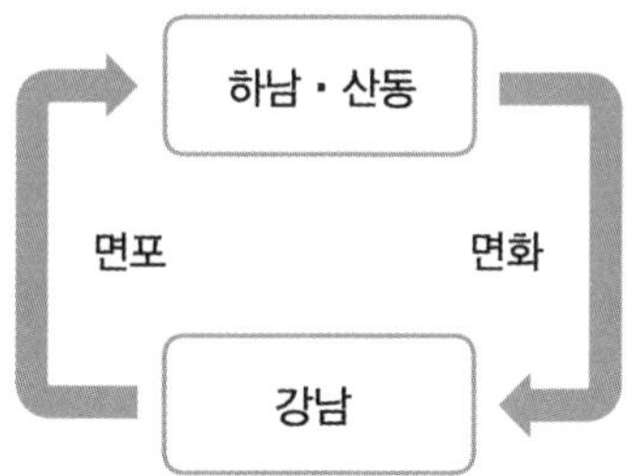

〈그림 5〉 명대 면업의 교역구조

한편 생사와 견직물을 보면, 노안(潞安)·천주(泉州)·성도(成都) 등 발전

26 吳承明, 앞의 책, 228쪽.

27 吳承明, 앞의 책, 227-230쪽. 명대에 인구가 조밀한 지역 역시 ①과 ②지역이었다. 허핑티, 1994, 172쪽.

28 徐光啓, 『農政全書』 卷35, 「木棉」(江蘇古籍出版社, 1979), 969쪽.

29 西嶋定生, 앞의 책, 889-890쪽.

한 지역이 있었지만, 그 주요 생산지는 역시 강남지역에 집중되어 있었다. 장한(張瀚) 『송창몽어(松窗夢語)』에서는 다음과 같이 묘사되고 있다.

> 내가 상업의 이윤을 총괄해보면, 대부분 동남지역에 이익이 집중되어 있는데, 〔그중에서〕 견직물만한 것이 없고, 강남지역이 가장 많은 이윤을 올리고 있다. 예전에도 견직업이 발전하기는 했지만, 오늘날 강남지역은 견직업으로 더욱 많은 부를 쌓고 있다.[30]

강남지역에서 생산된 견직물은 전국적으로는 물론이고, 일본이나 태국, 필리핀까지 판매되곤 했다.[31] 그리고 염색업 등의 부수적 산업까지 발전시키는 작용을 하기도 했다.[32]

결론적으로, 명대 중후기의 시장구조를 지역적으로 나누어보면 다음과 같다. ① 강남지역 · 안휘 남부 · 복건 연해를 중심으로 한 상품공급지역, ② 강서 남부, 안휘 북부지역이라는 미곡공급지역, 그리고 ③ 여타 판매지역. 또한 안휘 남부지역(연초 · 사탕수수 · 차) · 복건 연해지역(차엽 · 목재)에

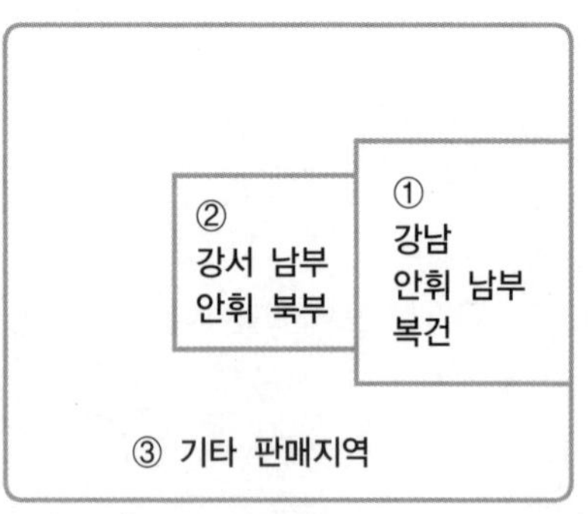

〈그림 6〉 명대 중후기 지역적 분업구조

30 張瀚, 『松窗夢語』 卷4, 「商賈記」 (中華書局, 1985), 85쪽.

31 陳學文, 『中國封建晩期的商品經濟』(湖南人民出版社, 1989), 115-117쪽.

32 민경준, 「淸代 江南의 염색업과 외지상인」, 『역사와 세계』 47(2015).

서는 상업적 농업이 발전했지만, 원래 식량생산이 부족한 지역이기도 했다는 점을 고려해보면, 결국 명대 중기의 상품유통은 강남지역이 하남지역과 인근 강서 남부·안휘 북부지역을 각각 면화·미곡의 공급지로서 거느리고, 그 나머지 지역을 강남지역에서 독점적으로 생산한 면직물과 견직물에 대한 판매지로 삼고 있었다는 것을 알 수 있다. 전체적으로 명대 중기까지에서, 상품생산과 유통이 활발한 지역은 강남지역과 복건·안휘·강서의 일부 지역에 한정되어 있었다. 그중에서도 특히 강남지역은 명실상부한 전국시장의 중심지였다.[33]

그렇다면 강남지역은 어떠한 형태로 변모해갔는지 살펴보자. 농업 측면에서 보면 강남지역의 태창(太倉)이나 상숙(常熟), 소문(昭文) 등에서는 대대적으로 면화 재배가 이루어졌다.[34] 면화는 4월에 종자를 심은 뒤 8-9월에 수확하는 작물이므로, 수도작의 기간과 겹친다. 농가로서는 면화나 주곡 생산 둘 중에 하나를 선택해야 했다.[35]

이런 의미에서 주곡재배에서 면화 재배로 바뀌었다는 것은 그만큼 면화 재배가 갖는 이익이 높았다는 것을 의미하고, 면화의 단작화는 특용 농산물로서의 특성 때문에 그대로 농업의 상업화를 의미한다. 그러나 면화 재배가 발달했어도, 이 지역 면방직업의 발달에 의한 수요를 감당하지 못했기 때문에, 앞서 서술했듯이 산동과 하남지역에서 다량의 면화를 수입해야만 했다. 그리고 면화 재배로 인해 부족해진 식량은 호남과 호북지역에서 대량으로 유입되었다.

---

33 鄭若曾, 『楓橋險要記』(康熙 『吳縣志』 卷26, 「兵防」 재수록), "凡四方難得之貨, 靡所不有 (…) 天下財貨莫盛于蘇州." ①번 루트를 대신하여 ②번 루트가 발전함에 따라, 장강 연안지역을 기반으로 하고 있던 휘주상인이 산서상인의 명성을 능가하게 되었다. 이 과정에 대해서는 臼井佐知子, 『徽州商人の研究』(汲古書院, 2005), 2장 「商業活動とそのネットワーク」 참조.

34 蔣建平, 앞의 책, 90-96쪽.

35 田尻利, 『清代農業商業化の研究』(汲古書院, 1999), 12쪽.

강남지역은 상품생산과 유통 그리고 외국 은의 유입 등 모든 측면에서 중심적인 위치를 차지하고 있었다. 결국 "천하에서 가장 부유하다[富甲天下]"는 강남지역의 번영은 이러한 면직물과 견직물의 독점생산 덕분이었다고 할 수 있다. 강남지역의 경제적 우위는 장강의 수운과 연해지역을 연결하는 교차점에 놓여 있었다는 점에서 유래한 것이며, 특히 ②의 발달은 중국 유통망으로서 대동맥의 성립이라고 의의를 부여할 수 있다. 이는 강남지역이 '중심부'가 되어 면직업과 견직업을 중심으로 한 상품생산과 유통을 독점하고, 여타의 지역은 미곡 생산과 강남지역에서 생산된 수공업 제품의 수입처라는 '주변부'로서의 구조가 성립했다는 것을 의미한다.

2. 전국시장망과 지역경제의 형성

제2장에서는 전국시장 네트워크의 변화를 지역시장의 '자립화'와 전국시장에서 그 중심이 어떻게 이동했는가의 측면에서 살펴보려 한다. 그를 위해 가장 대표적 상품인 미곡·면포·견직물을 중심으로 시장의 변화상을 고찰해나갈 것이다.

청대 전중기 지역시장의 자립화

1644년 청조의 입관을 거쳐 삼번의 난(1673-1681)이 진압되고 천계령이 해제되던 1684년까지 중국은 대동란의 시기로서 국내 상품생산 역시 일시적으로 정체기를 맞이할 수밖에 없었다. 그 뒤 천계령이 해제되어 은 유입이 본격적으로 이루어진 강희연간 후반기부터 상품생산이 본격화되었다.[36]

청초의 상품생산과 유통은 명대와 비교할 때 어떠한 변화를 보였던 것일까. 오승명(吳承明)는 청대에서 유통된 상품을 대표하는 것으로서 7종(식량·면화·면포·생사·견직물·차·소금)을 들고 있다.[37] 여기에서는 소금을 제외한 미곡 생산과 면직업을 중심으로 그 생산과 유통상황을 지역별·업종별로 살펴보기로 하자. 우선 미곡의 생산과 소비의 지역적 분포를 보면 다음과 같다.

> 신이 삼가 살펴보면, 천하의 식량은 동남지역에서 생산되는 바가 많습니다. 평소에는 객상이 판매·유통하는 미곡에 의지하고 있고, 흉년을 만나더라도 이웃 성에 의지하는 것이 몇 배로 긴요해졌습니다. 예를 들어 복건〔이 소비할〕 미곡은 대만·절강에서 공급하고 있고, 광동〔에서 소비할〕 미곡은 광서·강서·호광에 공급하고 있습니다. 강소·절강에서〔소비할〕 미곡은 강서·호광에서 공급하고 있습니다. 이들 몇 성의 미곡은 정체되는 바가 없다면, 해마다 유통되어 면면히 끊이질 않습니다. 백성들이 비록 흉년을 만나더라도 오히려 굶주리는 경우까지 이르지 않게 되었습니다.[38]

이를 보면, 옹정연간에는 미곡의 공급지역과 소비지역이 확연히 구분되었다는 점을 알 수 있다. 소비지역은 복건·광동·강절이고, 공급지는 대만·광서[39]·강서·호남·호북지역이었다. 사천지역 역시 옹정연간에는 전국적인 곡창지대로 자리 잡았다.[40] 한편 절강지역은 소비지와 공급

36 蔣建平, 앞의 책, 22쪽.
37 吳承明, 앞의 책, 「論淸代前期我國國內市場」 참조.
38 『雍正朝漢文硃批奏摺彙編』, 「雍正4年7月20日條」, 何天培奏.
39 稻田淸一, 「西米東運考－淸代の兩廣關係をめぐって」, 『東方學』 71(1986).
40 安部健夫, 『淸代史の硏究』(創文社, 1971) 6장 「米穀需給の硏究－「雍正史」の一章としてみた」 참조.

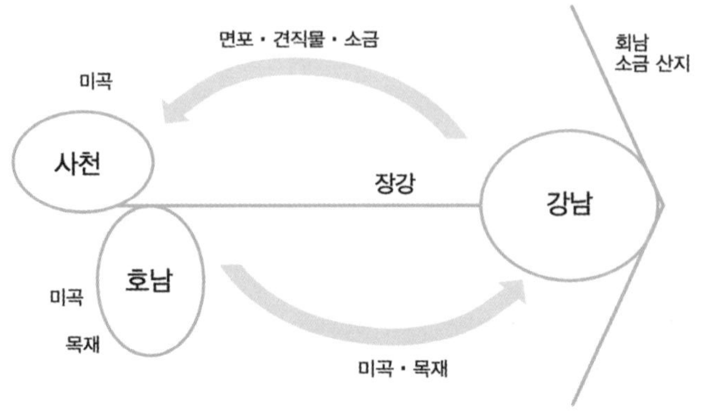

〈그림 7〉 청초 강남지역과 호남 · 사천지역의 교역구조

지의 성격을 모두 가지고 있었다.

앞서 『오잡조(五雜組)』에서 서술된 모습과는 전체적으로 정반대의 모습이다. 즉 예전에 미곡을 생산하던 복건지역은 미곡 수입지역이 되고, 미곡 생산이 활발하지 않던 강서 · 호남 · 호북지역에서 활발하게 미곡이 생산되었다. 여기에 미곡을 생산하는 지역으로 사천, 대만, 광서지역이 추가되었다. 특히 호남지역은 청대 최대의 미곡 생산지로서, 명말부터 강서지역에서 온 이주민에 의해 개발되기 시작했다.[41] "호남과 호북지역이 풍년이면 천하가 풍족하다〔湖廣熟天下足〕"[42]는 속담 역시 이러한 호남으로 대량 이주가 이루어졌기 때문에 가능했다.[43]

41 명말 이래 인구이동의 양상에 대해서는 허핑티, 정철웅 역, 『중국의 인구』(책세상, 1994), 제7장 「인구와 토지와의 관계: 지방간의 인구이동」 참조.

42 龔勝生, 『淸代兩湖農業地理』(華中師範大學出版社, 1996), 102-118쪽.

43 청대 전중기 대량 이주의 3가지 방향은 ① 강서, 호북, 호남, 사천 방향, ② 한수(漢水)를 따라 호북 북부에서 섬서 남부를 거쳐 감숙지방 방향, ③ 광동 · 복건에서 대만 방향을 향한 것이었다. 만주나 해외로의 이주는 19세기 후반부에 이르러 시작되었다(로이드 이스트만, 이승휘 역, 『중국사회의 지속과 변화 1550-1949』(돌베개, 1999), 29쪽). 포메란츠는 같은 시기 유럽인의 신대륙 이주보다 훨씬 더 많은 중국인들이 중국의 변경지역으로 이주했으며, 유럽인들보다 중국인들 쪽이 훨씬 더 많은 이주의

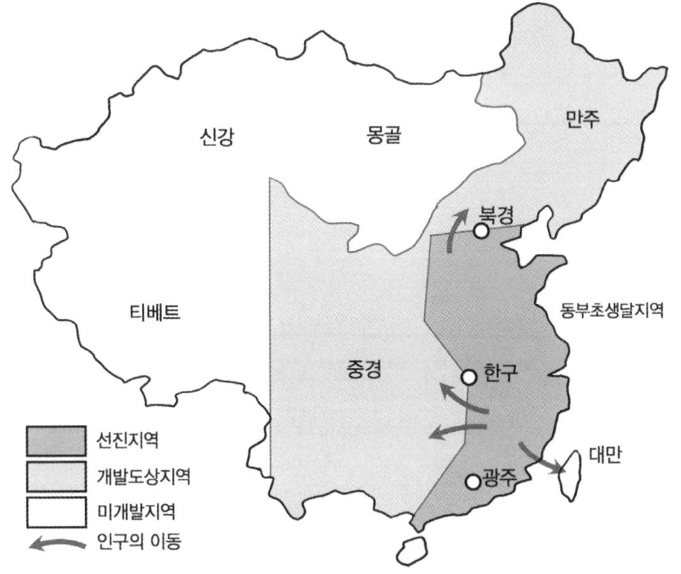

〈그림 8〉 청대의 인구이동과 개발
(출처: 王業鍵, 『淸代經濟史論文集』 1(稻鄕出版社, 2003), 12쪽)

전체적으로 미곡 공급지역이 장강을 따라 서쪽으로 대폭 확대되었다. 또한 "백성들이 비록 흉년을 만나더라도, 오히려 굶주리는 경우까지 이르지 않게 되었"다는 구절에 주목해보면, 미곡의 원격지 유통으로 인해, 그때까지 불안정했던 미곡수급과 쌀가격이 안정되었다는 점을 알 수 있다. 또한 이것이 청대 중기 인구증가의 한 유인이 되었다는 추측도 가능하다.44

자유를 누렸다고 평가하고 있다(케네스 포메란츠 외, 박광식 역 『설탕, 커피 그리고 폭력』(심산, 2003), 127-130쪽). 한편 제임스 리와 로빈 웡은 청대를 통해 이주한 인구의 숫자를 천만 명 정도로 추산하고 있다. Lee and Wong, "Population Movements in Qing China and Their Linguistic Legacy", *Journal of Chinese Linguistics Monograph Series*, No.3(1991), p. 50.

44 청대 인구증가의 원인을 상업적 농업의 보급으로 보는 견해로는 川勝守, 『明淸江南農業經濟史硏究』(東京大學出版會, 1992), 「序章」 참조.

그리고 복건지역을 통해서 신대륙 작물이 수입됨으로써 많은 인구가 중심 지역의 높은 인구압을 피해 서쪽과 북쪽으로 이동한 것이 시장구조에 커다란 변화를 가져왔다(그림 8 참조). 후진 지역의 소농층은 미곡을 강남지역에 매각하여 현금을 손에 넣을 수 있었고, 그 부족한 미곡을 산간이나 구릉지대에서 재배한 감자나 옥수수 등 신대륙 작물로 보충할 수 있었다.[45]

장강 중상류지역들은 옹정연간부터 미곡을 강남지역에 수출한 대가로 화폐나 견직물 등을 손에 넣었으며, 특히 은과 동전이 지역 내에 활발하게 유통됨에 따라서 이들 지역 내에서 시장경제와 상품유통망이 확산되었다. 특히 휴대가 비교적 용이한 은이 광범위하게 유통되면서 원격지무역이 발전했고, 장강 상하류 사이의 교역이 가능하게 되었다.

이러한 상품유통망을 기반으로 건륭연간부터 상품경제가 다시 본격적으로 발달하기 시작했다. 이 시기가 되면서 미곡 이외에도 담배나 여타 상품작물을 재배하여 화폐를 적극적으로 획득하려고 했다.

청초에는 타 지역으로의 이주, 즉 '지역 사이의 이주'가 활발했다면, 건륭연간부터는 '지역 내 이주'가 본격화되었다. 청초부터 계속된 이주로 인구압이 높아짐에 따라서 역시 지역 내에서도 인구압이 낮은 변경지역으로의 이주가 본격화된 것이다. 지역 내 중심부에서 밀려난 빈곤층은 사천·호북·섬서성이 교차하는 이른바 삼성교계(三省交界)지역은 물론이고 소수민족 거주지 등으로 이주하면서, 산악지역에서 농지를 개간하거나 광업이나 수공업[46]에 종사하는 경우도 나타나기 시작했다.

45 허핑티, 앞의 책, 179-181쪽; 이준갑, 『중국 사천사회 연구 1644-1911』(서울대학교출판부, 2002), 211쪽.

46 하세봉, 「清中期 三省交界地方의 수공업과 상인자본」, 『중국문제연구』 2(1988). 한편 청대의 지역개발은 호남·호북지역의 평야지대에서 시작되어 점차 산악지역으로 확대되는 순서로 이루어졌다. 농지개발은 크게 ① 수리시설과 관련된 '공학적 적응',

한편 면화 재배와 면포 생산을 지역별로 보면 다음과 같다.[47]

① 강서지역 : 원래 이 지역에는 면화가 많이 재배되지 않았기 때문에, 명대는 하남이나 호광지역에서 면화를 다량으로 수입했다. 청대에 들어와서 면화 재배가 발전했으나, 여전히 강서성의 수요를 만족시키지 못한 탓에 다른 지역에서 면화를 구입해와 면포를 생산했다.

② 호남지역 : 호남성 역시 면포 생산이 활발한 지역은 아니지만, 부분적으로 형주부(荊州府) 영현(酃縣)·빈주(郴州) 직예주(直隸州)·흥녕현(興寧縣) 속빈주(屬郴州) 등에서는 면포 생산이 이루어졌다고 한다.[48] 장사부(長沙府)의 상음(湘陰)·상담(湘潭)·익양(益陽) 등에서는 면포 생산과 면화 재배가 이루어졌다.

③ 호북지역 : 호북성은 면포의 이익이 "모든 성의 경제적 이익이 나오는 곳이고, 그 이익이 가장 크다[全省利源之所在, 此爲最鉅]"라고 한 장강 중상류지역의 최대 목면생산지로서, 한구(漢口)를 교차점으로 하는 조밀한 상업망을 형성하고 있었다. 명 중기부터 발전하기 시작한 한구는 호남·사천에서 생산되는 미곡이 장강 하류로 반출되는 거점인 동시에, 강남 수공업 제품이 반입되는 거점이기도 했다.[49] 호북성 면포는 한구나

---

② 열악한 환경에서도 생육 가능한 품종의 도입과 같은 '농학적 적응'으로 나눌 수 있는데, 호북과 호남지역 등의 경우는 완전(垸田) 등이 대대적으로 개발된 경우이기 때문에 '공학적 적응'에 해당되고, 사천이나 삼성교계(三省交界)지역 등의 산악지역에서는 감자나 옥수수 등을 재배하여 개발되었기 때문에 후자인 '농학적 적응'에 해당한다. 한편 吳承明은 명대와 비교할 때, 청대에 개간된 토지는 3억 무였으며, 그중에서 가장 많이 개간된 곳은 서남부로서 4000여만 무에 달한다고 추산하고 있다(吳承明, 2001, 246쪽) 농법으로 볼 때, 강남지역은 집약적이고 상업적인 농업을 위주로 했다면, 장강 중상류 산악지역에서는 매우 조방적인 농업이 행해진 것도 선명한 대조를 이루는 특징이다.

47 이에 대해서는 方行, 앞의 논문, 1987과 鄭昌淦, 『明清農村商品經濟』(中國人民大學出版社, 1989) 각각 참조.

48 鄭昌淦, 앞의 책, 179-180쪽.

49 山本進, 『明清時代の商人と國家』(研文出版, 2002), 제4장 「清代長江中上流域の商業

사시(沙市)를 경유해서 장강을 따라 사천으로, 육로로 보면, 북쪽으로는 하남·산서로 운반되었고, 서쪽으로는 섬서로 각각 운반되었다.[50]

④ 사천지역 : 이 지역은 호북성보다 조금 늦은 시기에 면방직업이 시작되었다. 그러나 호북성이 면포를 독자적으로 생산하자 사천 역시 면포를 독자적으로 생산하게 되었고, 건륭연간부터는 외지로부터의 수입을 대체할 수 있었을 뿐만 아니라[51] 나중에는 귀주(貴州)지역까지 수출하기도 했다.[52]

⑤ 복건지역 : 광동의 두 성은 생산된 면화가 매우 적고 면화 생산지와의 거리도 매우 멀었기 때문에, 외지의 면화를 이용해 방직하여 자급했다. 이 점은 "면화가 극히 적게 생산되어 강소·절강지역에서 구입해온다"[53]라는 구절이나 "면포는 이곳의 부녀자들이 생산하지만, 면화의 대부분은 북쪽에서 온다〔布雖由本地婦工, 而棉花多自北來者〕"(乾隆 『安溪縣志』 卷4)라는 구절에서도 짐작해볼 수 있다. 복건지역 역시 명말의 '복건남부〔閩南〕-강남'이라는 단선적 교역구도[54]가 '대만-복건남부-강남'이라는 삼각구도로 변화했다. 대만은 설탕을 생산하여 강남과 화북지역에 판매하기도 했다.[55] 한편 복건의 면화수입처 역시 명말의 강남지역에서, 강서·호북 등으로 더욱 확대되었다.[56] 위의 장강 유역의 이외에도 함풍연간에는 심지어 동북지방인 성경(盛京)지역에서도 면포 생산이 이루어지기도 했다.[57]

網」 1996.

50 山本進, 위의 논문.

51 山本進, 『明清時代の商人と國家』(研文出版, 2002), 제1장 「清代四川の地域經濟」 1991,

52 이준갑, 앞의 책, 399쪽.

53 李拔, 『種棉說』 "棉花絶少出産, 購自江浙."

54 三木聰, 『明清福建農村社會の研究』(北海道大學出版會, 2002), 제3장 「抗租と阻米－明末清初期の福建を中心に」 81쪽.

55 林滿紅, 『臺灣海峽 兩岸經濟交流史』(財團法人交流協會, 1997), 63쪽.

56 원정식, 「명말-청중기 閩南의 시장과 종족」, 『역사학보』 155(1997), 95-96쪽.

57 咸豐 『盛京通志』 卷27 「物産」 "使旗民盡使機杼, 不必待江南·山東之布, 自然足衣矣."

그 밖에도 각 지역에서 상업적 농업이 발달하는 모습을 살펴보면 다음과 같다.[58] 저마(苧麻)재배는 이미 송대부터 강남지역 이외의 호북·사천·하남 등지에서도 널리 행해졌는데, 청대에 들어와서는 호북을 필두로 하여, 강서·호남·안휘·복건·절강·광동의 각 성에서도 이루어졌다. 쪽(藍)재배는 명대에는 복건·강서에서 이루어졌지만, 청대에 들어와서는 광동, 강서, 복건, 절강, 강소지역이 주산지였다. 특히 강서성에서 활발하게 재배되었다. 연초(煙草)재배는 16세기 말부터 17세기 초에 복건에서 시작되었는데, 높은 수익성으로 인해 청대에 들어와서는 그 재배지역이 광서·절강·안휘·강서·호남·호북·사천·산동·섬서·광동의 각 성으로 확장되었다.

또한 광동지역의 제당업이나 강서 경덕진의 도자업 등이 지역적으로 특화되기 시작하거나, 이들 제품의 생산이 유리하지 않을 경우 미곡이나 차·연초 등을 특화하기도 했다. 지역시장의 자립화는 강남에서 생산된 제품에 관한 수입대체화가 성공한 뒤에서야 비로소 가능하거나, 면직물·견직물 못지않은 고이윤 상품들을 특화 생산함으로써 비로소 가능해졌다. 이렇게 본다면 전체적인 상품생산의 흐름은 ① 주곡 생산→② 면포나 견직물 등 의류생산→③ 담배나 차엽 등 기호품생산[59] 등으로 점차 이행해갔다.

이러한 변화를 통해 각 지역의 시장권은 전국시장과 분업관계를 유지하면서, 지역 내에 새로운 산업을 확대하여 특정 상품만을 오로지 생산하는 불안정한 입장을 극복함으로써 전국시장의 수급변동에 대해 유연하게 대응할 수 있게 되었다. 나아가 지역 내 수요를 위한 생산으로 점점

---

58 田尻利, 1999,「序章 淸代における商業的農業の展開」참조.

59 17세기에 들어서 다른 대륙으로부터 들어온 기호품을 즐기게 된 것은 전 지구적인 현상이었다. 포메란츠 외, 2003, 162쪽.

눈을 돌리게 되었다. 이러한 패턴은 ① 강남지역으로 미곡 수출→② 판매를 위한 상품작물의 재배→③ 지역경제의 성립→④ 지역 자체수요를 위한 생산이라는 순서를 밟았다.

다만 각 지역마다 자립도는 서로 달랐는데, 장강유역에는 강남지역, 호북성, 사천성이 상대적으로 자립성이 높고, 숭명도(崇明島) 일대, 안휘성, 강서성, 호남성이 낮았다. 복건이나 대만도 비자립적이었다.[60] 한편 영남지방에서는 광동지역이 자립성이 높고, 반면 광서지역은 자립성이 낮았다.[61]

이렇게 '상대적으로' 자립적인 지역과 비자립적인 지역을 함께 고려해 보면, 여기에서 공통적인 패턴을 읽어낼 수 있다. 즉, 그것은 〈그림 4〉의 ①번 루트와 ②번 루트의 교차점에 위치한다는 지리적 이점을 기반으로 강남지역이 거의 유일한 '중심부'로서 여타 지역에 대한 독점적인 지위를 누리고 있었고, 청대 중후반이 되면서 중심부는 이제 더 이상 하나가 아니라 여러 개로 확장되었으며, 그 안에서 다시 중심부와 주변부의 동심원을 구성해가고 있었다는 점이다.

원래 주변과 고립되었던 사천성의 경우[62]는 예외로 하더라도, '강남지역(중심부)－숭명 일대·안휘·강서·호남·복건(주변부)'과 '호북(중심부)－산서(주변부)'·'광동(중심부)－광서(주변부)'라는 그룹으로 나뉠 수 있다고 생각된다. 즉 점차적으로 강남지역을 중심으로 한 시장권, 한구를 중심으로 한 장강 중상류 시장권, 그리고 광동을 중심으로 한 시장권으로 자립화하는 경향이 점차 뚜렷해졌다.

이러한 지역시장의 자립화에 상응하여, '경제적 지역주의'가 등장하

60 山本進,『淸代社會經濟史』(創成社, 2002), 제1장 「淸代市場論に關する一考察」 1990.
61 박기수, 「淸中葉 광서상업과 광동상인」, 『京畿大論文集』 33(1993).
62 山本進, 위의 논문.

기도 했다. 이는 은과 식량이 지역 밖으로 유출되는 것에 반대하거나〔遏糴〕,[63] 좀 더 적극적으로는 미곡을 약탈하는 창미폭동(搶米暴動) 등으로 나타났는데, 이는 지역시장이 자립화된 후 나타난 새로운 정치적 동향[64]이었다.

이러한 시장권의 분화에 따라 지역 간의 교통로도 발전했다. 청대에 들어와 주로 발전한 것은 장강 중상류 유역의 수운이었다.[65] '장강-강남-연해지역'의 루트가 발전함에 따라 각 성 역시 이러한 대동맥을 주축으로 삼아 인근 성과의 활발한 무역이 전개되었다. 이러한 지역 간 무역의 발전은 바로 대동맥 사이의 모세혈관에 비유할 수 있을 것이다.

장강 이남의 주요 교통간선으로는 호남 상강(湘江)에서 광주(廣州)로 이어지는 노선과 강서(江西) 감강(贛江)에서 광주로 이어지는 노선이 있었다. 구체적으로는 대운하-장강-파양호(鄱陽湖)-오성진(吳城鎭)-감강-감

---

63 陳春聲, 『市場機制與社會變遷-18世紀廣東米價分析』(中山大學出版社, 1992), 195-200쪽.

64 명대 강남지역이나 강서·호광지역이 대대적으로 개발될 때, 그 중추적인 역할을 맡았던 계층은 두말할 나위 없이 신사층이었다. 그 뒤 각 지역에서 정기시 등이 확산되자 시장을 세우고 그 관리를 담당했던 계층 역시 신사층이었다. 명말청초 강력한 국가권력의 새로운 등장에 따라서 주춤했던 이들의 세력은 청대 중기, 지역경제가 확대되면서 다시 그 영역을 확장했다. 특히 변경지역 상품경제권에 편입된 뒤에, 가경·도광 연간에는 분규가 대폭 증가했지만, 청조의 행정력은 여기까지 미치지 못했다. 이러한 행정수요에 대한 공백을 메꾼 이들이 생원 등의 하급 신사층이었는데, 이들은 지역 내의 분규를 해결하고 주현(州縣)의 세금징수를 청부하는 역할을 맡기도 했지만, 그 자신이 직접 분규의 당사자가 되거나 심지어 청조에 대항하는 사건조차 발생했다. 이 과정에 대해서는 松田吉郎, 「廣東廣州府の米價動向と米穀需給調整-明末より清中期を中心に」, 『中國史硏究』 8(1985); 홍성화, 「1841-42년 鍾人杰의 난을 통해서 본 청대 지방사회」, 『사림』 43(2012) 참조.
이처럼 신사층의 힘은 청대 중기 이후 점점 강해졌고, 건륭연간에 시작된 시장권의 자립화 현상은 뒷날 청말의 각 지역 신사들에 의해 추진된 '지역자치운동'의 경제적 기원이 되었다. 市古宙三, 『近代中國の政治と社會』(東京大學出版會, 1977), 第4部1節 「鄕紳と辛亥革命」 참조. 반면 하급 신사의 힘조차 미치지 못하는 더 깊숙한 변경지역에서는 비밀결사 혹은 비밀종교가 구심점으로 기능하기도 했다.

65 吳承明, 앞의 책, 247쪽.

주(贛州)－장수(章水)－대유령(大庾嶺)－북강(北江)－광주로 이어지는, 중국의 중앙을 관통하는 하운 교통로의 중요성이 높아진 것이다.[66] 그 결과 한구는 ②번 루트의 교차점으로 발전했을 뿐만 아니라 구강관(九江關)의 선료세은(船料稅銀) 역시 더욱 증가했는데, 장강 상하류를 왕래하는 선척을 포함할 경우, 청초의 9.9만 량에서 건륭·가경연간에는 53.9만 량으로 증가했다.[67]

한편 지역 수준에서 시장이 확대되는 모습을 보기 위해 새로운 미곡 공급지로 개발된 호남지역을 예로 들어보기로 하자. 그 모습은 객상이 미곡을 매입하기 위해 현지에 오는 것으로 시작한다. 미곡은 대개 지주로부터 매입하는데, 지주는 가능한 한 소작인으로부터 소작료를 높임으로서 미곡을 최대한 착취했다. 소작인 등의 소농층은 이러한 과정을 통해 상품경제권으로 편입되었다.[68] 그리고 소농층은 소작료를 납부한 뒤 얼마 남지 않은 부족한 식량을 감자나 옥수수 등의 신대륙 작물로 보충했다. 즉 척박한 산간지역에 신대륙 작물이 폭넓게 보급됨에 따라서 대규모 개발이 이어졌고, 증산된 미곡은 지역 내에서 소비되지 않고 장강 수운을 따라 강남지역으로 판매되었다.[69]

한편 당시는 은 외에도 건륭통보가 대량으로 발행되어 유통됨에 따라[70] 소농들 그 이전 시대보다 화폐를 비교적 쉽게 확보할 수 있었고, 그 결과 지역시장에 보다 적극적으로 참여할 수 있었다. 지역 내 주변

66 蕭放, 「論明清時期河口鎮的發展及其特點」, 『江西師大學報』(1989-3); 박기수, 「청대 광동의 대외무역과 광동상인」, 『명청사연구』 9(1998), 92쪽.

67 許懷林, 『江西史稿』(江西高校出版社, 1993), 563쪽.

68 1920년대 중국 농촌에 대한 로싱 벅의 조사에 따르면, 특히 연해지역 농산물의 상품화율은 50%에 달했다. Buck, J. L., *Chinese Farm Economy: a Study of 2866 Farms in Seventeen Localities and Seven Provinces in China*, Nanking, 1930, p. 199 참조.

69 전형권, 「지역개발」, 오금성 외, 『명청시대 사회경제사』(이산, 2007).

70 본서 제1부 1장 「명말청초 이후 은과 동전 유통량」 참조.

지역들도 시장을 구성하기 시작하면서 시장 네트워크가 충실해졌고, 주현 내 생산자와 소비자가 결합되어 지역 안에서 물자의 대량생산과 대량유통이 점차 가능해졌다.

명대까지 인구는 주로 강남지역과 그 인근에 집중되어 있었고, 인구이동 역시 대운하를 따라 이루어지는 경우가 많았다. 시장 네트워크 역시 단지 성도(省都)와 주현성(州縣城)이 연결되는 빈도가 높았던 이른바 '점과 선의 경제'였다. 반면 청초에는 인구가 대폭 서쪽으로 이동하여 대대적인 개간이 이루어졌기 때문에, 시장 네트워크 역시 모세혈관처럼 산간지역까지 구석구석까지 확장되는 형태로 발전해나가는 지역경제가 형성되기 시작했다.[71] 나아가 옹정연간에는 미곡 수출이 이루어졌고, 건륭연간에는 이를 기반으로 하여 상업적 농업과 상품생산 역시 활발하게 이루어지게 되었다. 이런 의미에서 중국사에서 강남지역만이 아니라 여타 후진지역까지 상품경제가 침투하여 소상품 생산이 정착하기 시작했던 때가 바로 대체적으로 건륭연간[72]이었다.

전국시장의 중심이동

그렇다면 광주를 중심으로 한 시장권은 어떠한 발전상을 보였던 것일까. 강남지역에서 일본과의 무역이 주로 이루어졌다면, 광동지역은 주로 남양무역[73]과 서양과의 무역을 중심으로 하고 있었다. 일본과의 대외교역

71 청대 호남성의 미가를 통해 시장통합에 대해서 고찰한 로빈 웡과 피터 퍼듀의 연구에 의하면, 미곡시장이 없는 호남성 주변부조차도 미곡 수출과 깊이 연결되어 있다. Wong and Perdue, "Grain Markets and Food Supplies in Eighteenth-Century Hunan" Rawski and Li eds, *Chinese History in Economic Perspective* (University of California Press, 1992).

72 田尻利, 앞의 책, 16쪽.

73 加納啓良,「アジア域内交易と東南アジア植民地支配」, 浜下武志・川勝平太編,『アジ

을 제외하고 동남아시아나 서양과의 교역은 지리적 여건상 다른 지역보다 광주가 단연 유리했고, 영파나 아모이〔廈門〕 등 절강·복건의 연해지역은 서양상인이 교역하기에는 교역환경이 불편하여 건륭 24년(1757) 이전에 이미 광주가 대외무역의 중심지로 부상하고 있었다. 이 점은 1757년 이전에도 중국에 온 서양선박의 대부분이 광주에서 교역을 이미 했다거나, 4해관에서 징수한 관세액 가운데 월해관의 관세가 차지하는 비중이 가장 높았다는 사실을 통해서도 충분히 짐작할 수 있다. 게다가 1757년 광주는 건륭제의 상유에 따라 합법적으로 유일한 대외무역의 항구가 되어 대외무역에 관한 한 명실상부한 중심지가 되었다.[74]

〈표 1〉 건륭연간, 해관의 세수 비교표 (출처: 劉序楓, 1993, 109쪽)

건륭	월해관	민해관	절해관	강해관	계
10년(1745)	303,859 (41.5%)	291,597 (39.9%)	88,410 (12.1%)	47,568 (6.5%)	731,434
35년(1770)	578,066 (51.4%)	385,043 (34.2%)	89,660 (8%)	71,991 (6.4%)	1,124,760
51년(1786)	953,960 (64.3%)	366,045 (24,7%)	91,223 (6.1%)	72,728 (4,9%)	1,483,956

1757년 이후 중국 각 성의 상품은 광동으로 집중되었고, 외국에서 수입된 상품도 광동을 통해 전국으로 유통되었다. 1830년대가 되면 1757년 이전 시기에 비해 4.3배 정도 무역액이 증가했다.[75]

이처럼 해외무역의 측면에서 명대에 전성기를 누렸던 강남지역을 제

ア交易圏と日本工業化 1500-1900(新版)』(藤原書店, 2001), 참조.

74 이를 일구통상체제(一口通商體制) 혹은 광동체제(Canton System)이라고 한다. 리궈룽, 이화승 역, 『제국의 상점』(소나무, 2008), 25쪽 참조.

75 박기수, 앞의 논문, 64쪽.

치고 점점 광동지역이 부상함에 따라 상업루트와 지역 간의 발전에도 영향을 주게 된다. 기존의 ②번 루트와는 별도로, '광주–한구(장강)–강남'이라는 ③번 루트가 번성을 누리기 시작했다. 한구진의 발전은 ②번 루트의 번영으로 명말부터 시작되었지만, 그 전성기를 맞이하게 된 것은 '광주–장강'의 ③번 루트가 발전하면서부터였다.

건륭연간부터 '광주–복건·절강'루트의 길목에 해당하는 강서성 연산현(鉛山縣)의 하구진(河口鎭)이 인구 10만에 달할 정도로 번영하게 되었다.[76] 그러나 이후 1842년 남경조약에 따른 5개 항구의 개항[五口通商]은 오히려 이 지역의 경제에 커다란 타격을 주었다. 강서성 지방지에서도 "해금이 해제되면서부터 수륙이 서로 통하지 않게 되어 연산(鉛山)의 상업은 이로부터 곤궁해졌다"[77]라고 적고 있을 정도였다. 즉 하구진의 발전은 ③번 루트의 발전에 따른 것이고, 하구진의 전성기인 건륭과 가경연간은 바로 건륭 중기부터 1842년 5구통상 이전까지 ③번 루트의 전성기

〈표 2〉 1729–1837년 월해관 관세 징수액 및 무역 추정액 (출처: 박기수, 1998, 63쪽)

연 도	관세(량)	무역총액(량)	지수	지수
1729-1757	5,768,587	288,429,350		
10년 평균	3,605,367	180,268,340	79	100
1758-1767	4,560,913	228,045,650	100	127
1768-1777	5,655,717	282,785,850	124	157
1778-1787	8,155,030	407,751,500	179	226
1788-1797	10,256,823	512,841,150	225	284
1798-1807	14,663,878	733,193,900	322	407
1808-1817	14,678,906	733,945,300	322	407
1818-1827	14,858,759	742,937,950	326	412
1828-1837	15,436,779	771,838,950	338	428
합 계	94,035,392	4,701,769,600		

76 蕭放, 1989.

77 光緒 『鉛山縣鄉土志』 「商務類」, "自開海禁, 水陸不通, 鉛山商務, 從此困窮."

를 그대로 보여준다.

앞서 제2장 1절에서 청 중기가 되면서, '강남=중심부' · '기타지역=주변부'라는 구조 대신, 탈중심화된 시장구조가 자리 잡기 시작했음을 살펴보았다. 이와 함께 해외무역의 중심도 강남과 복건지역을 중심으로 한 연해지역에서, 광주라는 단일한 항구로 거의 제한되었다. 전체적으로 해외무역과 국내시장의 구조 차원에서 청 중기가 되면 명대 중기의 모습과는 상이한 구조를 가지게 되었다.

앞서 인용한 '순환형(=그물망 모양)'과 '연쇄형(=나뭇가지 모양)' 모델 가운데 과연 어느 쪽이 타당한가에 대해 짧게나마 언급해보면, 명말청초 시장구조는 연쇄형에 가까웠음은 분명하다 하겠다. 강남지역을 중심으로 어느 정도 계층화가 이루어지고 있었던 것이다. 반면 청대 중후기부터는 순환형으로 변화하고 있었다. 여기서는 두 가지 서로 다른 시장구조를 각각 '강남중심형 모델'(그림 9)과 '지역시장 자립형 모델'(그림 10)로 바꾸어 부르고자 한다.

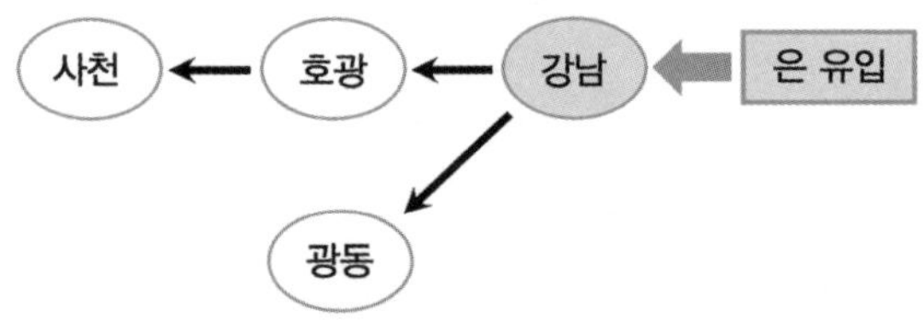

〈그림 9〉 명말청초 강남중심형 모델

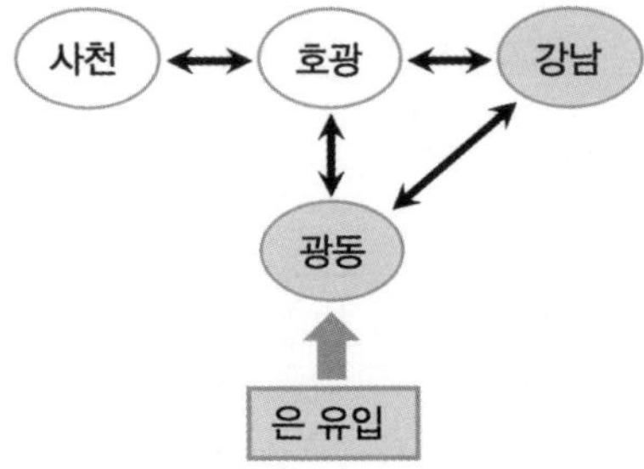

〈그림 10〉 청 중기 지역시장 자립형 모델

이러한 시장구조의 변화는 전국적인 미가 연동폭의 변화에서도 쉽게 확인할 수 있는데, 제2부 제3장 「도광불황의 구조」에서 후술할 것이지만, 각 지역의 미가 연동성이 17세기보다 18세기 후반 그리고 19세기 초에 들어서 두드러지게 낮아지고 있다는 점을 확인할 수 있다.[78]

이러한 시장구조의 변화가 중국경제 전체에 어떤 영향을 미쳤는지 정확히 파악하는 일은 쉽지 않다. 다만 그것이 각 지역경제에 어떤 영향을 미쳤는지 고찰함으로써 그 영향의 정도를 어느 정도 파악할 수는 있으리라 생각한다. 또 해외무역이 중국경제에서 얼마만큼의 비중을 차지하는지는 아직까지 정확하게 평가할 순 없지만, 해외무역의 중심이동이 각 지역경제에 어떤 영향을 미쳤는지 고찰한다면, 해외무역의 영향과 비중을 간접적으로는 파악할 수 있으리라 생각한다.

3. 지역시장의 자립과 지역경제

각 지역경제의 변화를 살펴보기 위해, 여기서는 청대 경제에서 특별한 위상을 점하고 있는 광동과 강남지역에 주목해보고자 한다.

광동지역의 경우

광동의 중심지는 두말할 나위 없이 광주(廣州)다. 이 지역은 한대부터 남해무역의 중심지로서 유구한 역사를 지닌다. 하지만 중원인들의 입장에

78 王業鍵은 18세기 초반 시장통합도(market integration)라는 측면에서, 중국은 유럽에 '필적할 만했지만(comparable)', 19세기 중반이 되면서 중국은 유럽에 역전당했다고 평가하고 있다. Yeh-chein Wang, ibid, pp. 52-54.

W. 다니엘(William Daniell), 〈광동십삼행 전경(View of the Canton Factories)〉 (1805)

서는 '장려(瘴癘)의 땅'[79]이라고 불릴 정도로 자연조건이 혹독했다. 명대 이전에는 농업을 비롯한 개발의 여파가 광주나 조주(潮州) 주변 지역 등 일부 지역밖에 미치지 못했고, 명대에 이르러서야 본격적인 발전이 시작되었다.[80] 광주·불산 등지의 철제품이 특히 유명해 이것으로 상업이 발전하기 시작했다. 광주부 성만 보더라도 그 번창함이 강남 도시에 필적할 만했다.[81] 이제 해외무역의 발전으로 인한 광동지역의 발전상을 짚어 보려 한다.

① 해외무역과 수공업의 발전

광동에서 외국으로 수출된 수공업품과 농산물가공품에는 생사(生絲), 견직물, 찻잎, 토포(土布, 南京布), 설탕, 도자기, 철솥〔鐵鍋〕 등이 있다. 이러한 제품의 수출량이 늘어나면서 다른 지방의 수공업생산물이 광동에 집산되어 수출되는 양이 늘어나기도 했지만, 운수나 보관의 편의상 광동에서 생산되는 제품의 양도 늘어났다. 어떤 제품은 광동에 집산되어 가공된 후 해외에 수출되기도 했고, 철솥이나 설탕 등은 주로 광동의 생산물이 수출되었다. 이에 따라 광동의 수공업과 농산물가공업도 괄목할 만한 발전을 이룩했다.[82]

광주에서 수출된 생사의 상당 정도는 강남지역에서 생산되었지만, 광동에서 생산된 것〔廣東絲〕도 일정 정도를 차지해서 1830년을 전후로 전체

---

79 葉權, 『賢博編』「遊嶺南記」"嶺南昔號瘴鄉 (…) 我朝自平廣東以來, 迨今承平二百年, 海內一家, 嶺間車馬相接, 河上舟船相望, 人氣盛而山毒消, 理也."

80 林和生, 「明清時代, 廣東の墟と市－傳統的市場形態と機能に關する一考察」, 『史林』(1980), 71쪽.

81 葉權, 『賢博編』「遊嶺南記」"廣城人家大小俱有生矣 (…) 不但土產如銅錫俱去自外江, 製爲器, 若吳中非倍利不鬻者, 廣城人得一二分息成市矣. 以故商賈驟集, 兼有夷市, 貨物堆積, 行人肩相擊, 雖小巷亦喧塡, 固不減吳閶門, 杭淸河坊一帶也."

82 박기수, 앞의 논문, 82쪽.

수출 생사의 37.5% 내지 55.2%를 점유했다. 결국 생사와 견직물 생산을 위한 뽕잎재배와 양잠업이 광동에서 발전했다.[83]

면방직업을 살펴보면, 광동지역의 경우 "〔면화〕꽃이 피었을 때 바람이 많이 불면 꽃이 다 떨어지곤 한다. 〔면화〕열매를 거둘 때는 비가 많이 오면 다 떨어져 썩곤 한다"[84]라는 글에서 보듯이 자연조건 탓에 면화재배가 그리 용이하지 않았다. 때문에 농민의 방직용 면화는 호광과 강남지역에서, 그리고 부분적으로 강서지역에서 구매했다.[85] 그러나 후술할 저화(褚華)의 『목면보(木棉譜)』의 서술에서 보이듯, 건륭연간에 이르면 복건·광동지역에서도 직접 목화솜을 구입해 직조하는 자체 면방직업 경영이 가능해진다. 이는 광동의 수출품 가운데 토포가 상당한 비중을 차지하고 있었던 탓에[86] 해외수요를 지역 내에서 자체적으로 충당하기 위함이었다. 이 밖에도 해외수출을 위해 차업(茶業), 제당업[87], 야철업[88]이 계속 발전했다. 특히 불산의 철솥은 막대한 양이 해외로 판매되기도 했다.

전체적으로 볼 때, 광동의 수공업은 강남지역처럼 명대부터 발전한 것이 아니라, 해외무역을 영위하면서 그 유통되는 상품 가운데 중요 품목들을 자체적으로 생산하면서 발전하기 시작했다. 즉 해외무역이야말로 광동지역 수공업 발전의 중요한 원동력이었다. 그렇다면 이러한 광동지역 수공업의 발전은 농업에 어떠한 영향을 끼쳤는지 고찰해보기로 하자.

83 박기수, 앞의 논문, 78-79쪽.

84 『古今圖書集成』「職方典」卷1330, 「惠州府部」"花時多風, 則盡落, 收時多雨, 則盡腐."

85 方行, 앞의 논문, 84쪽.

86 박기수, 앞의 논문, 73-74쪽; 方顯廷, 「支那の綿業」, 有澤廣巳編, 『支那工業論』(改造社, 1936), 355-357쪽.

87 陳學文, 앞의 책, 「閩粵地區的果品業」 참조.

88 許滌新·吳承明主編, 앞의 책, 제2장 5절과 제5장 1절 참조.

② 농업과 과수업의 발전

광동지역은 기온이 높아 겨울철에도 산악지대를 제외하면 섭씨 5도 이하로 내려가는 경우가 극히 드물었다. 서리나 눈이 내리는 경우는 거의 찾아 볼 수 없었다.[89] 로싱 벅(L. Buck)의 농업지역 구분에 따르면, 이곳은 '수도(水稻) 2모작 지대'[90]에 해당하는 곳으로서 농업에 유리한 조건을 구비하고 있었다.

앞서 서술했듯이 이 지역은 해외무역에 따른 수공업이 발전했기 때문에, 대체로 수공업을 위한 원료공급의 차원에서 농업이 발전했다.[91] 우선 견직물의 원료인 뽕잎 재배상황을 살펴보면, 광주부 각 현은 광주와 불산(佛山)의 견직업 발전과 견직물·생사의 수출로 공급이 수요를 따라가지 못하는 상황이었다. 때문에 뽕나무 재배가 확대되고 양잠이 발전했다. 예를 들면 가경연간 이후 광주부 남해현(南海縣) 구강향(九江鄕)의 경우, 뽕나무가 온 들에 가득 재배되어 빈 땅이 없을 정도였으며, 경내에 논이 없어 외부에서 쌀을 사들여야 했다. 청대 들어와서는 상기어당(桑基魚塘)[92] 방식이 널리 시행되어 강희연간 말기 남해(南海), 순덕(順德), 고학(高鶴) 등지에 전업적인 상기어당 지역이 형성되었다. 다시 건륭·가경연간에는 이러한 경향이 더욱 성행하여 논을 연못으로 바꾸고 벼농사를 포기

---

89 劉世錡, 近藤康男 外譯『中國農業地理』(農産漁村文化協會, 1984), 342쪽.

90 Buck, J. L., *Land Utilization in China*, University of Nanking, 1937, p. 90.

91 여기에서 예외적인 것은 '사전(沙田)'이라는 경지형태 정도가 아닐까 생각된다. 屈大均,『廣東新語』卷2,「地語」「沙田」51쪽. "廣州邊海諸縣, 皆有沙田, 順德新會香山尤多." 광동지역은 주강삼각주를 포함하고 있기 때문에, 경지 역시 '사전'과 '토전(土田)'으로 크게 구분되었다. 주강삼각주의 경지형태에서 중요한 부분을 차지하고 있는 것이 사전이었다.

92 상기어당(桑基魚塘)은 광동지역 특유의 농업방식으로, 연못을 파서 물고기를 양식하고 연못 주변 둔덕에 뽕나무를 심는 것이다. 뽕잎으로 누에를 키워 비단실을 뽑고, 누에똥으로 물고기 먹이를 삼아 물고기를 양식하며, 못의 진흙을 뽕잎의 비료로 삼는 일석이조의 방법이었다.

하고 뽕나무를 심는 현상이 출현했다.[93]

또한 광동지역에서 재배된 과일은 필리핀·일본 등의 외국에도 판매되었기 때문에 과수업이 크게 발전했다.[94] 찻잎은 주로 복건의 홍차, 절강의 용정차, 안휘의 녹차가 각각 광주로 운반되어 수출되었지만, 그 수출이 늘어나면서 광동에서 재배된 찻잎 역시 수출되기 시작했고, 이를 계기로 광동에서도 재배가 활발해지기 시작했다. 즉 광동에서 차가 재배되기 시작한 것은 명 중기(재배지역은 순덕현)이지만, 재배면적이 본격적으로 늘어난 것은 청대 이후였다.[95]

전체적으로 광동지역의 농업은 앞서 언급한 수공업의 발전과 마찬가지로 자체 수요의 충족보다는 해외나 국내 수요를 충족시키기 위해 발전하기 시작했다. 또한 상기어당 등에 대한 투자 역시 수공업에 대한 원료공급의 차원으로 주로 이루어졌다.

그렇다면 이렇게 광동지역 발전이 뚜렷해진 것은 언제부터였는지 살펴보기로 하자. 시진(市鎭)의 발전을 상업발전의 한 지표로 삼을 수 있다는 전제 하에, 이 표에서도 시진의 발전상황을 눈여겨보면, 청대 중기부터 농촌 정기시의 신설이 현저했다는 사실을 알 수 있다.

〈표 3〉 광동지역 시장 숫자의 증가 (출처: 林和生, 1980)

건륭	명대 후반		청대 전반		19세기 이후	민국시대
	1558년	1602년	17세기	1731년	청대 후반	20세기
시장 숫자	6.6(66)	10.3(74)	18.4(48)	14.4(80)	28.7(77)	36.9(34)
시장 밀도	0.34(66)	0.57(74)	0.98(48)	0.76(79)	1.44(77)	2.47(34)

* 괄호 안 숫자는 평균치를 내는 데 사용되었던 주현(州縣)의 숫자

93 박기수, 1998, 80쪽.
94 陳學文, 1989, 「閩粵地區的果品業」 참조.
95 박기수, 1998, 77쪽.

여기에서 알 수 있는 것은, 광동지역은 이미 명대 후반부터 발전을 거듭해온 게 사실이지만, 급격한 발전은 광주가 단일한 대외무역 항구로 지정된 청대 후반의 일이라는 점이다. 즉 여기서도 광동의 발전이 해외무역의 성장으로 인한 것임을 알 수 있다.[96] 또 이 지역에서 시진이 발전하던 시기가 지역시장권의 자립화가 본격화되던 시기와 맞물리고 있다는 점도 주목할 필요가 있다.

결론적으로 광동지역의 성장은 해외무역의 성장에 따른 것이었고,[97] 여기에서 얻어지는 수입으로 다시 상기어당과 같은 농업시설과 면직물·견직물 등의 생산에 투자가 이루어졌고, 거기서 비롯된 농산물과 수공업 제품이 해외에 판매되면서 다시 수익을 올릴 수 있게 되었다. 광동지역의 성장은 세계경제로의 편입에 따른 유통량 급증과 지역경제의 자립화가 맞물려 이뤄낸 결과였다.

강남지역의 경우

앞서 강남 이외의 지역과 광동지역에서 상품경제가 발전하는 모습을 살펴보았다. 그 결과 명대 중기와 달리 청대 전반기는 강남지역과 복건·안휘·강서 일부 지역에 한정되어 있던 상품생산과 유통망이 장강 이남 지역 전체로 확장되는 시기였음을 파악할 수 있었다. 상품경제의 발전은 새로운 구매력의 등장과 연결되었다. 주변이 개발되면서 강남지역에 그때까지 존재하지 않던 '유효수요(effective demand)'[98]가 대대적으로 창출된

96 반면 아편전쟁 이후 남경조약에 의해 상해가 개항됨에 따라, 오령산맥(五嶺山脈)과 광동지역을 연결하는 수송망에 종사하는 대규모의 노동력은 실업상태에 빠지게 되었다. 뿐만 아니라 광서지역과 호남지역의 아편밀매 상인들도 커다란 타격을 받을 수밖에 없었다. 이것이 태평천국 운동의 한 계기가 되었다. 宮崎市定, 「太平天國の性質について」, 『宮崎市定全集』 卷16(岩波書店, 1993).

97 박기수, 1998, 94쪽.

셈이었다. 앞서 살펴본 광동지역의 발전도 시장망 확대에 따른 새로운 구매력 증가에 대응한 측면이 강했다. 그렇다면 명대 중기 이래로 "천하에서 가장 부유〔富甲天下〕"하던 강남지역은 어떻게 변모했는지 살펴보자.

① 면포시장의 축소

청초 상해현 출신 저화(褚華)의 『목면보(木棉譜)』에는 다음과 같이 자주 인용되는 서술이 있다.

> 복건·광동사람들은 2·3월이 되면 설탕을 싣고 팔러 〔강남에〕 온다. 가을에는 면포를 사지 않고 단지 화의(花衣, 씨를 뺀 면화솜)만을 사서 돌아간다. 수많은 누선(樓船)에는 모두 포낭(布囊)이 층층으로 쌓여 있는데, 그들 가운데는 스스로 방직을 하고 있는 경우도 있다.[99]

이는 강남에서 생산된 면화솜 가운데 일부가 복건·광동지역 등까지 판매가 확대된 상황을 보여주면서 한편으로는 복건·광동지역도 그곳 고유 생산품으로 교역하고 있으며, 다른 한편으로는 강남지역 외에서도 면방직업이 행해지고 있었음을 보여준다. 이렇게 강남지역 밖에서도 면포 생산이 가능해진 것은 그곳 지방관들이 자기 관할 지역에 적극적으로 면방직업 기술을 도입했기〔教民紡織〕 때문이다.[100] 일종의 캐치업(catch-up)

98 '유효수요'란 구매력이 뒷받침된 구매수요를 말한다. 사고자 하는 욕망만 있고 구매력이 없는 수요를 '잠재적 수요'라고 하여 이와 구별한다. 일반적으로 유효수요의 총량이 적어지면 한 국가의 경제활동 수준은 작아지며 유효수요의 총량이 많아지면 한 국가의 경제활동 수준은 증대하게 된다.

99 褚華, 『木棉譜』.

100 일례로 河南巡撫 尹會一(1691-1748)이 시행한 면방직업 도입정책을 들 수 있을 것이다(尹會一, 「敬陳農桑四事疏」, 『清經世文編』 卷36, 「戶政」 11). "今棉花產自豫省, 而商賈販於江南, 則以豫省之民, 曠廢女工故也. 臣愚以爲寸絲之直, 可以買尺布, 衣布之人, 百倍於衣絲. 且織布易而織絲難, 教以難者, 或未必其率從, 教以易者, 庶可冀其就業. 但豫省未嘗不織布, 而家有機杼者, 百不得一. 應令地方官, 曉諭有力之家. 或多造

전략[101]이라고 할 수 있다. 또한 면방직업 기술 자체가 견직업에 비해 높은 숙련도를 요구하지 않았기 때문이기도 하다. 그 기술은 10세 정도면 배울 수 있을 만큼 습득이 용이했기 때문에 농가로서는 적은 자본과 시간으로도 독립적인 면방직업이 가능했다.[102]

한 상해 지방지는 동치연간의 면방직업 상황을 명대 중기와 비교해 다음과 같이 서술하고 있다.

> 원대와 명대에는 목면의 이익을 우리 고장〔上海〕에서 홀로 독점할 뿐이었다. 그러나 서광계(徐光啓)는 『농정전서(農政全書)』에서 일찍이 그 〔독점〕 이익이 다하는 날이 있으리라고 근심했다. 세상 형편의 추이는 오래도록 변치 않는 것이란 없는 법이다. 오늘날에는 산서·섬서성의 여러 지역 곳곳에서 면화〔吉貝〕를 재배하니, 바로 이것이다. (…) 오늘날에 이르러서 그 〔서광계의〕 말은 크게 적중하고 있다.[103]

이는 강남지역 이외에도 독자적으로 면화 재배가 활발해졌다는 것을 의미하며, 다른 한편으로 면화 생산에서 강남지역이 그때까지의 독점적 시장을 잃기 시작했다는 것을 의미한다.

뿐만 아니라 쌀가격은 상승했는데 오히려 면포가격은 낮아지는 현상이 나타나게 되었다.[104] 때문에 일부 지역에서는 면화 재배를 포기하고

機杼, 貸於織布之戶, 量取賃直, 或將無礙公項. 可以動支打造者, 令其報名給領. 俟一年之後, 繳還原項. 并廣諭婦女, 凡牌甲之內, 有一家織布者. 即令同甲倣效, 行之久而比戶連村, 無不各勤紡織, 似亦推廣蠶桑之一道也." 청대 지방관에 의한 면방직업 도입에 대해서는 山本進, 『清代社會經濟史』(創成社, 2002), 제5장 「開港以前の中國綿紡織業」 참조.

101 경제발전에서 '캐치업(catch-up)전략'에 대해서는 사이토 오사무, 박이택 역, 『비교경제발전론－역사적 어프로치』(해남, 2013), 제8장 「제 국민의 공업화」 참조.

102 이에 대해서는 본서 제3부 제3장 「농촌 수공업 선대제 생산문제」 참조.

103 『上海縣志札記』 卷1(徐新吾, 1992), 76쪽 재인용. 徐光啓의 이러한 예견은 『農政全書』, 969-970쪽 참조.

다시 벼농사로 돌아가는 경우까지 나타나기 시작했다.

> 가정현(嘉定縣)의 토양은 사질(沙質)이고 척박하기 때문에 벼〔재배〕에는 적합하지 않다. 외망진(外罔鎭)의 지세는 높기 때문에 더더욱 벼에는 적합하지 않다. 옛날에는 모두 목면을 재배했지만, 근래에는 쌀가격이 앙등하여, 1석에 은 5량이 넘는 경우도 있기 때문에 〔더 많은 이익을 위하여〕 벼를 재배하는 경우가 많아지고 있다.[105]

이와 아울러 호광 미곡이 강남지역으로 들어오는 현상도 가경연간을 계기로 크게 줄어들었다.[106] 이처럼 강남지역에서 벼 재배면적이 다시 늘어난 반면, 면화 재배지역은 감소했다. 이는 면화공급에 영향을 주었고 면화가격은 더욱 상승하여 농가의 방직생산에까지 많은 지장을 초래했다. 그 결과 면포시장이 점차 축소되었다. 이러한 현상은 중심부보다 주변의 작은 시진에서 더욱 두드러졌다.[107]

건륭·가경연간 이후 산동, 직예, 하남 호광 등지에서도 점차 면화 생산이 증가함에 따라, 강남지역에 면화를 구입하러 오는 상인이 날로 감소했다. 그 결과 면화교역도 불경기로 접어들어 "〔면화상인이〕 모두 사방에 흩어지는"[108] 처지가 되었다.[109] 건륭 40년(1775)부터는 호광에서 남경으로 들어오는 선박까지 감소해, 가경연간이 되면서 호광미(湖廣米) 유입량

---

104 馮桂芬,『顯志堂集』卷11,「袁胥臺父子家跋」,"乾嘉之間, 漕務頗紓, 非由銀之稍減, 實由米之遞貴. 大抵二兩以上. 今米價一兩四五錢. 視近年驟賤, 農亦驟困. 至於百物, 則無宜賤者, 而今則百物之貴, 皆視國初十倍上下."

105 乾隆『續外岡志』「風俗」.

106 中村治兵衛,「清代湖廣米流通の一面」,『社會經濟史學』18-3(1952), 58쪽.

107 嘉慶『珠里小志』卷5,「里巷」"按康熙時, 珠里商賈貿易, 駢闐東市, 明記場・茶場・酒肆, 爲京洛標客爲居停之所. 今僅存茅屋, 數椽瓜田廿畝."

108 道光『增修鶴市志略』卷下,「物産」"皆散而之四方."

109 樊樹志, 앞의 책, 183-184쪽.

〈직기〉, 왕정(王禎), 『농서(農書)』(1313)

이 크게 줄어들었다.[110] 강남지역 생산물과의 교환을 위해 호광지역 미곡이 유입되던 것인데, 그 양의 감소는 강남지역 생산품의 판매가 부진해졌다는 것을 의미한다. 이로 인해 농촌 면방직업은 심각한 타격을 입었다.

> 면화 재배나 면포방직은 다른 지역에서 많이 이루어지고 있다. 때문에 면화 재배와 면방직업이 모두 쇠퇴하고 있는 것이다. 즉 누에와 뽕이 아니면 어떻게 면방직업〔의 쇠퇴〕로 인한 빈곤함을 해결할 수 있겠는가. 우리 고장〔南滙縣〕에서는 동치말년부터 뽕나무를 재배하거나 양잠하는 경우가 있게 되었다.
>
> 최근 10년간에 표포(標布)가 팔리지 않아서, 면포가격은 떨어지기에 이르렀다. 게다가 면화〔재배〕가 흉년인 것도 올해로 4년째에 이르고 있다. 면화 자체는 이미 가격이 높고, 방직은 이익이 남지 않고 있다.[111]

이 가운데, 특히 원료 공급지였던 하남성이 직접 면포를 생산하기 시작한 것 역시 강남지역에 상당한 타격을 주었다.[112] 아울러 도광연간에 두드러졌던 은귀전천(銀貴錢賤) 현상으로 면포 판매가격이 하락했던 것 역시 생산자들에게 많은 타격을 주었다.[113] 또한 면방직업과 함께 수공업의

110 中村治兵衛, 앞의 논문, 58쪽.

111 光緒『南匯縣志』卷20.

112 명말청초 하남성(河南省) 맹현(孟縣)에서 생산된 면포에 관한 지방지의 서술에 따르면, 이곳에서 생산된 면포는 매우 유명하여 섬서성이나 감숙성의 만리장성 일대까지 팔렸다고 한다. 乾隆『孟縣志』권10,「風俗」. "孟布馳名, 自陝甘以至邊墻一帶, 遠商雲集. 每日城鎭市集, 收布特多.", "縣西高坂, 頗產棉花, 究屬不敷, 尙賴直隸, 山東, 湖廣以及本省各外郡縣棉花貨用." 즉 명대에 섬서지역과 감숙지역 일대의 면포는 대개 강남지역에서 구입했으나, 건륭연간에 하북·호북지역의 면포 생산이 발전하여, 섬서와 감숙상인들은 이 지역에서 면포를 구입했다. 이는 수송비용을 절약하기 위한 것이었다. 하남성 맹현의 면포가 섬서지역 일대로 판매되었던 것은 주로 명말청초인데, 이때는 호북·하북의 면포 생산이 아직 발전하지 않았을 시기로서, 강남에 비해 맹현의 거리가 가까웠기 때문이다.

113 咸豊『紫堤村志』卷2,「風俗」"鄉民多恃布爲生, 往時各省布商, 先發銀於莊, 而徐收

양대 기둥인 견직업 수출 역시 19세기 이후 뚜렷이 감소하고 있었다는 점[114] 역시 강남지역 농촌경제에 악영향을 주었다.

② 농업생산력의 저하

이러한 면방직업의 쇠퇴가 강남사회에 어떠한 영향을 주었는지 살펴보자. 건륭연간 이래 강남지역의 사회상을 고찰할 때 두드러진 특징 가운데 하나가 빈번한 자연재해였다.[115] 그러나 그 여파의 배후에는 공통적으로 수리시설의 관리미비라는 문제점이 자리 잡고 있었다. 소주를 중심으로 한 치수공사는 강희 10년(1671), 강희 24년(1685), 옹정 5년(1725), 건륭 28년(1763), 건륭 35년(1770)에 각각 실행되었지만, 건륭연간 이후의 준설

其布. 故布價貴, 貧民竭一日之力, 贍八口而有餘. 今布有餘積, 而商無現銀, 價因日落, 民生之計蹙矣." 자제촌(紫堤村)은 오늘날 상해 제적진(諸翟鎭)지역에 해당한다.

114 〈표 4〉 1775-1843년 생사 해외수출량 (출처: 范金民·金文, 1994, 291쪽)

연도	생사〔擔〕	연도	생사〔擔〕
1775	3,724	1796	1,974
1777	3,719	1797	2,184
1778	2,861	1798	1,608
1779	4,264	1800-1804	1,187
1780	3,591	1805-1809	1,258
1784	1,067	1810-1814	1,933
1785	2,305	1815-1819	1,956
1786	3,565	1820-1824	4,361
1788	3,908	1825-1829	5,971
1789	5,104	1830-1833	8,082
1790	3,096	1834-1837	9,998
1792	3,334	1838-1844	1,664

115 강판권, 『청대 강남의 농업경제』(혜안, 2004), 제4장 1절 「자연재해와 곡물 수확량의 저하」 참조.

공사는 강희연간과 달리 주로 신사들의 기부금으로 이루어졌다. 그마저 비용부족으로 준설공사가 제대로 이루어지지 않았다.[116]

이러한 공비(公費)부족으로 앞서 지적했던 지역시장의 자립화가 현저해진 시기가 바로 건륭 40년(1775)경이라는 것은 시사하는 바가 크다. 앞서 살펴보았듯이 지역시장 자립화에 따라 면포 판매와 해외무역 부진 등이 중첩되어 이 지역의 경기가 하락했고, 이는 항상적인 수리시설의 관리 미비로 이어질 수밖에 없었다. 이 지역이 명대 이후 농업의 최선진 지역이 될 수 있었던 것도 바로 꾸준한 수리시설 정비에 바탕을 두었던 것임을 상기할 때,[117] 수리시설의 낙후는 곧바로 농업생산력의 하락을 의미하는 것이었다.

이 결과에 대해 송강부(松江府) 사람 강고(姜皐)는 『포묘농자(浦泖農咨)』에서 이렇게 짚었다.

> 매우 풍년인 해일지라도 무당 수확량은 1석 4·5두에 불과하다. 임오년과 계미년〔도광 2·3년(1822·1823년)〕 이래 우리 마을을 보면, 농업의 황폐함이 날로 심해지고 있다.

이 모습은 명대 이래 농업의 최선진 지역으로서 강남이 구가하던 번영과 극명하게 대조된다.[118] 이 와중에 물가 또한 정체 내지 하락했다.[119]

---

116 강판권, 2004, 158쪽.

117 洪煥椿, 「明代治理蘇松農田水利的基本經驗」, 『明淸史偶存』(南京大學出版社, 1992); 濱島敦俊, 1989 참조.

118 오혜(吳慧) 등의 연구에 따르면, 1662-1722년에는 무당 4석을 유지했는데, 1796년 무당 3석으로 하락한 뒤에는 아편전쟁까지 끝내 예전의 높은 생산량을 회복하지 못했다. 同, 『淸代糧食畝産量硏究』(中國農業出版社, 1995), 38쪽.

119 도광연간의 물가하락 현상에 대해서는 王業鍵, 「十九世紀前期物價下落與太平天國革命」, 同, 『淸代經濟史論文集』 2권(稻香出版社, 2003). 臼井佐知子, 앞의 논문, 57-65쪽 참조.

계미년〔도광 3년(1823)〕의 홍수 이후에 지력이 박해져서 힘써 시비하는 자가 있더라도 수확은 역시 겨우 2석이다. 하농(下農)이 별로 성의 없이 벼를 심으면, 그 수확은 자주 본전에도 못 미치는 경우도 있다. 지력이 박해져서 농민들은 곤란을 겪고 있고, 농민이 곤란을 겪고 있으면서 수확량은 나날이 적어졌다. 그 때문에 근 10년 내에 그 형세가 어둡고 황폐하지 않다고 할 만한 때가 없었다.

이렇게 농업생산력 저하로 농업에 대한 기대가 낮아지자, 건륭연간에 폭등했던 경지가격〔田價〕이 이 시기에 크게 하락했다.[120]

경지의 가치는 30년 전에 무당 칠절전(七折錢) 50량이었고, 갑술년〔1814〕의 흉년 후에는 2·3할이 하락했다. 계미년〔1823〕부터 지금까지 매해 하락했다. (…) 우리 마을이 예전엔 부유했고, 지금은 가난해졌다는 것은 이를 보면 알 수 있다.[121]

뿐만 아니라 자금부족으로 준설이 자주 이루어지지 않았고, 도광 3년(1823) 그로 인한 홍수[122]가 농업생산력에 결정적 타격을 주었다. 『소주부지(蘇州府志)』에서는 이에 대해 다음과 같이 서술하고 있다.

국가가 평화로운 지 100여 년이 되어서 천하는 부유함을 누리고 있다.

120 도광연간의 강남지역의 토지가격 하락현상에 대해서는 Bernhardt, Kathryn., Rents, *Taxes and Peasant Resistance: The Lower Yangzi Region, 1840-1950* (Stanford University Press, 1992), p. 51. 이러한 경지가격 하락현상은 토지로 얻을 수 있는 수익률이 낮아진다고 예상되기 때문에 일어난 것으로 해석해야 할 것이다.

121 姜皐, 『浦泖農咨』 3段.

122 鄭光祖, 『一班錄』「雜述」卷7 "數十年來. 大水無過道光三年. 不意今二十九年之水. 又因大江上流水發. 爲災更重. (…) 五月下旬. 大江上流水漲. 金陵等處. 大不能堪. 姑開東垻. 以洩下流之水. 於是本地水溢. 因之愈甚. 六月初連日大晴. 而水漸以長. 余新宅在東河門口. 相與加高脚楞大廳. 爲一方最高處. 廳內水高二寸. 左右隣近. 皆擱行竈. 以供炊爨. 咸謂. 較道光三年之水. 更高八寸."

강소성은 건륭연간부터 세금을 완납한 지 수십 년인데, 모두 민력(民力)이 충실하기 때문으로 민심 역시 두텁기 그지없었다. 도광연간에 이르러서 두 번의 커다란 홍수가 있었는데 각 주현은 매해 흉년을 겪었고, 〔황제께서는〕 은혜를 내려서 세금을 감면해주시는 것이 해마다 정례화되었다. 이후 해마다 징수액은 원래 정해진 액수의 70-80% 혹은 40-50%인 경우도 있을 정도이다.

건륭연간 중기 이후, 〔세금이 무겁기로 유명한 지역임에도 불구하고—인용자〕 몇십 년 동안 세금을 완납할 수 있었던 것은 다름 아니라 백성들이 부유했기 때문이다. 다만 상업으로 인한 부유함은 쉽게 쌓이기도 하고 쉽게 쇠퇴하기도 하는 것이다. 도광 3년〔1823〕에 일어난 대홍수로 인해 원기(元氣)가 크게 꺾였고, 상업으로 인한 이익이 감소했으며, 농업으로부터 얻는 이익도 이에 따라 줄어들었다. 이에 백성들의 삶은 점점 부유하다가 점점 가난해졌다. 그러나 오히려 10년 정도는 어느 정도 유지를 하고 있었다. 도광 3년의 홍수 이후, 어떤 해도 흉년이 아닌 해가 없었고, 어떤 주현도 세금납부 유예처분을 받지 않은 경우가 없었다. 이에 국가가 세금감면을 해주는 일이 매년 정례화될 지경이었다.[123]

위와 같은 『소주부지』의 서술을 보면 가경·도광연간의 징수액이 건륭연간보다 상당히 줄어들었다는 것을 알 수 있다. 그만큼 이 지역 경기가 얼마나 나빴는지를 보여준다.

이상에서 서술한 것을 요약해보면, 도광연간 이후 강남지역에서 특징적인 것은 면포 판매의 저조와 함께, '수리시설 취약→수해→농업생산력 저하→수입급감→수리시설 악화'라는 악순환이었다. 수리시설 취약의 원인은 바로 면포 판매의 저조로 인한 지역경제의 불황에 있었고, 이러한 면포 판매 저조의 원인은 바로 앞에서 살펴보았듯이, 면직물 자체생산을

123 同治『蘇州府志』卷12「田賦」.

통한 주변 지역의—강남으로부터—자립화에 있었다.

청대 전중기의 시장 네트워크의 발전이 지닌 특징은 앞서 〈그림 4〉의 ②번 장강 루트를 대신하여 '광주–한구–북경 혹은 강남'이라는 새로운 ③번 루트가 발전한 것이었다. 상품 생산지역 확대로 새로 등장한 구매력 덕에 강남지역 역시 경제적으로 계속 번영을 유지했지만, 전체적으로 강남지역의 독점적 지위는 흔들리고 있었고, 해외무역 성장에 따른 광동지역의 부상으로 이러한 현상은 더욱 심화되었다.

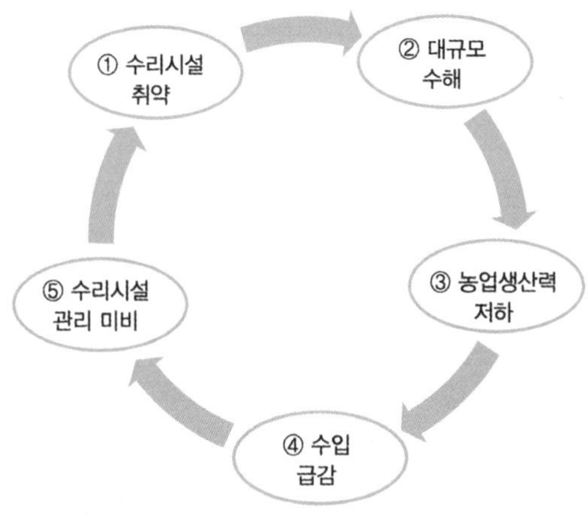

〈그림 11〉 19세기 초 강남지역의 악순환

앞서 청대 중기 광동지역의 발전상과 비교해보면, 이 지역의 변화는 더욱 두드러진다. 해외무역으로 인해 수공업이 발전하고, 수공업에 필요한 원료의 공급이라는 측면에서 상품작물의 재배가 증가했던 광동지역과 정반대의 길을 강남지역은 걸었다. 즉 해외무역량의 급격한 감소와 각 지역시장들의 자립화로 강남의 면방직업이 쇠퇴하고 수입이 감소했으며 다시 농업생산력의 저하로 이어졌다.[124] 그리고 그에 따라서 구매력이 감소했고, 이에 물가 역시 하락하는 요인이 되었다고 생각된다. 이런 점에서 볼 때, 이른바 '도광불황'은 단순히 화폐 유통량이나 기후변화 요인 때문만이 아니라 시장 자립화에 따른 시장구조의 단절, 그에 따른 유통량의 단절, 통화 유통속도의 저하 등이라는 복합적인 요인이 한데 합쳐진 결과였다고 판단된다.

요컨대 명대 중기 이후 강남지역이 눈부신 성장을 거듭한 근본 원인은 유리한 입지조건 덕택에 주변부의 경제적 잉여를 독점적으로 흡수할 수 있었던 데 있었다. 국내적으로는 가장 중요한 수공업품인 면직물과 견직물에 대해 전국시장의 중심부로서 여타 지역을 주변부로서 거느리고 있었다. 그리하여 여기서 발생한 경제적 이익을 독점함으로써 "천하에서 가장 부유한[富甲天下]" 지역이 될 수 있었다. 결국 주변 지역의 자립과 해외무역 상의 중심이동이 곧바로 강남지역의 독점적 지위 상실과 경기불황으로 이어진 것이었다.

또한 외국에서 대량으로 은이 유입되고, 신대륙 작물들도 보급됨으로써 많은 인구가 중심 지역의 높은 인구압을 피해 서쪽과 북쪽으로 이동한 것이 시장구조에 커다란 영향을 미쳤다. 주변 지역이 개발되면서 강남지역으로서는 그때껏 존재하지 않았던 '유효수요(effective demand)'가 대대적으로 창출되었고, 주변 지역의 소농층은 주곡을 강남지역에 매각하여 현금을 손에 넣을 수 있었다. 부족한 식량은 감자나 옥수수 등 신대륙 작물로 보충했다. 이러한 의미에서 화중과 화남지역의 농지개발과 상품생산은 은과 신대륙 작물 보급에 힘입은 바가 컸다. 이러한 변화를 통해 각 지역의 시장권은 전국시장과 분업관계를 유지하면서 한편으로

124 이러한 측면을 종합적으로 보여주는 것이 대두박(大豆粕) 수입량의 변화라고 할 수 있다. 원래 금비(金肥)로서 벼농사와 면화 재배에 광범위하게 사용되었던 대두박은 건륭·가경연간 이후 강남지역에서 수입량의 급감과 그와는 반대로 광동지역에서 수입량의 급증이라는 현상이 청대 중후기부터 나타났다. 足立啓二, 앞의 책, 2부 4장 「大豆粕流通と清代の商業的農業」 참조.

는 선진적인 면방직업을 도입해 특정 상품을 전문적으로 생산하는 불완전한 입장을 극복하고, 전국시장 속에서 수급변동에 유연하게 대응할 수 있게 되었다.[125]

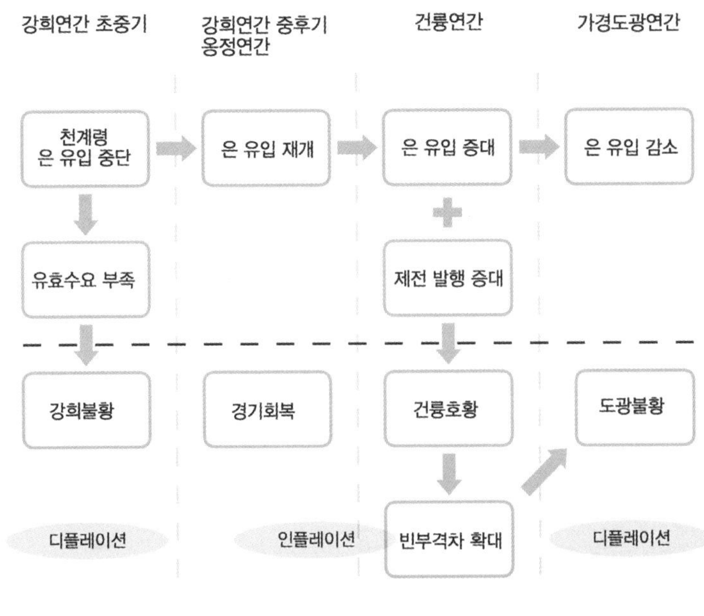

〈그림 12〉 청대 경기변동의 구조

반면 점차 지역개발이 완료되면서 '스미스적 성장'이 확대될 여지도 점차 줄어들었다. 건륭연간에는 은의 유입과 동전 주조가 매우 활발했지

125 臼井佐知子는 지역시장의 "자립화에 따라 휘주상인의 상업권을 축소시키고, 원격지 사업의 이윤도 저하되었으며, 특정한 지역에서의 이익 획득책으로 전환하지 않으면 안 되었고, 그 때문에 상품의 생산이나 유통이 번성한 강남델타나 한구(漢口)로 이주했던 것"이라고 평가하고, 그 실증으로서, 휘주상인 왕씨(汪氏)의 사례분석을 통해, 강희 34년부터 왕씨들은 본적지인 휘주가 아니라, 그 상업 근거지인 항주에 묘지를 쓰기 시작했다는 것을 보여주고 있다(同, 앞의 책, 2장「商業活動とそのネットワーク」 참조).

만, 도광연간에는 동전 주조도 정체되었고, 더욱이 은 유출이 가속화되었다. 이러한 상황에서 기존의 지역시장은 강남지역을 중심으로 밀접히 연동되었지만, 각각의 시장에서 면방직업을 도입함으로써 수공업에 관한한 강남지역의 우위는 점차 상실되었다. 지역 간 교역이 둔화되자, 원격지교역에 의거한 이익이 크게 줄었다. 이익의 감소는 여타 상품에 대한 구매력 감소로 이어졌고 이는 물가의 하락현상으로 나타나게 되었다.[126]

여기에 디플레이션을 더욱 부채질한 것이 은 유입량의 감소에 따른 화폐 유통량의 감소였다. 즉 지역시장의 자립화와 은의 유통부족이라는 두 측면의 중첩이 도광연간 불황의 원인인 셈이다. 따라서 '도광불황'은 단순히 은 유출이라는 국제적 요인만으로는 설명하기 힘들며, 청대 중국 시장구조의 변화와 밀접한 관련이 있다고 판단된다. 이를 아래의 표로 간략히 정리했다.

〈표 5〉 건륭연간과 도광연간의 경제 비교

시기	건륭연간 (1735-1796)	도광연간 (1821-1850)
지역개발	활발히 진행	개발 완료 내지 정체
시장구조	연쇄형	자립형
화폐 유통 상황	활발	정체 내지 은 유출
경기 사이클	활황	불황
소득	증가	정체 내지 감소
물가동향	인플레이션	정체 내지 디플레이션

126 臼井佐知子의 추계에 따른다면, 1820년대부터 1840년대까지 강남의 미가는 50% 정도 하락했고, 1830년대부터 40년대까지 밀가격은 30% 상승했다. 다만 면화가격은 1840년대까지 지속적으로 상승했으나, 1844년, 46년의 풍년으로 인해 크게 하락했다. 同, 「清代賦税關係數値の一檢討」, 『中國近代史研究』 1, 1981 참조.

청조의 경우와 비교해볼 수 있는 사례는 근세 일본의 경우가 아닐까 생각된다. 근세 초기 일본은 오사카를 중심으로 하는 전국시장의 구조였지만, 시간이 지남에 따라 에도지역이 성장하여 경제적 중심이 다원화되고,[127] 역시 대대적인 개간으로 신전(新田)이 크게 확대되었다.[128] 이는 청조의 사례와 공통적이다. 하지만 미곡가격의 경우 근세 일본에서는 지역 간 상관관계가 시간이 갈수록 높아졌으며,[129] 따라서 시장통합의 정도가 더욱 제고되었다는 점은 청조와 달랐다. 전체적으로 정리해보건대, 청대 중후기 중국시장 발전의 특징은 지역시장의 자립화와 강남지역의 독점권 상실이며, 명말청초의 강남중심형 모델에서 청 중기 이후 지역시장 자립형 모델로의 점진적 변화라 할 수 있다.

127 宮本又郎·上村雅洋, 「徳川經濟の循環構造」, 速水融·宮本又郎 編, 『日本經濟史 I－經濟社會の成立 17-18世紀』(岩波書店, 1988).

128 齋藤修, 「大開墾·人口·小農經濟」, 速水融·宮本又郎 編, 앞의 책.

129 宮本又郎, 『近世日本の市場經濟』(有斐閣, 1988), 398쪽.

| 제 2 장 |

건륭연간의 화폐와 물가

2

본 장에서는 청조의 전성기이자 중기에 해당하는 건륭연간을 시간축으로 하여, 중국사회의 화폐사용과 물가변동에 대해서 서술하고자 한다. 나아가 지역사회 사대부들은 당시의 경제변화에 대해 어떻게 인식했는지 검토해본다.

여기에서 주로 사용될 사료는 두 가지로서, 첫 번째는 왕휘조(汪輝祖, 1731-1807, 절강성 출신)의 자전연보인 『병탑몽흔록(病榻夢痕錄)』과 『몽흔여록(夢痕餘錄)』[1]이고, 두 번째는 정광조(鄭光祖, 생몰년 미상, 강소성 상숙현(常熟縣) 출신)의 『일반록잡술(一班錄雜述)』[2]이다. 두 사람은 전혀 인적 연관이 없고, 사료성격도 상당히 다른 편이다. 전자가 자기 일생과 겪은 사건들을 마치 일기처럼 연보 식으로 정리했고, 후자는 항목별로 자신의 견문을 객관적으로 정리했다. 서술의 대상지역도 각각 달라서 전당강을 끼고 남북으

---

1 왕휘조와 그의 저작들에 대해서는 홍성화, 「관잠서를 통해서 본 청대 막우와 법률운용」, 『동양사학연구』 115집(2011) 참조. 실제로 왕휘조는 상당히 세심하고 현실적인 인물이었는데, 『병탑몽흔록(病榻夢痕錄)』 「건륭 51년」조에서는 "내가 일생동안 막우로서 얻은 수입에 관해서는 감히 동전 한 잎도 헛되이 쓰지 않았다〔余一生幕脩所入, 不敢妄費一錢〕"라고 서술할 정도였다. 『병탑몽흔록』과 『몽흔여록』의 물가사료는 이러한 그의 세심한 성격에서 유래했다고 생각된다.

2 정광조의 『일반록(一班錄)』을 이용해서 물가와 은전비가를 분석한 사례로서는 佐佐木正哉, 「阿片戰爭以前の通貨問題」, 『東方學』 8(1954) 참조.

로 서로 나뉜다. 이제 이들 자료와 이외의 여러 관찬사료 등에 입각해 크게 은전비가와 물가변동 문제 그리고 풍속변화와 건륭·가경연간의 전성기〔乾嘉盛世〕가 지닌 경제사적 의의로 나누어 고찰하고자 한다.

1. 건륭 후기 은전비가와 물가

일단 왕휘조와 정광조가 남긴 자료 속에서 은전비가에 대한 서술을 모두 모은 뒤에, 이를 시대 순으로 병렬해보기로 하자. 이를 통해 이 시기 은전비가의 변동 가운데서 어떠한 경향성을 읽어낼 수 있을까. 왕휘조의 서술은 다음과 같다.

> "신사년〔건륭 26년(1761)〕 이전에 고평문은(庫平紋銀) 1량은 동전 700문에서 900문이었는데, 병오년〔건륭 51년(1786)〕에 이르면 1000문 이하까지 되었다."[3]
>
> "이 해〔건륭 59년(1794)〕 고평문은 1량은 제전 1,400문이나 1,500문이었다."[4]
>
> "〔가경 2년(1797)〕 문은 1량의 가치는 동전 1,020문에서 1,030문이었다."[5]
>
> "〔가경 6년(1801)〕 이때 고은(庫銀) 1전의 가치는 제전 108문이었다."[6]
>
> "〔가경 6년〕 고은 1량의 가치는 제전 1천문이었다."[7]
>
> "〔가경 6년〕 고은 제전 900문으로 20년 전과 거의 동일했다."[8]

3 『病榻夢痕錄』「건륭 57년」조.
4 『病榻夢痕錄』「건륭 59년」조.
5 『夢痕餘錄』「가경 2년」조.
6 『夢痕餘錄』「가경 5년」조.
7 『夢痕餘錄』「가경 6년」조.
8 『夢痕餘錄』「가경 6년」조.

정광조의 서술은 다음과 같다.

> "건륭 40년(1775) 이전에는 은 1량은 동전 700문이었는데 〔이러한 관행은〕 수십 년 동안 내내 그대로였다. 그런데 상숙현의 은가가 이미 크게 바뀌었다. (…) 건륭 40년(1775) 이후 은가가 조금 올랐고〔少昂〕, 50년(1785)이 돼서는 1량은 900문이 되었다. 가경 2년(1797) 은가가 갑자기 올라 1,300문이 되었고, 그 뒤에는 등락이 거듭되었다. 근 10년래 은가가 크게 올라〔大昂〕, 문은〔1량〕은 1,600문이 되거나 2,000문까지 올랐다."[9]

여기에서 주목할 점은 은전비가라고 할 때, 수많은 은량 종류와 단위 가운데 어떤 것이 기준이 되었는가 하는 점이다. 왕휘조의 경우 6가지 사례 가운데 오직 가경 2년의(1797) 경우를 제외하고 기준화폐는 고평은(庫平銀)이었다. 가경 2년의 경우 역시 '고평문은(庫平紋銀)'의 약칭이라고 생각된다. 또한 다른 실록이나 지방지에서 보는 한 은전비가의 기준화폐는 이 고평은인 경우가 많았고,[10] 다른 은량을 기준으로 해서 은전비가를 표시하는 경우는 아직까지 발견하지 못했다. 정광조의 기록에는 어떤 것이 기준인지 나타나고 있지 않지만, 마찬가지로 고평은일 가능성 역시 배제할 수 없다. 한편 동전의 경우는 왕휘조가 남긴 6곳의 서술 가운데

9 『一班錄雜述』「銀貴錢賤」王宏斌에 따르면, 건륭·가경연간의 은가 변동은 크게 두 시기로 나눌 수 있다. 첫 번째 시기는 건륭 31년(1766)부터 건륭 55년(1790)까지로, 은가는 완만하게 상승했다. 두 번째 시기는 건륭 55년부터로, 은가는 갑자기 동전 1,000문을 초과해 사회문제로 부상했다. 同, 앞의 책, 9쪽.

10 嘉慶『松江府志稿』卷21,「田賦」"(乾隆)二十四年, 總督尹, 巡撫陳酌定徵收丁章程通行勒石 (…) 一, 以錢交納, 每條銀一兩完錢八百八十文, 連年錢價不相上下, 如遇過昂過賤, 另行增減詳定. 一, 換錢庫平紋銀一兩價至八百二十文以外者, 詳明候示.";『淸高宗實錄』卷220 "廣東按察使張嗣昌奏稱 (…) 廣東需錢甚廣, 每庫銀一兩, 換錢七百餘文至八百一二十文不等."

4개의 경우가 제전이었다는 점이 주목된다. 위 사료에 입각하는 한, 은량과 동전은 고평은과 제전이라는 청조가 정한 기준에 입각해서 대체로 환산되고 있었다.

그렇다면 서로 무관하게 서술된 왕휘조와 정광조의 사료에서 은전비가는 과연 얼마만큼 일치하고 있을까. 우선 왕휘조보다 더 장기간을 다루는 정광조의 서술을 표로 나타내면 다음과 같다.

〈표 1〉『일반록잡술』「은귀전천」에서의 은전비가

연호	서력	은전비가	비고
① 건륭 40년 이전	1775	은 1량=700문	"數十年無所變更"
② 건륭 40년	1775		"銀價少昂"
③ 건륭 50년	1785	은 1량=900문	
④ 가경 2년	1798	은 1량=1300문	"銀價忽昂 (…) 後仍有長落"
⑤ 도광연간	1820-30	은 1량=1600-2000문	

아래는 마찬가지로 왕휘조가 서술한 은전비가를 표로 작성한 것이다.

〈표 2〉『병탑몽흔록』과『몽흔여록』에서의 은전비가

연호	서력	은전비가
Ⓐ 건륭 26년	1761	은 1량=780-790문
Ⓑ 건륭 31년	1766	은 1량=약 1000문
Ⓒ 건륭 59년	1794	은 1량=1440-1450문
Ⓓ 가경 2년	1797	은 1량=1300문
Ⓔ 가경 5년	1800	은 1량=1800문

비교적 단순하면서도 장기간을 다루고 있는 정광조의 서술을 다른 형태로 나타내면 다음과 같다.

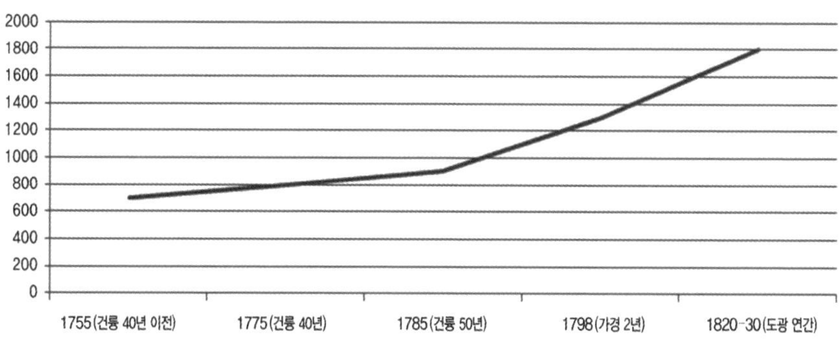

〈그림 1〉 『일반록잡술』의 은전비가 그래프

정광조와 왕휘조의 서술을 서로 비교해보면 이렇다. 실제로 건륭 40년(1775) 은전비가가 대체로 1량=700문 내지 800문이었다는 점(사례 ①와 Ⓐ)은 양자 공통이다. 건륭 31년(1766) 사례 Ⓑ의 경우는 예외적으로 약 1000문까지 달했다. 그 뒤 역시 건륭 40년(1775) 은의 가격이 "조금 오르기〔少昂〕" 시작했다(사례 ①).

그리고 건륭 50년대의 경우 확실히 예전과는 다른 은전비가를 보여준다. 건륭 50년(1785) 사례 ③의 경우 1량=900문이었다면, 건륭 59년(1794) 사례 Ⓒ의 경우 동전가격이 이보다 더 떨어져 1440-1450문에 달했다. ③과 Ⓒ의 사례 사이에 9년의 시간차가 있으므로 그 사이에 변동이 있었다고 충분히 추정할 수 있다.

두 사례의 은전비가가 서로 다르긴 하지만, 건륭 40년대의 경우 1량=7-800문이었다면, 건륭 50년대는 900문 혹은 1440문 내지 1450문까지 폭등했다. 흥미롭게도 가경 2년(1798)의 사례(④와 Ⓓ)는 정확히 1량=1300문으로 일치하고 있다. 그다음 시기의 경우, 두 자료가 서술하는 시기가 서로 일치하지 않고 있지만, 일단 왕휘조의 사례를 보면 Ⓔ, Ⓕ, Ⓖ의 경우 각각 1800문, 1000문, 900문으로 그 진폭이 컸다. 이 경우 역시 정광조의 가경 2년에 관한 서술 "은가는 갑자기 올랐고, (…) 그 뒤에도 여전히 오르거나 떨어지곤 했다〔銀價忽昂 (…) 後仍有長落〕"라는 서술과 일치한다. 이 두 자료는 가격에 관한 수치라는 측면에서 차이를 드러내고 있다고 할 수 있지만, 오히려 서로 다른 지역에서 이 정도 가격차가 발생하는 것은 지극히 자연스럽다고 할 수 있다.

부분적인 수치에서는 차이가 발견되지만, 전체적인 은전비가의 경향은 상당히 일치하고 있다. 즉 건륭 40년대 이전에는 은 1량=700문 내지 800문이 안정적으로 유지되던 시기였다면, 건륭 40년대부터 점차 변동이 발생해 900문 내지 1000문 이상, 그리고 가경 2년에는 모두 1300문이며, 가경 5-6년 시기에는 변동폭이 컸다. 그리고 도광연간은 은 1량=1600문 내지 2000문의 시기로, 은가가 폭등하는〔大昂〕 시기였다. 이 시기야말로 은귀전천(銀貴錢賤) 현상으로 사회에 큰 타격을 안겼다는 데 이의가 없다.

이러한 전체적 변동상에 대해 다른 사료들 역시 대체로 같은 경향으로 서술하고 있다.[11] 그다음으로 물가변동에 대해 살펴보기로 하자. 먼저 쌀가격이다.

〈표 3〉 청대의 미가변동

시기	쌀가격 (단위: 1두)	비고
건륭 10년대 초(1745?)	90문, 100문 간혹 120문	
건륭 13년(1748)	160문	기후로 인한 일시적 현상
건륭 20년(1755)	300전	기후로 인한 일시적 현상

11 王應奎, 『柳南隨筆』. "乾隆近時錢賤銀貴, 每元銀一錢易制錢自七十文起, 漸增至一百一, 二十文, 一百三十文矣."

시기	쌀가격 (단위: 1두)	비고
건륭 40년대(1775) 이후	160문	"常價."
건륭 50년(1785)	무석(無錫) 1두=4,300전 단양(丹陽) 1석=4,800전 숙천(宿遷) 1석=1,200문	무석현 · 단양현: "流凶載道."
건륭 57년(1792)	제전 280문 내지 290문	
건륭 57년(1792)	200전	"賤價."
건륭 59년(1794)	330문, 340문	
가경 7년(1802)	봄 · 여름: 310-320문 초겨울: 260-270문	
가경 9년(1804)	420-430문	기후로 인한 일시적 현상
가경 10년(1805)	풍년, 1두=300문	

그다음으로는 정광조의 이 시기에 관한 서술을 표로 나타내 보았다.

〈표 4〉 『일반록잡술』에서의 미가변동

시기	쌀가격 (단위: 1두)	비고
옹정-건륭초	140문	
건륭 20년	350-360문	"千里蟲荒(…)餓殍徧地."
건륭 21-49년	100문	"後連年豊稔, 米價復舊. 石不出千. 後價漸增."
건륭 50년	160-170문 → 560-570문	"大旱(…)民難堪矣."
건륭 50년 이후	200문	"自後升米以二十爲常."
가경초		"價已漸增."
가경 13년	여름: 350-360문 여름 · 가을: 600문	

아래에서는 왕휘조의 수치를 그래프로 정리해본 것이다.

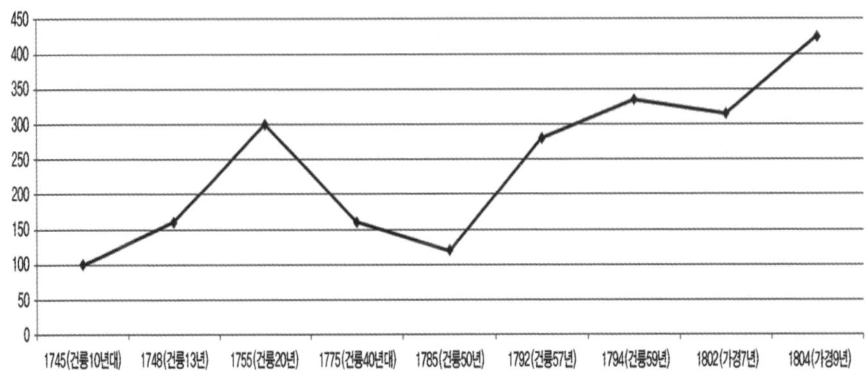

〈그림 2〉 『병탑몽흔록』과 『몽흔여록』에서의 미가변동

쌀가격은 앞서 은전비가보다 풍흉과 계절적 변동, 수급 등의 문제로 인해 그 변동폭이 크고, 지역 간 차이도 더 심한 편이라 비교가 용이하지 않다. 이는 미곡이 지닌 공급의 비탄력적 성격에 기인한다. 하지만 전체적인 경향은 왕휘조와 정광조의 경우 모두 대체로 일치한다. 정리하자면, 건륭 20년대까지는 1두=100문 정도가 '정상가격〔常價〕'이었지만, 건륭 40년(1775)이 되면서 갑자기 쌀가격이 인상된다.[12] 왕휘조의 경우 건륭 40년에 160문이었는데, 정광조의 경우 건륭 50년에 160문이다. 이러한 추세는 점점 가팔라져 건륭 59년에는 330문, 340문이 되었고, 다시 가경연간 초에는 두 자료 모두 유례없이 350문에서 400문 정도의 가격으로 인상되었다고 적고 있다.[13]

12 소주부(蘇州府) 곤산현(崑山縣) 출신인 공위(龔煒, 1704-1769)는 순치연간과 건륭연간의 미가를 다음과 같이 비교하고 있다. 龔煒, 『巢林筆談』 卷6, 「災年米價」. "順治四年丁亥 (…) 是歲大饑, 米石價四兩, 八年辛卯, 大水, 米石價四兩二錢. 今本地米價至五兩矣." 왕휘조와 정광조의 기록과 동일하게 모두 건륭연간의 쌀가격 앙등상황을 서술하고 있다.

13 18세기 광동의 쌀가격변동을 보면 약간의 차이는 있지만, 전체적으로 상승하는 경향을 보여주고 있다. 陳春聲, 앞의 책, 148쪽 참조. 彭信威는 청대 미가변동에 대해 "청조 200여 년간 미가의 상승은 5배에 달한다. (이는) 미곡 생산의 감소에 의한 것은

참고로 여기서는 번거롭게 일일이 다 적지 않고 일률적으로 두(斗)로 환산해 쌀가격을 표시했지만, 실제 각 사료에서는 다양한 도량형단위가 사용되었다. 각 자료마다 약간씩 차이가 있지만, 흥미롭게도 건륭초기에서는 대용량 단위인 석(石)을 일반적으로 사용했지만, 시간이 지날수록 그 하위단위인 두(斗)나 승(升)을 사용하는 경향이 강해졌다. 앞서 서술했듯이, 고액화폐인 은량 대신 소액화폐인 동전을 사용하는 관행과 점차 하위 도량형을 사용하는 관행에서 어떤 유사성이 느껴진다.[14] 다음은 토

아니고, 인구의 증가나 동전가치의 감소에 따른 것"(同, 앞의 책, 844쪽)이라고 분석하고 있다.

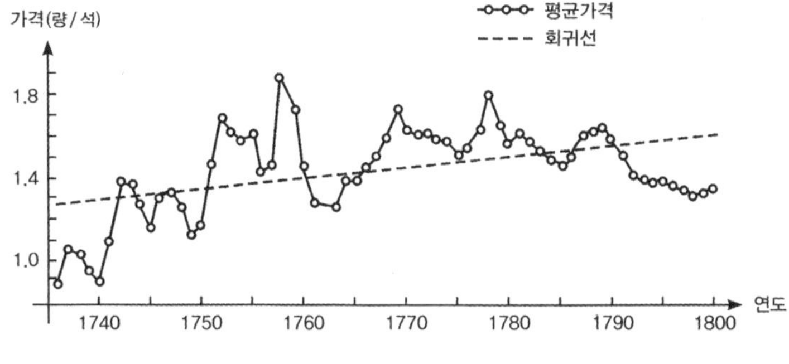

〈그림 3〉 18세기 광동지역 미가변동 (출처: 陳春聲, 1992, 148쪽)

14 광동지역 역시 가격을 표시할 때 시간이 지날수록, 은량으로 표시하는 비율보다 동전으로 표시하는 경우가 증가했다.

〈표 5〉 광동지역의 가격표시 비율 (출처: 陳春聲, 앞의 책, 167쪽)

연대	합계	은량으로 가격을 표시한 경우		동전으로 가격을 표시한 경우	
		수 량	비 율	수 량	비 율
순치	98	62	63.27%	36	36.73%
강희	98	68	69.39%	30	30.61%
옹정	67	38	73.08%	14	26.29%
건륭	121	33	27.27%	88	72.73%
가경	25	5	20.00%	20	80.00%

지가격 변동에 관한 왕휘조의 서술이다.

> 내가 소싯적에 나이든 어르신은 다음과 같이 말씀하셨다. "중산층〔中人之家〕 집안에 100무가 있으면 생활이 가능하다고 한다. 이때 좋은 경지〔上田〕의 가격은 불과 13량이나 14량 정도였으며, 1량 당 동전 700문이나 740문 혹은 750문 정도 할 때였다. 그렇기 때문에 상전 1무라고 해봤자 겨우 동전 1000문 남짓에 불과했다." 오늘날 상전의 가치는 제전 35,000문에서 36,000문에 이르고, 심지어는 40,000문에 달하기도 한다.[15]

여기에서 '少'라는 것은 그가 20세였던 건륭 14년(1749년)를 기준으로 생각해도 무방하지 않나 생각된다. 1740-50년대에 좋은 경지〔上田〕의 경우, 13량 내지 14량 정도로 당시 제전의 가치는 1량 당 700-740문 정도였다, 당시 1무의 가격은 1,000여 문에 불과했으나, 가경 4년(1799)의 경우 3만5천 문이나 3만6천 문이고, 4만 문에 달하는 경우도 있었다.

특히 토지가격의 경우 제전으로 환산할 때 30여 배로 폭등했다는 점이 특히 주목된다. 은전비가나 쌀가격의 변동보다 그 폭이 훨씬 더 컸다는 점이 주목된다. 그리고 토지가격 역시 동전을 기준으로 삼아 표기하는 것에 주목할 필요가 있다. 건륭연간 후기에는 동전이 가장 유동성이 높았기 때문에, 토지가격에 대한 표기 역시 동전으로 이루어졌다. 그만큼 강희연간과 건륭연간에 발행된 동전에 대한 신뢰성이 높았기 때문이고, 소액거래가 가능한 동전을 선호했기 때문이다. 일종의 '유동성 선호현상(liquidity preference)'이라고 할 수 있다.

다음은 정광조의 서술인데, 그는 쌀가격 이외에도 보리가격과 면화가격 등을 자세히 서술하고 있다. 여기에서는 일단 토지가격에 관한 부분

15 『夢痕餘錄』「가경 4년」조.

만 살펴보기로 한다.

> 청조 순치초년에는 좋은 경지라고 하더라도 불과 2-3량이었으나, 강희연간에는 4-5량이 되었고, 옹정연간에는 지정은제 시행이 초래한 장기간의 토지세 체납 등으로 토지가격이 또한 하락했다. 순치연간의 경우처럼 건륭초년이 되면 토지가격은 다시 높아져서 높은 지대〔高鄕〕의 경우 4-5량, 낮은 지대〔低鄕〕의 경우 7-8량이 되었다. 이어서 나날이 높아지는데 가경 20년(1815) 이후가 되면 해마다 풍년이 들어 높은 지대의 경우 1무당 1천 량이 되었고, 낮은 지대의 경우는 심지어 2천 량에 이르기도 했다. 〔소주의〕 사당교(斜塘橋) 일대는 3천 량이나 4천 량에 이르렀다.[16]

본디 상숙현은 높은 지대〔高鄕〕에는 면화를 심기 적당하고, 낮은 지대〔低鄕〕에는 논을 만들기 적합했기 때문에 낮은 지대 쪽이 가격이 높았다.[17] 순치연간에는 좋은 논〔良田〕이 불과 2-3량에 불과했으나, 강희연간에는 4-5량으로, 다시 옹정연간에는 하락했고, 건륭연간부터 점점 가격이 상승하기 시작했다. 그 결과 가경 20년(1815)에는 높은 곳이 1만 량, 낮은 곳은 2만 량까지, 심지어 소주의 번화가인 사당교(斜塘橋) 일대는 3만 량

16 『一班錄雜述』 卷6, 「田價」. 명대부터 청대까지 토지가격의 변화에 대해 전영(錢泳, 1759-1844, 강소성 무석 출신)은 자신의 저서 『이원총화(履園叢話)』 권1 「전가(田價)」에서 다음과 같이 지적하고 있다. 명대 중기에는 무당 50여 량에서 100량이었는데 숭정 말년에는 1, 2량으로 크게 폭락했고, 청초 순치연간에는 불과 2, 3량, 강희연간에는 4, 5량이었다가 옹정연간에는 순치연간 초의 가격으로 다시 복귀했다. 아마도 지정은제 시행 탓이라고 생각되는데, 건륭 초년에는 다시 가격이 상승해 7, 8량에서 10량 정도였고, 가경 20년(1815)에는 50여 량 정도로 다시 상승했다고 한다. 여기서도 순치연간과 가경연간의 토지가격의 차이가 거의 20여 배에 달할 정도로 그 변화가 심했다는 점을 확인할 수 있다.

17 小林一美, 「太平天國前夜の農民闘争－揚子江下流デルタ地帶における－」, 東京教育大學アジア史研究會, 『近代中國農村社會史研究』(東京, 大安, 1967) 참조.

건륭제

에서 4만 량까지 폭등했다고 적고 있다. 이 경우를 보면, 은전비가나 일반 물가의 변동보다도 토지가격의 변동폭이 훨씬 더 컸다는 점을 알 수 있다. 그것은 왕휘조보다 정광조 쪽이 더 컸다. 이는 아마도 소흥보다는 소주부 소속인 상숙현 쪽이 선진 지역이기 때문일 것이다.

2. 건가성세와 경기변동

두 저자의 자료 가운데 화폐나 물가에 대한 자료는 비교적 상세한 편이지만, 풍속의 변화에 대해서는 그다지 언급되어 있지 않다. 다만 왕휘조의 서술 속에 몇 가지 단편적인 언급이 있다. 특히 가경 10년에 쓰인 「건륭 59년」조는 의복의 변천[18]에 대해 비교적 상세히 적고 있다. 이를 연대 순으로 정리해보았다.

- 건륭 11년(1746): "내가 17살 때 단사삼(單紗衫) 입은 사람을 몹시 부러워했다."
- 건륭 14년(1749): "외삼촌께서 갖옷〔裘衣〕을 주려 하셨으나 나는 사절했다."
- 건륭 20년(1775): 후에 호공(胡公) 밑에서 막우를 하게 되었을 때, 다만 고려포(高麗布)로 만든 포괘(袍褂)를 입었을 뿐이다. 고려포사라는 것은 날실은 목면으로 하고 씨실은 매우 촘촘하게 하여 마치 벌레 껍질 같은 주름이 있는 것을 말한다. 그러나 지금은 오랫동안 찾아볼 수가 없다. 그때 막우들 간의 풍기는 매우 소박하여 좋은 갖옷〔重裘〕은 오히려 적었다. 그리고 복색에 청색이나 홍색은 아직 없었다.

18 청대의 복식과 그 색채에 관해서는 금기숙·정현, 「중국 청대 복식에 사용된 색채에 관한 연구」, 『복식』 54-4(2004) 참조.

• 건륭 24-25년(1759-1760): 을묘와 경신년 사이에 마괘자를 입으면 사람들이 일제히 쳐다보곤 했다.

• 건륭 26년(1761): 신사년에 막우인 손 선생이 나에게 양가죽으로 만든 포괘를 선물했는데, 내가 평생 처음으로 좋은 갓옷을 갖게 되었다. 그러나 모두 성장〔盛服〕으로 감히 일용복으로는 할 수 없었다.

• 건륭 33년(1768): 무자년에 진사시(進士試)에 응시했을 때, 산양피로 만든 포괘로 과거 수험복을 했다. 그 나머지는 면으로 짠 협의(夾衣)로서 홍청괘(紅靑褂)도 없었다. 북경에 와서는 검은색 바탕의 옷을 입었다. 대인선생(大人先生)을 찾아뵈었을 때는 홍청괘를 심청재(沈靑齋)에게 버렸는데, 심청재 역시 다른 뜻 없이 친구를 위해 홍청괘를 마련해서 내주었으니, 지금 생각해보니까 친구의 우정을 〔다시금〕 느낄 수 있다. 돌아보건대 〔그 당시에는〕 거인(擧人) 역시 반구(反裘)를 입은 사람은 열에 한둘에 불과했고, 을미년〔건륭 40년(1775)〕이 되면서 반구가 없는 사람이 없었다. 관계의 복식이 화려하게 된 것은 무자년〔건륭 33년(1768)〕 때부터 시작되었다.

• 건륭 50년(1785): 우리 마을은 본디 간소하고 소박한 것에 정평이 나 있는 곳인데, 20년 내에 모두 현란해졌다. 오늘날 빈객과 친구들이 모여서 잔치를 열 때, 겨울에는 모두 반구를 입고 오고 여름은 모두 비단옷이다. 양피나 산양피는 모두 말할 가치도 없고, 거친 갈옷은 이미 못 본지 오래되었다. 심지어 부녀자들 가운데 열에 예닐곱은 의구(衣裘)·의우(衣羽)·모단(毛緞) 등을 입고 있다.

• 가경 10년(1805): 을축년, 점점 더 화려해졌다.

건륭 11년 기사에서 그가 '단사삼(單紗衫)'을 부러워했다는 것이나 건륭 14년 '좋은 갓옷〔重裘〕'을 사절했다는 대목은 비교적 빈한한 집에서 태어난 그의 출신이나 화려한 것을 꺼리던 그의 성격을 드러내는 것이어서 세태까지 반영한다고 할 수는 없다. 다만 건륭 20년부터 확실히 막우(幕友)가 된 뒤에 관계(官界)에 들어가서부터 점차 당시 세태를 보여주는 기록을 남기고 있다. 일단 건륭 20년에는 당시 막우의 풍습이 소박해서 좋은 갓옷은 상당히 적었고, 의복도 화려하지 않았다는 것을 알 수 있다. 이는 건륭 20년대의 기록들도 공통적이다. 당시는 고려포 포괘(高麗布袍褂)를 입었다고 하는데, 사료에 보는 한 그다지 고급 옷은 아니었던 듯하고, 가경 10년 당시는 이미 찾아볼 수 없었다고 한다. 건륭 24년에 "어떤 경우 반구마괘를 입으면 모두 이목이 집중되었다〔或衣反裘馬褂, 群耳目之〕"라고 한 것은 여전히 호화로운 옷이 그다지 많지 않다는 의미이고, 건륭 26년에 비로소 좋은 갓옷을 갖게 되었으나 이는 일종의 예복 같은 것으로 여전히 늘 입는 옷은 아니었다.

〈그림 4〉 청대 포괘

의복의 변화는 건륭 30년대에 비로소 본격화되었다. 그에 따르면 건륭 33년(1768)에 과거시험을 볼 때 수험복으로 산양피로 만든 포괘(예복의 일종)를 추천받았으나 그 나머지는 '면협의(緜夾衣, 폭이 좁은 면으로 만든 옷)'을 입었고 홍색이나 청색의 마괘자는 없었다고 한다. 북경〔都門〕에서도 짙은 남색을 바탕으로 한 옷을 입고 있었다고 한다. 그는 상관을 만나기 위해 지인에게 홍포괘(紅靑褂)를 빌려 입었을 정도로 당시 사대부들이나 하급 관료들은 소박했다는 점을 알 수 있다. 한편 당시만하더라도 거인(擧人)들도 모피옷을 입은 자가 열에 한둘 정도에 불과했지만, 건륭 40년이 되면서 모피옷을 입지 않은 자가 없었으며, 관리들의 복장이 화려해지기 시작한 것은 건륭 33년(1768)년이라고 적고 있다. 확실히 건륭 30년대의 변화는 하급관리나 사대부에서 시작된 것으로 소민(小民)들의 변화는 아니었던 셈이다.

의복의 변화가 일반인들에게 미치기까지, 즉 환도가 화려해지기 시작해서 일반 소흥사람들이 화려해지기까지 약 17년이라는 기간이 소요되었다. 건륭 50년대에 이르러서는 여름에는 비단옷을 입고, 겨울에 반구(反裘)를 입는 것이 당연하게 되었으며, 양피나 산양피 같은 옷은 이제 쳐다보지도 않게 되었고, 거친 베옷[葛布]은 못 본지 몇 년 되었다고 하는 시대에 접어들게 되었다. 그리고 왕휘조가 자신의 연보를 기록한 마지막 가경 10년까지는 그 화려함이 점점 가중되었다. 한 가지 흥미로운 점은 맨 마지막에 부녀들까지도 고급 옷을 입게 되었다고 서술하고 있는데, 그렇게 본다면 실제로 압도적으로 남성 쪽부터 화려함이 시작되었던 것이고, 그 마지막에 가서야 부녀들의 옷까지 화려해지는 게 당시의 변화상이 아니었을까 생각된다.[19]

〈표 6〉 은전비가와 사치의 시대적 연관

건륭 30년대 (1765-1774)	건륭 40년대 (1775-1784)	건륭 50년대 (1785-1794)
관리와 사대부층의 화려함이 시작되는 시기	전천(錢賤) 현상이 나타나고 물가가 앙등하던 시기	일반인들의 화려함이 시작되는 시기

19 龔煒, 『巢林筆談』 卷5 「吳俗奢靡日甚」. “吳俗奢靡爲天下最, 日甚一日而不知反 (…) 予少時, 見士人僅僅穿裘, 今則里巷婦孺皆裘矣. 大紅線頂十得一二, 今得十八九矣”라는 서술 참조. 여기서도 18세기 초에는 화려하지 않았는데, 18세기 중엽 이후부터 강남지역의 풍속이 매우 화려해졌으며, 의복의 화려함이 사대부에서 시작되어 최종적으로는 부녀자들에 이르렀다고 서술하고 있다.

이를 앞서 살펴본 은전비가의 문제와 비교해보면 흥미로운 사실을 유추해볼 수 있다. 은전비가가 건륭 40년대 이전에는 1량=800문이었고, 이는 상대적으로 안정된 비율을 오랫동안 유지하고 있었다. 이른바 '전귀(錢貴)'의 현상이라고 할 수 있다. 그러다가 건륭 40년대가 되면서 은전비가는 은에 비해 동전의 가치가 상대적으로 저하되는 현상이 나타났고, 풍속의 변화에서도 분명한 조짐이 나타나기 시작했다. 또한 쌀가격을 비롯한 다른 여러 가지 물가들도 일제히 등귀했고, 특히 토지가격의 경우 '버블'이라고 할 정도로 높은 가격을 형성했다. 모든 면에서 경기호황의 증거라고 할 수 있을 것이다. 실로 풍속의 변화와 경기변동은 상당히 밀접한 관련을 맺고 있었다.

그렇다면 이 시대를 살았던 사람들의 소득도 그만큼 변화가 있었던 것일까. 아쉽게도 위의 사료들 속에서 이 물음에 답을 줄만한 구절은 찾기 힘들다. 다만 몇 가지 단편적인 것들이 남아 있다. 역시 왕휘조의 『병탑몽흔록』「건륭 50년」조에 있는 다음과 같은 구절이다.

> 내가 처음 막우생활을 했을 때, 1년 수입은 형명막우(刑名幕友)의 경우 260여 량, 전곡막우(錢穀幕友)의 경우 불과 220여 량에 불과했다. 전곡막우의 경우는 220량이면 매우 풍족한 것이었다. 송강부의 동씨(董氏)는 300량을 주지 않으면 막우가 되려고 하지 않아서, 동삼백(董三百)이라는 별명이 붙을 정도였다. 임오년〔건륭 27년(1762)〕 이후, 점차 증가하여 갑신년〔건륭 49년(1784)〕이나 을사년〔건륭 50년(1785)〕에 이르러서는 800량까지 증가했다.

첫 구절은 각 막우들이 얼마나 받았는가를 보여주는 근거로서 청대 막우(幕友) 연구에서 애용되어왔지만,[20] 실로 흥미로운 서술은 뒤에 숨어

20 홍성화, 앞의 논문 참조.

있다. 그가 처음 막우생활을 했던 건륭 17년(1752), 송강부에 사는 동모(董某)라는 막우는 연봉〔歲脩〕 300량이 아니면 막우로 가지 않았기 때문에 그의 별명이 '동삼백(董三百)'이라고 했다고 한다. 그런데 임오년, 즉 건륭 27년(1762)이 되면서 그가 요구하는 연봉은 점차 높아지기 시작해서, 건륭 49-50년(1784-1785)에는 800량에 이르렀다고 하고 있다. 1752년에서 1785년까지 약 33년 동안 연봉이 약 2.7배 인상되었다. 당시 은전비가의 변동폭과 상당히 일치한다.[21] 물론 매우 흥미로운 사실이지만, 이 하나의 사례만으로 일반화시키기에는 무리가 있을 것이다.

한편 왕휘조는 일상적인 돈의 사용처까지 꼼꼼하게 적어두기도 했다. 예를 들면 「건륭 51년」조에 경조사비에 대해 다음과 같이 서술하고 있다.

> "경조사비는 예전에 은 3전이나 5전 정도였고 가장 높았을 때도 2량에 불과했다. 지금은 5전은 겨우 찾아볼 수 있으며, 2량을 보통 내고 있다."

예전에는 은 3전이나 5전이였고 가장 많을 때라도 2량을 넘지 않았지만, 지금은 3전을 내는 경우는 없고 5전을 내는 경우도 적으며 2량이 그 표준이 되었다는 얘기다. 물론 '예전〔向〕'이 언제인지 구체적으로 적고 있지는 않지만, 경조사에 관한 금액은 이제 예전에 비해 4배 내지 7배 정도 상승했다는 것을 알 수 있다. 같은 해의 다른 서술 속에서도 "전별금으로 24량을 별도로 남겨 놓다〔留別敬二十四金〕"라고 하면서 당시 전별금(餞別金)이 24량에 달했다고 적고 있다. 만약 1량을 25만 원이라고 한다면 약 600만 원에 해당되는 상당한 금액이 되는 셈이다. 이렇게 본다면,

21 참고로 순치연간 상해지역의 경우, 대체로 중인지가(中人之家)의 재산은 은 100량이라고 보통 인식하고 있었다. 葉夢珠, 『閱世編』 卷2, 「學校」 1. "銀一百兩, (…) 中人之產." 이에 따르면 순치연간과 건륭연간 사이 대체로 100년간 사대부층의 수입은 크게 늘었다고 봐야 할 것이다.

물가인상에 비해 경조사비의 진폭이 더 컸던 것은 아니었을까.

이제껏 서술된 내용만으로도 건륭 후기가 경기 활황의 시대였다는 점은 부인할 수 없으리라 생각된다. 이는 '건가성세(乾嘉盛世)'라는 종래의 이미지와도 부합한다. 건륭 후기부터 왕휘조를 비롯한 막우나 관료들의 소득은 상승하고 있었다. 뿐만 아니라 일부의 '소민(小民)'들의 실질소득까지도 상승하고 있었다.[22] 예를 들면 앞서 인용한 미가변동에 관한 사료를 다시 살펴보면, 건륭 20년(1755) 쌀가격이 1두에 300문이었을 때 길에는 빌어먹거나 굶주린 사람이 가득했다고 한다. 반면 건륭 59년의 사료를 보면 "예전에 미가가 150문 정도 되면 바로 굶주려 죽는 사람들이 나왔지만, 오늘날은 항상 〔미가가〕 비싼" 것이 현실이라고 하고 있다.

그 뒤에도 미가는 계속 올랐지만, 그로 인해 굶주린다는 서술은 발견되지 않는다. 정광조의 경우에도 건륭 50년에 관한 서술에서 "이후 쌀 1승 가격은 20문이 일반적이었다〔自後升米以二十爲常〕"이라고 하고 있고, 가경 4년(1799)에도 "모든 먹거리가 모두 지난해에 비해 더욱 올랐다〔食用百物, 俱比往歲更昂〕"라는 구절이 있지만, 굶주린다거나 이로 인해 사회문제

22 청대의 임금변화를 간접적으로 시사해주는 자료로서 우선 소주(蘇州) 단포업(踹布業) 노동자〔踹匠〕의 비단 가공비를 기록한 비각자료(碑刻資料)를 들 수 있을 것이다(蘇州歷史博物館他合編, 『明淸蘇州工商業碑刻集』(江蘇人民出版社, 1981)). 이 공가(工價)는 은을 기준으로 하고 있었는데, 은을 당시의 은전비가를 기준으로 해서 동전으로 다시 환산해보면, 대략 다음과 같은 변화를 보인다.

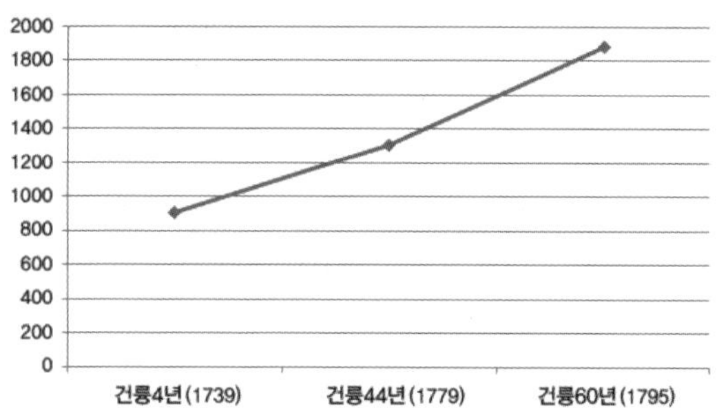

가 발생했다는 구절은 찾을 수 없다. 즉 쌀가격의 꾸준한 상승에도 불구하고 굶주리는 사람이 없다거나 그것을 '정상적인 가격〔常價〕'이라고 여겼던 것은 그만큼 농민들 역시 구매력이 어느 정도 상승했기 때문이라고 할 수 있다.[23] 다시 말해 건륭 후기는 물가변동의 폭만큼 실질소득이 어느 정도는 상승하던 경기 활황기라고 할 수 있다.[24]

다만 이러한 구매력 상승에도 계층차이는 분명했다고 할 수 있다. 농민들의 실질소득이 다소나마 나아진 것은 분명하지만, 왕휘조 등이 서술하고 있는 신사층의 구매력 상승에는 도저히 미칠 수 없었다. 그리고 토지와 은을 다수 보유하고 있는 계층과 그렇지 못한 일반 농민, 즉 대다수의 소작인들 간의 차이는 상당히 컸다. 즉 보유자산의 격차가 존재하는 상황에서 은과 동전의 활발한 유통으로 인플레이션이 발생했다. 결국 자산을 보유한 계층은 커다란 자산버블을 누릴 수 있었지만, 반대로 그렇지 못한 계층은 얼마간 구매력이 늘어나는 정도에 머물렀다.

그렇다면 위와 같은 활황의 모습은 당시 사대부들에게 어떻게 비추어졌을까. 물론 이를 항상 환영한 것만은 아니었다. 『몽흔여록』「가경 7년」조에는 다음과 같은 서술이 있다.

> "이른바 시골에서 살면〔鄕居〕 일용할 것들에 대한 비용을 조금 줄일 수 있다. 그런데 뜻하지 않게 집안과 마을의 식비 역시 오르고야 말았다. 나머지 집값 역시 2,000량이 필요하다. 척박한 토지 수십 무를 사

23 청대 강남지역의 농민들 소득수준 변동에 대해서는 본서 제1부 제2장 「경기변동과 농민소득의 변화」 참조.

24 岸本美緖는 16세기부터 18세기의 경기변동을 다음과 같이 정리하고 있다. 제1기(16세기-1630년대): 활황기, 제2기(1640년대-1680년대 전반): 명청교체의 혼란이 계속되고, 천계령(遷界令)이 실시되어 해외무역이 급속히 퇴조했던 시기. 제3기(1690-1750년대): 해금해제를 수반하여 외국무역의 회복이 이루어졌던 시기. 제4기(1750년대 이후): 대외무역의 급속한 성장기. 同, 앞의 책, 5장 「清代前期の國際貿易と經濟變動」. 이는 彭信威의 청대 물가분석(同, 앞의 책, 850-851쪽) 결과와 대체로 일치한다.

서 생계로 삼길 바랐건만, 뜻하지 않게 반년 동안 이미 모두 써버리고 말았다."

이를 보면 물가의 등귀가 도시〔城市〕와 떨어져 있는 향촌까지 그 영향을 미치고 있다는 점을 알 수 있다. 식료품 이외에도 가옥의 가격까지 등귀하여서 그것이 상당히 우려스러운 수준이었다고 할 수 있다. 왕휘조는 예전에 약 2,000량 정도의 재산이면 향촌에서 몇 십 무를 구입하여 족히 생활할 수 있었지만, 이제는 그 정도의 재산은 반년 동안에 사라질 수 있다고 적고 있다. 결국 물가앙등과 일종의 자산버블이 생활의 안정을 위협하는 수준까지 이르렀다.

이들 두 사람들과 거의 같은 시대를 살았던 강소성 출신인 홍량길(洪亮吉, 1746-1809)과 공위(龔煒)는 당시의 세태에 대해 다음과 같이 서술하고 있다.

> 수입은 점점 미미해지고 지출할 곳은 점점 더 늘어나기만 한다. 이에 사농공상은 그 모자란 〔수익〕부분을 〔채우기 위해 시장〕판매에 의지하게 되고, 의류와 식량을 〔물가앙등으로〕 증가된 가격으로 시장에 내다 팔고 있다.[25]

> 집에는 한 섬의 저축도 없으면서도 흰 포의 입는 걸 부끄럽게 여긴다. (…) 음식으로 말하자면 천전(千錢)을 쓰더라도 풍족하다고 여기지 않고, 기나긴 밤 흥청망청 쓰면서도 취할 줄 모른다. 물가는 점점 오르지만 〔사람들의 경제적〕 능력으로는 〔생활하는 데〕 점점 더 어려움을 느끼고 있다.[26]

---

25 洪亮吉,『洪北江詩文集』「意言」「生計篇」. "所入者愈微, 所出者愈廣, 於是士農工商, 各減其值以求售, 布帛粟米, 各昂其價以出市."

26 龔煒,『巢林筆談』卷5,「吳俗奢靡日甚」.

앞서 서술했듯이 건륭연간에 대폭 늘어난 제전 발행은 시장에 인플레이션을 가져왔다. 이런 의미에서 건륭연간 제전 발행 증가는 오늘날의 '양적 완화(quantitative easing)'에 해당한다고 할 수 있다. 인플레이션으로 일정한 토지자산이나 관직을 보유하고 있는 사람들은 더 많은 이익을 얻게 되었지만, 그렇지 못한 이들은 커다란 타격을 입는 것이나 마찬가지였다. 즉 건륭연간의 제전 발행은 사회에 인플레이션을 초래해 경기 활황을 가져온 것은 분명하지만, 여기에는 양극화를 수반할 수밖에 없었다. 결과적으로 사회의 밝은 부분과 어두운 부분의 대비가 더욱 뚜렷해졌다.

이하에서는 앞서 살펴보았던 은전비가와 물가문제를 함께 고찰하여 여기서 무엇을 읽어낼 수 있을지 살펴보고자 한다. 우선 왕휘조는 미가와 동전가격의 연관성에 대해 다음과 같이 적고 있다.

> 작년 봄과 가을에 오랫동안 비가 내렸는데, 수십 년 동안에 없던 일이다. (…) 식량의 가격이 앙등했고, 다른 물품들 역시 가격이 올랐는데, 동전가격 역시 가격이 올랐으니, 매우 우려할 만한 일이다.[27]

이를 보면 ① 기상악화→② 수확타격→③ 곡가와 기타 물가〔諸物〕앙등→④ 동전수요의 증가→⑤ 동전가격의 앙등으로 이어진다. 그렇다면 왜 은량에 대해서는 언급하지 않았을까. 미곡판매가 동전을 기준으로 이루어졌기 때문이다. 즉 특정 상품의 가격이 오르면 그에 따른 특정 화폐수요도 증가하게 되며, 그에 따른 특정 화폐의 가치도 상승하게 되는 것이다. 여기서 그 특정 화폐의 재고분이 충분하지 않을 때, 이른바 '전황(錢荒)'이 발생하는 것이다. 이를 보아도 특정 상품의 수요와 특정 화폐수요는 연동되고 있었다는 점을 알 수 있다.

27 『夢痕餘錄』「가경 7년」조.

이 점은 앞서 은전비가의 변동과 쌀가격의 변동을 비교해보면 쉽게 알 수 있다. 즉 건륭 26년(1761)에 1량=780-790문이었던 은전비가는 건륭 57년(1792년)에 은 1량=1,800-2,000문으로 31년간 2.3배 내지 2.56배 인상되었다. 반면 쌀가격의 경우 건륭 10년대 초(1745)에 약 90-100문 정도였던 것이 건륭 57년(1792)의 경우 280-290문으로 인상되었다. 요컨대 47년(1745-1792) 동안 2.8배 내지 2.9배 인상되었다. 즉 쌀가격의 변동은 은전비가 변동과 밀접한 상관관계를 맺고 있었다. 그리고 은이나 동전 등의 화폐가 충분히 공급되던 건가성세(乾嘉盛世)의 시기에는 동전의 가격이 이 상대적으로 낮을수록 경기가 활황이었다.[28] 즉 동전가치가 낮아지는 경향과 호황의 경향은 뚜렷하게 일치하고 있었다.

그렇다면 이러한 은전비가의 변동은 어떠한 이유에서 일어났던 것일까. 애석하게도 이 두 저자들은 그에 대한 정보를 제공하지 않고 있다. 다만 그들은 공통적으로 은의 가격이 올랐기 때문이라고 지적하고 있다. 즉 "조금 올랐다(少昂, 왕휘조)"든가, "갑자기 올랐다(忽昂, 정광조)"라고 하고 있다. 그렇다면 당시 중국의 은 유입에 어떤 변동이라도 있었던 것일까. 은 유입량은 감소되고 있었던 것일까. 그렇지 않다. 도리어 영국 등과의 무역을 통해 은 유입량은 크게 확대되고 있었다.[29] 따라서 은가격이 오르는 현상의 원인은 은 유입이 적어졌기 때문이 아니었다. 은 유입은 도리어 매우 증가했는데도, 국내에서 은의 가치가 낮아졌던 것은 순전히 은 유입량을 크게 상회할 만큼 동전량이 증가했기 때문이었다. 또한 만

28 은천전귀(銀賤錢貴) 현상이 두드러졌던 강희60년(1721)에 대한 서술에 따르면, 동전 가격이 높아짐에 따라 경기가 나빠졌다고 서술하고 있다. 『大淸會典事例』 卷1110, 「戶部錢法錢價」. "康熙六十年議准 (…) 京城制錢, 向來市價每銀一兩易錢八百八十文, 今易錢七百八十文, 錢價日貴, 民用日艱." 이 점은 옹정연간 역시 마찬가지였다. 『淸雍正實錄』 卷32, 「雍正2年5月癸丑」. "京師錢局每歲鼓鑄, 則制錢應日加增, 今雖不致缺乏, 而各省未得流布, 民用不敷."

29 본서 제1부 제1장 「명말청초부터 청대 후기까지 화폐 유통량」 참조.

일 은 유입이 대폭 감소했다면, 앞서 살펴보았던 호경기의 모습은 결코 나타날 수 없었을 것이다. 아래의 사료를 살펴보도록 하자.

> "건륭 50년(1785) 이후, 평화로운 시기가 오래되었다. 간교한 자들이 몰래 늘어나기 시작했다. (…) 소전(小錢)이 샘물이 솟아나는 것처럼 많아졌다. (…) 소전을 파는 자들은 말이나 노새에 잔뜩 싣거나 선박에 몰래 쌓아놓고 있다. (…) 성문이나 관문 그리고 나루터의 서리들은 그 간사함을 발각하고도 뇌물을 받고 즉시 풀어주고 있다."[30]
>
> "〔건륭 59년 上諭〕 운남이나 호광 등의 지역에 이르러서 소전이 매우 많아서, 〔장강〕 하류의 강소·절강 등도 역시 동전가격이 매우 싸다."[31]
>
> "〔건륭 60년 上諭〕 북경이나 각 성의 동전가격이 나날이 싸지고 있으니, 이는 소전이 매우 많기 때문이다."[32]

이를 보면 지방 사대부들보다는 중앙정부 쪽이 당시 경제상황을 훨씬 더 정확하게 파악하고 있다고 할 수 있다. 청조는 은전비가의 상승 원인을 은 유통량 부족이 아니라 사주전을 포함한 동전 유통량의 증가에서 찾았고, 이와 반대로 지방 사대부들은 은 유통량 부족이 원인이 되어 은전비가 상승이 일어난다고 파악했다.

앞서 서술했듯이 건륭초기 시장에는 '전황(錢荒)' 문제가 만연했다. 이에 건륭연간에는 동전부족 현상을 정국 현안으로 파악하고[33] 어떻게 하면 동전가격을 낮출 것인지〔錢賤〕 고민했으며, 대량으로 동전〔乾隆通寶〕을 주조했다. 그 결과 각 지방 주조국에서 주조가 본격화되어 연간 주조액

---

30 『淸經世文編』 卷53, 「岳震天興安郡志食貨論」.

31 『淸高宗實錄』 卷1454, 「乾隆59年6月丙寅」.

32 『淸朝續文獻通考』 卷19考7686, 「乾隆60年」.

33 『淸經世文編』 卷53, 「陳廷敬奏稱杜制錢銷毁之弊疏」 "〔건륭 23년〕 今民間所不便者, 莫過於錢價甚貴. 定制每錢一千直銀一兩, 今則每銀一兩僅得八九百文. 其故由於制錢之少. 夫國家歲歲制錢, 宜乎錢日多而賤."

이 수백만 관에 달했다.[34] 여기에 필요한 막대한 구리원료를 제공한 것이 운남의 동광이었다. 대체로 연 천만 근 이상의 구리를 공급했다고 한다.[35] 또한 소전(小錢)[36]의 대량유통 역시 이러한 변동에 커다란 영향을 끼쳤다. 즉 앞서 서술했듯이, 청대 시장에서는 제전뿐만 아니라 사주전 역시 지불기능을 수행할 수 있었다.

이러한 사주전의 대량유통은 '은귀전천(銀貴錢賤)' 현상에 어떤 효과를 가져왔을까. 은과 동전의 교환비율 변화는 ① 은의 가치변동, ② 동전의 가치변동 그리고 ①과 ②의 복합요인 등의 가능성이 있을 것이다. 청대 동전은 제전과 사주전을 막론하고 계수적(計數的)인 성격을 가지고 있었다. 동전의 계수적 기능이란 일정한 순도, 분량, 형상으로 주조되고 표면에 가격이 표시되어, 중량을 달아볼 필요 없이 단지 그 수만 헤아려도 가치를 파악할 수 있는 것을 말한다. 그리고 제전이든 사주전이든 매우 소액이고, 사주전 역시 제전에 비해서 떨어지기는 하지만 일정한 소재가치를 가지고 있었기 때문에, 한 묶음〔貫〕으로 계산될 때에는 제전과 사주전을 엄격히 구분하는 경우가 적었으리라 생각된다. 일례로 제전과 사주전을 혼용하는 경우, 그 비율에 따라서 여러 가지 명칭이 있었다. 예를 들면, 충두전(沖頭錢), 일구전(一九錢), 이팔전(二八錢), 사육전(四六錢), 대개전(對開錢) 혹은 도사육전(倒四六錢) 등이다. 그 용도도 지방관습에 따라 각각 차이가 있었는데, 이는 사주전이나 소전이 시장에서 어느 정도 통용력을 가졌다는 것을 의미한다.[37]

---

34 본서 제1부 제1장 「명말청초부터 청대 후기까지 화폐 유통량」 참조.

35 黑田明伸, 앞의 책, p. 44.

36 여기에서 말하는 소전(小錢)이란 제전(制錢), 즉 수도나 지방의 주전국(鑄錢局)이 발행하지 않은 품질이 나쁜 동전을 말한다. 葉世昌, 「清乾隆時的私錢和禁私錢政策」, 『中國錢幣』(1998-3); 黨武彦, 앞의 책, p. 156.

37 小竹文夫, 『近世支那經濟史硏究』(弘文堂書房, 1932), 80쪽. 小竹文夫의 견해에 의하면, 제전이라 하더라도 그 가치라는 것은 동지금(銅地金) 가치에 의한 것인 이상, 사전

이렇게 되면 자연스럽게 사주전은 소재가치보다 고(高)평가되기 쉽고, 제전은 상대적으로 가치가 하락하기 마련이다. 만약 사주전 없이 제전만 존재했다면 제전은 훨씬 더 고평가되었을 것이다. 결국 사주전은 그 계수적 기능으로 인해, 화폐로 유통되었고, 사주전 역시 통화의 한 축을 담당하면서 전체적으로 동전의 총량을 증가시키기 마련이다. 동전의 총량이 늘어나면 은의 가치는 높아지고 동전의 가치는 낮아진다.

북경을 중심으로 동전가격이 높아지던 전귀(錢貴)현상이 건륭 초기에 일거에 전국으로 확산되고, 이에 대응하여 전국적으로 대량의 동전 주조가 시행되었다.[38] 제전 주조과 더불어 사주전이 광범위하게 유통되면서 건륭 초기의 전귀현상이 해결되었으며 점차 지역시장과 소농층의 안정적 성장이 이루어지면서 경기 활황의 기틀이 마련될 수 있었다.

16세기 중반 중국이 은 경제에 편입된 이래, 명말과 청대 중기의 호황이 지닌 역사적 성격은 다음과 같이 요약된다. ① 명말의 활황은 군사나 무역거점 중심이었으며, 광대한 농촌에서는 불황의 양상이 현저했다. 반면에 ② 청대 중기의 활황은 오히려 농촌 중심이었으며, 농촌의 경제활동이 활성화되고 농민의 생산의욕이 증대되었다.[39]

이러한 두 시기의 특징을 이 책의 맥락과 결부지어 호황과 불황을 다시 해석해보면 다음과 같다. 명말의 활황은 분명 복건을 중심으로 한

소전(私錢小錢)을 제전과 완전히 구분할 수는 없다고 한다. 『政典類纂』「貨幣」7. "江蘇省寶蘇局所鑄官錢, 銅少鉛多, 而官銅偸鑄小錢, 每錢一千不及四斤, 民間號爲局私. 自蘇松至浙江, 江西流通寢廣, 以致銀價日貴." 즉 강소성의 주전국인 보소국(寶蘇局)에서는 비리로 구리는 적고 납이 많은 동전을 만들고, 주전국의 인원들이 그 남은 구리를 몰래 빼돌려서 소전을 주조했는데, 동전 1천 문이 4근이 채 되지 않았고, 민간에서는 이를 국사(局私)라고 했다. 소전이 강소·절강·강서지역으로 나날이 유통이 확대되면서 은가가 나날이 높아졌다고 하고 있다. 즉 제전뿐만 아니라 사주전·소전 등 역시 은전비가 상승의 원인을 제공했다.

38 본서 제1부 제1장 「명말청초부터 청대 후기까지 화폐 유통량」 참조.

39 岸本美緖, 앞의 책, p. 202.

일본 은 유입과 라틴아메리카산 은의 유입으로 말미암은 것이었다. 하지만 은량 자체는 소농민들이 수령하고 사용하기에 문제가 있었다. 오히려 은량의 휴대 용이성 때문에 한 지역의 부가 손쉽게 다른 지역으로 운반됨으로써 지역이나 계층 간 불균형도 초래되었다.[40] 반면 명조는 동전 발행에 소극적이었고 민간에서는 부족한 동전 유통량을 보완하기 위해 악화가 남발되었기 때문에, 사회적으로 은이 다른 지역들로 자유롭게 흘러 다니게 되면서 지역사회의 호황과 불황을 가져오는 사태를 동전이 대신할 수 없었다. 이러한 불균형은 명조 멸망에 하나의 원인으로 작용했다.

반면 명조와는 달리 청조는 애당초 동전 발행에 상당히 적극적이었으며, 이는 안정적인 소액결제 화폐를 갈구하던 시장으로서는 마른하늘에 단비를 내리는 조치였다. 더구나 이를 통해 은이 다른 지역들로 자유롭게 흘러 다니게 되면서 지역사회의 호황과 불황을 가져오는 사태를 동전이 어느 정도는 대체할 수 있었다. 그러나 순치·강희연간의 동전 주조에도 불구하고 민간에서는 소상품경제의 발달로 동전에 대한 수요는 더욱 높아졌다. 강희연간부터 건륭연간까지의 동전은 양질인 경우가 많았기 때문에, 민간에서 이를 녹여 구리를 추출하는 것이 커다란 사회문제가 되었다. 이로 인해 도리어 동전부족 현상〔錢荒〕에 빠져버렸다. 아이러니하게도 동전 발행이 동전부족 현상을 불러왔던 것이다.

1684년 천계령이 해제됨으로써 다시 은 유입이 재개되었는데, 설령 고액화폐인 은이 대량으로 유입되었다고 하더라도 일상적 거래에 쓰기엔 부족했다. 이러한 공백을 메운 것이 바로 건륭연간의 제전과 사주전의 대량유통이었다. 이로 인해 통화시장에 안정적인 '유동성'이 공급됨으

40 黃宗羲, 『明夷待訪錄』 「財計」 一. "故至今日而賦稅市易, 銀乃單行, 以爲天下之大害."; 同, 『明夷待訪錄』 「財計」 二. "有明欲行錢法而不能行者."

로써 상품생산이 활발해지게 되었고, 더 나아가서 인플레이션과 자산버블까지 발생했다. 즉 건륭연간의 제전과 사주전 유통으로 인해 해외무역과 원격지무역에서 얻어진 막대한 양의 부가 비로소 소민(小民)들의 부로 전환되어 농촌지역까지 활황의 모습을 띠게 될 수 있었다.

반면 인플레이션은 소득의 양극화를 가져와 자산을 소유한 계층은 많은 이익을 볼 수 있었지만, 그렇지 못한 계층은 커다란 타격을 받게 되었다. 즉 대대적인 동전 발행이 가져온 경제 활황과 인플레이션 그리고 이 인플레이션으로 인한 양극화의 심화, 이것이 바로 '건가성세(乾嘉盛世)'의 경제사적 의미라고 할 수 있다.

은 유입의 문제는 중국사회의 명운을 좌우하는 중대한 문제였다. 다만 당시 국내 정치적·경제적 안정을 보다 중시할 수밖에 없는 중앙정부의 입장에서 볼 때, 소민(小民)들이 사용하는 동전에 대한 관심이 훨씬 더 높을 수밖에 없다. 이 점은 중앙정부뿐만 아니라 관료와 사대부들 역시 마찬가지였다. 심지어 황종희와 당견 역시 공통적으로 은을 사용하지 말고, 동전만을 사용할 것을 주장하기까지 했다.[41] 이러한 분위기 속에서 청조는 은 유입량에 관심을 기울이기보다는 제전 확보에 전력을 기울일 수밖에 없었다. 그 결과 대량의 건륭통보 발행은 경기 활황으로 인해 급등한 동전수요에 부응할 뿐만 아니라 은 유입이 가져다 준 부를 농촌의 부로 전화시키는 역할을 했고, 그로 인해 '성세(盛世)'라는 단어에 걸맞은 경기 활황의 시대를 맞이하는 역할을 수행했다.

이러한 모습을 시대를 잠시 내려가 1830-40년대와 결부지어 생각해보자. 앞서 서술했듯이 정광조는 건가시기의 은전비가 변동에 대해서는 '소앙(少昂)', 도광연간의 변동에 대해서는 '대앙(大昂)'이라고 표현하고 있다.

41 黃宗羲, 『明夷待訪錄』「財計」二. "誠廢金銀, 使貨物之衡盡歸於錢."; 唐甄 『潛書』「下篇上」「更幣」. "救今之民, 當廢銀而用錢, 以穀爲本, 以錢輔之."

두 시기 모두 은귀전천 현상이라는 점에서는 어느 정도 공통된 속성을 지니고 있었다. 보통 현재 상식이 된 은 1량=1500문 이상의 '은귀전천'은 도광연간인 1820년대에 시작된다고 하고 있지만, 그 이전에도 '전천(錢賤)' 현상은 이미 시작되고 있었다. 그런데 어째서 건가시기의 전천 현상은 활황을 가져다주었는데, 도광연간의 현상은 사회와 정부에 파괴적인 영향을 주었던 것일까. 물론 양자 사이에는 커다란 차이점이 놓여 있다. 첫 번째는 전천 현상〔少昻〕은 안정된 은 유입이 뒷받침되었던 것이고, 거꾸로 두 번째 은귀전천 현상〔大昻〕에서는 은 유출이 있었다. 그리고 부족한 정부재정을 메꾸기 위해 주조차익을 꾀한 동전 발행이 계속되었으며, 이것이 은귀전천 현상을 심화시키는 한편, 인플레이션을 더욱 부채질했다.

도광연간의 은 유출이 일어나기 전에, 이미 청대 중국에는 늘어난 은 유입량을 상회할 정도로 제전과 사주전을 비롯한 동전이 충분히 확보되어 있었다. 이러한 청조의 제전확보 노력 덕에 은과 동전의 균형을 이루게 되었다. 그런데 어느 날 은 유출로 인해서 이 균형이 무너지게 되었다. 역으로 만약 도광연간 이전에 동전량이 충분하지 않았다면, 아편무역으로 인한 은 유출은 은전비가에 별반 문제가 되지 않았을지도 모른다. 하지만 사회에서 상당한 양의 동전이 축적된 상태에서 은의 작은 유출도 은전비가에 상당한 영향을 줄 수밖에 없었다.

즉 아편무역으로 인한 은 유출이 중국사회에 심각한 문제가 된 것은 은 유출 자체의 문제라기보다는 지속적인 은 유입을 상정한 상황에서 가경연간과 도광연간에 정부가 주조차익을 목적으로 동전을 계속 발행함으로써 은전비가의 균형을 급격하게 무너뜨렸기 때문이었다. 게다가 제전 이외에 사주전이 남발되어 이러한 현상을 더욱 심화시켰다. 바꾸어 말하자면 건륭연간과 도광연간의 동전 주조야말로 훗날 도광연간 은 유출 현상을 보다 심각한 문제로 만들었던 결정적인 배경이며, 이 점이 바로 '소양'과 '대양'의 본질적인 차이가 아닐까 생각된다.

시기	건륭 후기 · 가경 초기	도광연간
은전비가	1300문-1400문〔少昴〕	1800문〔大昴〕
은의 움직임	유입	유출
물가	상승	하락
경기	활황	불황

청대 통화체제의 연구자들은 청조의 화폐정책과 통화시스템에 대해서 낮은 평가를 내리는 경우가 많다. 또한 그 때문에 아편무역을 통한 은 유출을 제대로 막지 못했다고 서술하는 경우를 자주 발견할 수 있다. 그러나 통화의 발행주체를 국가로 한정하고 통화의 규제를 독점하고 있는 현대적 시점[42]에서 볼 때, 은량의 규격에 대한 규제를 방임하고 심지어 자신들이 발행한 제전의 통일도 이루어내지 못한 청조의 모습은 일견 이해하기 힘들지도 모른다. 그러나 은 유출이 있기 전까지 부족한 동전을 메꾸기 위해 동전을 대량으로 주조해 시장을 안정시키고자 했던 청조의 노력이 오히려 훗날의 화를 불러 일으켰다고 하더라도, 그 시기까지의 노력은 당대의 시점에서 평가해주는 것이 좀 더 온당하지 않을까 생각된다.

42 코헨, 박영철 역, 『화폐와 권력』(시유시, 1999). 코헨은 "19세기 전에는 자국의 영토에서만 화폐를 주조하고 통용할 수 있다고 생각된 적은 거의 없었다. 자국의 주화들이 자기 영토 내에서 독점적으로 사용될 것으로 기대한―혹은 심지어 원칙적으로 주장한―국가는 거의 없었"고 화폐주권이란 최근의 산물이라고 지적하고 있다.

| 제 3 장 |

도광불황의 구조

3

명청교체를 비롯한 '17세기 위기'를 넘어서 청조가 맞이한 18세기에는 '강건성세(康乾盛世)'라는 호황의 정점을 이루었다. 그렇지만 그 다음 세기인 19세기가 되면서 백련교의 반란이나 아편전쟁을 비롯해 여러 가지 위기상황을 맞는다는 사실은 잘 알려져 있다. 과거에는 이러한 위기에 대해 아편 수입에 의한 은 유출, '은귀전천(銀貴錢賤) 현상', 아편전쟁 같은 제국주의 침략 등으로 설명해왔지만, 최근에는 포메란츠를[1] 비롯해 비교경제사의 관점에서 청조의 경제발전과 위기를 설명하려는 시도들이 등장하고 있다.

이러한 성과 가운데 하나로 앵거스 매디슨(Angus Maddison, 1926-2010)[2]의 연구를 들 수 있다. 그는 전 세계 국민소득의 역사적인 변천을 추적하는 방법을 통해 이제까지의 연구에서는 주목되지 않았던 흥미로운 관

1 포메란츠, 김규태 외 역, 『대분기－중국과 유럽 그리고 근대 세계경제의 형성』(에코리브르, 2016).

2 Maddison, Angus., *Chinese Economic Performance in the Long Run: 960-2030 AD*, OECD, 2007(Second edition, revised and updated) (http://chinability.com/Chinese%20Economic%20Performance%20in%20the%20Long%20Run.pdf). 그의 사후에도 지속적으로 이루어지고 있는 이른바 '매디슨 프로젝트'는 다음 홈페이지를 참조. http://www.ggdc.net/maddison/maddison-project/home.htm. 앵거스 매디슨의 연구방법에 대해서는 사이토 오사무(齋藤修), 박이택 역, 『비교경제발전론－역사적 어프로치』(해남, 2013), 106-117쪽 참조.

점을 제시한 바 있다.

〈표 1〉 1700년-2003년, 세계 GDP 점유율(출처: Maddison, 2007, p. 44)

(단위: 달러)

	1700년	1820년	1952년	1978년	2003년
중국	22.3	32.9	5.2	4.9	15.1
일본	4.1	3.0	3.4	7.6	6.6
유럽	24.9	26.6	29.3	27.8	21.1

그의 추계에 따르면 유럽에서 산업혁명이 완수되기 이전, 1700년 중국과 유럽의 경제규모는 나란히 세계에서 가장 최대였고, 전 세계 GDP 상에서 거의 비슷한 수준—각각 22.3%와 24.9%—을 차지하고 있었다. 그 뒤 아편전쟁 전인 1820년대에는 32.9%까지 확대되었던 중국의 GDP 점유율은 1952년에 무려 5.2%까지 급락하고 말았다. 이처럼 매디슨이 제시하는 흥미로운 관점 가운데 하나는 각국의 GDP 성장률을 역사적으로 비교하는 것이다.

〈표 2〉 1700년-1995년, 1인당 GDP 성장률(출처: Maddison, 2007, p. 44)

(단위: %)

	1700-1820년	1820-1952년	1952-1978년	1978-2003년
중국	0.00	−0.10	2.33	6.57
일본	0.13	0.95	6.69	2.11
유럽	0.14	1.05	3.63	1.79

매디슨은 전근대, 특히 명청시대 중국의 1인당 GDP성장률을 '0'로 보고 있는데, 1820년대부터는 도리어 −0.1%로 하락했다고 추론하고 있다.[3] 반면 같은 시기 일본과 유럽은 각각 0.95%, 1.05% 성장했다.[4] 이런 의미

에서 1820년대의 도광연간은 18세기의 성장이 위기로 전환하는 시기, 이른바 '도광불황(道光不況, Daoguang Depression)'에 해당한다. 물론 18세기의 '성장'과 19세기의 '위기'라는 콘트라스트를 과연 어떻게 설명할 것인가는 청대사 연구자들의 오랜 숙제였다.[5] 이는 위기를 설명할 뿐만 아니라, 18세기 성장의 성격이 과연 어떠한 것인가의 문제와도 직결된다고 할 수 있기 때문이다.

중국 근세경제의 발전양상에 대해서는 많은 연구가 있는데, 대체로 세 가지 견해가 있다. 첫째, 마크 엘빈과 같이 송대에 경제혁명이 일어났지만, 청대에 이르러 '고도 균형함정(The High Level Equilibrium Trap)'에 빠졌다는 견해이다.[6] 이러한 견해는 앵거스 매디슨의 연구에서도 계승되고 있다. 그는 농업의 상업화와 도시화 추세는 이미 송대에 정점을 맞이했고 생산력은 15세기 이후 정체되었다는 것, 그리고 1600년부터 1820년까지 1인당 GDP는 변화가 없었다고 주장하고 있다.[7]

---

3 이 점은 1960년대, 퍼킨스의 연구에서 이미 지적된 바 있다. 퍼킨스, 앞의 책, 121쪽.

4 물론 반드시 매디슨이 제시한 추계에 대해 모든 연구자가 같은 결론을 내리고 있는 것은 아니라고 판단된다. 일례로 에도시대에 실질소득이 상승했다는 수잔 한레이(スーザン・B. ハンレー, 指昭博 譯, 『江戸時代の遺産ー庶民の生活文化』(中央公論社, 1990))의 연구나 1820년대까지 잉글랜드의 실질임금이 지속적으로 상승하지 않았다는 그레고리 클라크의 언급(同, 이은주 역, 『맬서스, 산업혁명 그리고 이해할 수 없는 신세계』(한스미디어, 2009), 71쪽) 참조.

5 리보중(李伯重), 앞의 책; Von Glahn, Richard., *The Economic History of China: From Antiquity to the Nineteenth Century* (Cambridge University Press, 2016), pp. 348-349.

6 엘빈, 이춘식 외 역 『중국역사의 발전형태』(신서원, 1989), 제17장 「질적 성장 양적 정체」 참조.

7 Maddison, Angus., *The World Economy: A Millennial Perspective* (OECD Publishing, 2007), p. 119. pp. 251-252. 그 밖에도 이와 유사한 견해로는 Deng, Kent., *Demystifying Growth and Development in North Song China, 960-1127*, 2013 참조. 송대 농업생산력에 대해서 위와 다른 견해로는 大澤正昭, 앞의 책, 7장 「宋代「江南」の生産力評價をめぐって」, 리보중, 2006, 104-115쪽 참조.

근위병 사열 중인 도광제

두 번째로는 당송시대에 소농경제가 발전해 토지생산성과 생활수준이 크게 향상된 후, 도리어 인구증가에 의해 생활수준이 지속적으로 하락하는 맬서스적 후퇴가 진행되었다는 견해이다. 그 대표적인 사례로서 필립 황의 '과밀화(involution)' 가설을 들 수 있다. 필립 황은 '집약화(Intensification)'와 '발전(Development)'라는 용어를 구분하여 사용하고 있다. 즉 집약화는 노동의 한계생산이 불변인 것을 의미하며, '발전'은 노동의 한계생산이 증대한 것을 의미한다. 발전은 과학기술의 발전과 그에 따른 자원투입의 증대에 의해 발생하는 데 비해서, 과밀화는 과학기술의 발전 없이 주어진 가용자원 하에서 인구가 증가할 때 발생한다고 한다. 따라서 과밀화는 명청시대에 과학 발전, 즉 농업생산력 발전이 일어나지 않았다는 점을 전제로 하고 있다.[8]

세 번째로는 당송시대부터 청대까지 강남지역의 토지생산성뿐만 아니라 농업생산성 역시 증가했다는 견해로, 스미스적인 성장이 가능했다고 파악하는 리보중(李伯重)[9]과 포메란츠의 견해를 들 수 있다. 앞서 필립 황의 견해와는 완전히 정반대로 18세기까지 중국의 발전수준은 서유럽의 수준과 별 차이가 없었고, 두 지역 모두 스미스적 성장을 경험하고 있었다고 한다. 19세기에 들어와서야 중국과 유럽 간에 '대분기(Great Divergence)'가 발생했으며, 서유럽이 스미스적 성장을 돌파할 수 있었던

8 Huang, Philip., Ibid, pp. 11-15. 황쭝즈, 구범진 역 『중국의 감춰진 농업혁명』(진인진, 2016) 참조; 필립 황의 청대 경제사 연구에 대해서는 리보중, 2006, 82-99쪽 참조. 잘 알려져 있듯이 그의 '과밀화'개념은 클리포드 기어츠의 동남아시아 농업연구에서 연원했다. 기어츠, 김형준 역, 앞의 책 참조.

9 리보중, 2006, 54-55쪽, 239쪽. 李伯重, 『發展與制約: 明淸江南生産力硏究』(聯經出版, 2002) 참조. 리보중은 포메란츠와 유사하게, 유럽에서 스미스적 경제성장이 지닌 한계를 돌파할 수 있었던 것은 광물자원의 대개발이 있다는 리글리(Wrigley)의 지적을 따르고 있다. 그는 강남지역의 확대 재생산을 막은 것은 에너지와 원료 부족이었으며(同, 2002, 247쪽), 대규모의 염가 에너지를 공급받을 수 있었다면 강남지역도 근대 공업화를 이룩할 수 있다고 말하고 있다(리보중, 2006, 57쪽).

것은 더글러스 노스[10] 등이 주장한 것처럼 제도 등의 내부적인 요인이 아니라, 석탄과 신대륙의 발견과 같은 우연한 요인에 의한 것이라고 주장하고 있다. 참고로 선진국과 후진국 사이에 생활수준 격차가 증가되는 현상을 '분기(分岐, divergece)'라고 하고, 격차가 줄어드는 현상을 '수렴(convergence)'이라고 한다.

여기에서 자주 등장하는 '스미스적 성장'이라는 개념을 최초로 정립한 사람은 경제사가인 조엘 모키어(Joel Mokyr)다. 그는 경제성장(Economic Growth)을 4가지로 구분했다.[11] 즉, ① 자본투자의 증대로 인한 성장을 경제학자 로버트 솔로(Robert Solow, 1924-)의 이름을 따서 '솔로적 성장(Solovian Growth)'이라고 하고, ② 상업(=시장) 확대에 의한 성장을 아담 스미스의 이름을 따서 '스미스적 성장(Smithian Growth)', ③ 인구규모 확대에 의한 성장과 마지막으로 ④ 지식 축적이나 기술 진보를 통한 성장을 '슘페터적 성장(Schumpeterian Growth)'이라고 구분했다.

또한 모키어에 앞서 사이먼 쿠즈네츠(Simon Kuznets, 1901-1985)는 경제성장을 이렇게 파악했다. ① 인구와 1인당 생산이 동시에 급성장한다. ② 산업구조가 급속히 변화하고, 인구의 도시집중이 일어난다. ③ 이러한 변화는 일시적인 것이 아니라 장기간에 걸쳐 지속되어 이른바 '자기지속적 성장'이 존재한다. 그는 이와 같은 조건을 충족할 때 '근대적 경제성장(Modern Economic Growth)'[12]이라고 했다. 이러한 성장은 그의 이름을 따서 '쿠즈네츠적 성장(Kuznetsian Growth)'이라고도 한다. 인구가 증가하면서

10 노스, 이병기 역, 『제도 · 제도변화 · 경제적 성과』(한국경제연구원, 1996).

11 Mokyr, Joel., *Lever of Riches: Technological Creativity and Economic Progress* (Oxford University Press, 1992), Introduction 참조.

12 사이먼 쿠즈네츠의 '근대적 경제성장' 개념에 대해서는 Kuznets, Simon., *Modern Economic Growth: Rate, Structure, and Spread* (Yale University Press, 1966); do., "Modern Economic Growth: Findings and Reflections" *American Economic Review*, Vol.63,No.3(June 1973). pp. 248-249 참조.

동시에 1인당 GDP가 급속히 증가하려면, 생산이 인구증가 속도보다 훨씬 빨리 증가하지 않으면 안 된다. 이런 것이 가능하려면 획기적인 생산기술의 변화가 따라야 하는데, 그런 생산기술의 혁신은 근대가 되어야 비로소 가능했다는 점에서 '근대적'인 셈이다.

위와 같은 경제성장과는 대조적으로 생산력의 증가 속도보다 인구증가 속도 쪽이 빨라서 결과적으로 생활수준이 후퇴하는 이른바 '맬서스적 함정(Malthusian Trap)'[13] 현상이 있다. 그리고 이 '맬서스적 함정'을 돌파한 '쿠즈네츠적 성장=근대적 경제성장'의 대표적인 사례로 잉글랜드의 산업혁명을 들 수 있을 것이다.[14]

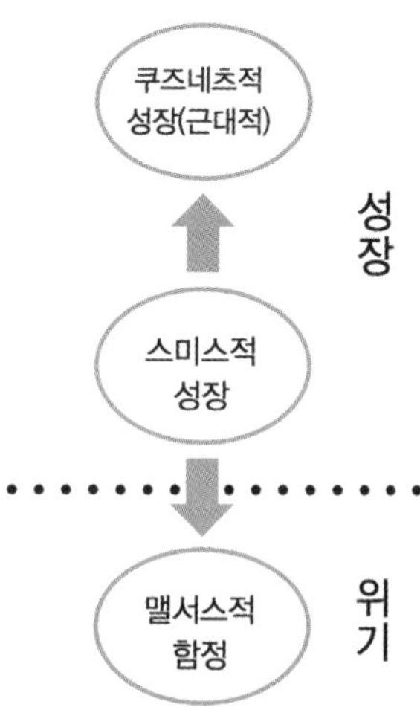

13 이에 대해서는 그레고리 클라크, 2009; 제임스 Z. 리·왕펑, 손병규·김경호 역, 『일류 사분의 일』(성균관대학교출판부, 2012) 참조.

14 이에 관해서는 다소 길지만 다음과 같은 설명을 참조. "농업사회에서 일정 면적의 토지 위에서 일하는 사람 수가 증가할 때 생산량이 증가하지만, 투입하는 인원수가 증가함에 따라 생산량 증가속도가 점차 정체되는 현상을 '수확체감법칙'이라고 한다. 이러한 인구와 1인당 생산량 간의 반비례 관계는 1800년 이전의 거의 모든 사회에서 나타났던 일반적인 경향이었다. 이처럼 수확체감법칙으로 인구와 생활수준 사이에 반비례 관계가 존재하는 상황에서는 인구가 지속적으로 증가하기 어렵다. 인구가 증가해서 일정 수준을 넘어가면 질병에 대한 저항력이 약화되어 사망률이 증가하고 출산율이 떨어지며, 이것이 출산율 감소로 연결되어 다시 인구가 감소하기 시작한다. 인구 감소과정에서는 생활수준이 점차 향상되므로 사망률이 감소하고 출산율이 다시 증가한다. 이러한 인구의 증가 추이는 인구압(population pressure) 상황이 다시 유발되기 직전까지 이뤄지고, 같은 메커니즘을 통해 전체 인구수는 다시금 감소와 증가를 반복한다. 이와 같이 인구가 지속적으로 증가하지 못하고 이용 가능한 토지면적 등에 따라 결정되는 적정수준을 중심으로 증가와 감소의 사이클을 반복하는 현상을 '인구순환'이라 하고, 인구순환이 지배하는 경제를 '맬서스의 세계'라고 부른다. 그런데 1800년 이후의 잉글랜드에서는 인구와 생활수준 사이의 역관계가 사라지고 인구가 지속적으로 증가하는 새로운 현상이 나타났다. 19세기 동안 인구가 매년 1%를 넘는

하지만 기존 연구를 활용하는 데 있어 보완해야 할 지점 또한 남아 있다. 첫째, 청대 중국의 경제성장을 하나의 시기로 묶지 않고 몇 단계로 구분해 보아야 할 필요가 있다는 점이다. 둘째, '스미스적 성장'[15]과 '맬서스적 함정'이라는 기준을 청대 중국에 적용할 때, 청대 중국을 마치 '근대의 국민국가'처럼 하나의 완결된 유기적 시장구조를 지닌 형태로 보는 것에 대한 문제점이다. 이로 인해 자칫 선진 지역이던 강남의 상황을 중국 전체에 동일하게 적용시키는 오해를 불러일으킬 수 있다. 청대 중국은 여러 지역들 간에 경제적 격차가 매우 컸다. 지역차뿐만 아니라, 실제로 각 지역 간 분업과 산업구조가 어떤 형태였으며, 서로 어떤 관련을 맺으며 성장이나 위기를 맞이했는지 아직까지 제대로 연구되지 못했다.

빠른 속도로 증가하는 가운데 전체적인 생활수준 또한 꾸준히 향상되어 갔다. 이러한 변화를 어떻게 설명할 수 있을까. 그 해답은 생산성 향상에 있다. 기술발전을 통해 생산성이 충분히 빠른 속도로 향상된다면 인구증가와 생활수준 향상은 병행해서 일어날 수 있는 것이다. 이처럼 빠른 생산기술 발전에 힘입어 인구와 1인당 생산-생활수준이 동시에 증가하는 현상을 '근대적 경제성장(modern economic growth)'이라고 한다. 잉글랜드는 인구순환의 세계에서 근대적 경제성장의 세계로 이행한 역사상 최초의 나라이며, 18세기 말에서 19세기 초 잉글랜드 산업혁명의 가장 중요한 역사적 의의는 바로 여기에 있다." 차명수, 「산업혁명」, 배영수 편, 『서양사강의』(한울아카데미, 2007), 308-312쪽.

15 1776년 출간된 『국부론』에서 사회적 분업과 이에 따른 시장교환이 가져온 효율 향상을 경제성장의 원동력으로서 강조했기 때문에, 시장영역의 확대 때문에 일어나는 경제성장을 '스미스적 성장'이라고 한다. 외부로부터 공급 없이 시장과 분업 확대만으로 경제적 성장이 일어날 수 있는가의 의문에 대해서는 로버트 래드포드(Robert Radford)의 1945년 논문 「포로수용소에서의 경제조직(The Economic Organisation of a P.O.W. Camp)」 참조. 한편 알버트 포이어워커(Albert Feuerweker)에 따르면, '스미스적 성장' 하에서는 경제 총생산량, 노동생산성이 향상되지만 기술변화는 크지 않다(Feuerwerk, Albert., "Presidential Address: Questions About China's Early Modern Economic History That I Wish I Could Answer", *The Journal of Asian Studies*, Vol.51, No.4 (1992)). 리보중 역시 '스미스적 성장'과 근대적 공업화는 서로 다른 것으로 파악하고 있다. 리보중, 2006, 54-55쪽.

이제 이러한 지점을 염두에 두면서 위의 두 기준을 지역별·시대별로 각각 나눠 적용해, 청대 경제발전의 모습을 부각시켜보려 한다. 그 지역적으로는 최선진 지역인 강남지역과 시장경제가 확대되어갔던 장강 중상류지역(호남·호북·사천)을 고찰대상으로 삼고자 한다.

1. 명조의 유산: 거대한 지역차

앞서 간단히 '지역차'에 대해서 언급했지만, 근세 중국은 실로 많은 지역차를 지니고 있었다. 일례로 명대 휘주상인의 전당 분포를 보면 다음과 같다(그림 1).[16] 전당포의 소재지는 화폐와 물자유통의 중심지를 의미한다. 이들 전당업 분포는 바로 상품생산과 유통에서 중요한 지역을 그대로 보여준다. 휘주상인〔徽商〕이 개설한 전당포〔典當〕는 북경에서 산동·하남·호광·남경·강서·절강에 집중적으로 분포하고 있다. 즉 대체로 대운하와 장강을 마주보고 위치하고 있으며, 예외가 있다면 하남성 정도일 것이다. 명청시대를 통해 "휘주상인이 없으면 시진

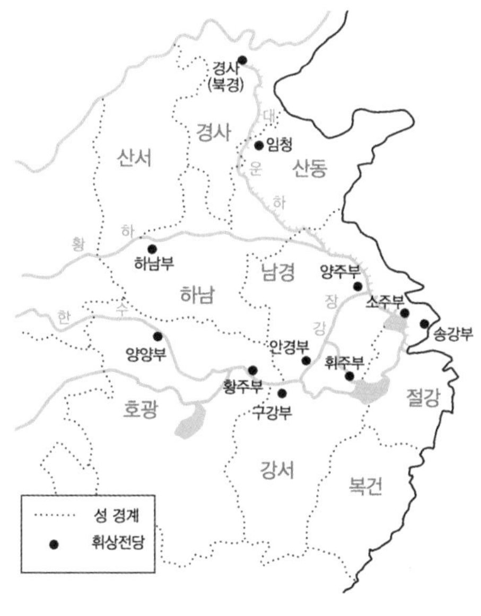

〈그림 1〉 명대 휘주상인의 전당 분포

16 최지희, 「명대 휘주상인의 전당 운영배경과 분포의 특징」, 『역사학연구』 39(2010).

〈그림 2〉 만력연간 중국의 화폐사용 분포

(市鎭)이 이루어지지 않는다〔無徽不成鎭〕"라고 할 정도로 활발한 활약을 벌이던 휘주 상인이었다.

이를 통해서도 명대에 상품경제가 활발했던 지역은 예상보다 훨씬 더 범위가 좁다는 것을 알 수 있다. 참고로 명대 화폐사용의 지역적 차이를 규명한 하마구치 후쿠조(浜口福寿)의 논문[17]에서 제시된 지도(그림 2)를 보면, 은량과 동전을

17 浜口福寿, 「明代の米價表示法と銀の流通－明代貨幣史覺書」 2, 新潟県立新潟中央高等學校 『研究年報』 15(1968), 32쪽. 하마구치 후쿠조는 명대 화폐사용을 지방지를 토대로 분석했다. 각 지역 지방지에서 쌀가격을 어떤 통화를 기준으로 표시했는가에 주목하여 다음과 같이 분석했다. 명대의 통화상황에 대해서는 일반적으로 은 중심의 통화체계가 확립되어갔다고 할 수 있지만, 그 과정을 상세하게 분석하면 3가지 지역적 유형이 발견된다. 첫 번째는 동전 중심의 통화체계가 충분히 발달한 뒤에 은 유통이 발생하고 나아가 동전을 극복하여 은 중심의 통화체계가 확립되었던 지역이다. 예를 들면 강소성과 복건성이 이에 해당한다. 두 번째는 동전 중심의 통화체계가 발달한 가운데 은 유통이 발생했지만, 동전에서 은으로 완전히 극복되지 못하고 동전과 은이 병행하거나 동전이 주가 되고 은이 보조적인 형태〔錢主銀從〕로 유통되던 지역이다. 산동·하북·하남성이나 산서성의 일부가 이에 포함된다. 세 번째는 처음으로 동전 유통이 발달한 지역, 즉 일반적으로 화폐경제의 발달이 불충분했지만, 이윽고 화폐경제의 발달이 은 유통의 형태로 시작된 지역이다. 즉 동전 유통의 기반이 극히 불충분한 단계에서 은 유통이 시작되었기 때문에, 이 지역은 줄곧 은 유통이 동전 유통보다 훨씬 우월한 지역이었다. 섬서성 및 산서성의 일부가 이에 해당한다. 이를 정리하면 다음과 같다.

① 동전→은	강소, 복건
② 동전 > 은	산동, 하북, 하남, 산서
③ 은 > 동전	섬서 및 산서의 일부

사용하는 화폐 유통지역과 휘주상인의 전당포 분포도는 거의 일치하고 있다는 점을 알 수 있다. 따라서 명대 주요 상품·화폐 유통지역은 대체로 이들 지역으로 한정된다고 할 수 있다.

명대 중후기의 시장구조를 살펴보면 다음과 같다. 먼저 대운하와 장강의 교차점에 소주를 비롯한 강남지역이 위치하고 있다. 그리고 여타 지역은 ① 강남·안휘 남부·복건 연해를 중심으로 한 상품 공급지역, ② 강서 남부, 안휘 북부지역이라는 미곡 공급지역 그리고 ③ 여타 판매 지역으로 각각 나뉠 수 있다.

또한 안휘 남부지역(연초·사탕수수·차)·복건 연해지역(차엽·목재)에서 상업적 농업이 발전했지만, 원래 식량생산이 부족한 지역이기도 했다는 점을 고려해보면, 결국 명대 중기의 상품유통은 강남지역이 하남지역과 인근 강서 남부·안휘 북부지역을 각각 면화·미곡의 공급지로서 거느리고, 그 나머지 지역을 강남지역에서 독점적으로 생산한 면직물과 견직물에 대한 판매지로 삼고 있었다는 것을 알 수 있다.[18] 전체적으로 명대 중기까지 상품생산과 유통이 활발한 지역은 강남지역과 복건·안휘·강서의 일부 지역에 한정되어 있었다. 또한 그중에서도 특히 강남지역은 명실상부한 전국시장의 중심지였다. 이렇게 본다면 소주(蘇州), 송강(松江), 상주(常州), 가흥(嘉興), 호주부(湖州府)에서 나는 세입이 중국 전체 세수의 절대 다수를 차지한다는 고염무(顧炎武)의 서술은 결코 과장이 아님을 알 수 있다.[19]

---

18 본서 제2부 제1장 「전국시장과 지역경제」 참조.

19 顧炎武, 『日知錄集釋』 卷10, 「蘇松二府田賦之重」 "丘濬, 『大學衍義補』 曰: "韓愈謂賦出天下, 而江南居十九. 以今觀之, 浙東西又江南十九, 而蘇·松·常·嘉·湖五府又居兩浙十九也."

2. 18세기 강남지역: 스미스적 성장

1644년 청조 입관 후부터 삼번의 난(1673-1681)이 진압되고 천계령이 해제되던 1684년까지 중국은 대동난의 시기로서 국내 상품생산 역시 일시적으로 정체기를 맞이할 수밖에 없었다. 그 뒤로 정치적 안정을 되찾은 강희연간 후반기부터 상품생산이 다시 본격화되었다.[20] 덧붙이자면 명말청초 국내유통 상품과 해외유통 상품 간의 비율은 사료상의 한계로 잘 알 수는 없다. 다만 아편전쟁 직전 중국 국내유통에 관한 오승명(吳承明)의 통계에 따르면, 국내 상품유통액은 총계 약 3억5천만 량인데, 수출액은 1,350만 량(3.86%)이고, 수입액은 380만 량(1.09%)에 지나지 않았다고 한다.[21] 간단히 말하면, 아편전쟁 당시에는 국내유통 상품이 전체의 95%를 차지했다. 이러한 의미에서 앞으로 다루는 상품유통은 일단 중국 국내를 중심으로 고찰한 것이다.

옹정연간 중국 유통시장에서 두드러진 변화로 들 수 있는 것은 미곡 생산지역이 다시 대폭 서진한 것을 들 수 있다. 미곡만을 두고 나누어보자면 소비지역은 복건·광동·강절이고, 공급지는 대만·광서[22]·강서·호남·호북지역이었다. 사천지역 역시 옹정연간에는 전국적인 곡창지대로 자리 잡았다.[23] 한편 절강지역은 소비지와 공급지의 성격을 모두 가

20 蔣建平, 앞의 책, 22쪽. 주지하다시피 "호광숙천하족(湖廣熟天下足)"이라는 속언은 명대 중엽부터 나타났다. 하지만 청초가 되면서 이러한 표현은 사료 상에서 자취를 감추었다가, 강희 38년(1699)에서야 비로소 다시 등장한다(龔勝生, 『清代兩湖農業地理』(華中師範大學出版社, 1996), 252-254쪽). 이는 청초의 전란과 삼번의 난 등을 거치면서 전 중국에 걸쳐 상품유통에 정체현상이 나타났으며, 그에 따라 호광미의 생산과 유통에 정체가 발생한 것으로 생각된다.

21 吳承明, 『中國資本主義與國內市場』(中國社會科學出版社, 1985), 253쪽.

22 稻田清一, 앞의 논문.

23 安部健夫, 『清代史の研究』(創文社, 1971), 6장 「米穀需給の研究ー「雍正史」の一章としてみた」 참조.

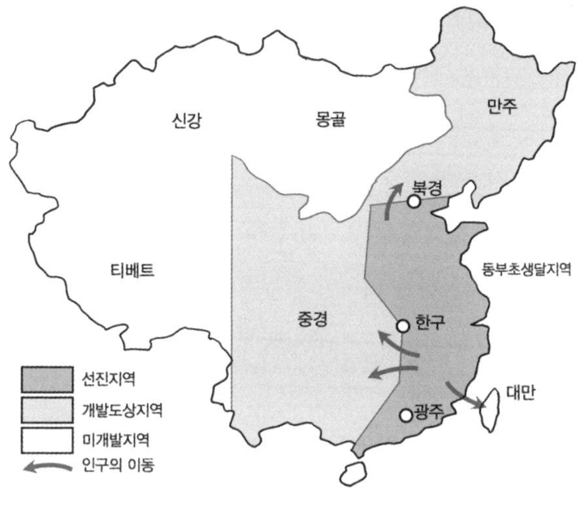

〈그림 3〉 청대의 인구이동과 개발
(출처: 王業鍵, 『淸代經濟史論文集』 1(稻鄕出版社, 2003), 12쪽)

지고 있었다.

이러한 경제적 서진(西進)은 옹정연간을 거쳐 건륭연간까지 줄곧 지속되었다. 청대 전중기 대량 이주의 3가지 방향은 ① 강서·호북·호남·사천 방향, ② 한수(漢水)를 따라 호북의 북부에서 섬서 남부를 거쳐 감숙지방으로, ③ 광동·복건에서 대만으로 향한 것이었다. 그리고 만주나 해외로의 이주는 19세기 후반에 이르러 시작되었다.[24] 포메란츠는 같은 시기 유럽인의 신대륙 이주보다 훨씬 더 많은 중국인들이 중국의 변경지역으로 이주했으며, 유럽인들보다 중국인들 쪽이 훨씬 더 많은 이주의 자유를 누렸다고 평가하고 있다.[25] 한편 제임스 리와 로빈 웡은 청대를 통해 이주한 인구의 숫자를 1,000만 명으로 추산하고 있다.[26] 이런 면에서

24 이스트만, 이승휘 역, 『중국사회의 지속과 변화 1550-1949』(돌베개, 1999), 29쪽.
25 포메란츠 외, 박광식 역, 『설탕, 커피 그리고 폭력』(심산, 2003), 127-130쪽.
26 Lee and Wong, "Population Movements in Qing China and Their Linguistic Legacy", *Journal of Chinese Linguistics Monograph Series*, No. 3, Language and

볼 때, 이 시기 유럽이 대항해시대를 통해 '외부 식민지(external frontier)'를 개척했다면, 청대 중국은 '내부 변경(internal frontier)'을 개척했다고 할 수 있다.

이러한 상품시장의 서진으로 말미암아 호북·호남·사천지역의 장강 중상류지역이 대대적으로 개발되었다.[27] 그 이전에 광대한 한수 유역의 대부분 지역은 1700년까지 처녀림에 둘러싸여 있었다.[28] 또 장강 중상류 지역은 옹정연간부터 미곡을 강남지역에 수출한 대가로 화폐나 견직물 등을 손에 넣었으며, 특히 은과 동전이 지역 내에 활발하게 유통됨에 따라 지역 내에서 시장경제와 상품유통망이 확산되었다. 동전보다 휴대가 비교적 용이한 은이 광범위하게 유통되면서 원격지무역이 발전했고, 장강 상하류 간의 교역이 가능하게 되었다.[29] 즉 상품시장의 대대적인 서진(西進)과 대량의 이주민 이동은 한마디로 말해서 통화량 확대로 인한 '시장의 확대'이며 앞서 서론에서 거론된 '스미스적 성장'의 대표적인 사례였다.

상품경제의 발전은 새로운 구매력의 등장과도 연결되었다. 이처럼 '내부 변경'이 개발되면서 강남지역으로서는 그때껏 존재하지 않았던 거대한 '유효수요(effective demand)'가 대대적으로 창출된 셈이었다. 그렇다면 '중심 지역=강남지역'과 '주변부=장강 중상류지역' 간의 교환은 어떠한 성격을 지니고 있었던 것일까.

우선 강남의 경우, 그 지리적 한계를 극복하고 상품생산이 엄청난 규

Dialects of China(1991), p. 50.

27 이러한 서진의 배경에는 장강 수운의 발달이 중요한 역할을 했다. 퍼킨스에 따르면 장강 수운은 육지 수운에 비해 그 비용이 1/3-1/5 수준에 불과했다고 한다. 퍼킨스, 앞의 책, 172쪽.

28 허핑티(何柄棣), 앞의 책, 183쪽.

29 명대 후기 이후 농촌시장의 발달은 은과 동전 등의 통화량 증가(본서 제1부 제1장 「명말청초부터 청대 후기까지 화폐 유통량」 참조)로 인한 것이었다.

모로 성장할 수 있었다.[30] 일례로 명말에 강남의 견직물은 내수용으로 연간 54만 필이 생산되었다. 은으로 환산하면 38만 량에 상당한다. 19세기 초가 되면 이는 1,400만 필(은으로 환산하면 1,500만 량)까지 확대되어 무려 35배나 증가했다.[31] 한편 명대 후기에 강남의 면포는 연간 1,500-2,000만 필이 수출되었고, 1830년대에 접어들면 연간 4,000만 필이 생산되어 2배 이상 증가한다.[32]

강남지역 연해에서 생산된 소금이 장강 중상류지역에서 어떻게 판매되었는지도 살펴보자. 양회(兩淮)지역에서 생산된 소금의 원가는 1근당 동전 1문 내지 4문에 지나지 않았으나, 그것이 장강 중상류지역 소비자들에게 판매될 때는 가격이 80-90문에 달했다. 최종적으로 소금가격은 ① 원가(1문 내지 4문), ② 중개료와 운송료(40-50문), ③ 이윤(40-50문)으로 이루어졌다.[33] 즉 이윤이 약 절반에 달할 정도로 부등가 교환이었다.

반면 장강 중상류에서 강남지역으로의 수출품은 주로 미곡으로, 18세기 후반에 연간 1,500만 석(약 500만 명분)이 이르렀다. 이 루트를 장악하고 있던 사람들이 다름 아닌 강남출신 휘주상인들로서, 이들은 해당 지역 지주들과 연결되어 미곡을 값싸게 거두어 강남지역에 판매했다.[34] 한 연구에 따르면 18세기에서 19세기 전기까지 장강 중상류지역에서 장강 하류지역인 강남으로 수출되는 미곡량은 1,000만 석에서 2,000만 석으로

30 리보중, 앞의 책, 88쪽.

31 范金民, 「明代江南絲綢的國內貿易」, 『史學月刊』(1992-1); 同, 「清代江南絲綢的國內貿易」, 『清史硏究』(1992-2).

32 吳承明 · 許滌新, 앞의 책, 277-279쪽.

33 中島樂章, 『徽州商人と明清中國』(山川出版社, 2009), 53쪽.

34 重田德, 『清代社會經濟史研究』(岩波書店, 1975), 1장 1절 「清初における湖南米市場の一考察」 참조. 이 책에서 '청대 각 지역의 곡가변화'(그림 10)를 보면, 특히 호남지역의 곡가는 대부분의 시기에서 강남지역의 절반 정도밖에 되지 않았다는 점을 알 수 있다.

크게 증가했다고 한다.[35] 한편 해당 지역 소작인들은 신대륙 작물을 식용으로 삼고, 미곡을 '궁핍판매(窮乏販賣)'했다.[36] 즉 강남지역은 장강 중상류 지역과의 교환(면포·비단·소금 ⇄ 미곡)을 통해 미곡을 싸게 구입하고 비싸게 소금과 면포를 판매함으로써 커다란 이익을 벌어들이고 있었다.

앞서 서술했듯이 강남지역 입장에서는 시장이 서쪽으로 대대적으로 확대됨으로써 인구가 늘고[37] 소득이 증가하는 '스미스적 성장'을 달성할 수 있었다. 이는 장강 중상류지역에서 대대적으로 이윤을 가져올 수 있었기 때문이었다. 다시 말해 강남지역의 '스미스적 성장'은 생산력 발전을 수반하지 않은 채, 우월한 산업구조에 의해 다른 주변부 지역의 잉여가치를 부등가 교환을 통해 가져오는 것에 힘입은 바가 컸다.

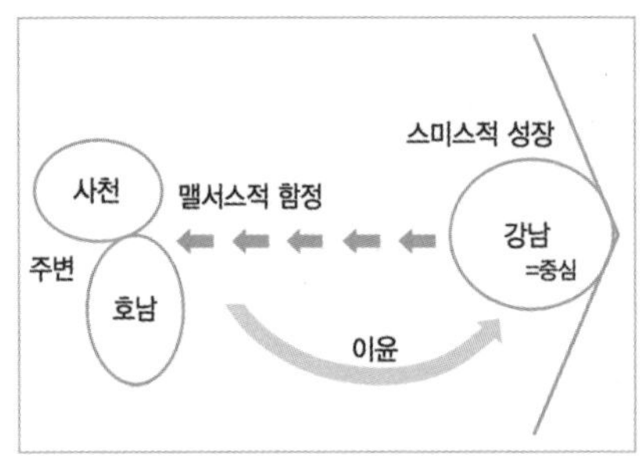

〈그림 4〉 18세기 경제성장

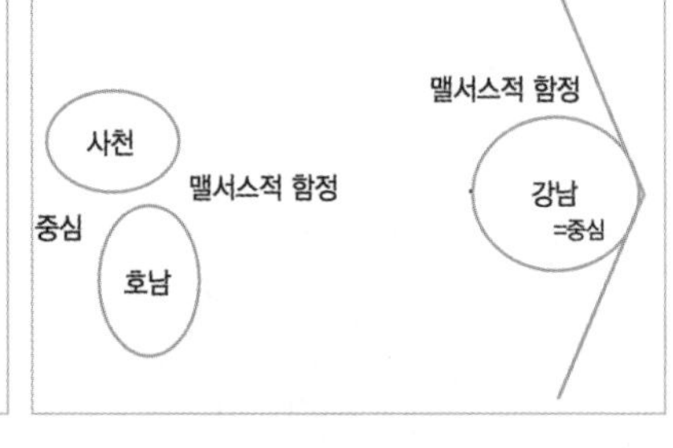

〈그림 5〉 19세기 경제위기

35 Li Bozhong, *Agricultural Development in Jiangnan, 1620-1850* (St. Martin's Press, 1997), p. 110.

36 『湖南省例成案』,「戶律」,「市廛」,「把持行市」, 卷34 "今聞, 各處市價仍昂. 此皆各處商販盤踞. 牙行盈千累百, 買運出境, 只知一已圖利. 不顧地方乏食. 并有奸牙囤戶."

37 李伯重에 따르면, 1620년대 강남지역의 인구는 2,000만 명 정도였다고 한다. 그 뒤 전란을 겪으며 17세기 중후반에는 2,000만 명 이하로 감소했지만, 그 뒤 1690년대에 다시 2,000만 명을 회복했다. 그 뒤 착실히 회복하여 1850년대에는 3,600만 명까지 증가했다고 한다. Li Bozhong, ibid, pp. 19-20. 한편 경지면적의 경우 1580-1583년에는 450만 무였는데 이는 1820년대와 거의 동일한 수준으로, 경지면적 자체는 변화가 거의 없었다(do., 1997, pp. 26-27).

리보중(李伯重)의 연구에 따르면, 강남지역 호당 평균 가경면적은 송대 40무, 명대 15무, 청대 10무 정도로 계속 축소되었고, 송대와 비교해서 명청시대에 근본적인 농업기술 개혁은 없었다. 다만 시비량이 확대되고 노동력 투입이 크게 증가해 '집약도'가 현저하게 높아졌고, 뽕잎 재배 등 농업경영이 합리적으로 운용되고 있었다.[38] 이는 자급자족이 아니라 시장수요에 맞춰 작물을 선택하고 시비를 구입하는 등 상업적 농업의 성격이 분명해졌음을 의미한다.[39] 그리고 16세기부터 18세기까지 농가수입은 약 20% 증가했는데, 이는 주로 방직업에서 부녀노동의 비중이 높아졌기 때문이다.

하지만 당시 소득수준의 변화를 나타내는 신뢰할 만한 사료나 통계가 없다는 사실을 솔직히 밝혀두어야겠다. 다만 당시 여러 사람들이 남긴 회고록이나 물가자료 등을 통해 경기변화와 소득수준의 변화를 짐작할 수 있는데, 여기에 참고가 되는 것이 소비문화의 변화 형태였다. 왕휘조(汪輝祖) 등의 기록을 보면, 건륭 30년대(1765-1774)는 관리와 사대부층의 의복이 화려해지는 시기이고, 건륭 40년대(1775-1784)에는 물가가 앙등했으며, 건륭 50년대(1785-1794)에 들어와서는 일반인의 의복 역시 화려해지기 시작했다. 미곡가격을 비롯한 여러 생활물가뿐만 아니라 토지가격 등도 상승하고 막우(幕友)를 비롯한 사람들의 수입도 몇 배로 증가하는 등, 여러 면에서 건륭 후기는 경기 활황의 시대[40]였다. 이는 부인하기 어려운 사실이거니와 '건가성세(乾嘉盛世)'라는 종래의 이미지와도 부합한다. 이런 측면에서 18세기 내내 강남지역은 시장 확대로 인해 인구가 늘고 소득이 증가했기 때문에 '스미스적 성장'의 시기였다고 간주해볼 수 있

38 李伯重, 앞의 책, 102-114쪽; 足立啓二, 앞의 책, 2부 3장「明末清初の一農業經營-「沈氏農書」の再評價」.

39 李伯重, 앞의 책, 93-95쪽.

40 鈴木中正, 『清朝中期史研究』(燎原書房, 1952), 37-46쪽.

다. 그렇다면 주변부인 장강 중상류지역의 성장 패턴은 어떠했을까.

3. 18세기 장강 중상류지역: 맬서스적 함정

청대의 대표적인 인구이주 지역인 호남·호북지역의 인구변화에 대해서는 대체로 아래와 같이 그 시기를 구분할 수 있다.[41]

1. 1572-1661년(마이너스 성장기)
   80년간 매년 3.45% 인구감소(특히 명말청초 동란기의 인구감소 체감율은 약 12%)
2. 1661-1850년(플러스 성장기)
   ① 인구회복 단계(1661-1711년)
   ② 급속한 인구증가 단계(1771-1812년): "강서전호광, 호광전사천(江西塡湖廣, 湖廣塡四川)" 현상 발생
   ③ 완만한 인구성장 단계(1812-1850년): 인구압 발생 단계

명대까지 인구는 주로 강남지역과 그 인근에 집중되어 있었고, 인구이동 역시 대운하를 따라 이루어지는 경우가 많았다. 시장 네트워크 역시 단지 성도(省都)와 주현성(州縣城)이 연결되는 경우가 많았던, 이른바 '점과 선의 경제'였다. 반면 청초에는 인구가 대폭 서쪽으로 이동하여 대대적인 개간이 이루어졌기 때문에, 시장 네트워크 역시 모세혈관처럼 산간지역까지 구석구석까지 확장되는 형태로 지역경제가 형성되기 시작했다.[42]

41 龔勝生, 앞의 책, 29-33쪽.

42 청대 호남성의 미가를 통해 시장통합에 대해 고찰한 로빈 웡과 피터 퍼듀의 연구에 의하면, 미곡시장이 없는 호남성 주변부조차도 미곡 수출과 깊게 연결되어 있다고 한다. Wong and Perdue, "Grain Markets and Food Supplies in Eighteenth-Century

나아가 옹정연간에는 미곡 수출이 이루어졌고, 건륭연간에는 이를 기반으로 상업적 농업과 상품생산 역시 활발하게 이루어지게 되었다. 이런 의미에서 중국사에서 강남지역만이 아니라, 여타 후진 지역까지 상품경제가 침투하여 소상품 생산이 정착하기 시작했던 것은 대체로 건륭연간[43]이었다.

청초에는 타성(他省)으로의 이주, 즉 '지역 간 이주'가 활발했다면, 건륭연간부터는 '지역 내 이주'가 본격화되었다. 청초부터 계속된 이주로 인구압이 높아짐에 따라서 역시 지역 내에서도 인구압이 낮은 변경지역으로의 이주가 본격화된 것이다. 지역 내 중심부에서 밀려난 빈곤층은 사천·호북·섬서성이 교차하는 삼성교계(三省交界)지역은 물론이고 소수민족 거주지 등으로 이주하면서, 산악지역에서 농지를 개간하거나 광업이나 수공업[44]에 종사하는 경우도 나타나기 시작했다. 이들 지역의 농민들은 미곡을 강남지역에 매각하여 현금을 손에 넣을 수 있었고, 그 부족분은 산간이나 구릉지대에서 재배한 감자나 옥수수 등의 신대륙 작물 등으로 보충할 수 있었다.[45]

청대의 지역개발은 호남·호북지역의 평야지대에서 시작되어 점차 산악지역으로 확대되는 순서로 이루어졌다. 농지개발은 크게 ① 수리시설과 관련된 '공학적 적응', ② 열악한 환경에서도 생육 가능한 품종의 도입과 같은 '농학적 적응'으로 나눌 수 있는데, 호북과 호남지역 등의 경우는 완전(垸田) 등이 대대적으로 개발된 경우이기 때문에 '공학적 적응'에 해당되고, 사천이나 삼성교계지역 등 산악지역의 경우는 감자나 옥수수 등을

Hunan" Rawski and Li eds, *Chinese History in Economic Perspective* (University of California Press, 1992)

43 田尻利, 앞의 책, 16쪽.

44 하세봉, 앞의 논문.

45 허핑티, 앞의 책, 179-181쪽; 이준갑, 앞의 책, 211쪽.

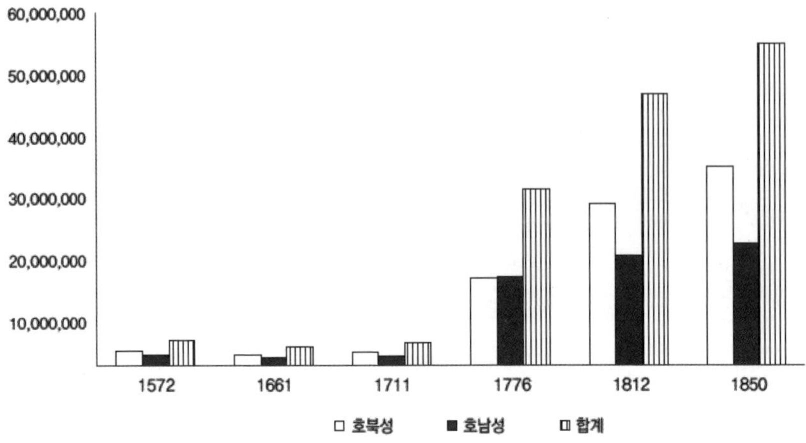

〈그림 6〉 양호(兩湖)지역의 인구변화 (출처: 龔勝生, 1996, 28쪽)

재배하여 개발되었기 때문에 후자인 '농학적 적응'에 해당한다.

한편 오승명(吳承明)은 명대와 비교할 때, 청대에 개간된 토지는 3억 무이며, 그중에서 가장 많이 개간된 곳은 서남부로서 4,000여만 무에 달했다고 추산하고 있다.[46] 450만 무로 추정되는 강남지역 전체 경지면적의 무려 10배에 달한다. 특히 농법 상 강남지역은 집약적·상업적 농업 위주였고, 장강 중상류 산악지역은 매우 조방적인 농업 위주여서 선명한 대조를 이룬다. 때문에 이 지역에서 생산된 미곡가격은 강남지역의 곡물 가격보다 한참 낮았다.[47]

옥수수 경작과 관련해 흥미로운 사실은 산악지역 경작자들이 새로운 경작지를 찾아 이동할 때 가재도구 등을 그대로 남겨두고 떠나는 경우가 있었다는 것이다. 이 지역 지방지의 서술에 따르면, 이는 일정 시간이

46 吳承明, 『中國的現代化: 市場與社會』(三聯書店, 2001), 246쪽.

47 Rawski, E., *Agricultural Change and the Peasant Economy of South China* (Harvard University Press, 1972), p. 114.

흐른 뒤 다시 돌아오려고 했기 때문이라고 한다. 산악지역의 옥수수 경작은 '정착→화전 경작→이동→원래 경작지로 재이동→3차 이동'이라는 순환과정을 거치면서 산악지역 일대의 경작지 확대에 발맞춰 인구가 증가해갔다.[48]

일례로 사천의 인구는 건륭 후반기에서 가경연간에 걸쳐 급격하게 팽창했다. 건륭 56년(1791)에 948만 명, 가경 24년(1819)에 2,566만 명, 도광 20년(1840)에 3,833만 명으로 50년 사이 4배로 팽창했다.[49] 인구증가는 외지의 객민이 급격히 늘어났기 때문이다. 깊은 산골을 제외하면 도처에 사람이 넘쳐나는 현상이 심각했다. 이미 건륭연간부터 미개간지가 고갈되었지만, 인구유입이 계속되면서 생활수준은 계속 악화되었다. 이와 함께 치안상태를 위협하는 괵로(嘓嚕)[50]가 출현하는 등 생존환경이 매우 악화되었다.[51]

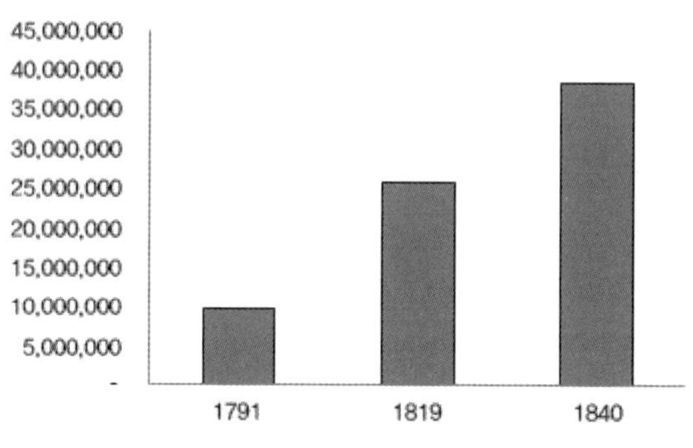

〈그림 7〉 청대 사천지역의 인구증가

---

48 정철웅, 『역사와 환경－중국 명청시대의 경우』(책세상, 2002), 104쪽.

49 嚴中平, 『中國近代經濟史統計資料選輯』(中國社會科學出版社, 2012). 附錄 「清代乾嘉道咸同光六朝人口統計表」.

50 괵로는 가로(哥老)라고도 하며, 건륭연간 이후 주로 사천지역에서 출현한 서로 다른 성(異姓)끼리 결배하여 의형제를 맺는 무뢰(無賴) 단체이다. 이에 대해서는 이준갑, 앞의 책, 319-331쪽. 참조.

51 이준갑, 앞의 책, 342쪽.

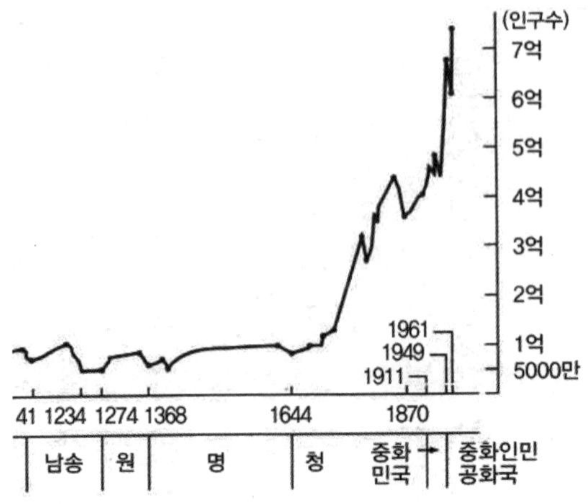

〈그림 8〉 중국사에서 인구증가

이들 지역에서도 개발이 시작될 때에는 '스미스적 성장'의 모습을 찾아볼 수 있었다. 그러나 시장이 확산되고 수입이 증가하게 되자, 다시 인구가 집중·증가하면서 생활수준이 하락하고, 높아진 인구압으로 인해 다시 이주가 시작되었다. 즉 초기의 '스미스적 성장'은 농업생산력 향상이 뒷받침되지 않았기 때문에 19세기에 들어와 '맬서스적 함정'에 빠질 수밖에 없었다. 맬서스 함정이라는 경제적 변화는 정치적으로는 가경연간 백련교도의 난[52] 등으로 표출되었다. 게다가 건륭연간의 물가상승 역시 생활수준을 더욱 악화시키는 요인이 되었다.

그러나 '맬서스적 함정' 현상과 아울러 이들 지역은 점차 강남으로부터의 자립을 달성해나가고 있었다는 사실을 지적해야 할 것이다. 즉 예전에는 강남지역으로부터 견직물이나 면직물 등을 수입함으로써 많은 이윤을 빼앗기거나 미곡을 값싸게 판매해야 했지만, 이들 지역도 시장 네트워크가 발전함으로써 점차 지역 내 수요를 위한 상품생산이 개시

52 Von Glahn, Richard., 2016, p. 361.

되었다. 이렇게 본다면 이들 지역에서 상품생산의 흐름은 '① 주곡 생산→② 면포나 견직물 등 의류 생산→③ 담배나 차엽 등 기호품 생산'[53]으로 점차 이행해갔다고 할 수 있을 것이다.[54]

이러한 변화를 통해 각 지역의 시장권은 전국시장과의 분업관계를 유지하면서, 성(省) 내에 새로운 산업을 확대하여 특정 상품만을 오로지 생산하는 불안정한 입장을 극복함으로써 전국시장의 수급변동에 유연하게 대응할 수 있게 되었다. 나아가 지역 내 수요를 위한 생산으로 점점 눈을 돌리게 되었다. 이러한 패턴은 ① 강남지역으로 미곡 수출→② 판매를 위한 상품작물 재배→③ 지역경제의 성립→④ 지역의 자체수요를 위한 생산이라는 순서를 밟았다.

4. 19세기 초 강남지역: 맬서스적 함정

앞서 서술했듯이, 18세기 강남지역은 장강을 따라 서쪽으로 대대적인 시장 확대를 통해 '스미스적 성장'을 달성했고, 인구압을 완화시킬 수 있었다. 장강 중상류지역들 역시 특별한 생산력 발전 없이도, 시장 확대에 의해 인구압이 가중되면 다시 서쪽으로 이주하는 방식을 취하면서 인구압을 완화시킬 수 있었다. 이러한 시장 확대는 건륭연간에 그 절정을 맞이했다.

그러나 이러한 시장 확대는 건륭 후기에 들어오면서 한계에 부딪칠 수밖에 없었다. 즉 아직 개발되지 못한 '변경'이 남아 있는 한 성장은 지

53 17세기에 들어서 전 세계 부유층들이 다른 대륙으로부터 들어온 기호품을 즐기게 된 것은 전 지구적인 현상이었다. 포메란츠 외, 2003, 162쪽.

54 본서 제2장 1절 참조.

속될 수 있었지만, 사천이나 사천성 · 호북성 · 섬서성이 만나는 이른바 '3성교계지역(三省交界地域)'[55]까지 개발이 점차 완료되면서 더 이상 이런 식의 성장은 가능하지 않았다. 19세기에 이르러 중국에서는 쉽게 경작할 수 있는 토지가 대부분 고갈되었다.[56] 즉 개간의 종언은 바로 시장 확대의 종언을 알리는 것이었으며, 변경지역에 면포와 소금을 수출하던 강남지역 역시 '스미스적 성장'이 더 이상 가능하지 않게 되었다는 것을 의미했다. 아울러 주변부에서도 시장 자립화가 두드러지면서 강남지역과의 긴밀한 연결성이 점차 축소되었다. 따라서 이들 지역에 대한 강남지역의 우위도 축소되는 양상이었다.

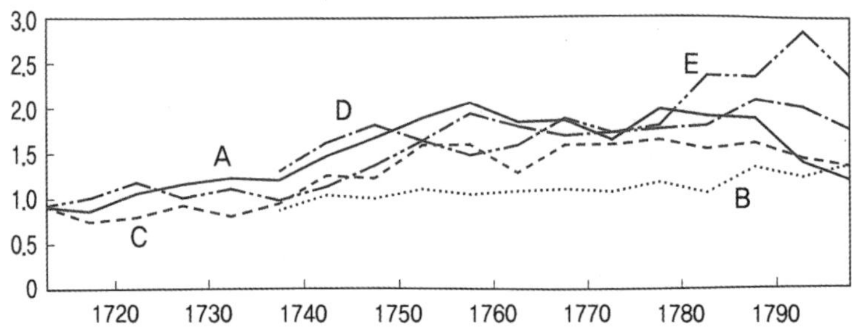

A – 소주지역 미가
B – 호남지역 미가(성(省) 평균)
C – 광동지역 미가(성 평균)
D – 직예 밀가격(성 평균)
E – 소산(절강) 미가

〈그림 9〉 청대 각 지역 곡가의 변화 (출처: 岸本美緖, 1997, 48쪽)

이러한 시장구조의 변화는 전국적인 미가 연동폭의 변화에서도 쉽게 확인할 수 있다. 각 지역 미가 연동성은 17세기보다 18세기 후반 그리

55 鈴木中正, 앞의 책, 66-68쪽.
56 퍼킨스, 앞의 책, 48쪽.

고 19세기 초에 접어들면서 두드러지게 낮아진다. 왕업건(王業鍵)은 18세기 초반 '시장통합도(market integration)'라는 측면에서 중국이 유럽에 필적할 만했지만, 19세기 중반이 되면서 중국은 유럽에 역전 당했다고 평가하고 있다.[57] 시장통합도 역시 19세기에 강화되지 않고 도리어 저하되었다.

이러한 과정을 거쳐 18세기 적어도 강남지역은 '스미스적 성장'을 누리고 있었지만, 18세기 말, 19세기 초에 들어와서는 이 지역 역시 '맬서스적 함정'에 빠질 수밖에 없었다. 이제 19세기 초 강남지역의 경기하락에 대해 살펴보기로 하자.[58]

건륭연간 이래 강남지역의 사회상을 고찰할 때 나타나는 두드러진 특징 가운데 하나는 빈번한 자연재해다.[59] 그러나 그 결과로 초래되는 현상들의 배후에는 공통적으로 수리시설 관리의 미비라는 문제점이 자리잡고 있었다. 인구가 2억 명에서 4억 명으로 증가한 18세기에는 모든 지역에서 적극적으로 치수사업이 전개되었지만, 건륭연간 대다수의 성들은 16세기처럼 활발하게 치수사업을 진행하지 못했다. 청의 국력 쇠퇴 또한 19세기 치수사업의 급격한 쇠락을 설명하는 요인이다.[60]

이처럼 지역시장 자립화에 따르는 면직물 판매 부진 등의 원인이 중첩되어 강남지역의 경기침체가 초래되었고, 결국 이것이 항상적인 수리시설의 미정비 상황으로 드러날 수밖에 없었다. 수리시설의 낙후는 곧바로 농업생산력의 하락을 의미하는 것이었다. 정리하자면 강남지역은 건

57 Yeh-chien Wang, ibid, pp. 52-54.

58 경기하락의 지표로서 물가하락 현상을 들 수 있을 것이다. 도광연간의 물가하락 현상에 대해서는 王業鍵, 「十九世紀前期物價下落與太平天國革命」, 同, 『清代經濟史論文集』 2권(稻香出版社, 2003). 臼井佐知子, 앞의 논문 참조.

59 강남지역에 한정한 농업생산량의 저하에 대해서는 강판권, 앞의 책, 제4장 1절 「자연재해와 곡물 수확량의 저하」 참조.

60 퍼킨스, 앞의 책, 94-95쪽.

륭중기 이후부터 면포 판매의 저조, '수리시설 취약→수해→농업생산력 저하→수입 급감→수리시설 악화'라는 악순환이 나타나고 있었다. '수리시설 취약'의 원인은 바로 면포 판매의 저조로 인한 지역경제의 불황국면에 있었고, 면포 판매 저조의 근본적 원인은 앞서 제2장에서 언급했듯이 주변부의 자체적인 면직물 생산을 통한 강남지역으로부터의 자립화에 있었다.

강소성 출신 홍량길(洪亮吉, 1746-1809)과 공위(龔煒, 1704-1769)는 당시 세태에 대해 각각 다음과 같이 서술하고 있다.

> 수입은 점점 미미해지고 지출할 곳은 점점 더 늘어나기만 한다. 이에 사농공상은 그 모자란 〔수익〕부분을 〔채우기 위해 시장〕 판매에 의지하게 되고, 옷감과 식량〔布帛粟米〕을 〔물가앙등으로〕 높아진 가격으로 시장에 내다 팔고 있다.[61]

> 집에는 한 섬의 저축도 없으면서도 흰 포의(布衣) 입는 걸 부끄럽게 여긴다. (…) 음식으로 말하자면 천전(千錢)을 쓰더라도 풍족하다고 여기지 않고 기나긴 밤 흥청망청 쓰면서도 취할 줄 모른다. 물가는 점점 오르지만 〔사람들의 경제적〕 능력으로는 〔생활하는 데〕 점점 더 어려움을 느끼고 있다.[62]

도광 5년(1825) 도주(陶澍)의 상소를 보면 다음과 같다

> 신(臣)이 〔강남지역으로〕 부임하면서 회양(淮揚) 및 진강(鎭江), 소주(蘇州), 상주(常州) 일대를 보니 인구가 모두 조밀하지 않은 곳이 없고 백성들의 재물도 넉넉하지 않은 바가 없습니다. 그러나 회양지역이 홍수를 입은

61 洪亮吉, 『洪北江詩文集』「意言」「生計篇」.

62 龔煒, 『巢林筆談』 卷5, 「吳俗奢靡日甚」.

뒤에 백성들의 기운은 여유가 없으며, 강녕(江寧), 진강, 소주, 상주 등지의 소민(小民)들의 생계를 보면 외견상으로는 넉넉하지만 내실은 부족하며, 의관과 문물은 번쩍번쩍해서 볼만 하지만, 경박하고 사치스러운 나머지 점점 사기와 겉치레로 흐르고 있어서, 시정(市井)에는 사기와 속임수가 많아지고 있습니다.[63]

위의 사료를 보는 한, 도광연간에 강남지역 역시 '맬서스적 함정'에 빠졌다는 점〔道光不況〕[64]은 의심할 나위가 없다.

다음 두 그림은 송서오(宋敘五)와 조선헌(趙善軒)이라는 두 연구자가 청대의 임금변화[65]를 업종별·지역별로 나타낸 것이다.[66] 주지하듯 설령

63 陶澍, 『陶澍集』 上 (嶽麓書社, 1998), 「抵蘇後陳奏地方情形摺子」.

64 Von Glahn, Richard., 2016, p. 365.

65 청대 임금변화에 대한 연구로서는 우선 魏金玉, 「明淸時代農業中等性雇傭勞動向非等級性雇傭勞動的過渡」, 李文治等 『明淸時代的農業資本主義萌芽問題』(中國社會科學出版社, 1983); 劉永成·趙岡, 「十八·十九世紀中國農業雇工的實質賃金變動趨勢」, 中國第一歷史檔案館編, 『明淸檔案與歷史研究』 下 (中華書局, 1988) 참조. 18세기 광동지역의 고공(雇工) 수입에 대해서는 陳春聲, 『市場機制與社會變遷－18世紀廣東米價分析』(中山大學出版社, 1992), 173쪽 참조.

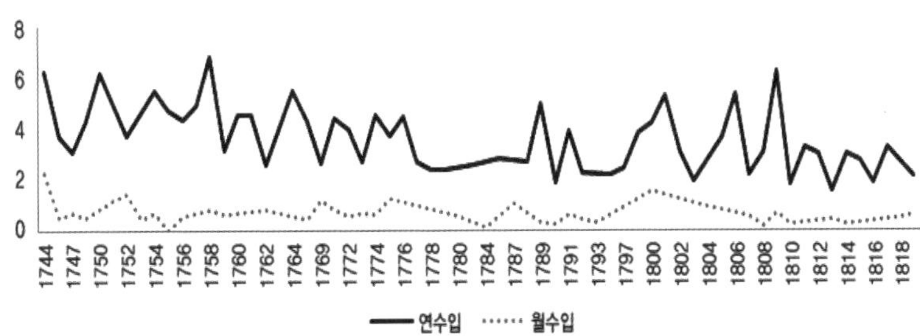

〈그림 12〉 청대 고공(雇工)의 임금변화 (출처: 劉永成·趙岡, 1988, 881-884쪽)

劉永成·趙岡의 연구는 맬서스의 '최적 인구이론'에 입각하여 『刑科題本』 중 176건의 문건 가운데에서 각종 동전으로 표시되어 있는 고공(雇工) 임금 데이터를 은량으로 환산하여, 다시 이를 王業鍵이 제시한 물가지수로 바꾸고 실질임금을 계열화한 것이다. 이들은 1744년부터 1820년까지 청대의 실질임금은 완만하게 낮아지고, 쌀가격의

자료가 풍부한 청대라고 하더라도 임금에 대한 자료는 극히 적은 편이다. 더구나 화폐단위와 도량형도 각각 다르며 일별·월별·계절별로도 각각 다르기 때문에 시기별 임금을 단순 비교한다는 것은 지극히 곤란하다. 송서오와 조선헌의 추계 역시 그런 면에서 한계가 있다고 할 수 있으나, 1,500문을 100이라는 '지수'로 통일시켜서 이를 도표로 만들었기 때문에, 임금변화를 개략적으로라도 추론하기에 부족하지 않다고 생각된다. 그리고 여러 가지 명목임금(nominal wage)을 물가를 반영한 실질임금(real wage), 즉 구매력(buying power)으로 환산하고 있는 점도 이 추계의 신뢰도를 높이고 있다.

〈그림 10〉 업종별 임금변화(출처: 宋敍五·趙善軒, 2004, 87쪽)

상승이 두드러지는 추세였다고 주장하고 있다. 이런 의미에서도 18세기 내내 '스미스적 성장'이 지속되었고, 19세기 초에 들어와서야 '맬서스적 함정'에 빠졌다고 보는 것이 타당하다.

66 宋敍五·趙善軒, 『清朝乾嘉之後國勢衰頹的經濟原因』(香港樹仁學院, 2004), 84쪽.

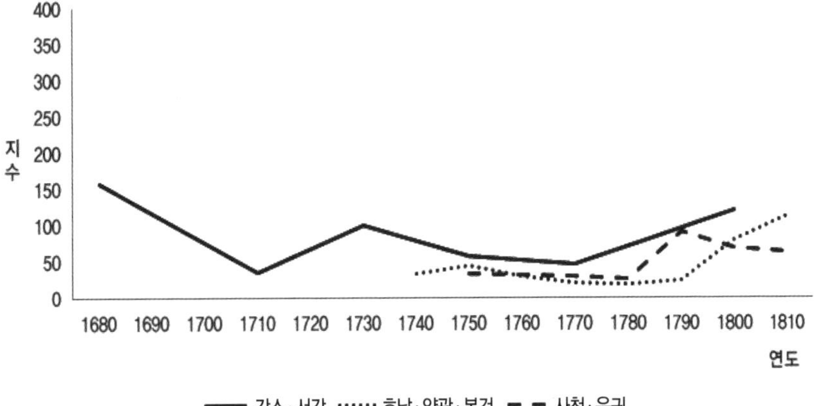

〈그림 11〉 지역별 임금변화(출처: 宋敍五·趙善軒, 2004, 83쪽)

우선 업종별로 임금이 서로 다르기 때문에 일률적으로 말할 수는 없지만, 대체로 강희연간 후기와 옹정연간에 임금이 낮아지는 추세였다가 건륭 초기에 다시 높아지고 건륭 중기에 낮아지다가 건륭 후기에 다시 정점을 찍고 가경연간에 와서는 떨어지는 추세를 보이는 점은 매우 흥미롭다.[67]

지역별 임금변화는 더욱 흥미로운데, 강남지역은 앞서 '스미스적 성장'을 보였다고 추정되는 건륭연간 중반까지는 계속 다른 지역보다 높은 임금수준을 유지하지만, 이후로 점차 그 격차가 줄어들고 있다. 이런 의미에서 19세기 초 강남지역 역시 '맬서스적 함정'에 빠졌던 것으로 보인다.

이렇게 본다면, 리보중이나 포메란츠가 주장한 중국의 '스미스적 성장'에 대한 설명은 재고를 요한다. 서유럽과의 '대분기(Great Divergence)'가 발생한 이유를 서구가 석탄을 활용하고 신대륙을 발견했다는 등의 외부

67 청대 건륭연간까지의 농민소득 변화에 대해서는 본서 제1부 제2장 「경기변동과 농민소득의 변화」 참조.

적 요인으로만 설명할 수 없다. 물론 중국이 신대륙의 포토시(Potosí)나 사카테카스(Zacatecas) 은광과 같은 대규모 광물자원의 보고를 보유하지 못했다는 점은 분명하다. 그러나 서구의 대항해시대와 거의 같은 시기에 중국은 해외무역을 통해 다량의 은이 유입되고 동전을 발행하는 등 여러 수단을 통해 그때껏 상품경제가 그다지 발전하지 못했던 장강 중상류지역을 대대적으로 개발할 수 있었다. 이러한 변경지역 개발을 통해 청대 중국경제의 중심축인 강남지역은 '스미스적 성장'을 거듭할 수 있었다. 하지만 생산성 자체에 근본적 변화가 없는 상태에서 19세기 초반부터 변경지역 개발이 한계에 부딪치자 강남지역의 '스미스적 성장' 역시 여타의 지역과 마찬가지로 '맬서스적 함정'에 빠질 수밖에 없었다.

맬서스적 함정 외에도 도광연간 두드러진 경제현상은 물가하락,[68] 즉 디플레이션의 출현이었다. 건륭·가경연간까지는 상당한 물가상승, 인플레이션의 시대였지만, 도광연간에 들어와서는 물가가 정체 내지 하락했는데, 이것이 도광불황의 화폐적 요인이라고 할 수 있다. 도광불황(디플레이션)은 역으로 건륭연간에 일어난 인플레이션 현상과 밀접한 관련이 있다. 이 시기 과도한 인플레이션은 계층 간 자산의 격차를 초래했다.[69] 그리고 소득보다 높은 물가는 지나친 소비로 이어졌고,[70] 결국 구매력 자체를 감소시키는 효과도 가져왔다.[71] 이러한 현상은 특히 도광연간에

---

68 包世臣, 『齊民四術』 卷2, 農2, 「答族子孟開書」. "至近日銀價之貴如此, 而米價更賤, 官民均苦, 非此不足以救之."

69 이는 洪亮吉과 龔煒 등이 공통적으로 지적하고 있는 점이다.

70 포세신(包世臣, 1755-1855)의 서술에 따르면, 가경·도광연간의 경우, 소주지역에서 생산되는 미곡 가운데 절반 정도는 술을 빚는 데 사용되었다. 包世臣, 『齊民四術』 卷2, 「農」 2 "然蘇州無論豐歉, 江廣安徽之客米來售者, 歲不下數百萬石, 良由槽坊酤於市, 士庶釀於家, 本地所產, 耗於酒者大半故也. (…) 一人飲黃酒五六斤者, 不爲大量,"

71 광서연간의 사례지만, 농촌의 구매력 부족으로 인한 경기불황에 대한 지적은 岸本美緖, 앞의 책, 448-449쪽 참조.

와서 본격화되었는데, 구매력 자체가 줄어들면서 상품에 대한 수요를 감소시키고 말았다.

또 하나는 은 유통 감소로 통화량이 전반적으로 축소되었다는 점이다. 은 유통 감소의 원인은 두 가지인데, 첫째 아편무역으로 인해 은 유입이 감소하고 은 유출이 심해졌다는 점,[72] 둘째 은귀전천 현상으로 은가격이 점점 상승하자, 향후의 은가격 상승을 예상하며 은을 보유하려는 동기가 강해졌다는 점이다.[73] 즉 은을 보유한 부유층이 은을 투기적으로 대량으로 보유했고, 이것이 은의 유통을 감소시키는 효과를 가져왔다.[74] 이러한 유통 감소는 구매력 상실과 상품의 유통 감소로까지 이어졌고, 결국 이것이 물가하락, 즉 디플레이션 현상으로 연결되었다.[75] 셋째, 도광연간

72 豊岡康史에 따르면, 청대 도광연간의 불황과 은 유출입의 상관관계에 관한 여러 논의는 공급요인을 중시하는 연구자[供給要因派]와 수요요인을 중시하는 연구자[需要要因派]로 구분할 수 있다. 전자에 속하는 林滿紅과 岸本美緒 등은 청대 경제가 해외로부터의 은 유입에 의존했기 때문에, 은 공급이 변동되는 것만으로도 경제상황이 변동된다고 간주한다. 후자에 속하는 알레한드라 이리고인(Alejandra Irigoin), 폰 글랜(von Glahn) 등은 해외로부터 공급되는 은의 수량 변화가 곧 중국으로의 은 유출입량을 변화시켰다기보다, 청조의 내부 요인이 도광연간의 경제 상황에 더욱 중요한 작용을 했다고 보았다. 豊岡康史 外編, 『銀の流通と中國・東南アジア』(山川出版社, 2019). 21쪽; 폰 글란, 앞의 책, 641-644쪽 참조.

73 包世臣, 『齊民四術』 卷2, 農2 「庚辰雜著」 2 "鴉片產於外夷, 其害人不異冘毒. 故販賣者死, 買食者刑, 例禁最嚴. 然近年轉禁轉盛, 其始惟盛於閩粵, 近則無處不有. 即以蘇州一城計之, 吃鴉片者不下十數萬人. 鴉片之價, 較銀四倍, 牽算每人每日至少需銀一錢, 則蘇城每日即費銀萬餘兩, 每歲即費銀三四百萬兩. 統各省名城大鎮每年所費, 不下萬萬. 近來習尚奢靡, 然奢靡所費, 尚散於貧苦工作之家, 所謂楚人亡弓・楚人得之, 惟買食鴉片, 則其銀皆歸外夷. 每年國家正供, 並鹽關各課, 不過四千餘萬, 而鴉片一項, 散銀於外夷者, 且倍差於正賦. 夫銀幣周流, 鑛產不息, 何以近來銀價日高, 市銀日少? 究厥漏卮, 實由於此. 況外夷以泥來, 內地以銀往, 虛中實外, 所關匪細. 所謂鴉片耗銀於外夷者, 其弊如此."

74 包世臣, 『齊民四術』 卷2, 農2 「庚辰雜著」 2 「答王亮生書」 "然國家地丁・課程・俸餉・捐贖, 無不以銀起數, 民間買賣書券, 十八九亦以銀起數, 錢則視銀爲高下, 故銀之用廣. 富貴家爭藏銀, 銀日少."

75 명말에도 일조편법 시행으로 은에 대한 수요가 높아졌고, 이와 함께 곡물가치가 하락

에 특히 지방 주전국에서 제전 주조가 크게 줄었다는 점이다.[76] 전반적으로 도광연간에는 은과 동전 모두 유통량이 줄어들었고, 화폐의 감소는 물가하락 내지 정체로 이어졌다. 이러한 물가하락 내지 정체 현상은 함풍연간에 더욱 두드러졌고, 1860년대 동치연간이 되면서 비로소 다시 곡식가격이 상승하기 시작했다.[77] 이는 제2차 아편전쟁 종결 이후 늘어났던 해외무역과 연관이 있었다.

논리대로라면 18세기 강남지역에서 '스미스적 성장'이 이루어진 뒤에는 19세기에 접어들어 그보다 더 질 높은 성장이 이어져야 했을 것이다. 하지만 실제로는 도리어 '맬서스적 함정'에 빠져버렸다는 것이 중국경제 발전의 실상이었다. 앞서 거론된 '경제성장과 위기의 유형'과 '근대적 경제성장'에 대한 설명을 연결하면, '스미스적 성장' 중에 기술혁신이 더해지면 '쿠즈네츠적(=근대적) 경제성장'에 진입한다는 논리가 성립한다. 그러나 이러한 경제성장의 단계론에 입각할 때, 맬서스적 함정에 빠져버린 중국은 '스미스적 성장'에서 이탈했으며, 19세기에 접어들어서 오히려 '쿠즈네츠적(=근대적) 성장'과는 더욱 멀어지게 되었다고 결론내릴 수 있다.

상품경제가 발달했다는 명말까지도 상품·화폐경제가 보편적인 지역과 그렇지 못한 지역 간의 차이가 상당했고, 인구 밀집도 역시 커다란 차이를 보이고 있었다. 명말의 이러한 지역차는 강희연간 후기부터 시장

하는 현상이 일시적이나마 나타난 적이 있었다. 郭子章(1543-1618), 「錢穀議」, 黃宗羲 編, 『明文海』 卷76(『文淵閣四庫全書』 1453冊, 726쪽) "今天下比年往往病年歉矣, 而穀愈賤. (…) 今天下比年往往病穀賤矣, 而民愈飢矣. (…) 此其故非穀之多也. 夫銀少則不得不賤售而輸之官, 賤售則穀益乏, 穀乏則民養日微, 民命日蹙." 여기서도 은이 적어지자 농민들은 이를 입수하기 위해 곡식을 싸게 팔 수밖에 없었다는 것을 서술하고 있다.

76 본서 제1부 제1장 「명말청초부터 청대 후기까지 화폐 유통량」 참조.

77 譚文熙, 『中國物價史』(湖北人民出版社, 1994), 255-256쪽.

경제의 본격적인 서진(西進)의 바탕이 되었다. 따라서 이러한 지역차로 인해 '스미스적 성장'인가 아니면 '맬서스적 함정'인가라는 기준을 전 중국에 동일하게 적용할 수는 없다고 생각한다. 게다가 서구의 프로토공업화[78] 역시 전국적이 아닌 국지적 현상이라는 점을 고려하면 더더욱 그러하다.

삼번의 난이 최종 진압되고 천계령이 해제되었던 1680년대 중반부터 청조의 본격적인 시장 확대는 시작되었다. 옹정연간을 거치면서 장강을 거슬러 올라가는 대대적인 개간이 이루어졌고, 미곡을 판매하기 위한 시장 네트워크가 형성되었으며, 상품·화폐경제가 보급되었다. 다시 말해 '성장'과 '위기' 모두 지역 간 경제적 연결의 형태, 즉 시장구조와 밀접한 연관이 있었다.

18세기는 주지하다시피 번영의 시대였고, 그 결과 폭발적인 인구증가로 이어졌다. 학자들 간에 수치상의 이견은 있지만, 대체로 명말에 1억에서 1억5천이던 중국의 인구는 1850년대에 4억3천만까지 증가했다.[79] 이러한 인구증가의 원인은 잘 알려져 있듯이 신대륙 작물의 보급과 호남성 등을 비롯한 농업 프론티어의 확대〔이른바 湖廣熟天下足〕와 산악지역의 개발〔山區經濟〕에도 있지만, 자연재해에 신속하게 대응했던 점[80]도 간과할 수 없다.

다시 말하자면, 18세기 중국의 경제성장은 대량 이주를 허용함으로써 상대적으로 과잉된 인구를 인구집중 지역 외부로 배출하면서 팽창하는 방식이었다. 18세기에도 이전 시기와 마찬가지로 확대된 해외무역을 통해 대량의 은이 계속 유입되었다. 은의 풍요로운 유입은 호경기를 화폐

78 斎藤修, 『プロト工業化の時代─西欧と日本の比較史』(日本評論社, 1985), 제3장 「フランドル・モデル」 참조.

79 허핑티, 앞의 책, 87쪽.

80 P. E. 빌, 정철웅 역, 『18세기 중국의 관료제도와 자연재해』(민음사, 1995) 참조.

적으로 뒷받침했고, 그 결과로 확대된 고용기회는 인구증가를 가능하게 했다. 그리고 호경기에 따르는 기호품의 다양화, 증가된 욕망은 자원의 보고인 '내부 변경'을 활성화시켜 많은 인구를 흡수할 수 있게 되었다. 하지만 '내부 변경'의 개발이 어느 정도 완료되자 위기는 다시 변경에서부터 시작되어 중심인 강남지역으로 몰려왔고, 청조로서도 이를 만회할 방법을 찾지 못한 채, 1841년 아편전쟁을 맞이하고 말았다. 요컨대 18세기의 경제성장이 19세기에 이르러 위기의 원인이 되어버린 것이다. 19세기 들어 맬서스적 함정에 빠져버린 중국은 결국 스미스적 성장에서 이탈했으며, 18세기도 아닌 19세기에 도리어 '근대적 경제성장'과 멀어지게 되었다고 결론지을 수 있을 것이다.

반면 에도시대 일본은 출산율이 억제됨으로써[81] 생활수준이 유지될 수 있었고, 농업에서는 단위면적당 수확량을 늘리는 집약화를 도모해[82] 인구압을 흡수함으로써 체제위기를 극복할 수 있었다. 바로 이러한 점이 청대 중국과 에도시대 일본과의 근본적인 차이점 가운데 하나가 아닐까 한다.

81 포메란스, 2016, 91쪽; 鬼頭宏, 『圖說 人口で見る日本史』(PHP研究所, 2007), 97-99쪽.
82 이계황, 『일본근세사』(혜안, 2015), 261-268쪽.

제3부

청대 시장구조와 프로토공업화

| 제 1 장 |

동아시아 속의 청대 농촌시장

1

일찍이 미야자키 이치사다(宮崎市定, 1901-1995)는 명청시대 소주(蘇州)지역의 경공업 발달을 논하면서 대도시 '인접지역에서 공업으로 상업'을 지탱했다는 점에서 같은 시기 일본 오사카(大阪) 일대의 경공업 발달과 유사하다고 지적했다.[1] 그의 지적대로 근세(특히 16-18세기)의 농촌 수공업과 시장 네트워크의 발달은 중국, 일본, 유럽 그리고 조선에 이르기까지 전 세계적으로 공통적으로 발견되는 현상이다. 브로델(Fernand Braudel, 1902-1985) 역시 그의 대저 『물질문명과 자본주의』 제2권 「교환의 세계」에서 도시와 함께 정기시(定期市, fair)의 발전을 매우 비중 있게 다루었다. 그는 행상인→정기시→상설시장으로의 이행을 '교환의 세계'가 성립했다는 중요한 지표로 다루었다. 시기와 지역은 서로 다르지만, 세계의 많은 지역에서 시장촌(market town)이 성립되었고,[2] 흥망을 반복하며 그 가운데 상설시장 나아가 도시로 발전하는 모습은 '세계적' 규모라고 해도 좋을 만큼 '근세(the early modern)'의 주요한 특징 가운데 하나다.[3]

1 宮崎市定, 「明清時代の蘇州と輕工業の發達」, 『宮崎市定全集』 13 (岩波書店, 1992), 84쪽.

2 趙岡, 『中國城市發展史論集』(聯經出版社, 1995), 139쪽.

3 영국의 경우 17세기 후반부터 정기시가 상설시장으로 변모했다고 한다. 이영석, 『영국사 깊이 읽기』(푸른역사, 2016), 59쪽.

브로델 외에도 비교적 이른 시기부터 16-18세기 시장구조의 중요성에 대해 주목했던 연구 가운데 하나로 오츠카 히사오(大塚久雄, 1907-1996)의 '국지적 시장권(局地的 市場圈, local market area)'론을 들 수 있다. 그에 따르면 근세 잉글랜드 농촌 공업지대에는 5개나 6개의 촌이 하나의 그룹을 이루었고, 그 중심 촌락에는 일주일에 한 번씩 정기시가 섰다고 한다. 그 중심에 많은 직인(職人)이나 일고(日雇)가 모여 살았으며, 이들이 주 1회 중심촌 장시에 모여들어 자신의 생산물을 상품으로 자유롭게 거래했다. 대체로 그 지역에서 생산된 것이 소비되었기 때문에 각 그룹의 촌마다 이른바 독자적인 경제권을 형성했다. 이러한 형태를 '국지적 시장권'이라고 한다. 이는 여기서 단순히 지역시장이 아니라, 지역 내부에서 생산된 물품이 대체로 지역 내에서 소비되는 경우를 의미한다. 오츠카 히사오에 따르면, 16세기 전반에는 영국에 세 가지 커다란 국지적 시장권이 성립되었고, 이를 기반으로 18세기 전반 잉글랜드는 하나의 시장권으로 통일되어갔다.[4] E. P. 톰슨 역시 이에 대해 다음과 같이 서술하고 있다.

> 19세기 초에 가장 일반적인 공업배치 상황을 보면, 흩어져 있는 공업 촌락들이 하나의 원을 이루고 있는 가운데 상업과 제조업 중심지가 그 원의 중심축 노릇을 하고 있었다. 그 촌락들이 교외지대가 되어가고 농토들이 벽돌로 뒤덮여감에 따라 19세기 후반 대규모 도시권이 형성되었던 것이다.[5]

E. P. 톰슨이 지적한 대로 근대 영국의 사례처럼 시장이 비교적 정합적으로 발달한 경우도 있지만, 그렇지 않은 경우도 얼마든지 찾을 수 있다. 예를 들어 인류학자인 클리포드 기어츠(Clifford Geertz, 1926-2006)는

4 大塚久雄, 『歷史と現代』(朝日新聞社, 1979), 67-68쪽.

5 톰슨, 나종일 외 역, 『영국 노동계급의 형성』 하 (창비, 2000), 558쪽.

1960년대 아프리카 모로코의 소도시 세프루(Sefrou)를 연구대상으로 삼아, 그곳의 전통시장인 바자르(Bazzar)는 전체적 연관성이 없는 수많은 상인 간 상거래의 단편적인 집합체로 이루어졌다고 밝혔다. 그리고 이러한 경제 형태에 '바자르 경제(the Bazzar Economy)'라는 이름을 붙였다.[6] 그에 따르면, 바자르 경제의 특징은 무엇보다 시장에서 상품정보를 입수하기가 매우 어렵고 불확실하며 복잡하다는 것이다(poor, scarce, maldistributed, inefficiently communicated, and intensely valued). 이러한 난점을 극복하기 위해 바자르 상인들은 특정인들과의 관계를 돈독히 하는 방법, 즉 단골을 만들어 안정적으로 거래하는 방법인 '단골화(clientelization)'를 선택했다고 결론 내린다.

이처럼 16-18세기 세계사에서 시장 네트워크의 발전을 널리 찾아볼 수 있거니와 그 발전 양태가 모두 같은 궤적을 그리고 있던 것도 아니다. 브로델 역시 "기초적인 시장 단계에서 가장 놀라운 형태로 시장을 조직한 곳은 분명 중국"이며, 에도시대 일본에 대해서는 "교환의 상층부는 일본에서 더 발달했다"라고 지적했다. 그렇지만 브로델의 관심은 서양에 주로 맞춰져 있기 때문에, 중국을 비롯해 동아시아에 대한 보다 자세한 서술을 남기지 않았다. 또한 오츠카 히사오와 클리포드 기어츠의 논의에서도 볼 수 있듯이, 시장의 분포와 확산이라는 양적 측면의 변화도 중요하지만, 시장과 시장의 관계, 즉 네트워크 역시 중요하다는 것을 알 수 있다. 이 장에서는 근세 동아시아[7]에서 시장구조의 발달에 대해 청대 강

6 Geertz, Clifford., "The Bazaar Economy: Information and Search in Peasant Marketing", *The American Economic Review*, Vol. 68, No. 2(1978). 이슬람 바자르의 구조와 역사에 대해서는 坂本勉, 「イスラーム都市の市場空間とイスファハーン」, 佐藤次高・岸本美緒 編, 『市場の地域史』(山川出版社, 1999) 참조.

7 한상권의 연구에 따르면, 조선시대 임란 이후 발달하기 시작한 장시(場市)는 숙종 시기 화폐 유통과 함께 본격적으로 발전해 산곡(山谷)지역까지 확산되었다. 그러나 18세기 초까지는 고립·분산적이었고, 1730-1740년대에 급격한 발달을 보여 양적 증가와 함께

남지역[8]과 에도시대 시장구조의 발달을 비교해보고, 나아가 농촌공업 발달과의 관련성까지 살펴보고자 한다.

1. 16-18세기 중국의 시장구조

당대까지 중국은 국가권력이 정한 일정 지역 밖에서의 상업활동을 금지했으며, 도시 내 상업활동도 강력하게 규제했다. 그러나 당대 후기부터

장시와 장시 사이에 상호 연계관계가 형성되기 시작했다. 하지만 1770년을 정점으로 그 숫자가 줄어드는데, 삼남(三南)지방에서 감소가 현저했다. 장시 밀도가 높은 전라도에서 가장 먼저 감소했고, 그다음이 경상도, 충청도 순이었다. 또 대읍(大邑)에서는 수가 감소하고, 중읍(中邑)의 경우 전라도에서는 다소 감소한 반면, 경상도에서는 약간 증가했고, 소읍(小邑)은 두 도에서 모두 조금 증가하고, 잔읍(殘邑)은 거의 변동이 없었다. 이러한 감소현상은 시장권의 확대로 여태껏 고립적으로 발전해온 장시들 사이에 상호 흡수현상이 일어난 결과로서, 규모가 작은 장시가 큰 장시〔大場〕로 통합되는 양상이었다. 다만 위의 논문을 보는 한, 조선시대 장시는 농촌시장의 확대라는 점에서 중국의 경우와 발전양상이 유사하다. 다만 강남지역의 경우 정기시가 점점 상설시가 된 반면, 조선의 경우는 정기시의 장시 개최일이 축소되고 있었지만, 상설시로 발전한 예는 아직까지 찾기 어렵다는 점에서 그 차이가 있다. 한상권, 「18세기 말－19세기 초의 장시발달에 대한 기초연구」, 『한국사론』 7(1981) 참조. 한편 미우라 요코(三浦洋子)의 연구에 따르면, 조선시대 후기에도 지역에서는 상설시는 찾아보기 어렵고, 행상인 위주의 시장구조였다고 한다. 三浦洋子, 「食料システムと封建制度の影響: 日本と韓國の比較」, 『千葉經濟論叢』 30(2004).

장시에 관한 이헌창의 연구에서는 조선 후기 장시와 중국의 사례를 비교했다(이헌창, 「조선 후기 충청도 지방의 시장망과 그 변동」, 『경제사학』 19(1994), 43-44쪽). 다만 정기시에서 상설시로 전환하는 것이야말로 시장 네트워크의 발전도를 측정하는 중요한 척도라고 생각되며, 이러한 점에서 볼 때 아직까지 정기시가 주축이었던 조선 후기의 사례와 상설시가 점점 주축이 되어갔던 동시대 중국의 경우에는 질적 차이가 있었다고 생각한다.

8 강남지역을 중심으로 시진에 관한 중국 학계의 연구사에 대해서는 范金民, 『江南社會經濟史研究入門』(復旦大學出版社, 2012), 84-144쪽; 王家範 主編, 『明淸江南史研究三十年』(上海古籍出版社, 2010) 참조. 일본 학계 연구사에 대해서는 川勝守, 『明淸江南市鎭社會史研究』(汲古書院, 1999), 「序章」「第3節 明淸市鎭史研究の回顧と展望」 참조.

이러한 규제가 점차 줄어들면서 자유로운 교역활동이 전개되기 시작했다. 생산력이 향상되고 농촌 수공업이 발달하면서 인구 밀집지역이나 교통 요충지에서 객상들이 활동하고, 도시 주변에 허시(墟市)나 초시(草市) 등 농촌시장이 등장하기 시작했다.[9] 명대에는 시진(市鎭)이라는 용어가 지방지에서 자주 등장하게 되었다.[10] 예를 들어 소주부(蘇州府) 오강현(吳江縣) 동리진(同里鎭)의 사례를 보면 다음과 같다.

> 동리진은 (…) 오현의 치소(治所)에서 동남쪽으로 10여 리 떨어져 있다. 송·원시대에는 물산이 풍부하여 상인들이 모여들었고, 여러 수공업 제품도 모두 갖추어져 있었다. 화려한 정원, 기생들의 노래와 춤은 〔인근에서〕 최고이다. 명초에는 주민이 천 백가에 달해 집들이 빽빽이 모여 있었고, 골목은 구불구불하고, 시장의 물건들은 넘쳐나서 주군(州郡)〔의 현성(縣城)〕에 비할 만했다. 가정연간과 융경연간에 이르러서 예전만 못해졌지만 주민들은 나날이 증가했고 상거래는 오늘에 이르러서 더욱 번성했다.[11]

9 加藤繁, 『支那經濟史考證』 上, 「唐宋時代の草市及び其の發展」 (東洋文庫, 1952) 참조. 郭正忠의 연구에 따르면, 송대 역시 농가부업이 발전했고 이것이 초시의 발전과 연결된다는 점은 명청시대와 거의 같다. 송대의 경우 소금, 차, 술, 식초 등의 상품화율이 높았고(郭正忠, 1997, 8쪽), 견직업 역시 농가부업으로서 활발한 생산을 이어갔던 것도 명청시대와 동일하지만, 면포업이 아직까지 성립되지 않았다는 점에서 차이가 있다. 송대 시진과 농가부업에 대해서는 郭正忠, 『兩宋城鄕商品貨幣經濟考略』(經濟管理出版社, 1999) 참조. 그리고 아직까지 송대 농촌시장에서는 동전과 미곡을 교환수단으로 사용했고, 명청시대는 고액화폐인 은이 동전과 함께 활발히 사용되었다는 점에서 송대와 명청시대의 상품교역 사이에는 양적 차이가 존재한다. 이러한 요인으로 인해 송대보다 16세기 이후에 시진이 더욱 활발하게 증가하게 되었다.

10 弘治 『吳江志』 卷2, 「市鎭」, "人烟湊集之處謂之市鎭 (…) 有朝市有夕市, 市鎭之設, 其來尙矣. (…) 城有縣市, 在鄕有四鎭, 及凡村落之大者, 商賈之往來, 貨物之貿易, 紅塵滃然, 自朝至莫無虛日云."

11 乾隆 『吳江縣志』 卷4, 「鎭市村」. 명청시대 오강현(吳江縣)의 경제성장에 대해서는 洪璞, 『明代以來太湖南岸鄕村的經濟與社會變遷: 以吳江縣爲中心』 참조.

이처럼 강남지역의 시진은 송대 초시(草市)[12]를 기본으로 하여 명대 성화·홍치연간에 점차 발전하기 시작했고 16세기인 정덕과 만력연간 사이에 제1단계 절정기를 맞이했다. 17세기 초 특히 명 말에 불황을 겪으면서 시진 역시 발전이 정체되었고, 청대에 들어와서 건륭연간에 두 번째 절정기를 맞이했다.[13] 일례로 송강부의 경우 명대 64곳이었는데,

12 郭正忠, 앞의 책 참조. 다만 송대는 농촌시장에서 교환수단으로 여전히 동전이 아닌 미곡을 사용하는 경우가 많았다. 宮澤知之, 『宋代中國の國家と經濟: 財政・市場・貨幣』(創文社, 1998), 58쪽, 67쪽 참조. 송대에도 은이 지역 간 결제화폐로 사용되었지만, 생산량이 제한되어 한계가 있었다. 송대 은 사용에 대해서는 王成文, 『宋代白銀貨幣化研究』(雲南大學出版社, 2011) 참조. 일반적으로 명대는 영락연간(1403-1424) 이후부터 미가를 표시하는 데 동전과 은을 사용했는데, 특히 가정연간(1522-1566)을 계기로 동전에서 은으로 이행했다. 홍성화, 「명대 통화정책 연구-동전과 사주전을 중심으로」, 『사총』 86(2015) 참조. 그리고 청대에 들어와서는 건륭연간인 18세기 후반부터 동전 표시로 다시 전환되었다(岸本美緖, 앞의 책, 363쪽 참조). 다만 도광연간 후기에 들어와서는 다시 양전(洋錢)으로 가격을 표시하는 일이 많아졌다. 臼井佐知子, 앞의 논문, 51쪽; 王宏斌, 앞의 책, 15쪽.

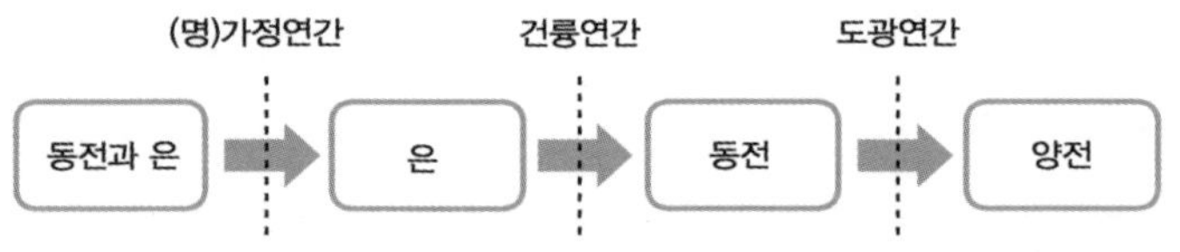

〈그림 1〉 명청시대 미곡가격 표시 화폐의 변화

현재까지의 연구나 사료 수준으로써 미곡가격을 표시하는 기준화폐가 바뀌는 이유를 완전하게 설명하기는 어렵다. 다만 추론차원에서 다음과 같은 설명은 가능하다. 일단 명대 가정연간 은으로의 이행은 고액결제화폐인 은의 유입으로 인한 것임은 충분히 설명가능하다. 그런데 다시 청대 건륭연간 소액화폐인 동전으로 돌아간 것은 무슨 이유에서일까. 거래상의 어려움에도 불구하고 미곡을 동전으로 표시한 까닭은 그때가 동전이 비쌌던 전귀(錢貴)의 시대, 즉 동전가격이 점점 상승하는 시대였고, 한편 동전의 질은 시장의 신뢰를 얻을 만큼 좋았기 때문이 아니었을까 싶다. 또한 도광연간 양전(洋錢)으로 이행한 것도 마찬가지로 그때가 도광연간 발행된 화폐의 질이 좋지 않고, 그에 반해 양전의 가격이 등귀하던 시기였기 때문이다. 즉 미곡 판매상들이 투기적 동기에서 장차 가격이 상승할 가능성이 높고 신뢰성이 높은 화폐로 결제를 선호하지 않았을까 추정된다.

13 劉石吉, 앞의 책, 157쪽. 화북지역에서도 정덕연간부터 정기시가 본격적으로 발전하

청말에 와서는 235개로 늘어 거의 네 배에 달할 정도로 급속한 성장을 보였다(그림 2 참조).[14]

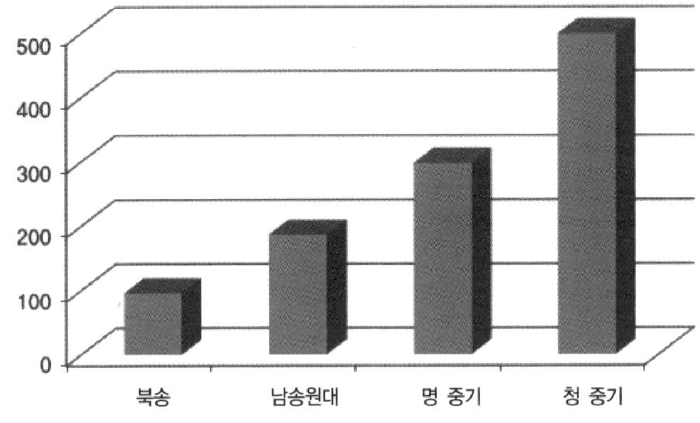

〈그림 2〉 강남지역 시진 숫자의 증가(출처: 龍登高, 2003, 62쪽)

이제 강남지역을 중심으로 도시와 농촌시장의 발전을 간략히 살펴보고자 한다. 조강(趙岡)은 시진의 시대적 성격을 '전통형'과 '비전통형'으로 나누어 살핀다. 전통형 시진은 농업의 잉여 농산품을 구매하는 지점이자 수공업 제품의 분배장소였고, 이러한 기본적 기능은 중국 역사 2000여 년 동안 변하지 않았다.[15] 반면 비전통형 시진은 송대 이후에 처음 출현

여 그 뒤 가정연간과 만력연간에 정점을 이루었던 것은 강남지역과 궤를 같이한다. 山根幸夫, 앞의 책, 1장 「明清時代華北における定期市」(汲古書院, 1995) 참조. 그 밖에도 청대 하남지역의 정기시에 관한 것은 鄧玉娜, 「清代河南集鎭的發展」 陳樺 主編, 『多元視野下的清代社會』(黃山書社, 2008) 참조. 한편 광동지역은 정기시가 활발히 발전한 지역 가운데 하나인데, 역시 명대 후반 주현당 평균 허시(墟市)의 숫자는 10개 전후였다가 청대 후반에는 30개 정도가 되었고, 20세기가 되어서 약 37개로 증가했다. 박기수, 「清代 광동 광주부의 경제작물 재배와 농촌시장의 발전」, 『명청사연구』 13(2000), 4쪽 참조.

14 吳建華, 『明清江南人口社會史研究』(群言出版社, 2005), 264쪽.

15 趙岡, 앞의 책, 155-162쪽.

해 명청 이후에 급속하게 발전했는데, 이는 주로 강남의 태호(太湖) 유역에서 발전했기 때문에 '강남형 시진'이라고 할 수 있으며, 이전의 전통형 시장과 구별된다.

이 '비전통형 시진=강남형 시진'이 지닌 특징은 시장에 출입하는 소농(小農)이 그들의 부업 생산물을 시진에서 판매하고 다시 원료나 식량을 구입하곤 했다는 점이다.[16] 이 양자는 수공업 제품과 농산물의 유통방향이라는 측면에서는 완전히 정반대이다(그림 3). 이처럼 16세기 중엽 이후 시진 발달의 주요 요인은 소상품 생산의 발전, 소농민의 상업적 농업과 농촌 수공업의 발전에 힘입은 바 크다.[17]

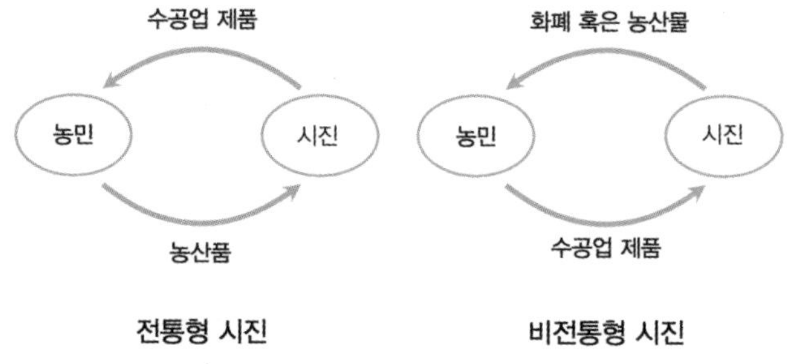

〈그림 3〉 전통형 시진과 비전통형 시진

다음으로 강남지역을 중심으로 시진 분포를 지형적으로 고찰해보면 다음과 같다. 시진의 분포가 가장 높은 지역은 가정현 서부, 태창현, 곤산현 동남부 등이다. 이에 비해 상숙현, 송강부 등은 좀 더 분포가 낮은 편이고, 태호 연변의 오강현, 장주부 동부나 송강부의 화정현 등은 분포가 극히 낮은 지역이다. 시진 분포가 높은 곳은 대체로 약간 높은 언덕지형에 면화 재배가 활발한 지역이고, 중간 지역은 남부의 평야지역과 동남

16 趙岡, 앞의 책, 162-166쪽.

17 시바 요시노부, 임대희 외 옮김, 『중국도시사』(서경문화사, 2008), 210쪽.

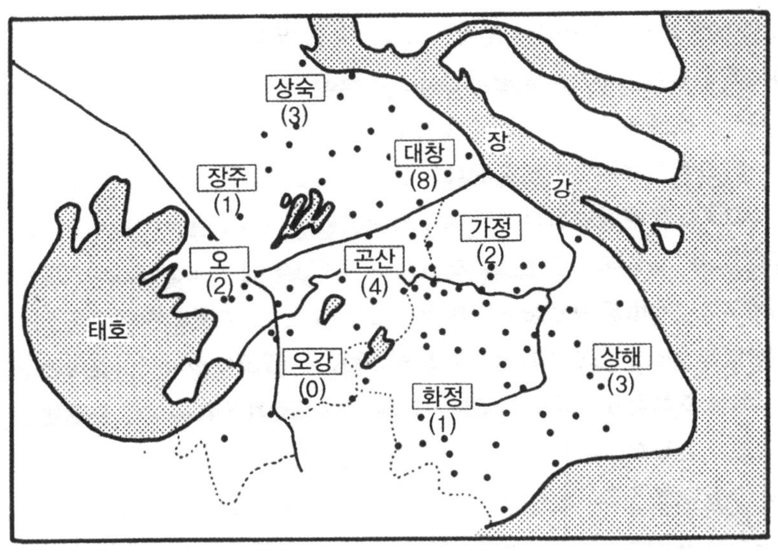

〈그림 4〉 명대 정덕연간 강남지역의 시진 분포(출처: 森正夫, 1992, 51쪽)

부의 넓은 사제지(砂堤地)였다. 반면 분포가 낮은 지역은 저습한 소택지였다(그림 4 참조). 그러나 이 지형적 조건과 시진의 발달 사이에 명확한 인과관계를 찾기는 어렵다.[18]

지역적으로 변화상 차이를 찾아보면 다음과 같다. 명대 정덕연간(1506-1521)을 기준으로 청대까지 시진의 숫자는 명대에 현저히 증가한 지역(상숙, 오강), ② 명대-청대에 현저히 증가한 현(장주, 화정, 상해), ③ 명대에서 청대까지 거의 변화가 없는 지역(오현, 태창) 등의 그룹으로 나눌 수 있다.[19]

이러한 차이에도 불구하고 분명한 사실은 16세기 중엽 이후 강남지역에서 도시지역과 농촌지역 역시 커다란 전환점을 맞이했다는 점이다.

18 森正夫編, 『江南デルタ市鎮硏究: 歷史學と地理學からの接近』(名古屋大學出版會, 1992), 52쪽.

19 森正夫編, 앞의 책, 54쪽.

강희제

명말 소주부성의 인구는 50만을 넘었을 것이라고 추정되고,[20] 청대에 들어와 강희연간에 70만에 달했으리라 생각되며, 19세기 초에 이르러서는 무려 100만에 달했으리라 추정한다.[21] 전체적으로 16세기부터 19세기 초에 이르기까지 200여 년 동안 약 50만 명에서 100만 명으로 2배 정도 증가한 것이다. 그리고 부성(府城) 내에서 각종 상공업에 종사하는 인구는 적어도 15만 명 이상으로 성인 남성 인구의 35% 정도로 추산된다.[22]

이렇게 소주부성으로의 인구집중 현상과 함께 명말청초를 계기로 대개 향촌에 거주하던 지주층 역시 본격적으로 도시로 이주했다.[23] 지주층의 거주지별 분포에 대해서는 "성곽에 모여 거주하는 자가 4-5할, 시진에 모여 사는 자가 3-4할, 향촌에 흩어져 거주하는 자가 1-2할"[24]이라고 했다. 즉 성거(城居) 지주가 4-50%, 시진 거주자가 3-40%, 향거(鄕居) 지주가 1-20% 정도였다. 그리고 "토착인으로 〔농사에〕 안업(安業)하고 있는 자들은 토지가 100무가 되지 않고, 〔그렇지 못한〕 나머지는 모두 소작농이다. 좋은 토지〔上田〕의 절반은 군성(郡城)의 부호들에게 돌아가고 말았다"[25]라고 했는데, 이러한 토지집중 현상은 상품경제 발달에 수반하여 토지거래가 활발해짐에 따라 점차 가속화되었다.[26]

---

20 曹樹基, 『中國人口史(淸時期)』(復旦大學出版社, 2000), 311쪽.

21 王衛平, 『明淸時期江南城市史硏究』(人民出版社, 1999), 62쪽. 리보중(李伯重)은 1850년대 강남 8부의 인구구성에 대해 성진(城鎭) 인구는 전체의 20% 정도이며, 농촌에서 비농업인구는 10%였다고 추정했다. 李伯重, 『多視角看江南經濟史』(三聯書店, 2003), 245-247쪽. 한편 曹樹基는 건륭연간 성진 인구는 288만 명이고 전체의 16.3%라고 추정했다. 曹樹基, 2000, 757쪽.

22 龍登高, 『江南市場史』(淸華大學出版社, 2003), 37쪽.

23 北村敬直, 『淸代社會經濟史硏究』(朋友書店, 1981), 2장 「明末・淸初の地主について」 참조.

24 道光 『蘇州府志』 卷10, 「田賦」.

25 乾隆 『甫里志』 卷5, 「風俗」.

26 D. H. 퍼킨스, 앞의 책, 137쪽.

이러한 도시부 집중과 아울러 16-18세기 도시부 주변 농촌시장의 증가는 매우 두드러진 현상이었다. 이 시기 시진의 숫자는 무려 12배 이상 증가했다.[27] 흔히 '시진'이라고 통칭되는 농촌시장을 '시(市)'와 '진(鎭)'으로 좀 더 세분하여 구별할 필요가 있다. 진이 "도시와 농촌 사이의 중개와 과도지역"[28]이라면, 시는 진에 비해 소규모이고 농촌지역에 가깝다. 개최일로 구분해보면, 진이 상설시 성격이 강한 데 비해 시는 정기시적 성격이 비교적 농후하다. 인구 역시 차이를 보여서 명청시대 강남지역의 경우, 진의 거주민은 일반적으로 1,000호 이상, 심지어는 1만 호에 달하는 경우도 있었다. 시는 100-300호가 대부분이며, 500-1,000호에 달하는 경우는 적었다.[29]

우선 진부터 좀 더 자세히 살펴보면, 원래 진은 군사요충지에 파견된 군단을 지칭하는데(예를 들어 번진(藩鎭)), 특히 당말부터 5대 10국에 걸쳐서 중국의 여러 곳에 진이 설치되었다. 그 뒤 치안이 잘 정비된 진에 많은 사람이 모여 살게 되면서 '진시(鎭市)'를 이루게 되었고 드디어 상업도시로까지 변모하게 되었다. 명대 정덕연간에도 "상고(商賈)가 모이는 곳을 일러서 진이라고 한다"[30]라고 했고, 청말 광서(光緖) 『송강부속지(松江府續志)』에서는 진에 대해 다음과 같이 서술했다.

> 수나라 제도에서는 (…) 진장(鎭將)의 주둔지라서 〔진이라고〕 이름 붙였는데, 〔그때 진이라는 것은〕 오늘날의 진시(鎭市)와는 다르다. 오늘날에는 보통 시전(市廛)이 번화한 곳을 진이라 한다. 〔이렇게 부르는 것은〕 우리만 그런 것은 아니며, 우리 고장에서는 시를 진이라 하는데, 송대부

27 范金民, 앞의 책, 90쪽.
28 樊樹志, 앞의 책, 5쪽.
29 樊樹志, 같은 책, 99쪽.
30 正德『姑蘇志』卷18,「鄕都」「市鎭村附」.

터 이러했다. 지방지를 보면 시라고도 하고 진이라고도 하는데, 〔시와 진이〕 어떤 차이가 있는지 잘 모르겠고, 예전 지방지에서 써오던 대로 쓰고 있다.[31]

명청시대에는 어느 시기나 현성 밖에 위치하고 객상들이 모여드는 상가가 밀집하고 번화한 곳을 '시진'이라고 불렀다. 풍몽룡(馮夢龍, 1574-1646)의 소설 『성세항언(醒世恒言)』에는 당시 시진에서의 생활상을 다음과 같이 생생히 묘사했다.

> 소주부 오강현에서 70리 떨어진 곳에 향진이 있는데 그 이름이 성택(盛澤)이라 한다. 진의 인구는 많고 풍속은 순박하다. 모두 잠상업을 생업으로 한다. 남녀가 모두 열심히 이에 종사하여 베틀소리가 마치 귀뚜라미 울음소리처럼 밤새 울려 퍼지곤 한다. 이 시진 양안(兩岸)에는 비단을 전문적으로 취급하는 아행(牙行, 중개업자)들이 천백여 집 있는데, 원근 촌방(村坊)의 비단 짜는 사람들은 모두 여기에 와서 거래하곤 한다. 사방에서 상인〔商賈〕이 〔농민들이 생산한 비단을〕 수매하는데, 벌떼나 개미떼처럼 몰려들곤 하여 혼잡하기 그지없어서 도로에는 잠시 서 있을 틈도 없을 정도이다. 비단이 생산되는 곳이며, 〔생산된〕 비단이 모이는 곳이기도 하다. 강남에는 양잠을 하는 곳이 매우 많지만 이 〔성택〕진이 가장 번창하고 있다. (…) (한편) 가정연간 성택진에 시복(施复)이라는 사람이 있었다. (…) 집에는 비단 짜는 틀을 두고 있고 매년 누에를 몇 광주리 길렀는데, 처는 비단실을 짜고 남자는 비단을 짜서 꽤 살만했다. 이 〔성택〕진 사람들은 모두 의식이 풍족하게 살았는데, 짜놓은 비단이 10여 필이 되거나 적어도 5-6필은 되곤 하여 판매하러 갔는데, 부유한 집에서는 〔짜놓은 비단을〕 쌓아놓고 바로 팔거나 하지 않았고, 아행이 객상을 〔부유한 집으로〕 데리고 와서 구입하곤 했

31 光緒『松江府續志』卷2,「疆域」2「鎭市」.

다. 시복의 집은 작고 본전이 적어서 3-4필을 짜면 바로 시장에 팔러 가곤 했다.[32]

여기에서 성택진은 시진과 그 주변 주민들이 개별적으로 생산한 수공업 제품을 거래하는 것으로 번영했고, 생산된 제품은 지역 내에서 소비되는 것이 아니라 지역의 아행을 통해 타 지역 객상에게 팔려나갔다는 점을 알 수 있다. 상품이 거래되는 흐름을 보면, ① 시복(현지 생산자)→② 아행(현지 중개인)→③ 객상(원격지 상인)의 순서였다.[33] 그리고 진은 객상과 아행이 거주하는 '시(市)' 구역과 일반 주민들이 거주하는 지역으로 나눌 수 있다. 전체적으로 진에서는 아행과 객상이 직접 수공업 제품을 수매하러 돌아다닐 정도로 거래에 적극적이었고, 이것이 성택진의 거래를 활성화하는 가장 중요한 요소였다. 그리고 농민들은 이러한 수공업 제품을 시진에서 판매한 뒤에 얻은 현금을 이용하여 다음에 생산할 원료(뽕잎이나 면화 등)를 다시 구입하는 순서를 밟았다.[34]

이처럼 진은 크게 직물생산을 위주로 하는 수공업 시진(면포업[35]과 견직업[36])과 풍교진(楓橋鎭)[37]이나 주가각진(朱家角鎭)처럼 미곡유통을 중심으로

32 馮夢龍, 『醒世恒言』 卷18, 「施潤澤灘闕遇友」.

33 홍성화, 「명대 후기 상업관행 속에서의 정보와 신용」, 『중국학보』 59(2009) 참조. 필자가 이 논문에서 밝혔듯이 명대 상인들은 시장 내의 정보가 지닌 비대칭성을 해결하는 방법으로 법이나 제도적 보증보다는 거래자 간의 개별적 신용을 두텁게 하는 쪽을 점차 발전시켜나갔다. 즉 중국 근세의 거래자들은 시장의 모든 사람을 무차별적으로 신뢰한 것이 아니라, 자신이 오랫동안 알고 친숙한 사람들 가운데 신뢰할 수 있는 거래 상대를 선택하는 경향이 두드러졌다고 지적했는데, 이는 앞서 인용한 기어츠의 '바자르 경제' 속에서 단골화(clientelization)와 같은 성격이라고 생각된다. 반면 일본 에도시대인 18세기 중반 에도의 포목점 에치고야(三越)에서는 아는 사람이든 모르는 사람이든 같은 가격으로 팔아야 한다는 관행이 성립되었다고 한다(벨라, 박영신 옮김, 『도쿠가와 종교-일본근대화와 종교윤리』(현상과인식, 1994), 43쪽). 이 점은 근세 중국의 상업관행과는 크게 다른 측면이다.

34 天野元之助, 「農村の原始市場」, 『中國農業の諸問題』 下 (技報堂, 1952), 87쪽.

35 민경준, 「명청대 江南 면포업시진의 객상과 商路」 참조.

발달한 시진으로 나눌 수 있다. 미곡거래로 유명한 소주부성 인근의 풍교진 모습을 보면 다음과 같다.

> 소주 창문(閶門) 밖 남호(南濠) 일대 서쪽으로 풍교(楓橋)가 있고 그 연변에는 강을 따라서 시방(市房)이 있는데, 남호는 소주에서 가장 번화한 곳으로 모든 상품이 모이며 상인이 모여드는 곳이다.[38]

이를 보면 시진이란 상설점포〔市房〕들이 쭉 늘어선 구조였다는 점을 알 수 있다.[39]

다음으로 진의 규모를 살펴보자. 일반적으로 소주부성의 둘레는 45리[40](약 27km)였다. 〈표 1〉에서 보듯이 시진의 규모는 소주부성의 3분의 1 정도나 심지어는 절반에 달할 정도였다. 인구 역시 적어도 진인 경우는 일반적으로 1,000호 이상이고, 남심진(南潯鎭)이나 성택진과 같은 1만여 정도에 이르는 진도 강남지역에는 다수 존재했다.[41]

36 민경준, 「江南 絲綢業市鎭의 客商활동과 客商路」; 「明清代 江浙市鎭의 방직업 생산·유통구조—太湖 남안의 견직업시진을 중심으로」 참조.

37 명청시대 풍교진에 대해서는 徐卓人 編, 『楓橋』(蘇州大學出版社, 2002) 참조. 풍교진은 장강 중류 호광지역에서 생산된 미곡이 강남에서 집산되는 지역으로, 미곡은 상당 부분 소주에서 소비되었지만 다시 풍교를 거쳐 상해로 가거나 사포(乍浦)를 거쳐서 복건으로 수송되었다. 蔡世遠, 「與浙江黃撫軍請開米禁書」, 『清經世文編』 卷44, "福建之米, 原不足以供福建之食, 雖豊年多取資於江 · 浙, 亦猶江 · 浙之米, 浙之食, 雖豊年必仰給於湖廣. 數十年來, 大都湖廣之米, 輳集於蘇郡之楓橋. 而楓橋之米, 間由上海, 乍浦以往福建. 故歲頻祲, 而米價不騰." 이런 의미에서 동시대 에도시대 오사카가 미곡 집산지로서 '천하의 부엌' 역할을 했다면, 이와 유사한 역할을 중국에서는 풍교진이 담당했다.

38 葉夢珠, 『閱世編』 卷4, 「宦蹟」 1.

39 청초 화정현(華亭縣, 송강부의 치소)에서 시방(市房)의 매매가격은 2,000량에 이를 정도로 고가였다고 한다. 董含, 『三岡識略』 卷12, 「煞神」 "予族人有市房一所, 運判以二千金買之."

40 曹自守, 「吳縣城圖說」(顧炎武, 『天下郡國利病書』, 「蘇州備錄」 下), "蘇城衡五里, 縱七里, 周環則四十有五里."

41 劉石吉, 『明清時代江南市鎭研究』 120-127쪽 참조.

〈표 1〉 강남 시진의 규모 (출처: 王衛平, 1999, 100쪽; 청대 1리=약 500m)

명칭	규모	자료
복원진(濮院鎭)	진(鎭)의 주위 12리, 동서 3리, 남북 3리	『복원진지(濮院鎭志)』
오청진(烏青鎭)	시전(市廛)의 넓이 18리	『오청문헌(吳青文獻)』 권1
남심진(南潯鎭)	동서 3리, 남북 7리	『남심진지(南潯鎭志)』 권수 「범례凡例」
쌍림진(雙林鎭)	동북 3리, 남북 4리, 주위 14리	『쌍림진지(雙林鎭志)』
남상진(南翔鎭)	동서 5리, 남북 3리	만력(萬曆), 『가정현지(嘉定縣志)』 권1
나점진(羅店鎭)	동서 3리, 남북 2리	만력(萬曆), 『가정현지(嘉定縣志)』 권1

규모를 비롯해 부성과 주변 시진 간 차이는 그다지 크지 않아서, 예를 들면 소주성(蘇州城) 북서쪽에 위치한 산당진(山塘鎭)[42]은 풍교진까지 시가지가 하나의 성처럼 이어졌다고 한다.[43] 게다가 진은 단순히 인구 밀집지역이었을 뿐만 아니라 농촌 수공업 등이 발전했고, 그 안에 상점가가 쭉 늘어섰던 것이 일반적이었다. 농촌의 상설 상업지구였던 셈이다. 그 규모는 현성에 필적할 만했지만 청조 행정의 비탄력적 성격 탓에 현성으로 개편하기가 어려웠기 때문에 계속 비(非)행정 도시로 남아 있을 수밖에 없었다.[44] 일례로 소주부 예하 진의 숫자는 68개나 되었는데, 순검사가 설치된 곳은 13곳, 파총·천총·도사·유격 등이 설치된 곳은 11곳에 불과했다.[45] 즉 청조의 행정력은 현성 주변과 일부의 대진(大鎭)

42 소주 산당진(山塘鎭)에 대해서는 大木康, 『蘇州花街散步ー山塘街の物語』(汲古書院, 2017) 참조.

43 劉鳳, 「閶西築城論」(顧炎武, 『天下郡國利病書』, 「蘇州備錄」 下), "山塘至楓橋爲一城."

44 시바 요시노부, 앞의 책, 123쪽.

에만 집중되었다.

한편 현성 내에도 현시(縣市)[46]가 있고, '간집(趕集)'이라는 비정기적인 시장이 자주 열리기도 했다. 이에 대해서 엽몽주의 『열세편』에서는 다음과 같이 서술하고 있다.

> 간적(趕積, =간집)이라는 것은 학헌(學憲=學政) 소재지에 물건을 가져와 수시로 열리는 시장이다. 다만 숭정 13년 경신년(1640), 섭서 출신 장봉핵(張鳳翮, ?-1643)이 남직예의 학정이 되어 송강부에 와서 세시(歲試)를 주관했는데, 〔이때 시장이〕 가장 번성했다. 〔여기에서 팔리는〕 골동품은 매우 진기한 것이고, 집집마다 쭉 늘어져 있었다. 이 해에 시원(試院)의 동쪽과 서쪽 임대료가 크게 상승하여 〔상인들은〕 하장로교(河莊老橋) 남북의 대로에 시장을 열자고 약속했다.[47]

여기에서 "이 해에 시원의 동쪽과 서쪽의 임대료가 크게 상승하여 〔상인들은〕 하장로교 남북의 대로에 시장을 열자고 약속했다"라는 구절에서 알 수 있듯이, 이 골동품 상가〔古玩〕는 상설점포에 세를 놓는 형식으로 자리 잡고 있었고, 임대료가 인상되면 다른 상인들과 약속하여 다른 지역으로 옮기곤 했다는 것을 알 수 있다. 여기서 시장을 개설하고 점포를 배치하는 데 지방관의 허락, 즉 규제 없이 상인들이 임의로 실행할 수 있었다는 점도 주목할 필요가 있으며, 위와 같은 방식은 다른 시장촌에서도 마찬가지였다고 생각된다.

---

45 劉石吉, 앞의 책, 123쪽 참조.

46 弘治『吳江志』卷2,「市鎭」, "縣市在吳淞江上, 西濱太湖, 去郡城盤門四十五里 (…) 舊經云, 城無十里之方市, 無千家之聚. 今民生富庶城內外接棟, 而居者烟火萬井, 亭榭與釋老之宮, 掩映如畵, 其 運河支河貫注入城, 屈曲旁通, 舟楫甚便. 其城內及四門之外, 皆市廛闤闠, 商賈輻輳, 貨物騰涌, 壟斷之人居多." 여기에서도 현시(縣市)는 기본적으로 상설시였다는 점을 알 수 있다.

47 葉夢珠,『閱世編』卷2,「學校」5.

다음으로 진보다 작은 규모인 '시'를 보자. 일반적으로 진이 발전하면 현으로 승격하거나 쇠퇴하면 시로 내려가곤 했다.[48] '촌', '시', '진'에 대한 당시 기준을 보면 다음과 같다.

> 보통 사람들이 모여서 촌락을 이룬 곳을 '촌'이라 하고, 상고가 거래한 곳을 '시'라고 한다. 관장(官將)을 두어 수비하는 곳을 '진'이라 하는데 관〔장〕을 두지 않은 곳을 역시 '진'이라고 부르기도 하고, 관〔장〕을 둔 곳을 여전히 '촌'이라고도 한다. 이름과 풍속이 서로 같지 않은 것이다. 옛날 오강현에서 진이라고 부르는 곳이 일곱 군데이고, 시라고 부르는 곳은 열 군데이다.[49]

민국(民國) 『가정현속지(嘉定縣續志)』의 서술에서 시의 거래 모습을 살펴보자.

> 망선교시(望仙橋市) (…) 시가가 남북으로 1리 정도, 동서로는 반 리가 못 된다. 상가는 30여 가로 매일 아침 한 차례 장이 서고 쌀, 보리, 면, 콩을 거래한다.[50]
>
> 육가행(陸家行)은 진가행과 청포〔현〕와 경계를 접하며 얕은 강을 경계로 삼고 있다. 서쪽으로는 청포현에 속하고 동쪽으로는 가정현의 경계를 이룬다. 시가는 한곳인데 상점은 네 곳으로 매일 시집(市集)이 두 번 선다. 면화와 쌀을 교역한다.[51]

48 일례로 성택과 엄묘, 노허는 모두 홍치연간에 '촌'이었는데, 가정연간에 성택과 엄묘는 시가 되었고, 건륭연간에 성택과 노허는 '진'으로 승격했으며, 엄묘는 여전히 시의 상태였으나 도리어 동치연간에 엄묘는 하락하여 촌이 되었다. 劉石吉, 앞의 책, 126쪽 참조.

49 乾隆 『震澤縣志』 卷4, 「疆土」 「鎭市村」.

50 民國 『嘉定縣續志』 卷1, 「疆域志」 「市鎭」.

51 民國 『嘉定縣續志』 卷1, 「疆域志」 「市鎭」. 스키너에 따르면 중국 농촌에서 하루 종일 열리는 시장은 매우 드물고, 단지 몇 시간 동안 열렸다고 한다. 스키너, 양필승 옮김,

확실히 시는 규모가 작은 편인데, 시의 경우 인구는 대개 100호에서 300여 호였고, 500호에서 1,000호 정도 되는 경우는 극히 적었다고 한다.[52] 이처럼 강남지역에서는 시의 경우에도 며칠 간격으로 시장이 열리는 것이 아니라, 매일 시장이 서는 경우가 많았다.[53] 강남지역의 경우 교역의 발전으로 정기시는 점차 사라지는 추세이며, 다른 지역에서 흔히 찾아볼 수 있는 정기시는 강남지역에서는 극히 소수였다.[54]

전반적으로 강남지역에서는 농촌 말단의 시 역시 상설시로 전화되어 가면서 진과 시는 상설시와 정기시의 구분이 아니라 시장촌의 규모나 인구, 그곳에서 유통되는 거래규모 차이를 나타내게 되었다. 앞서 인용했던 광서 『송강부속지』에서 "〔지방〕지를 보면 시라고도 하고 진이라도 하는데, 〔시와 진이〕 어떤 차이가 있는지 잘 모르겠다〔顧志或稱鎭或稱市, 不知所別〕"라는 구절에서 알 수 있듯이 강남지역에서 진과 시의 차이는 본래 경계가 모호했다. 다만 대체로 그 규모 차이로 진에서는 수공업 제품이나 미곡 등의 대량 거래를 위주로 했고, 시에서는 일상적인 생활용품 거래를 위주로 했다.[55]

그렇다면 시진과 시진 사이의 간격은 어느 정도였을까. 강소성의 경

『중국의 전통시장』(신서원, 2000), 41쪽.

52 劉石吉, 앞의 책, 120-127쪽 참조.

53 石原潤, 『定期市の硏究』(名古屋大學出版會, 1987), 163쪽.

54 天野元之助, 『中國農業の諸問題』 下, 76-77쪽. 한편 강남지역과 달리 명대부터 청말까지 화북 농촌지역에서는 정기시를 중심으로 교역이 발전했다. 야마네 유키오(山根幸夫)에 따르면, 현성 내에서 열리는 것은 성집(城集), 향촌에서 열리는 것은 향집(鄕集)으로 나뉜다. 성집은 매일 열리는 경우가 많았고, 향집은 격일부터 매우 다양하게 열렸다. 나아가 그는 상업활동이 활발한 시집(=대집)과 그렇지 못한 시집(=소집)으로 구분했다. 山根幸夫, 1995. 제1장 참조. 광동지역 역시 정기시가 가장 발전한 지역으로 꼽히는데, 불산진의 경우를 제외하고 광동지역에서는 격일로 열리는 정기시를 다수 찾을 수 있지만, 그때까지 상설시로 발전하지는 않았다고 생각된다. 天野元之助, 앞의 책, 80쪽 참조.

55 天野元之助, 앞의 책, 98쪽.

우에도 명대에는 7-8km, 청대 후기와 민국시대에는 4-5km였다. 걸어서 시장에 접근한다고 한다면, 명대에는 두 시간, 청대 후기와 민국시대에는 1시간 정도였다. 설령 직선이 아니라 하더라도 명대에는 아침에 출발해서 저녁에 돌아올 수 있는 거리였다면, 청대 후기와 민국시기에는 반나절이면 충분히 왕복이 가능한 거리였다.[56] 한마디로 말해서 농촌지역의 시장망이 극한까지 발전했고,[57] 이를 기반으로 시진 주변의 소농층은 이러한 시장 네트워크에서 상품생산에 참여했다는 것을 알 수 있다.[58] 다시 말해 스키너의 유명한 명제인 '농민들의 실제 사회활동 영역은 협소한 촌락이 아니라 기층 시장권'이라는 주장은 실은 중국 농민이 공간적으로 얼마나 시장과 가까이 살았는지를 표현한 것이다.

〈그림 5〉 중국 근세 시장의 계층구조

시 주변에는 평균적으로 20개에서 30개 촌이 포진되어 있어서 이들은 가까운 시와 진에 왕래하면서 하나의 시장권을 형성했다. 농민들은

56 石原潤, 앞의 책, 145쪽. 반면 조선시대 후기 하삼도(下三道)와 경기도의 경우 장시권의 평균면적이 100㎢, 장시로부터 멀리 떨어져 있더라도 거의 20리(10km) 정도였다(이헌창, 앞의 논문, 7쪽). 이렇게 본다면 조선 후기 정기시의 긴밀도는 청대보다도 오히려 명대의 사례에 더 가깝다고 생각된다.

57 시바 요시노부, 앞의 책, 210쪽.

58 1920년대 중국 농촌에 대한 로싱 벅의 조사에 따르면, 특히 연해지역 농산물의 상품화율은 52.6%에 달했다. Buck, J. L., Chinese *Farm Economy: a Study of 2866 Farms in Seventeen Localities and Seven Provinces in China* (Nanking, 1930), p. 199 참조. 반면 1930년대 일본의 상품화율은 각각 대경영 35.3%였으나 소경영은 53.2%였다. 栗原百壽, 『日本農業の基礎構造』(農山漁村文化協會, 1980), 221쪽 참조.

시장의 개최시간에 맞춰 가까운 곳의 시장을 일정에 따라 매일 방문할 수 있었다. 이러한 왕래 속에서 점점 하나의 네트워크가 형성되었으며 시장권 주변 주민들 역시 지방지에서 시진을 중심으로 자신들을 '진인(鎭人)'이나 '이인(里人)'이라고 서술하고, 자신들의 고향을 '우리 동네〔吾里〕'나 '우리 고장〔吾邑〕'으로 지칭했다.[59] 이는 시진을 중심으로 그 인근 향촌 주민들이 점차 공통적인 아이덴티티를 형성하기 시작했음을 의미한다.

한편 길버트 로즈만의 추산에 따르면, 청초 전국 도시인구는 전체 인구의 6-7%였고, 19세기 중엽 강소성의 경우 전체 인구 4,300만 명 중 도시 인구는 320만 명으로 7%에 해당한다고 보았다.[60] 스키너 역시 1843년 강남지역을 포함한 장강 하류지역의 경우 330개에 달하는 중심지 인구는 전체 인구의 약 7.4%에 달하며, 1893년이 되어도 도시화율은 10.6%라고 추산했다.[61] 대체로 이들 연구는 현성, 주성, 부성, 성성, 경성

59 森正夫, 「明淸時代江南三角洲的鄕鎭志與地域社會－以淸代爲中心的考察」, 『中華民國史專題論文集第五屆硏討會』 제1책, 國士館, 2000.

60 Rozman, Gilbert., *Urban Networks in Ch'ing China and Tokugawa Japan* (Princeton University Press, 1974), p. 273, p. 218.

61 Skinner, G. W., "Regional Urbanization in Nineteenth Centry China", in *The City in Late Imperial China* (Stanford University Press, 1977), p. 229. 오승명 역시 청 전기 도시화율을 5% 정도로 추산했다(吳承明, 『中國的現代化: 市場與社會』(三聯書店, 2001), 152쪽). 스키너에 따르면 전체 중국의 도시화율은 1843년 5.1%, 1893년 6.0%였다. 지역별 도시화율은 〈표 2〉 참조.

〈표 2〉 청말 중국의 지역별 도시화율 (출처: 스키너, 1977, p. 229, 단위: %)

지역	1843년	1893년	지역	1843년	1893년
① 장강 하류	7.4	10.9	⑤ 장강 중류	4.5	5.2
② 영남	7.0	9.7	⑥ 북중국	4.2	4.8
③ 동남 연해	5.8	6.4	⑦ 장강 상류	4.1	4.7
④ 북서 중국	4.9	5.4	⑧ 운남 · 귀주	4.0	4.5

을 표준으로 하고, 각 시진을 여기에서 배제한 결과로, 이들은 시진을 도시가 아닌 농촌시장으로 인식했다.[62]

시장의 위계질서에 따라서 상층 시장촌(upper-market town)으로 올라갈수록 많은 재화와 서비스가 집중되었다. 앞서 설명했듯이 상층 시장촌에 신사나 상인들이 집중해서 거주했고, 수공업 기술 수준 역시 상층 시장촌(부성 내지 현성)으로 갈수록 높아졌다. 진에서 제공할 수 있는 상품과 서비스가 아무래도 소시(小市)보다는 질적으로 한 단계 높았기 때문에, 그 아래에 여러 개 소시를 포섭하는 더 넓은 진의 '시장권'을 이루었다.[63]

강남지역 농촌 수공업과 시장 네트워크의 관련성을 간략히 살펴보면, 대부분 면방직업은 도시부가 아니라 농촌에서 농가부업적 성격으로 발전했다는 점은 잘 알려져 있다.[64] 다음 사료를 보자.

> 우리 일가 중에 혼(焜)이라는 자가 있는데, 무석성(無錫城) 북문에 거주했다. 수백 금으로 면화장(棉花莊)을 열어서 면포를 교환하는 것을 생업으로 했다. 주변에 13-14세 소녀가 거주했는데, 그녀들은 모두 요염하고 절색이었다. 그녀들은 항상 면포를 지고 와서 면화와 교환했다. (…) 이것은 건륭연간 초기의 일이었다.[65]

여기에서 보면 무석 현성 주변의 농민은 어떠한 시진을 거치지 않고 바로 현성으로 가서 상인과 거래했다는 점을 알 수 있다. 앞서 살펴보았던 '현성↔진↔시'라는 위계질서는 설명을 위한 이념형에 가깝고, 상인

62 劉石吉, 앞의 책, 136쪽.
63 시바 요시노부, 앞의 책, 306쪽.
64 본서 제3부 제3장 「농촌 수공업 선대제 생산문제」 참조.
65 錢泳, 『履園叢話』 卷23, 「雜記」 上 「換棉花」.

이나 농민들의 행동패턴은 이와 달리 훨씬 더 자유로웠다는 점을 반드시 부연해두어야 한다. 스키너에 따르면, "기층 시장이 단지 한곳의 상위 시진에만 의존하기보다는 두세 곳의 상위 시진에 연계·의존했기 때문"이며 "〔중국에서—인용자〕 하나의 상인에만 의존하는 시장체제는 지형적으로 삼면이 막힌 지역에서만 볼 수 있다"[66]라고 했다. 그렇다면 바다 건너 동시대 에도시대는 중국과 비교해볼 때 어떠했을까.

2. 거울로서 에도시대 시장구조

이제 청대의 시장구조를 에도시대의 경우와 비교하면서 살펴보자. 전국시대 말기에서 에도 초기까지 농촌에서 시장기능은 중국의 경우처럼 정기시가 담당했다. 또한 이 시기까지는 무사와 농민들의 거주지가 뚜렷이 구분되지 않았다. 그러다 오다 노부나가(織田信長, 1534-1582)의 정책으로 계급마다 특정한 장소에 거주하도록 했고, 이로써 상공업자들은 조카마치(城下町) 아래 집중적으로 거주하기 시작했다.

오다 노부나가는 상인들의 특권을 보장하는 라쿠이치라쿠자(樂市樂座)를 실시했으며 이를 통해 가신단을 조카마치에 집중시켰고, 그 뒤 점차 조카마치 거주자(=소비자)와 농촌 거주자(생산자)가 분리되면서 그 사이에 물류가 생겨나게 되었다. 그렇지만 오다 집안(織田家) 이외에 가신단 역시 자신들의 성과 그 아래에 조카마치를 각각 보유했다. 아직까지는 한 나라 안에 조카마치가 여러 개 병존한 것이다.

66 스키너, 앞의 책, 55쪽.

우타가와 히로시게(歌川広重), 〈니혼바시(日本橋)〉 (1830, 에도시대, 부분)

오다 노부나가의 뒤를 이은 도요토미 히데요시(豊臣秀吉, 1536-1598)가 추진한 일련의 정책[67] 가운데 특히 '병농분리(兵農分離)' 정책으로 소비자와 생산자가 좀 더 명확히 분리되었고, 소비자인 무사의 거주지는 조카마치에 집중되었으며, 다이묘로부터 급여를 받아 소비재를 입수했다. 한편 생산자인 농민은 농촌에서 생활하면서 동시에 생산물 판매처로서 자신의 번(藩) 내의 조카마치를 첫 번째로 생각하게 되었다.

한편 다이묘들은 조카마치에서 가신들이 조카마치로 집중하기 위해서 저택〔屋敷〕을 주거나 신분에 따라 거주지역을 분할하여 정리하는 한편, 조카마치의 상인들에게는 상세(商稅)인 지시센(地子錢)을 면제해주는 등 번을 중심으로 한 조카마치 건설에 착수했다. 앞서 인용한 『열세편(閱世編)』에 나오는 골동품 시장처럼 중국에서는 시장에 대한 지방관의 개입이 적었던 데 비해, 근세 일본의 경우 시장을 구성하는 데 권력이 개입했다는 점은 양자 간의 뚜렷한 차이다.

그 뒤 도쿠가와막부가 실시한 일국일성령(一國一城令)의 결과, 다이묘 이외의 조카마치는 사라져서 번의 경제권은 다이묘의 조카마치로 집중되었다. 이처럼 번 내에서는 최대 시장인 '조카마치'를 중심으로 점차 통합되었고,[68] 자이고마치 상인(在町商人)을 여기에 편입시켰다.[69] 에도시대에는 전국에 300여 개의 조카마치가 있었는데, 어떤 경우는 12만 명 정도의 대규모 조카마치도 있었지만, 작은 경우는 1만여 명 전후 규모도 있었다고 한다.[70]

67 安良城盛昭, 『幕藩体制社會の成立と構造』(有斐閣, 1986). 安良城은 특히 「太閤檢地の歷史的意義」에서 태합검지(太閤檢地) 이전의 일본사회를 장원제하의 가부장적 노예제사회(=중세)로 파악하고, 태합검지를 통해 장원제가 해체되어 소농민 경영이 자립하는 계기가 되었으며, 기존의 중층적 토지소유관계가 영주와 농민 양자로 재편됨으로써 봉건제=막번체제가 성립되어 일본사회가 근세로 진입했다고 평가했다.

68 大石慎三郎, 「藩域經濟圈の構造—信州上田藩の場合」, 『商経法論叢』 12-3(1962).

69 山口啓二·佐々木潤之介, 『体系·日本歷史』 4(日本評論社, 1971), 80쪽.

물론 번 내의 시장이 조카마치만 있었던 것은 아니다. 농촌에서는 중세 이래 자이고마치(在郷町, =在方町)도 발전하고 있었다. 조카마치와 달리 상공업자 이외에도 농민이 다수 거주했고 도시와 농촌의 성격을 모두 갖추었는데, 조카마치 등의 마치(町)에 비해서 '농촌도시'적 성격이 있었다.[71] 이러한 자이고마치 발달에는 근세기의 자이가타(在方, 농촌부)에서 생업의 변화가 있었기 때문이다. 근세 농촌에서는 쌀과 보리 재배 이외에 농잠(農蠶), 연초 등 상품작물의 생산, 농한기의 행상과 농한기 부업의 발달에 따른 생업의 다양화가 있었고, 자이고마치 발달은 이러한 농가부업의 발달과 깊은 연관을 맺고 있었는데, 이런 측면은 동시대 중국의 시진 발전과 궤를 같이했다. 즉 두 나라 모두 16세기와 17세기 이후 소농경제가 안정되면서 여러 가지 수준의 농촌시장이 발달했다는 점은 공통적이라고 할 수 있다.

자이고마치 아래, 하급 범주로서 정기시도 존재했다. 정기시는 농촌의 유력 농민층〔豪農層〕이 장악했는데, 정기시의 대표적인 것으로서 로쿠사이이치(六斎市)를 들 수 있다. 로쿠사이(六齋)라는 말은 원래 불교의 재계(齋戒)를 닦는 날로 음력 8·14·15·23·29·30일의 6일을 말한다. 정기시가 되면 월 6회, 즉 5일장이 되는 셈이다. 산사이이치(三齋市)는 월 3회, 즉 10일장이 된다. 이러한 일본의 정기시는 가마쿠라시대 후기 내지 무로마치시대에 등장했는데, 근세 중국의 경우와 다른 점은 칸에이시기(寛永期, 1624-1645)에 '이치오키테(市定)'라는 규정이 있어서 시장 내에서 상인들이 취급하는 품목과 장사 위치〔居座〕가 정해졌다는 점이다.[72] 『열세

---

70 大岡敏昭, 『武士の絵日記 幕末の暮らしと住まいの風景』(角川ソフィア文庫, 2014), 28쪽.

71 伊藤好一, 『近世在方市の構造』(隣人社, 1967).

72 岡村治, 「寄居六斎市の構成: 寛永期市定を史料に用いて」, 『歴史地理學調査報告』 6 (1994).

편』에서 묘사되었듯이, 중국 상인들은 자신들의 영업 위치와 업종을 자유롭게 선택했고, 시장에서 특별한 규칙 또한 발견하기 어려운 것으로 보건대, 확실히 중국과 일본의 사정은 서로 달랐다.

어쨌든 구조적 차이는 물론 존재하지만 시장 계층구조만으로 본다면, 매우 흥미롭게도 16세기 이후 중국의 경우처럼, 에도시대 일본 역시 ① 도시↔② 중간지대↔③ 농촌시장이라는 3단계로 구성되는 시장체계를 가지고 있는 셈이 된다.[73] 〈표 3〉에서 보듯이 스키너의 구분을 어느 정도 그대로 에도시대에도 적용할 수 있지 않을까 생각된다. 뿐만 아니라 이러한 체계의 성립기 역시 일본 쪽이 조금 늦긴 하지만, 중·일 모두 16세기 중·후반기라는 점이 매우 인상적이다. 근세 초기 오사카를 중심으로 하는 전국시장 구조였지만 시간이 지남에 따라 에도지역 역시 계속 성장하여 경제적 중심이 다원화되었다는 점,[74] 그리고 역시 대대적인 개간이 이루어져 신전(新田)이 크게 확대되었다는 점[75] 역시 근세 중국의 사례[76]와 공통적이라고 생각된다.

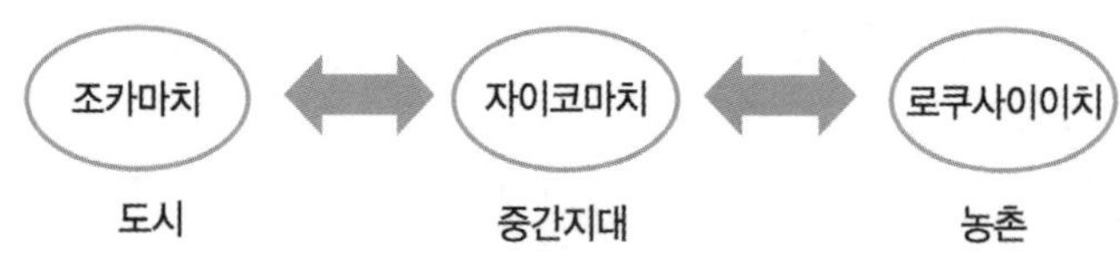

〈그림 6〉 에도시대 시장의 계층구조

73 가와카츠 마모루(川勝守) 역시 강남지역의 도시적 집락(=진)은 에도시대 자이고마치와 유사하다고 지적한 바 있다. 川勝守, 『明淸江南市鎭社會史硏究』 683쪽.

74 宮本又郎 · 上村雅洋, 「德川經濟の循環構造」, 速水融 · 宮本又郎 編, 앞의 책.

75 齋藤修, 「大開墾 · 人口 · 小農經濟」, 速水融 · 宮本又郎 編, 앞의 책.

76 본서 제2부 제3장 「'도광불황(道光不況)'의 구조」 참조.

〈표 3〉 중 · 일 시장의 계층구조

스키너의 구분	청대	에도시대
중심 시장촌 (Central Market Town)	현성	조카마치
중간 시장촌 (Intermediate Market Town)	진	자이고마치(在方町)
표준 시장촌 또는 기층 시장촌 (Standard Market Town)	시	로쿠사이이치(六齋市) 또는 산사이이치(三齋市)

물론 이러한 공통점도 있지만 실제로는 차이점도 분명히 존재했다. 이제 그 차이를 살펴본다. 가장 두드러진 점은 상층 도시와 하층 농촌시장 간의 비율일 것이다. 길버트 로즈먼(Gilbert Rozman)은 자신의 저서[77] 첫 페이지에 중국과 에도시대 도시를 구분해 그림으로 구현했다(그림 7). 중국을 기준으로 한다면 1번은 수도, 2번은 지역 중심, 3번은 성도(省都)나 그에 필적할 만한 항구도시, 4번은 부치(府治), 6번은 현치(縣治)이고, 7번이 시진에 해당한다. 즉 오른쪽으로 갈수록 상급도시이고 왼쪽으로 갈수록 하급도시이다.

중국과 일본을 비교해서 보면, 근세 일본의 경우 전체 도시에서 상급도시와 하급도시의 비율이 비슷했다면, 청대 중국의 경우 하급도시 쪽이 압도적으로 많다.[78] 한편 에도시대의 도시화율, 즉 인구 1만 명 이상의 도시인구 비율은 총인구에서 1650년대 13%, 1850년대 12%로 추계되는데, 이는 1750년대 잉글랜드의 17%, 벨기에 저지대 여러 지방이 25%에 비해 낮은 수준이었지만, 서구 전역의 비율(1500년대 4%→1800년대 9%)과

77 Gilbert Rozman, Ibid.

78 16세기 잉글랜드는 동시대 중국과 유사하게 농촌시장이 발달했지만, 시간이 지날수록 농촌시장의 숫자는 감소했다. 徐浩, 『18世紀的中國與世界: 農民卷』(遼海出版社, 1999), 207-208쪽 참조.

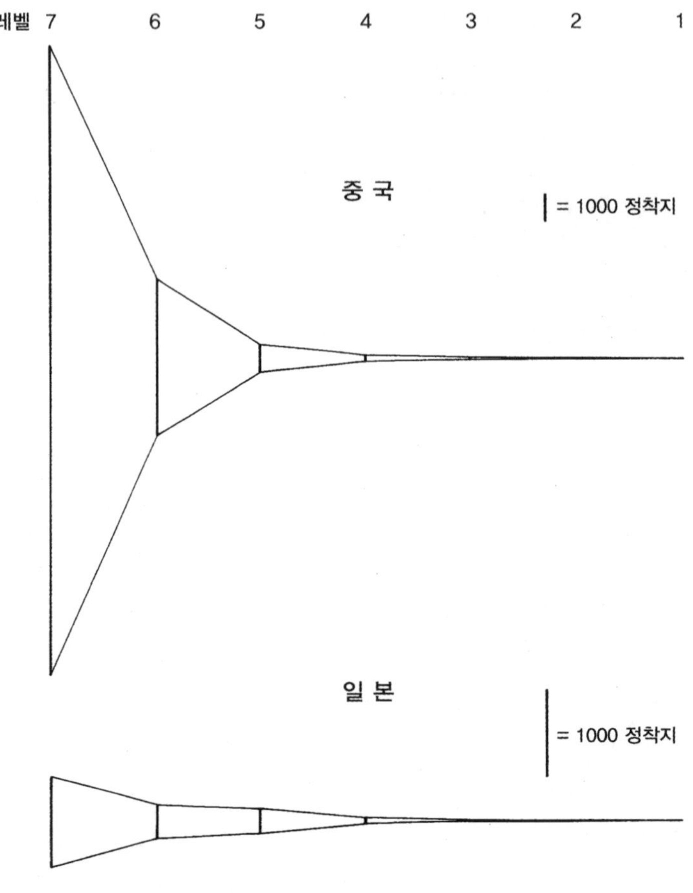

〈그림 7〉 길버트 로즈먼에 따른 근세 중국과 일본의 도시화 비교

비교하는 한 손색이 없을 정도였다.[79] 로즈먼에 따르면 청조 중국의 경우

79 사이토 오사무, 박이택 옮김, 앞의 책, 175쪽. 한편 조강(趙岡)에 따르면, 각각의 도시화율은 잉글랜드(1801) 30.6%, 일본(1868) 16.5%, 중국(1893) 7.7%라고 추산했다. 서호(徐浩)의 설명에 따르면, 1만 명 이상의 도시인구가 차지하는 비율은 1750년대 17%였는데, 1801년 23%, 1851년에는 37%에 달했다고 한다. 徐浩, 앞의 책, 237쪽.

6-7%였고, 이 점은 19세기에 들어와서도 7% 정도로 별 다른 변화가 없었다.[80] 상품경제의 발달에 비하면 의외로 도시화 수준이 낮았다.

〈표 4〉 청말 도시의 계층구조 (출처: Skinner, *The City in Late Imperial China*, p. 340)

수도	성도	도도	부치·직예주	하위치소	비행정치소	계
1	19	60	179	1,287	37,454	39,000

이러한 이유에서 중국 농촌시장은 "진·시의 전개가 지나치게 독자적이어서 세계에서 비교할 모델을 찾기 어렵다"[81]라고 평가된다. 한편 조강(趙岡) 역시 잉글랜드나 일본의 경우 중소도시의 비중이 적어지는 것이 보통인데, 중국의 경우는 시진의 인구비중이 갈수록 높아지는 것이 지니는 특이성을 지적했다.[82] 이처럼 하위의 농촌시장이 대대적으로 발전했기 때문에 순수한 촌락지역과 시장촌(market town)을 구별하는 것은 매우 어려울 정도였다. 거주지의 유동성은 바로 직업·신분의 유동성과 연결되었다.[83] 이렇게 볼 때, 에도시대에 조카마치를 중심으로 신분이 나뉘

80 Gilbert Rozman, *Urban Networks in Ch'ing China and Tokugawa Japan*, p. 273, p. 218. 앞서 각주 61에서 보듯이 스키너의 연구에서도 중국 전체의 도시화율은 각각 1843년 5.1%, 1893년 6.0%였다. 그렇다면 농촌시장의 보급이 활발해졌는데도 도시화율이 낮은 것은 어째서일까. 시바 요시노부에 따르면, 인구가 증가했다고 하더라도 하위 시진의 경우 인구 규모가 작기 때문에 도시화율에 영향을 주지 못했다고 한다(시바 요시노부, 앞의 책, 120쪽). 그밖에도 만약 정기시가 농촌 구석구석까지 확대되지 않았다면 농민들이 시장에 접근하기 위해 도시부로 이주하지 않을 수 없었을 텐데, 농촌시장이 확대되어 그럴 필요가 없어졌다. 즉 농촌시장의 확대가 반대로 도시로의 인구이동을 어느 정도 억제하는 기능도 하지 않았을까 생각된다. 이렇게 보면 정기시가 축소되기 시작한 일본 에도시대나 잉글랜드의 도시화율이 도리어 높아진 것도 충분히 설명될 수 있을 것이다.

81 시바 요시노부, 앞의 책, 268쪽.

82 趙岡, 앞의 책, 140-143쪽.

83 여기서 말하는 유동성이란 계층이동을 의미하는 이른바 소셜모빌리티(Social mobility)뿐만 아니라 지역 간의 이동까지 포함한다.

었다는 사실은 매우 대조적이었다.

모트가 지적한 바와 같이 공업화 이전의 유럽과 비교하여 중국의 도시와 농촌은 상호 개방적이었고, 도시와 농촌을 격리하는 제도적 장치가 없었다.[84] 이러한 의미에서 중국 농촌사회는 개방된 사회였다. 앞서 인용한 『성세항언(醒世恒言)』이나 『이원총화(履園叢話)』 속 사례에서도 알 수 있듯이, 농민들은 매우 자유롭게 시장에 참여했고, 늘 시장과 연결되어 있었다. 시장구조 역시 시장의 크기에 따라서 어느 정도 계층적 구분이 있었던 것은 사실이지만, 상인이나 농민들, 수공업자들이 그 위계질서대로 행동한 것은 아니었고, 이를 넘어서 언제나 자유롭게 거래했다. 한마디로 말해서 전통 중국의 시장구조는 '국지적 시장권(오츠카 히사오)'과는 거리가 멀고, 오히려 기어츠가 제시한 '바자르 경제' 쪽에 가깝다.[85]

이 점은 비단 강남지역뿐만 아니라 청초 호남지역의 미곡시장을 분석한 시게타 아츠시(重田德) 역시 이 지역의 미곡시장은 지역 내 소비를 위주로 발전하지 않고 주로 다른 지역에 미곡을 파는 것을 위주로 했고, 미곡 생산 역시 직접 생산자 간의 수평적 교환에 의한 것이 아닌 지주와 소작인 간에 성립한 수직적 교환이기 때문에 '국지적 시장권'의 성격을 지니지 않았다고 평가한 바 있다.[86]

---

84 Mote, F. W., "A Millenium of Chinese Urban History: Form, Time, and Space Concepts in Soochow", Robert A. Kapp, ed., *Rice University Studies: Four Views on China*, 59-4(1973).

85 개별 시장권의 분산성은 시장통합도가 낮은 현상과도 연결된다고 생각된다. 시바 요시노부는 행정도시의 서열화와 진(鎭) 이하 지역마을의 서열화가 도시화의 산물이면서도 하나의 상하체계로 연결되어 있지 않으며, 나아가 중국 도시체제가 단일한 통합체제를 이루지 않았다고 지적하고 있다. 시바 요시노부, 앞의 책, 63쪽, 118쪽 참조.

86 重田德, 앞의 책, 27쪽. 한편 葉夢珠, 『閱世編』 卷1, 「水利」에서는 다음과 같이 서술했다. "崇禎十四年(1641) (…) 蓋松民貿利, 半仰給於織紡. 其如山左荒亂, 中州糜爛 (…) 布商裹足不至, 松民惟有立而待斃, (…) 商旅不行, 物價騰湧." 그리고 嘉慶 『珠里小志』 卷1, 「界域」에서도 "商賈雲集, 貿販甲于他鎭. (…) 朱家角, 商賈湊聚, 貿易花

반면 에도시대의 시장구조는 초기에는 조카마치를 중심으로 한 '번역 경제권' 내지 '영역 시장권'이 성립되었다면, 산킨코타이(參勤交代) 등을 비롯해 여러 번에 대한 막부의 요구로 번경제의 독자적 자립은 어렵게 된다.[87] 또한 이른바 '삼도(三都, 에도 · 오사카 · 교토)'를 중심으로 한 중앙시장에 의존할 수밖에 없었고, 점차 중앙시장에 통합되어가기 시작했다. 이런 의미에서 볼 때, '국지적 시장권'론은 에도시대의 시장구조에 훨씬 잘 적용된다. 다만 잉글랜드의 경우, 이러한 시장 네트워크의 통합이 아래로부터 자율적으로 형성되어갔다면, 에도시대의 시장구조는 산킨코타이나 교통로의 정비를 비롯한 중앙권력의 강제가 커다란 작용을 했다는 점[88]에서 역시 차이가 있다고 생각된다. 한마디로 근세 중국의 시장은 '분산적(decentralization)'이고, 근세 일본의 경우는 '수렴적(convergence)'이었다. 한편 동시대 유럽의 시장구조 역시 '수렴적'이었다고 판단된다.

이러한 차이는 어디에서 유래한 것일까. 무엇보다 국가권력의 개입 정도에 따라서 이런 차이가 생겼다고 봐야 하지 않을까. 명청시대 중국의 경우, 국가권력이 시장에 개입하거나 이를 장악하려는 시도는 그다지

布. 京洛標客, 往來不絶, 今爲巨鎭"이라고 했다. 즉 강남지역의 소농들은 면방직업을 부업으로 살아갔는데, 그 판매는 강남지역 내의 수요가 아니라, 객상(客商)들에 의한 외부 수요에 대응하기 위한 것이었다. 반대로 호남 등의 미곡식량 역시 지역 내에서 자급자족이 아니라 객상들이 호남지역의 미곡을 구입하여 강남지역에 판매함으로써 유지될 수 있었다. 즉 공급과 소비가 지역시장권 안에서 충족되지 않고, 외부 수요를 위한 생산과 유통이 이루어진 개방적 시장구조였다. 기시모토 미오는 호남지역이 '지주적 시장'이라면, 반면 강남지역은 생산자가 판매자로 직접 시장에 나선다는 점에서 양자 간에 차이가 있으며, 두 지역 모두 개방적 시장구조라는 점에서 공통적이라고 지적했다. 나아가 이러한 청대의 개방적 시장구조와 해외에서의 은 유입의 관계를 논했다. 기시모토 미오에 따르면, 명 중기 이후 개방적 시장구조로 인해 외부의 화폐 수요에 의지하지 않을 수 없게 되었으며, 중국으로 막대한 은이 유입된 현상의 배후에는 이러한 개방적인 시장구조가 존재했다고 지적했다. 岸本美緖, 앞의 책, 260-263쪽 참조.

87 山本博文, 『參勤交代』(講談社, 1998).

88 鈴木浩三, 『江戸商人の經營と戰略』(日本經濟新聞出版社, 2013) 참조.

없었다. 반면 근세 일본의 경우, 오다 노부나가부터 여러 가지 방법을 동원하여 상인층을 장악하려고 했고, 그 때문에 조카마치에서 조닌(町人)이 집중되어 거주하는 일이 나타났다. 이를 통해 상업거래가 특정 장소에서 집중적으로 이루어지게 되었다.

16세기 이후 중국 농촌시장 발달이 지닌 특징은 일단 갖가지 시장권의 중층적 발달, 낮은 체계성, 하위 농촌시장의 확대와 정기시에서 상설시로 발달, 그리고 지역시장 밖의 외부수요에 대응하기 위한 개방성(비국지적 시장권) 등에 있었다. 중국과 에도시대 일본 사이에 시장구조의 차이는 전국적인 쌀값 변동폭의 변화에서도 쉽게 확인할 수 있는데, 중국에서는 각 지역 쌀의 연동성이 17세기보다 18세기 후반 그리고 19세기 초에 들어서 두드러지게 낮아졌다는 점을 확인할 수 있다. 왕업건(王業鍵)은 18세기 초반 '시장통합도(market integration)'라는 측면에서 중국이 유럽에 필적할 만했지만 19세기 중반이 되면서 중국은 유럽에 역전 당했다고 평가했다.[89] 그러나 근세 일본에서는 지역 간의 상관관계가 시간이 지날수록 높아졌다는 점,[90] 즉 시장통합의 정도가 더욱 제고되었다는 점은 청대 중국의 사례[91]와는 달랐다고 생각된다.

3. 서로 다른 농촌 수공업

16-18세기라는 시기에 시장권의 위계질서라는 점 이외에도 중국과 일본

---

89 Wang Yeh-chien, "Secular Trends of Rice Prices in the Yangzi Delta", 1638-1935, Rawski and Li eds., *Chinese History in Economic Perspective* (University of California Press, 1992), pp. 52-54.

90 宮本又郎, 앞의 책, 398쪽.

91 본서 제2부 제1장 「청대 전국시장과 지역경제」 참조.

두 나라 모두 면방직업이 널리 발전했다는 점은 잘 알려져 있다.[92] 여기서는 중국과 일본 면방직업 발전의 공통점과 차이점을 시장권의 논의를 기반으로 하여 살펴본다.

맨더스가 산업혁명에 선행하는 프로토공업화(proto-industrialization)론을 제기했을 때, 동아시아에서 강남지역과 에도시대의 일본에서도 비슷한 사례가 존재한다고 지적되었고,[93] 서구와 일본의 사례에 대한 비교연구까지 진행되었다.[94] 실로 16-18세기 동아시아의 경제변동에서 시장구조의 변화와 함께 농촌공업의 발전을 빼놓고선 논의가 전개될 수 없을 것이다.[95]

농촌공업을 다루기 전에 앞서 다룬 에도시대 시장구조의 변화를 환기해보자. 에도시대의 경우 인구 1만 명 이상의 도시인구 비율은 1650

92 徐新吾, 「中國和日本棉紡織業資本主義萌芽的比較研究」, 『歷史研究』(1981-6).

93 사이토 오사무, 박이택 옮김, 앞의 책. 프로토공업화론(proto-industrialization)은 경제사가 멘델스(F. Mendels) 등에 의해 제창된 개념이다. 기존의 사회경제사에서는 주로 국민경제론에 입각해 도시의 공장제 수공업인 매뉴팩처를 중시했지만, 여기서는 산업혁명 이전의 선대제 등 주로 농촌 수공업 등을 주로 지칭하며, 지방경제 중심의 접근을 중시한다는 점에서 차이가 있다. 그 밖에도 기존의 사회경제사에서는 '국지적 시장론'과 '농민층 분해론'에 입각해 농촌 수공업을 중시했다면, 프로토공업화론에서는 농촌 수공업이면서도 다른 지역시장, 특히 국제무역시장을 지향하는 농촌 수공업의 측면을 강조한다는 점에서도 차이가 있다.

94 같은 책.

95 가지무라 히데키의 연구에 따르면, 18세기 이래 조선에서는 목면이 1,500여 개 시장(정기시)에서 판매되는 주요한 상품 가운데 하나였다(141-142쪽). 또 면작을 하지 않으면서 시장에서 면화를 구입하여 자급용이나 면포를 직조하는 농민들도 상당수 있었다(168쪽). 다만 이러한 경우에도 가내부업적 가내수공업(170쪽)으로 농민들은 완성된 면포를 구입하기보다는 면화를 구입하여 면포를 직접 제조하려는 경향이 강했다. 이에 대해 가지무라는 "자급자족체제를 유지하기 위한 상품교환이 행해졌다"(169쪽)라고 평가했다. 조선 후기의 상품생산이 교환가치 획득을 위해서가 아니라, 자급자족을 위한 것이라는 가지무라의 지적은 청대 강남지역의 면포 생산과 많은 측면에서 유사하며 여러 가지 시사점을 내포한다. 梶村秀樹, 『한국근대경제사 연구: 이조 말기에서 해방까지』, 「이조 말기 면업의 유통 및 생산구조」, (사계절, 1983) 참조.

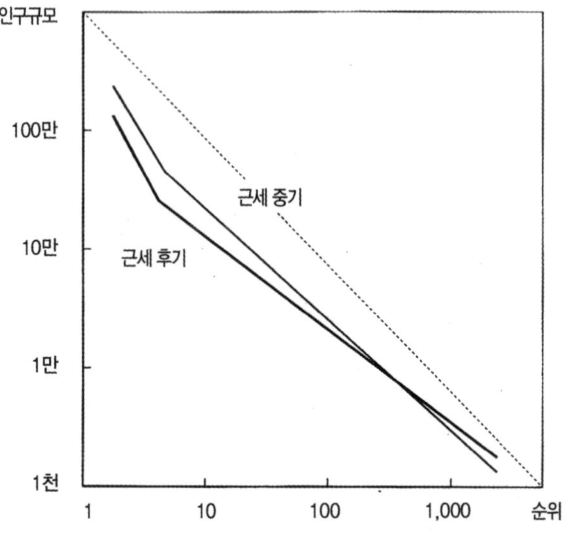

〈그림 8〉 에도시대 인구밀도의 변화 (출처: 鬼頭宏, 2007, 95쪽)

년대 13%, 1850년대 12%로 추계되는데, 1650년대부터 2세기 동안 중앙으로 인구가 집중한 데 비해서 도시화율은 별반 달라지지 않았다. 뿐만 아니라 흥미롭게도 미미하지만 그 수치가 도리어 낮아졌다. 사실 삼도(三都, 교토·에도·오사카)의 인구와 함께 조카마치의 인구는 감소했지만, 도리어 자이고마치 쪽은 성장했다. 이는 스미스의 지적[96] 이래 근세 자이고마치에 대한 연구로 확인되며,[97] 다른 한편 인구밀도 변화에서도 확인할 수 있다(그림 8). 이는 유력 농민층인 호농층(豪農層)의 성장과 밀접한 관련이 있다.

96 トマス C. スミス, 大島真理夫譯, 『日本社會史における傳統と創造ー工業化の内在的諸要因1750-1920年』(ミネルヴァ書房, 2002), 제1장 「前近代經濟成長」 참조.

97 高橋美由紀, 『在郷町の歴史人口學ー近世における地域と地方都市の發展』(ミネルヴァ書房, 2005).

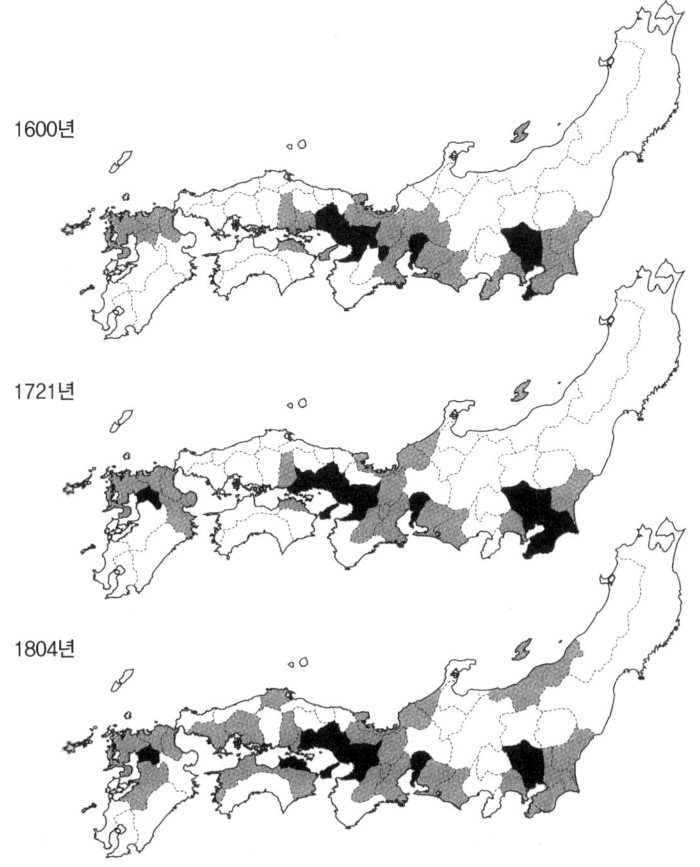

〈그림 9〉 에도시대 도시규모와 인구밀도(출처: 高橋美由紀, 2005, 4쪽)

반면 로쿠사이이치(六斎市) 등의 정기시는 지역적으로 다소 차이는 있지만, 이른바 다누마시대(田沼時代, 1767-1786)에 들어와서 확실히 쇠퇴했다.[98]

98 伊藤好一, 『近世在方市の構造』(隣人社, 1967), 「結語」. 에도시대 정기시 쇠퇴의 원인에 대한 모리야 요시미(守屋喜美)의 연구에 따르면, 정기시를 지탱하던 농촌지역의 소야(庄屋) 등의 유력 농민들〔豪農層〕이 조카마치로 유입되어 점포 상인으로 변신했기 때문에 정기시가 쇠퇴했다고 지적했다. 이는 유력 농민층이 영주 권력에 포섭되는 과정을 보여준다. 守屋喜美, 「近世後期商品流通研究の一前提」, 『歴史學研究』 276

같은 시기 건륭연간 중국에서는 시진이 수적으로 증가했을 뿐만 아니라 점점 정기시가 상설화되던 시기였다. 즉 에도시대 농민들은 동시대 중국과 달리 지역 내의 농촌시장과 점점 거리가 멀어졌다.[99]

무엇보다 에도시대 인구변화의 중요한 요인은 자이고마치의 성장이었다. 이렇게 본다면 에도시대를 통해 시장구조의 변화는 ① 조카마치의 성립→② 중앙시장으로의 통합→③ 지역시장인 자이고마치의 성장과 정기시의 축소로 요약할 수 있다. 잉글랜드처럼 도시부 집중이 점점 가속화되었던 것과는 다른 차원의 현상이라고 생각된다. 어찌 보면 해외 식민지 시장이 국내시장에 지속적으로 자극을 주던 잉글랜드[100]와 달리, 에도시대의 시장권은 농촌부로 상품생산과 시장 네트워크가 확장되는 형태였다.

이제까지 후진 지역이었던 관동 농촌지역이 점차 상품시장권에 편입되어 '에도 주변 경제권(江戸地回り經濟圈)'이라고 할 정도로 성장한 것도 중요한 요인이었다. 이를 통해 소규모 시장권을 형성하는 데 머물렀던 자이고마치가 에도에 판매하기 위한 상품 집하지가 되었고, 그 루트로 자이고마치가 발전했다. 여기에 자이고마치 도매상들이 독자적인 생산을 시작하여 대도시의 도매상들과 경쟁한 것이다.[101] 즉 일본의 경우 에도시대 초기에는 어디까지나 삼도와 조카마치를 중심으로 상품이 유통되었

(1963) 참조. 이런 의미에서 에도시대 농촌은 촌락공동체 사회였다고 할 수 있는 반면, 동시대 중국은 '기층시장권'을 중심으로 한 시장사회(W. 스키너, 『중국의 전통시장』, 72쪽)였다. 16세기 중엽 농촌시장[市鎭]의 확대와 보급은 명초 촌락중심사회를 시장중심사회(시장 공동체)로 변모시킨 가장 중요한 계기였다. 또한 스키너는 근대 시기에 들어와서 기층 시장권이 점차 소멸됨에 따라 이전의 기층 시장권을 중심으로 한 사회에서 촌락중심사회로 다시 변모했다고 지적했다(W. 스키너, 2000, 146-147쪽).

99 佐藤常雄 · 大石慎三郎, 『貧農史観を見直す』(講談社, 1995), 91쪽. "에도시대의 봉건사회를 가장 단적으로 나타내는 시스템은 재(在, 촌)와 정(町, 도시)의 분리"라고 한다.

100 徐浩, 앞의 책, 241-242쪽.

101 伊藤好一, 『江戸地廻り經濟の展開』(柏書房, 1966).

고 농촌지역은 미곡 생산지였을 뿐이었지만, 18세기에 들어와서야 비로소 자이고마치의 발달과 함께 농촌지역에서 면방직업을 비롯한 상품이 생산된 것이다.

스키너에 따르면 "전통적 시대에 시장체제의 '발전'과정은 〔기층—인용자〕 시장이 계속 신설되면서 시장권의 규모가 지속적으로 축소되는 양상을 보인다. 그러나 시진이 근대적 상업 중심지로 변모하고 구시장이 폐쇄되면 시장권의 규모는 오히려 꾸준히 확대된다"라고 했고, 중국의 경우 이러한 "진정한 〔중국의—인용자〕 근대화란 기층 시장이 소멸되도록 상업화가 진전된 중앙시장 체제 안에서 근대적 운송망이 발전될 때만 가능하다"[102]라고 지적했는데, 에도시대에는 근대적인 교통망의 보급 없이도 이러한 기층 시장권의 축소와 중앙시장 집중이 이미 선취되고 있었다.

그렇다면 이제 면방직업을 사례 삼아 농촌 수공업의 발달을 시장구조 중심으로 살펴보자. 중국의 경우 면방직업을 비롯한 농촌 수공업이 발달한 것은 명대 중기(16세기)부터였다. 만력 9년(1581) 전국적으로 확대 시행된 일조편법(一條鞭法)의 영향으로[103] 농가의 상품생산이 더욱 발전할 수 있는 조건을 형성했다는 사실은 잘 알려져 있다. 반면 일본은 18세기 후반[104]에 이르러서야 농가에서 면방직업이 본격적으로 개시되었다. 중국과는 상당한 시간 격차가 있다. 또 기술 수준이라는 측면에서도 중국 쪽이 에도시대보다 더 높았던 시기가 있었다고 평가된다.[105] 또한 앞서 농촌 정기시의 경우를 보아도 알 수 있었듯이, 중국의 경우 시진과 정기시의 발달로 시장 접촉이 갈수록 빈번해졌던 데 비해 에도시대에는 일상

102 스키너, 앞의 책, 134쪽, 135쪽.

103 姜守鵬, 『明淸社會經濟結構』(東北師範大學出版社, 1992), 167-171쪽.

104 中村哲, 「江戸後期における農村工業の發達－日本經濟近代化の歷史的前提としての」, 『經濟論叢』 140(1987), 6쪽.

105 山本進, 앞의 책, 5장 「開港以前の中國棉紡織業」.

적인 정기시와 접촉하기가 점점 어려워졌다. 어찌 보면 공업화 측면에서 에도시대의 일본 쪽이 훨씬 더 불리한 상황처럼 보인다.

그러나 사실은 이와 다르다. 개항 이후 근대 시기만 놓고 보더라도 메이지 시기 일본에서 재래 면직물업은 발전을 거듭했다. 1860년대에는 저임금에 기반을 두고 있었지만, 그 뒤 대규모 방적회사가 급성장했고,[106] 20세기 초에는 면사 수입대체를 완료하기도 했다. 반면 중국은 개항 이후에도 면방직업에서 대규모 자본집적이 순조롭지 않았고, 근대 시기에도 상당수가 여전히 가내수공업 단계에서 벗어나지 못했다.[107] 이러한 차이는 대체 어디에서 연유했을까. 기존 연구에서는 중국 소농민의 강고한 '방직결합(紡織結合)'을 그 원인으로 든다.[108] 하지만 여기서는 약간 각도를 달리하여 시장권을 중심으로 원인을 파악해보고자 한다.

반복해서 서술했지만, 중국 소농민은 일상적으로 시장과 거래할 수 있었다. 이는 자신이 필요한 원료를 구입할 수 있었다는 것, 그리고 자신이 생산한 물품을 시장에 바로 내다팔아서 수익을 올렸다는 것을 의미한다. 즉 강고한 '방직결합'의 모습은 뒤집어본다면, 발달한 시장 네트워크를 이용하여 소농민층이 계속 경영주체로서의 지위를 유지했다는 것을 의미한다. 오히려 분산적으로 발전된 시장 네트워크로 경영 내부의 분업이 진전되거나 자본 축적이 이루어지는 방향으로 작용하지 않고, 앞의 『성세항언』 속 시복의 사례처럼 자기 완결적이지만 자본규모가 극히 작은 수많은 독립 경영체를 유지하도록 기능했다. 반면 상인들로서는 소주

106 谷本雅之, 『日本における在来的經濟發展と織物業－市場形成と家族經濟』(名古屋大學出版會, 1998).

107 徐新吾, 『鴉片戰爭前中國棉紡織手工業的商品生産與資本主義萌芽問題』(江蘇人民出版社, 1981).

108 이 점은 제사업의 경우에서도 마찬가지로 확인할 수 있다. 徐新吾·韋特孚, 「中日兩國繅糸工業資本主義萌芽的比較硏究」, 『歷史硏究』(1983-6) 참조.

성과 같은 부성이나 현성에만 집중할 수 없이 각지의 농촌 시진까지 진출하여 거래망을 구축해야만 했다. 이는 결국 상인자본이 한 곳으로 집중되지 않고 여러 곳으로 분산되었다는 것을 의미했다.[109] 즉 농촌시장의 광범위한 발달은 소농민에게는 농촌 수공업에 종사함으로써 독립성을 제고할 기회를 가져다주었지만, 상인층으로서는 영세성을 극복하여 대자본으로 성장할 가능성을 축소하도록 기능했다. 따라서 상인과 소농민 사이의 자본규모 차이는 축소될 수밖에 없었고, 상인층이 소농민을 포섭하는 선대제 생산(putting out system) 형식조차 쉽게 출현하기 어려웠다.[110]

앞서 국가권력이 시장에 개입을 적게 하거나 방임한 결과 시장의 발달은 분산적으로 이루어졌다. 그리고 거래 네트워크가 고정적이거나 인적 결합이 강고하지 않기 때문에, 거래하는 사람이 언제든지 사라지거나 거래하는 아행이 경영하는 상점도 언제든지 없어질 수 있게 된다. 농민으로서는 반드시 특정 물품을 자신이 원하는 때에 손에 넣을 수 있으리라고 기대하기 어렵기 마련이다. 생계에 관련된 중요한 물품은 자신이 직접 손에 넣으려는 생각을 하기 쉽게 된다. 그렇기 때문에 분업이 발달

109 호적(胡適, 1891-1962)은 자신의 자전(自傳)에서 조상이 휘주부 적계현 출신 차상(茶商)인데 타향의 촌락에 가서 점포를 열고 확장하여 작은 촌락을 '소시진(小市鎭)'으로 변모시키곤 했다고 했다. 즉 전형적인 외부 수요에 따른 농촌시장 확대과정이었다. 그렇지만 150여 년 동안 여전히 상해현 주변 천사진에서 가족끼리 영업하는 작은 차상의 규모를 결코 벗어날 수 없었고, 자본금도 100량 수준에 불과했다. 일반적으로 100량 정도는 청대에서 흔한 중인(中人)의 재산(葉夢珠, 『閱世編』, 「學校」 1)으로서, 특정 지역의 시장 네트워크를 장악할 정도로 결코 성장하지는 못했다. 이런 호씨(胡氏) 차상이 근대 시기 이후 상해로 이주한 뒤 크게 성장하여 자본금이 약 3,000량까지 성장할 수 있었다고 그는 회고했다(胡適, 『胡適自傳』「故鄕和家庭」). 이렇게 호씨 차상이 극적으로 변화한 것은 분산적인 농촌시장 네트워크와 근대적이고 집중적인 상해의 시장 네트워크의 사이에 존재하는 차이 때문이라 할 수 있다. 근대 상해지역의 기업활동과 유통구조에 대해서는 久保亨, 『戰間期中國の綿業と企業經營』(汲古書院, 2005), 제2장 「上海新裕(溥益)紡－技術者主導の經營改革」 참조.

110 본서 제3부 제3장 「농촌 수공업 선대제 생산문제」 참조.

하기보다는 자신이 모든 것을 다 갖추려는 생각을 하게 되고, 원료 구입부터 판매까지 모든 것을 일괄하려는 동기를 갖게 된다. 따라서 가정 내에서 모든 작업을 완결하려 하며, 최대한 가정 내 노동력을 동원하게 된다. 이렇게 되면서 자연스럽게 지역 내 분업이라든가 지역 내에서 임금노동이 발생할 가능성을 축소시키는 결과를 가져오게 마련이다.

반면 국가권력이 시장질서를 지배하고 관리한다면, 시장의 발달과 유통 역시 일정한 체계 하에서 균질하게 이루어진다. 교역이 안정적으로 이루어지기 때문에 생계에 관한 중요한 물품이라고 할지라도 반드시 자신이 생산할 필요 없이 시장에서 구입하기를 기대할 수 있게 된다. 이를 통해서 분업이 발달하고, 자신은 특정 분야에 집중하며, 나머지는 시장에서 구입하는 행동패턴을 취하게 된다. 이렇게 해서 분업이 발달하고 최종적으로 방사와 직포가 분리되는 과정을 거치게 되는 것이다.

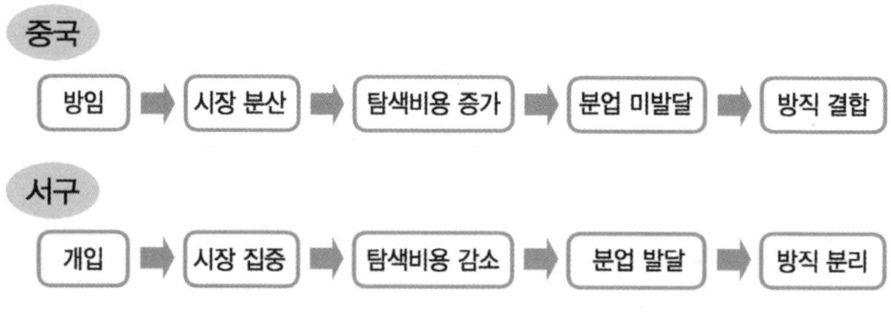

〈그림 10〉 중국과 서구의 개입 정도 차이와 그 결과

물론 면방직업에서도 임금노동의 형태가 아예 없는 것은 아니다. 강희연간에 서술된 『열세편(閱世編)』 권9 「석도(釋道)」에서는 조도인(趙道人)이라는 인물에 대해, 그는 집안이 가난하여 "초가집에서 이웃집을 대신하여 방적을 하고 일한 것을 헤아려서 〔이웃집으로부터〕 돈을 받았고, 〔그 돈으로〕 쌀과 소금으로 교환하여 자급했다"라고 했다. 이는 임금노동의 맹아적 형태라고 할 수 있지만, 당시의 보편적 사례는 전혀 아니라고 생각된

다. 일반적인 경우 청초 강남지역의 농가는 면방직업을 하면서 세금을 내고 충분히 자급자족할 수 있었다.[111] 따라서 임금노동자가 되는 경우는 매우 예외적이었다.[112]

반면 에도시대의 경우, 전국적 시장의 통합 등으로 자본집적이 상대적으로 중국보다 용이하게 되었고, 단기간에 미쓰이가(三井家)와 같은 호상(豪商)이 성립할 수 있었으며,[113] 농민층의 계층분해(disintegration)[114]가 발생하여 영세 빈농층이 상인에 포섭되었다. 18세기 중기부터 농촌 공업지대에 면방직업이 성립되었는데, 초기에는 중국과 마찬가지로 농가부업을 하는 경우도 있었지만, 농사에 전혀 종사하지 않는 경우도 많았다. 대부분은 가족을 중심으로 생산하여 원료와 임금을 선대제 상인〔問屋〕에게 받았을 뿐만 아니라, 그 내부에서 상당한 정도로 분업이 진전되었다고 한다. 예를 들어 19세기 초 오와리(尾張, 현 아이치현)지방에서는 이미 방적 분리가 상당히 진행되었다. 개항 이전인 1844년 오와리는 42개 촌에 직옥(織屋)이 332호 있었고, 직기 1,435대로 생산했으며, 직기 1대에 노동자 2명을 둔 매뉴팩처의 형태까지 도달했다.[115]

---

111 葉夢珠, 『閱世編』 卷7, 「食貨」 4 "吾邑地產木棉, 行於浙西諸郡, 紡績成布, 衣被天下, 而民間賦稅, 公私之費, 亦賴以濟, 故種植之廣, 與粳稻等."

112 『閱世編』 卷4, 「名節」 2에서는 남편을 잃은 교씨(喬氏)라는 인물의 사례가 소개되고 있다. 남편이 죽은 뒤 교씨는 자신의 재산을 모두 친척에게 나누어주었지만, 방직업을 몇 년 한 뒤 자급하기에 충분한 재산을 갖게 되었다〔數載紡績之餘, 稍置田產以供饘粥〕는 이야기다. 한편 청말 도후의 『조핵(租覈)』에서는 소작농이라도 온 가족이 열심히 일하면 고용노동보다 낫다는 서술을 했다. 陶煦, 『租覈』, 「量出入」. "佃農而一家, 夫耕婦饁, 視傭耕者爲勝." 청대 강남지역의 면방직업 수익에 대해서는 方行, 「清代江南農民棉紡織的平均收益」, 『中國經濟史研究』(2010-1기) 참조.

113 벨라, 박영신 역, 『도쿠가와 종교－일본근대화와 종교윤리』(현상과인식, 1994) 참조.

114 太田健一, 「幕末における農村工業の展開過程: 岡山藩児島地方の場合」, 『土地制度史學』 2-2(1960); 内田豊士, 「岡山県南部地域における農民層の分解」, 『岡山大學大學院文化科學研究科紀要』 13-1(2002).

115 中村哲, 앞의 논문, 6-7쪽.

에도시대 면방직

〈표 5〉 18세기 동아시아 3국의 시장 네트워크, 농촌 수공업 그리고 화폐

	시장 네트워크	농촌 수공업	주요 화폐
중국	정기시 → 상설시화	농촌 수공업적 소상품 생산 단계	은과 동전
조선	정기시의 확장	농촌 수공업적 소상품 생산 단계	동전
일본	정기시의 소멸과 자이고마치의 발달	매뉴팩처의 단계	삼화와 번찰

시장 네트워크로 독립 소생산자가 계속 증가하고, 선대제 상인 아래로 편입되는 것을 회피하는 경향이 강했던 중국의 면방직업 형태에 비해, 일본에서는 동일 시장권 내에서 농민층 분해가 일어나고 여기에서 선대상인과 임금노동자로 분리가 일어났다.[116] 그리고 시장 네트워크로부터 고립되는 것이 농민이나 임금노동자에 대한 선대상인의 지배력을 강화하는 큰 계기가 되었다. 이러한 의미에서 상품생산의 발전 정도를 선대제 생산이나 매뉴팩처로 이행하는 문제와 곧바로 결부 짓는 것은 지나치게 단순한 논리라고 할 수 있다. 시장권에 대한 접근성, 농산물의 상품화율이라는 측면에서 중국 농민들이 훨씬 더 유리한 상황이었다. 반면 에도시대의 경우 조카마치 상인과 농촌 농민은 기본적으로 분리되어 있었다. 이러한 공간적 분리가 상인층의 자본집적을 용이하게 해주었고, 도리어 선대제와 매뉴팩처의 발전 가능성을 높였다는 점은 역사의 많은 아이러니 중 하나라고 생각된다.

16-18세기 근세 동아시아 각국에서는 공통적으로 상업(=시장)의 확대에 의한 성장(스미스적 성장)이 출현했다. 그렇지만 중국과 조선의 경제성장

116 徐新吾, 「中國和日本棉紡織業資本主義萌芽的比較研究」.

은 ① 낮은 시장통합도, ② 통합되지 않은 화폐와 도량형 사용관행, ③ 개별 농가에 의한 분산적인 농촌 수공업을 그 특징으로 했다. 반면 바다 건너 일본의 에도시대는 ① 조카마치와 자이고마치의 성장, ③ 에도막부에 의한 화폐주조권 장악과 도량형 통일, ③ 조카마치와 자이고마치 등으로의 수공업 집중 등의 특징을 보이고 있다. 같은 스미스적 성장이라도 사회적 분업의 발달이라는 측면에서는 확실히 대조적이며, 심지어 상이한 방향이라고 할 수 있을 것이다. 중국에서는 스미스적 성장을 거듭할수록 지역 간의 분업과 지역 내의 분업이 발전할 수 있는 가능성이 점차 축소되었다. 에도시대의 경우 이러한 분업이 점차 확대되고 있었다는 점은 청대 중국의 시장구조와 커다란 차이점이라고 생각된다.

4. 소결: 서로 다른 경제성장

청대를 통해 전국적으로는 선진 지역인 강남지역에서 서쪽의 변경지역으로 개발이 계속 확대되어갔다면, 지역 내부에서는 농촌시장이 계속 확대되고 상설시로 발전하는 과정이 이어졌다. 비효통(費孝通)의 동심원 비유처럼,[117] 규모와 차원이 다른 각각의 시장경제권이 수많은 동심원을 그리며 중국 내부에서 끊임없이 확대되는 과정이었다.

중국 근세 강남지역의 시장 발전을 보면, 행정 중심 지역인 현성에서 시작되어 점차 그 주변부 지역으로 확산되어갔다. 즉 그 순서는 ① 현성→② 진→③ 시의 순서였다. 특히 강남지역의 경우 진과 시 사이에는 규모 차이만 있을 뿐, 실질적으로 별반 차이가 없을 정도였다. 이렇게 보면 강남지역의 시장 발전은 말단부가 계속 분산적으로 확장되는 '확산형'이

117 費孝通, 이경규 역, 『중국사회의 기본구조』(일조각, 1995).

라고 할 수 있다. 그러나 에도시대 시장구조의 발전방향은 말단의 농촌 정기시〔六斎市〕가 축소되어 자이고마치가 발전하는 '수렴형' 쪽이었다.

중국과 일본 모두 16세기 중후반 전 세계적 범위의 은 경제체제로 편입되면서 도시와 시장체계가 새로 형성되었다. 이와 함께 양국 모두 소농경제가 안정되면서 여러 수준의 농촌시장이 발달하고, 도시·중간지대·농촌시장이라는 세 가지 패턴의 시장구조를 갖추었다는 점을 서로 공유하고 있었다. 다만 중국의 경우 도시부 역시 발달했지만 시간이 지날수록 현저한 발전을 구가한 쪽은 중간지대와 농촌시장이었다. 반면 에도시대 일본의 시장구조 변화는 ① 조카마치 성립→② 중앙시장으로 통합→③ 지역시장인 자이고마치의 성장과 정기시 축소라는 패턴을 보였다. 중국과 달리 농촌 정기시 쪽은 쇠퇴했고 대도시는 성장이 그쳤지만 중간지대인 자이고마치 쪽이 발달하는 패턴이었다. 이는 대도시〔三都〕 상품경제가 주변부인 자이고마치까지 확장되었기 때문이다.

면방직업의 발달을 살펴보면, 농가에서 면방직업이 본격적으로 개시된 것은 중국이 16세기 중엽, 일본은 18세기 후기라는 시간차가 존재한다. 기술수준 측면에서도 중국이 에도시대 일본보다 더 높았던 시기가 있었다. 하지만 19세기에 일본은 선대제에서 매뉴팩처로 순조롭게 이행해간 반면, 중국은 여전히 소농들의 강고한 '방직결합'이 유지되었다. 농촌시장을 통해 독립 소생산자가 계속 늘어나고, 선대제 상인 밑으로의 편입을 회피하는 경향이 강했던 중국형 면방직업에 비해, 일본에서는 동일 시장권 내에서 농민층 분해가 일어나고, 여기서 선대상인과 임금노동자로 분리되었다. 또 시장 네트워크로부터 고립되는 것이 농민이나 임금노동자에 대한 선대상인의 지배력을 강화하는 커다란 계기가 되기도 했다.

16-18세기 근세 동아시아 각국에서는 상업(=시장) 확대에 의한 성장, 즉 스미스적 성장이 공통적으로 출현했다. 그러나 시장이라는 성장 측면에서는 공통적일지 모르지만, 그 발전방향은 중국과 조선의 한편과 일본

의 또 한편이 달랐다. 중국과 조선의 경제성장은 ① 낮은 시장통합도, ② 통합되지 않은 화폐와 도량형 사용관행, ③ 개별 농가에 의한 분산적 농촌 수공업을 그 특징으로 했다. 반면 에도시대 일본의 경제성장은 ① 조카마치와 자이고마치의 성장, ③ 에도막부에 의한 화폐주조권 장악과 도량형 통일, ③ 조카마치와 자이고마치 등으로의 수공업 집중 등의 특징을 보이고 있다. 설령 스미스적 성장이라 할지라도 구조면에서 확실히 대조적인 성장방향이었다. 19세기 중엽 이후, 동아시아 3국이 세계시장에 통합되면서도 이후 서로 다른 발전양상을 보여주었던 것은 개항 이전 출발선 자체가 이미 서로 달랐기 때문이라고 할 수 있을 것이다.

| 제 2 장 |

강남 농촌시장의 세계

2

1. 들어가며

주가각진(朱家角鎭)은 현재 상해시(上海市) 청포구(青浦區)에 속하면서, 상해시 중심과는 48km 정도 떨어진 지역에 해당한다. 소주(蘇州)와도 가깝기 때문에 강남 델타지역의 중심에 위치하고 있다. 전통적으로 미곡뿐만 아니라, 면화와 면제품 등의 교역도 성행해서 "주리(珠里)는 명대에 시집(市集)의 번성함이 한 군(郡=青浦縣)에서 으뜸이었다"[1]라고 칭해지는 고장이다. 청대 행정구역상으로는 송강부(松江府) 청포현(青浦縣)이지만, 이웃 소주부(蘇州府)나 절강성과도 가까우며 편리하게 수로로 잘 연결된 지역이기 때문에 교통의 요지로서 번영을 누렸다.[2] 오늘날에도 이른바 '강남 7대 고진(古鎭)' 가운데 하나로 손꼽히며, 더구나 상해 부근이기 때문에 관광지로서의 접근성이 좋아 한국에서도 '상해의 베니스' 등의 표현으로

1 『珠里小志』 卷17, 「雜記」 上. 이하 『주리소지』로 표기.

2 "朱家角鎭, 縣西十里, 商賈雲集, 貿販甲于他鎭. (…) 朱家角, 商賈湊聚, 貿易花布, 京洛標客, 往來不絶, 今爲巨鎭. (…) 市中水道以通舟楫, 村落支河兼灌溉." 「界域」, 『주리소지』 卷1 "有聚居人數千家, 廛肆市易之盛埒於邑." 『圓津禪院小志』 卷2. 강남지역의 범위에 대해서는 李伯重 「簡論"江南地區"的界定」, 『中國社會經濟史研究』(廈門大學歷史研究所, 1991-1) 참조.

주가각진 방생교 현재 모습

친숙한 곳이다. 특히 이곳의 상징인 길이 72m에 달하는 방생교(放生橋)[3]가 매우 유명하다.

주가각진의 원래 이름은 주가촌(朱家村)으로, 아마 주씨(朱氏)들이 모여 살았던 데서 유래한 듯싶다. 청포현성(青浦縣城)에서 8km 떨어졌고, 송원 시대에 이미 작은 집시(集市)가 형성되었다. 교통이 편리하여 명대 만력연간부터 향진(鄕鎭)이 성립되었으며, 그때부터 이름이 주가각(朱家閣)으로 바뀌었다고 한다.[4] 그 밖에도 이곳을 부르는 이름은 주계리(珠溪里) 혹은 주리(朱里)라고도 하고, 속칭으로 각리(角里)라고 했다.[5]

주가각진의 역사를 살피는 데 매우 중요한 자료가 바로 『주리소지(珠里小志)』이다. 『주리소지』는 이곳의 지방지로서 이 고장의 지식인인 주욱빈(周郁濱)에 의해 가경 20년(1815)에 편찬되었다. 이는 근세 강남 시진(市鎭)의 역사와 생활상을 파악하는 데 귀중한 자료이다.

강남 시진에 대해서는 왕가범(王家範), 유석길(劉石吉), 번수지(樊樹志) 이래로 많은 연구가 이어졌으나 시진 일반에 가까운 연구들이 많고 특정 시진 하나만을 집중 분석하는 경우는 드물다. 주가각진 약사(略史)에 대한 모리 마사오(森正夫)와 단위(段偉)의 논고가 있지만,[6] 그 밖에 다른 논고는 찾기 어렵다. 또 그 내부에서 농민들이 어떠한 경제적 삶을 영위했는지 다루지도 않았다. 여기서는 『주리소지』를 소재 삼아, 청대 강남 지역의 지방지나 문집, 일기, 농서 그리고 민국시기에 이루어진 농촌조사 등 토대로, 각별히 주가각진의 경제에 초점을 맞춰 당시 경제생활을

3 青浦縣志編纂辦公室 · 青浦縣博物館編, 『淸浦地名小志』(內部資料, 1985), 105-106쪽.

4 崇禎 『松江府志』 卷3, 「鎭市」에서는 "朱家角鎭在五十保, 商賈湊聚, 貿易棉布, 京省標客, 往來不絶, 今爲巨鎭. 有明遠禪寺及太石梁, 俱新刱制, 頗雄麗"이라고 하고 있다. 여기에서도 朱家角鎭이라는 이름이 확인된다.

5 『淸浦地名小志』, 6쪽. 그 밖에도 주가각(珠街閣)이라고도 한다.

6 森正夫編, 앞의 책, 제2장 「朱家角鎭略史」; 段偉, 「清代江南市鎭水環境初探－以青浦朱家角鎭爲例」, 『아시아연구』 13(2011).

조명해보고자 한다. 거래와 매개수단, 타 지역과의 네트워크 등의 관점을 동원해 주가각진이라는 공간을 경제단위로 파악하고 재구성하는 일이다.

2. 강남지역 시진의 공간구성

『주리소지』「서(序)」에 따르면, "지금 주리(珠里)는 청계(淸溪)의 한 모퉁이에 자리 잡고 있는데, 인가가 천여 호나 되고〔烟火千家〕, 북으로는 곤산(崑山)과 접하고 남으로는 곡수(谷水)와 이어져 있으며, 그 시가가 쭉 뻗어 있고 상인이 왕래하고, 수풀이 아름다워 선비〔文儒〕를 배출하고 있다"라고 적혀 있다. 지리적 위치부터 살펴보면, 명대 휘주상인인 황변(黃汴)이 편찬한 『천하수륙노정(天下水陸路程)』 권7 「소송이부지각처수(蘇松二府至各處水)」, 「송강부유주장지송강부수(松江府由周莊至松江府水)」조는 소주부성 서쪽인 창문(閶門)에서 송강부로 가는 노정에 대해 다음과 같이 적고 있다.

> "창문(閶門)－〔9리〕－반문(盤問)－〔9리〕－봉문(葑門)－〔6리〕－황천탕(黃天蕩)－〔6리〕－독수호(獨樹湖)－〔6리〕－고점(高店)－〔18리〕－주장(周莊)－〔18리〕－양선(楊善)－〔18리〕－사채관(謝寨關)－〔18리〕－남로(南路)－〔16리〕－묘호(泖湖)－〔12리〕－과당진(跨塘鎭)－〔5리〕－송강서문(松江西門)"[7]

이 가운데 독수호는 현재 소주시 동쪽에 위치한 독서호(獨墅湖)의 다른 표기라고 생각된다. 즉 소주부의 가장 번화한 창문에서 송강부까지

7 楊正泰 校注, 『天下水陸路程 · 天下路程圖引 · 客商一覽醒迷』(山西人民出版社, 1992), 208쪽.

가기 위해 독서호나 주장진(周莊鎭)을 통해 송강부에 닿았다. 여기에 주가각진의 이름은 등장하지 않지만, 이는 대체로 사채관 부근에 해당된다.[8] 같은 책에서는 다시 "묘호와 쌍탑(雙塔)에서 배를 타고 소주로 갈 때에는 바람과 도적 때문에 늦어질 우려가 있다. 〔이곳을 지나는〕 배도 크고 사람도 많다"라고 하면서 이 루트의 통행이 매우 빈번하다고 이야기하고 있다.

지금은 주가각진을 관통하는 정포하(淀浦河)가 있다. 이 하천은 서쪽의 정산호(淀山湖, =澱山湖)에서 시작하여 동쪽으로는 상해 황포강까지 이어지는 하천이다.[9] 주가각진의 남단에는 묘하(泖河)라는 하천이 있어서 역시 정산호(淀山湖)에서 시작되어 묘호로 이어지고 있다. 뒤에 자세히 서술하겠지만, 소주부 창문과 가까운 풍교진(楓橋鎭)은 주가각진과 매우 밀접한 네트워크를 형성하고 있었으며, ① 풍교진-② 소주부성(蘇州府城)-③ 동리진(同里鎭)[10]-④ 주장진[11]-⑤ 정산호-⑥ 주가각진이라는 일련의 연속된 루트 속에 주가각진이 위치하고 있었다.

---

8 『주리소지』 卷8, 「官署」 주가각진의 巡檢司를 설명하면서 "署在謝澤關"이라고 하고 있는데, 이 사택관이 『天下水陸路程』에서 말하는 '謝寨關'일 가능성이 높다고 생각된다. 양자 사이에는 澤(ze)과 寨(zhai)의 차이가 있을 뿐으로, '謝寨關'은 傳聞으로 인한 오기나 다른 표현이라고 생각된다. 실제 淀山湖에서 동쪽으로 가는 큰 수로는 두 가지가 있는데 위쪽으로는 淀浦河가 있고, 아래쪽으로 泖河가 있다. 여기에서 말하는 '謝寨關(=謝澤關)'은 泖河 연변에 있는 것으로 泖湖를 거쳐 송강부성으로 연결되는 루트였다. 淀浦河는 주가각진으로 직접 연결되는 하천으로 주가각진 이외에는 특별한 상업루트를 가지고 있지 않다. 원래 명대 巡檢司가 '謝寨關(=謝澤關)'에 설치되었다가 그 뒤로 주가각진으로 옮겨지게 되는데(『주리소지』 卷8 「官署」), 이는 주가각진의 경제적 위상이 謝澤關보다 더 높아졌기 때문이라고 생각된다.

9 『淸浦地名小志』 84쪽.

10 顧炎武, 『天下郡國利病書』 「蘇州備錄」 上. "同里鎭, 在縣東北十一里 (…) 賊若自松江而來, 由三泖, 澱山而至, 或昆山而來, 由新洋江, 角直而至, 則同里幷當其沖."

11 康熙 『長州縣志』 卷8, 「市鎭」. "周莊, 在二十六圖, 去縣東南四十里, 爲吳江縣·松江府交接之所."

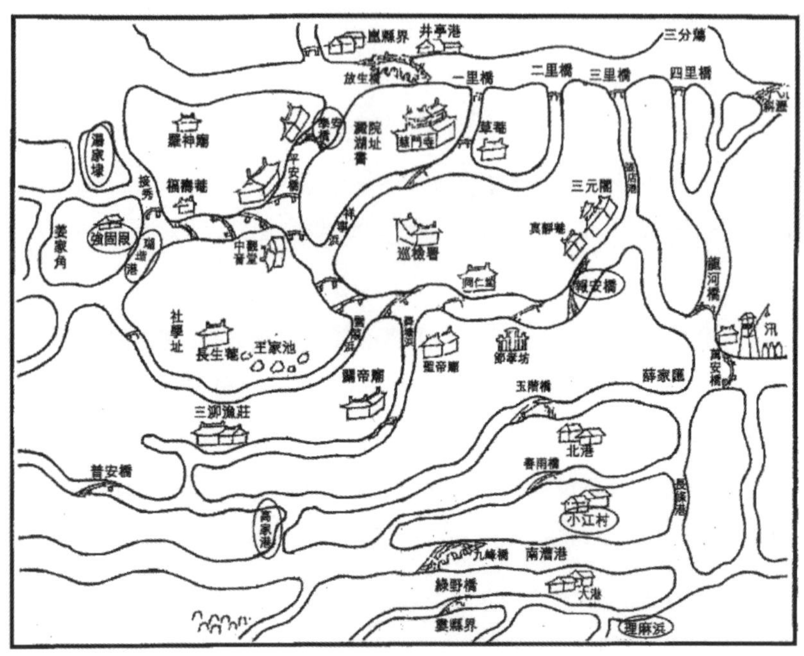

〈그림 1〉 주가각진 총도(總圖) (출처: 『주리소지』 권수(卷首))

그렇다면 주가각진의 공간구성은 어떠했을까. 『주리소지』 권1 「계역(界域)」에서는 공간을 다음과 같이 나누고 있다.

> 청포현(青浦縣)에는 8개 보(保)가 있다. 보는 8구(區)로 나뉘고, 〔다시〕 구는 8도(圖)로 나뉘어 있다. 주리(珠里)는 현치(縣治) 〔50보3구〕 2도, 〔50보3구〕 11도, 〔50보3구〕 1구25도로 이루어졌다. 그 뒤에 11도와 2도를 합쳐 '50보3구11도'가 되어서 현재는 '50보3구11도'와 '50보1구25도'라는 2개의 도(圖)로만 이루어졌다. 동서로는 폭 6리이고 남북으로는 5리로 둘레가 12리로 이루어졌다.[12]

12 『주리소지』 卷1, 「界域」. 청대 현 이하의 행정구획에 대해서는 姚廷遴, 『歷年記』 「歷年記上」 90쪽. 일례로 상해현의 경우 16보부터 30보까지로 이루어졌는데 대체로 300

다만 위의 서술에 따라 아무리 계산해도 동서 6리와 남북 5리의 구역의 주변 둘레가 도저히 12리가 될 수가 없는데, 어딘가 계산 착오 같다. 1985년 편찬된 『청포지명소지(青浦地名小志)』에서는 기존 주가각진의 면적을 2km²라고 하고 있다.[13] 또 행정구역 측면에서 당시 강남지역의 현 이하는 대체로 '① 보(保)→② 구(區)→③ 도(圖)'의 체계로 이루어졌는데,[14] 송강부의 경우 대체로 하나의 시진에 하나의 보(保)가 할당되어 있었다. 주가각진의 경우 50보에 해당한다.

다만 같은 50보라고 하더라도 성격이 모두 동일한 것은 아니었다. 『주리소지』 권8 「관서(官署)」 「수책(水柵)」에서는 주가각진을 '진(鎭, 상업지구)'과 '향(鄕, 농촌지역)'으로 나눠서 각각 설명하고 있다.[15] 그리고 권3 「풍속(風

여 도(圖)로 이루어졌다고 한다.
崇禎『松江府志』卷3, 「鎭市」에서 당시 각 시진의 구역에 대해서 적고 있는데 다음과 같다. 주경진(朱涇鎭) 3보, 정림진(亭林鎭) 10보, 사강진(沙岡鎭) 36보, 남교진(南橋鎭) 13보, 장경언진(張涇堰鎭) 7보, 자림진(柘林鎭)12보, 청촌진(青村鎭) 15보, 오니경진(烏泥涇鎭) 26보, 하사진(下砂鎭) 19보, 주포진(周浦鎭) 17보, 삼림진(三林鎭) 24보, 용화진(龍華鎭) 26보, 팔단진(八團鎭) 17보, 북교진(北橋鎭) 18보, 제적항시(諸翟巷市) 30보, 청파시(鶴坡市) 21보, 동구시(東溝市) 20보, 북채시(北蔡市) 20보, 고가행(高家行) 22보, 진가행(陳家行), 왕가행(王家行) 17보, 당행진(唐行鎭) 50보 등을 들 수 있다.

13 『青浦地名小志』 6쪽. 한편 森正夫에 따르면, 2㎢ 가운데 시가지 부분은 1.2km² 정도라고 하고 있다. 同, 1990, 57쪽. 경지면적을 보면 『주리소지』 卷2, 「田賦」에서는 다음 8가지로 경지를 구분하고 있다. 숙전(熟田), 저박전(低薄田), 신황전(新荒田), 구황전(舊荒田), 득업탕(得業蕩), 시탕(柴蕩), 인간팔칙전(認墾八則田), 초탕수루(草蕩水漊). 총 경지면적은 10,199.05무로, 이를 숙전(熟田)으로 환산하면 9,778.798무 정도가 된다.

14 姚廷遴의 『역년기』(164쪽)에서는 강남 시진의 행정구역체제에 대해 "50무를 묶어서 1갑(甲)으로 하고, 100갑을 1구(區)로 하고 30구를 1보(保)로 한다. 대체로 상읍(上邑)은 10개의 보로 나뉘니, 〔상읍에는〕 모두 300개의 구가 있고 3만 명의 갑호(甲戶)가 있는데 모두 갑수(甲首)라고 칭했다"라고 설명하고 있다. 반면 1991년에 편찬된 『朱家角鎭志』(52쪽)에 따르면, "매7호를 1갑으로 하고 보마다 보장을 두고 갑마다 갑장을 둔다. 11도(圖)에는 보장이 11명이고 갑장이 107명, 25도에서는 보장이 모두 7명이고 갑장이 67명"이라고 하고 있다.

俗)」에는 "〔주가각진의—인용자〕 향촌 부녀는 시진(市鎭, 상업지구)보다도 열 배는 부지런하다"라는 표현도 나온다. 다시 말하자면, '재진(在鎭)'은 상설점포가 쭉 늘어서 있었던 상업지구였고,[16] '재향(在鄕)'은 글자 그대로 농촌지역이었다. 명청시대 강남지역의 시진은 대체로 이처럼 상업지구〔在鎭〕와 농촌지역〔在鄕〕이 서로 결합되어 있었다.[17] 앞서 인용에서 "동서로는 폭 6리이고 남북으로는 5리로 둘레가 12리"라는 것은 상업지구와 농촌지역을 모두 포괄한 것이었다. 그리고 〈그림 1〉에서 볼 수 있듯이 상업지역 주변의 농촌들, 나아가 주각각진 주변의 농민들 역시 복잡한 수로망으로 이어져 있었기 때문에, 직접 생산한 미곡이나 면포를 배에 싣고 와 상업지역 상인들에게 팔고 다시 현금을 받곤 했다.[18]

권5 「이항(里巷)」조는 진내(鎭內) 상업지구에 대해 이(里), 장(場), 빈(浜), 농(弄) 등의 명칭이나 동시(東市)나 서시(西市)를 중심으로 서술하고 있고, 농촌지역에 대해서는 「촌락(村落)」조에서 도(圖)를 기준으로 하고 있다.

---

15 『주리소지』 卷8, 「官署」, 「水柵」. "在鎭柵夫歲暮里中急錢, 以充工食, 在鄕則村民輪值, 晨啓夜閉, 于地方實有裨益."

16 『주리소지』 卷18, 「雜記」 下에서는 건륭연간 창미(搶米) 폭동에 대해서 서술하면서 "市人閉肆"라고 하여, 전문 상인〔市人〕과 상설점포〔肆〕가 있었다고 서술하고 있다.

17 王家範은 강남지역의 시진이 단순히 상점가만으로 이루어진 것이 아니라, 농촌지역과 더불어 하나의 작은 전체〔小整體〕를 구성하고 있다고 지적하고 있다. 同, 『明清江南史叢稿』(三聯書店, 2018), 13쪽. 또한 費孝通에 따르면, "각각의 시장거래의 범위 중심에 진(鎭)이 있다. 진과 촌의 본질적인 차이는 진의 주민은 주로 비농업부분에 종사한다는 사실에 있다. 촌민으로서 진은 외부 사회와의 교역의 중심이다. 촌민은 제품의 대부분을 진의 중개를 받아서 팔고, 〔물건을—인용자〕 구입하는 사람에게 생산물을 공급했다"라고 지적하고 있다. 費孝通, 小島晋治外譯, 『中國農村の細密畵: ある村の記錄 1936-82』(研文出版, 1985), 139쪽.

18 南滿洲鐵道株式會社上海事務所調査室編, 『江蘇省松江縣農村實態調査報告書』(南滿洲鐵道, 1941), 177쪽.

〈표 1〉 주가각진의 공간구획

	명칭	주민구성	성격
이항(里巷)	동시(東市), 서시(西市), 이(里), 장(場), 빈(浜), 농(弄)	사(士), 공(工), 상(商)	상업지구
촌락(村落)	3구11도(三區十一圖), 1구25도(一區二十五圖)	농(農)	농촌지역

시진지역도 모두 동일한 구성은 아니었다. 시장은 우선 크게 동시(東市)와 서시(西市)가 있었다. 여기에서 말하는 동시와 서시의 정식 명칭은 동호가(東瑚街)와 서호가(西瑚街)로, 명청시대에는 각각 호계항상당, 호계항하당으로 불렸다. 특히 동시는 주각각진에서 상업이 일찍 발전한 곳인데, 아마 주가각진과 정산호 사이에 길목으로 위치했기 때문이라 생각된다. 여기에는 남화(南貨), 정육점〔肉莊〕, 장유(酒醬), 채소 파는 수레, 두부작방 등이 있었다.[19] 서시는 오늘날의 주가각진 바로 옆에 위치하고 있다. 청초 강희연간에는 동시가 발전했으나, 가경연간에 이르러 동시는 쇠퇴하고 서시가 발전했다고 한다.[20]

그렇다면 주가각진의 상점가는 어떻게 구성되어 있었을까. 상세히 후술하겠지만, 주가각진 인구 가운데 상점 점원〔店夥〕은 267명에 달하는데, 2-3명이 한 상점에 고용된다고 가정하면, 적어도 80여개 이상의 상점이 가경연간 주가각진에 있었던 것은 아닐까 생각된다. 『주리소지』 권3 「풍속」은 상인들의 종류에 대해 다음과 같이 서술하고 있다.

> 물건을 가지고 다니면서 파는 것을 상(商)이라 하고, 물건을 쌓아놓고

19 『青浦地名小志』, 13쪽.

20 『주리소지』 卷5, 「里巷」. "康熙時, 珠里商賈貿易, 駢闐東市, 明記場, 茶場, 酒肆, 爲京洛標客居停之所."

파는 것을 고(賈)라 한다. 주리(=주가각진)에서는 사람들이 편히 고장에 안착하고 있어서 수레를 몰면서 상인이 되는 자가 드물다. 〔주가각의〕 시(市)에서는 물건을 쌓아놓고 파는 것을 척화(拓貨)라 하고, 물건을 두고 파는 장소를 점(店)이라 한다. 거래하는 것을 판매라 한다. 객상이 한곳에 눌러 앉아 물건 파는 것을 행이라 하고, 장소 따라 〔옮겨 다니면서〕 파는 것을 탄두(灘頭)라 한다. 어깨에 지고 다니면서 파는 것을 각담(脚擔)이라 한다. 술 담그는 곳, 보리 빻는 곳 그리고 염색하는 곳을 〔모두〕 방(坊)이라 한다. 기름 짜는 곳을 차(車)라 하며, 면포를 사들이고 면화에서 씨를 뽑거나 〔가축을〕 도살하는 곳을 장(莊)이라 한다. 술과 음식을 파는 곳을 관(館)이라 하며, 찻집 역시 관이라 한다. 약재 파는 곳을 당(堂)이라 하며, 큰 헌옷 파는 곳을 장(莊)이라 하고, 작은 것을 파는 곳을 점(店)이라 한다. 질고(質庫)는 전당포를 말한다.

뿐만 아니라 수공업 작방들도 다수 있었다. 은장(銀匠) 등의 귀금속 세공, 목공, 죽공, 미장, 칠, 재봉, 피혁, 표구, 선호(船戶), 이발사, 악인(樂人), 사주명리 등 그 종류는 매우 다양했다.[21] 원진선원(圓津禪院)이나 관제묘(關帝廟) 등의 종교시설도 이곳에 집중되어 있었다. 그러나 후술하겠지만 주가각진 인구구성에서 가장 많은 비중을 차지하는 직업군은 역시 농민이었다. 농촌지역에서는 주로 주곡을 생산하기 때문에 농민들이 원하는 상품과 서비스를 충분히 구입할 수 없었다.[22] 농민들은 자신들의 생산물을 판매하고 취한 현금으로 상업지구〔在鎭〕에서 상품과 서비스를 구매했다.

21 『주리소지』 卷3, 「風俗」.

22 費孝通에 따르면, 1930년대 강남 농촌의 경우, 직업 분화가 진전되지 않은 농민들이 주민의 대다수이기 때문에 농촌 내의 시장은 매우 작고, 사람들은 상품과 서비스 공급을 외부 시장에 의존했다고 서술하고 있다. 同, 1985, 137-138쪽.

이곳의 치안[23]은 어떠했을까. 이곳에는 원대부터 순검사(巡檢司)[24]라는 치안유지 기구가 설치되어 있었다. 그 우두머리로 순검사(巡檢使) 혹은 순검(巡檢)이라는 정9품 관리가 한 명 있었고, 그 아래에 서류작업을 주관하는 자식(字識) 1명, 조예(皂隷) 2명, 궁병(弓兵) 36명이 있었다. 향촌 역시 보갑법으로 조직되어 있었다. 7호를 1갑으로 하고 다시 10갑을 1보로 삼아 각각 보장(保長)과 갑장(甲長)을 두었다. 11도(圖)에는 보장 11명, 갑장 107명을 두었고, 25도에는 보장 7명, 갑장 67명을 두었다.[25] 즉 순검사(巡檢司)는 진(鎭)을 담당하고, 농민들은 이 농촌지역을 담당하여 번을 돌아가면서 순시하도록 되어 있었다.[26]

시진 내부의 건물이나 시설들이 언제 어떻게 지어졌는가도 흥미를 자아낸다. 시진이 어느 시기에 형성되었는지 알려줄 수 있기 때문이다. 아쉽게도 『주리소지』는 이에 대한 충분한 정보를 제공해주지 않는다. 다만 건축물이나 교량 등의 건축시기에 대해 어느 정도 분량을 할애하고 있다.

『주리소지』 권6 「사묘(寺廟)」에 따르면, 자문사(慈門寺)라는 절은 옛 이름이 명원사(明遠寺)였는데, 원말 지정연간(1341-1368)에 창건되었다. 원진선원(圓津禪院) 역시 지정연간에 창건되어 명대 만력연간에 중수되었고, 건륭 47년(1782)과 가경 7년(1802)에 각각 중수되었다. 한편 같은 책 권5 「교량(橋梁)」조를 보면 이곳 36개 교량의 명칭을 적고 있고, 그 가운데

23 강남지역의 전반적인 치안제도에 대해서는 太田出, 『中國近世の罪と罰－犯罪・警察・監獄の社會史』(名古屋大學出版會, 2015) 참조.

24 청대 순검사(巡檢司)의 직능에 대해서는 司胡恒, 「清代巡檢司時空分布特徵初探」, 『史學月刊』(2009-1) 참조.

25 『주리소지』 卷2, 「田賦」.

26 『주리소지』 卷8, 「職官」; 『福惠全書』 「保甲部」 二 「建築柵濠」. "其鎭集村莊無論大小, 一切建立柵門, 築浚墻濠"라고 하여 시진 주변에 책문을 건립하는 당시의 관행에 대해서 적고 있다.

장택단(張擇端), 〈청명상하도(淸明上河圖)〉 (12세기, 송대, 부분)

香

17개 교량에 대해 건설과 중수 등의 사실을 기재하고 있다. 대체로 교량이 언제 만들어졌는지〔建設〕 구체적으로 서술된 경우는 전체 절반 정도밖에 되지 않고, 주로 중건과 중수(重修)의 기록이 다수 발견된다. 다만 〈표 3〉을 보는 한, 대체로 교량이 건설되기 시작한 시점은 융경·만력연간(1567-1620)부터임을 알 수 있고, 그 건설과 중건이나 중수가 집중되었던 시기는 건륭연간이라는 점을 알 수 있다. 요컨대 주가각진의 사회적 인프라가 갖춰진 것은 명대 후기의 융경·만력연간부터였고, 다시 교량에 사회적 자본을 투자해 면모를 일신한 때는 건륭연간이었다. 사회적 인프라는 시진 내 일정한 경제적 수익을 기반으로 한다는 점을 고려하면, 이 시기 주가각진은 상업적으로 크게 번영을 누렸다고 간주할 수 있다.[27]

〈표 2〉 주가각진 교량의 건설·중건·중수 시기

	융경	만력	천계	강희	옹정	건륭	가경
건설	1	1	1		1	3	1
중건					1	6	1
중수				1		3	
총계	1	1	1	2	2	12	1

27 강희연간 송강부 사람인 葉夢珠, 『閱世編』 卷7, 「食貨」 5에서는 "前朝標布盛行, 富商巨賈, 操重資而來市者, 白銀動以數萬計, 多或數十萬兩, 少亦以萬計, 以故牙行奉布商如王侯, 而爭布商如對壘, 牙行非藉勢要之家不能立也. (…) 至本朝而標客巨商罕至, 近來多者所挾不過萬金, 少者或二三千金, 利亦微矣"라고 하여, 명말에는 송강부의 면포 생산이 활발하여 많은 객상들이 송강부에 찾아왔지만, 청초에는 찾아오는 객상이 적었고, 강희연간에 조금 늘어났지만, 자본이 적어서 아행이 얻는 이익도 미미했다고 서술하고 있다. 이는 명말청초의 전란과 강희연간의 천계령 실시 등으로 인해 외국은의 유입이 대폭 감소하여 이것이 다시 경기에 영향을 주었음을 의미한다. 이러한 경기변동이 명말청초 시기 시진이 성정하는 데 정체가 되었던 가장 커다란 요인이라고 생각된다.

뿐만 아니라, 명대에는 이곳이 청포현(青浦縣) 내에서 상업적으로 가장 번영한 지역이었지만, 글 읽는 소리〔弦誦之聲〕는 들리지 않았다고 한다. 비로소 만력 32년(1604)에서야 진국시(陳國是)라는 인물이 진사에 합격했고, 그 뒤로 특히 건륭연간에 다수의 과거 합격자가 배출되었다고 나온다.[28] 이를 사회적 인프라 구축상황과 연결 지어보면, 만력연간 이전에는 주가각진 내 교량이나 서원 등의 인프라가 매우 부족했지만, 만력연간을 기점으로 점차 교량 등이 건설되었고, 청대 건륭연간에 이르면 주가각진의 풍경과 사회적 인프라가 완성되었다고 볼 수 있다.

3. 강남시진의 인구와 주민구성

이제 주가각진의 인구와 그 구성에 대해서 살펴보고, 이를 통해 주가각진의 성격을 밝혀보자. 『주리소지』 권2 「호구(戶口)」에는 각각의 인구를 조사해서 싣고 있는데, 이를 표로 만들어 보면 다음과 같다.

〈표 3〉 주가각진의 인구구성

	50보3구11도	50보1구15도
남	1,288	991
녀	1,129	821

28 『주리소지』 卷17, 「雜記」 上; 같은 책 卷9, 「科目」에 따르면 이곳에서는 만력연간 이후, 거인(擧人) 3명, 진사 1명, 청대에는 거인 19명, 진사 11명을 각각 배출했다고 한다. 1991년에 편찬된 『朱家角鎭志』(242-244쪽)에 따르면 명대 만력 21년(1593)에 지현이 세운 사학(社學)이 건립되었고, 강희연간에 정호서원(淀湖書院)이 건립되었으며, 같은 기간에 심씨의숙(沈氏義塾)이 설립되었다. 그 후 건륭연간에는 왕씨의숙(王氏義塾)이 설립되었다고 한다. 서원의 경우 함풍원년(1851) 처음으로 주계서원(珠溪書院)이 설립되었다고 한다.

	50보3구11도	50보1구15도
유동(幼童)	710	315
유녀(幼女)	75	112
점과(店夥)	141	126
고공(雇工)	37	62
노복(奴僕)	7	14
비녀(婢女)	22	26
승(僧)	4	19
도사(道士)	16	4
여니(女尼)	3	6
암관(庵觀)	5곳	6곳
소계	호877, 구3,432	호625, 구2,505
총계	호1,502, 구5,937	

50보3구11도의 경우 호당 평균 3.9명, 50보1구15도의 경우 호당 평균 4명의 가족으로 구성되어, 전체적으로 평균 호당 3.95명으로 구성되어 있음을 알 수 있다. 여기에서 이해하기 어려운 것은 성인의 경우에도 남녀비율을 보면 남초현상이 두드러지지만, 특히 아동의 경우 유동(幼童)과 유녀(幼女)로 각각 나누고 있는데 인구비율이 지나치게 차이가 난다는 점이다.

50보3구11도의 경우 유동 710명 대 유녀 75명, 50보1구25도는 유동 315명 대 유녀 112명으로, 각각 전자는 약 9.4배 차이, 후자는 약 2.81배의 차이이다. 그렇다면 이 동네는 신붓감을 외부에서 맞이할까. 물론 그렇지는 않았다. 『주리소지』 권5 「이항(里巷)」을 보면, "이곳 사람들은 인화하여 (…) 여성들은 밖으로 시집가지 않고, 남자는 이곳 여인과 혼인한다"라고 되어 있다. 즉 주가각진 사람들은 대체로 진(鎭) 내부의 사람들끼리 혼인했다.[29] 따라서 근본적으로 여아의 숫자가 이렇게 터무니없이 적을 수가 없다.

실제로 남녀성비 균형에 문제가 있었다기보다 인구조사가 불철저했다고 봐야 할 것이다. 즉 당시 인구조사의 주안점이 세원(稅源)으로서의 노동력 파악에 있는 만큼,[30] 어린 여아에 대한 조사는 철저하게 이루어지지 못했다. 만약 어린 아동의 성비를 110명 대 100명으로 가정한다면,[31] 여기서 약 500명은 추가되어야 할 것이고, 전체적으로 6,600여 명 정도가 19세기 초 주가각진의 정주 인구였다고 추측된다.[32] 이 경우 호당 인구는 약 4.39명이 된다.[33] 또 『주리소지』에는 '객적'이나 '기적' 등의 언급도 보이는데, 여기에서 정식으로 호적에 등록된 인구 외에도 상당한 유동인구가 있었다고 추측해볼 수 있다. 주가각진의 실제 거주 인구는 훨씬 많았으리라는 가정을 뒷받침한다.[34]

그러하여 6,700명에 달하는 인구 중엔 물론 자연 발생분이 가장 많겠지만, 이주에 의한 증가분 또한 일정 부분을 점하고 있었으리라 생각된

29 費孝通에 따르면 1930년대에도 강남지역 농촌에서 외부로 나가는 경우는 지역사회에서 일정한 지위를 아직 갖지 못한 젊은 여성뿐이라고 하고 있다. 同, 앞의 책, 141쪽.

30 『주리소지』 卷18, 「雜記」 下 "(乾隆)四十一年(1776), 編造丁冊, 排戶皆懸牌, 書婦小大口數."

31 서구의 경우 남녀의 성비가 여성 쪽이 조금 높은 편이지만, 민국시기 중국의 경우 대체로 110 : 100으로 남초(男超) 현상을 보이고 있다. 『吳興農村經濟』, 29쪽.

32 『주리소지』 卷6, 「寺廟」. "吾鄕人戶不下數萬." 명청시대 강남지역의 경우, 진의 거주민은 일반적으로 1,000호 이상, 심지어는 1만 호에 달하는 경우도 있었고, 시는 100-300호가 대부분이고 500-1,000호에 달하는 경우는 적었다고 한다. 樊樹志, 『明淸江南市鎭探微』(復旦大學出版社, 1990), 99쪽.

33 민국시기 농촌 조사에 따르면, 중국 농촌에는 1가구당 4-5명이 가장 많은데, 같은 강남지역인 오흥(吳興)지역의 경우 1가구당 3명에서 6명이 72.9%이고, 그 가운데 4-5명이 41.667%였다고 한다. 中國經濟統計硏究所, 앞의 책, 23쪽. 1941년 발행된 『江蘇省松江縣農村實態調査報告書』에 따르면 1가구당 경작면적은 약 9무, 평균 가족 구성원은 4.53명이었다고 한다. 同, 173쪽.

34 강남지역의 전반적인 인구구성에 대해서는 吳建華, 앞의 책, 5장 「明淸江南人口職業結構與職業人口構成」 참조.

다.[35] 『주리소지』 권11과 권12은 「인물」조로서, 여타 지방지처럼 과거에 합격한 지식인이나 관리들에 대해 서술한다. 전체 50명 가까운 인물들 가운데 10명에 대해서는 어디서 이주해왔는지 적고 있는 것으로 보아, 나머지 기재되지 않은 인물들은 아마도 주가각진에서 출생한 인물들로 짐작된다. 이주지를 표로 정리해본다.

〈표 4〉 주가각진으로의 이주 확인 가능한 사례

<table>
<tr><td rowspan="5">강소성</td><td>소주부 오현(吳縣)
동정동산(洞庭東山)</td><td>4</td><td rowspan="2">절강성</td><td>가흥부
가선현(嘉善縣)</td><td>1</td></tr>
<tr><td>소주부 곤산현(崑山縣)</td><td>1</td><td rowspan="2">금화부
난계현(蘭溪縣)</td><td rowspan="2">1</td></tr>
<tr><td>소주부 원화현(元和縣)</td><td>1</td><td rowspan="3">안휘성</td></tr>
<tr><td>소주부 성택진(盛澤鎭)
양선진(楊扇鎭)</td><td>1</td><td rowspan="2">휘주부
휴녕현(休寧縣)</td><td rowspan="2">1</td></tr>
<tr><td>송강부 누현(婁縣)</td><td>1</td></tr>
</table>

이주경로에 대한 확인이 가능한 경우는 강소성이 8건으로 가장 많고, 절강성은 2건이고 안휘성은 1건이다. 절강성 가선현(嘉善縣)인 경우, 다른 성이긴 하지만 거리상 주가각진과 매우 가깝다. 전체적으로 주가각진에 이주한 이들은 강남지역 인근 출신들이였다. 이례적으로 소주부 오현(吳縣) 동정동산(洞庭東山)에서 이주한 경우가 많다. 아마도 이들은 명대 중엽 이래 면포를 매입하기 위해 주가각진에 와서 기적(寄籍)하다가 그대로 눌

35 강남지역의 전반적인 인구이동에 대해서는 吳建華, 2005, 제7장 「明淸江南社會的人口流移」 참조. 1991년에 간행된 『朱家角鎭志』(43쪽)에 따르면 동정동산(洞庭東山)에서 주가각진으로 이주한 커다란 이유는 명말청초의 동란을 피하기 위한 것이고, 이들은 이주 후에 주가각진의 '망족(望族)'이 되었다고 한다. 그리고 해마다 계속된 재해로 인해 강소성 북쪽 지역〔蘇北〕과 절강 일대의 적지 않은 빈고농민(貧雇農民), 수공업자가 주각각진으로 모여들었다고 한다.

러앉게 된 사례가 아닐까 싶다. 이어 『주리소지』엔 100여 년간 이웃과 경조사를 나누지 않았던 이들이 경조사에 사람이 오지 않자 결국 이웃에 돈을 주고 손님으로 불러야 했다는 웃지 못할 사례도 소개되고 있다. 주가각진 사회에 동화되기를 완고히 거부하던 동정(洞庭) 석씨(席氏)도 결국 100여 년이 흐른 뒤 그 일원이 되기 시작했다는 의미로 읽힌다.[36]

그렇다면 주가각진의 주민 약 6,700명의 계층구성은 어떠했을까. 『주리소지』 권3 「풍속」은 이를 '사·농·공·상'으로 구분한다. 이에 대해 살펴보자.

먼저 사대부층이 있었다. 대체로 신사(紳士)들은 상업지구 인근에 거주했다.[37] 그다음은 상공업자다. 〈표 3〉에서 보았듯이 점원〔店夥〕이 도

36 『주리소지』 권4, 「方言」을 보면, 이 지역만의 방언을 하나하나 소개하고 있어서 흥미롭다. 光緒 『靑浦縣志』 卷2, 「疆域」 「鎭市」에서는 "靑浦語音, 皆與松郡同, 間亦小異, 然地界八邑之間, 細分之則四鄕亦有不同"라고 하고 있어서 각각 시진마다 그리고 시진 내부에서도 방언이 미묘하게 달랐다는 점을 서술하고 있다. 이 점은 화폐나 도량형 사용관행과 유사한 양상이어서 추후의 고찰을 요한다. 어쨌든 주가각진만의 방언이 있었을 정도로 시진의 독자적인 정체성이 있었다고 해야 할 것이다. W. 스키너 역시 이 점을 지적하고 있다(同, 양필승 역, 『중국의 전통시장』(신서원, 2000), 88쪽). 그리고 동정 석씨(洞庭 席氏)의 주가각진 정착과정에서도 알 수 있듯이, 주가각진이라는 공간은 출입이 자유로운 공간이라는 점, 그리고 원래 거주하던 사람들이 계속 일정한 정체성을 유지했던 것이 아니라, 매우 활발한 이주와 교류·교섭 등을 통해 점차 공통적인 정체성을 형성해갔다는 것을 알 수 있다. 청대 시진의 정체성 형성에 대해서는 森正夫, 「淸代江南デルタの鄕鎭志と地域社會」, 『東洋史硏究』 58-2(1999) 참고. W. 스키너 역시 기층 시장사회 밖의 사람들과의 관계가 적기 때문에 시장사회 간의 문화적 이질화는 불가피했을 것이라고 평가하고 있다(同, 앞의 책, 86쪽 참고).
16세기 중엽 농촌시장〔市鎭〕의 확대와 보급은 명초 촌락중심사회를 시장중심사회(시장 공동체)로 변모시킨 가장 중요한 계기였다. 또한 스키너는 근대 시기에 들어와서 기층 시장권이 점차 소멸됨에 따라서 근대 시기에는 이전의 기층시장권을 중심으로 한 사회에서 촌락 중심의 사회로 다시 변모했다고 지적하고 있다(同, 2000, 146쪽-147쪽). 중국 근세 이후 시장과 농촌 공동체에 대한 여러 논의에 대해서는 安富步·深尾葉子, 「硏究フォーラム 市場と共同体－中國農村社會論再考」, 『歷史と地理』 581(2005) 참조.

37 費孝通, 앞의 책, 171-172쪽.

합 267명에 달한다. 점원 2-3명이 한 상점에 고용된다고 가정하면, 80여 개 이상의 상점이 가경연간 주가각진에 있지 않았을까 싶다. 설령 그렇다고 하더라도 상업에 종사하는 인구는 기적(寄籍)을 포함해 3-400명 정도였다고 생각되며, 이는 인구 전체로 보면 5%에 해당한다. 신사층이나 공인(工人)의 숫자도 상업 종사자보다 많기는 어려웠다. 즉 시진 내 인구의 절대 다수는 농민이었다. 전반적으로 주가각진과 여타 농촌지역과의 차이는 상설점포가 있는 거리(market town)가 있는가 없는가에 달렸으며, 그 밖의 인구구성이라는 측면에서 볼 때, 주가각진과 일반 농촌사이에는 커다란 차이가 없었다. 요컨대 인구 구성면에서 주가각진은 도시가 아니라 어디까지나 농촌이었다.[38]

『주리소지』 권3은 "사민(四民) 가운데 오로지 농민만 가장 수고스러우며, 오로지 농민만 가장 고생을 하고 있다"라고 적은 뒤, 그 한 가지 이유를 "우리 고장의 토질은 찰흙이 섞인 진흙질이기 때문에 다른 고장보다 농사가 어렵다"라는 데서 찾는다. 농민들의 연간 농작업 순서에 대한 언급도 보인다. 당연히 봄부터 시작되는데, "곡우〔양력 4월 20일〕에 볍씨를 담그고 입하〔5월 5일〕에 모내기를 한다. (…) 〔음력 6월은—인용자〕 농사일이 한가하여 이를 한월(閑月)이라 한다. 7월과 8월은 농선(農船)을 수리하고 장지(場地)를 만든다. 부지런한 자는 면방직업을 겸하여 여공(女工)을 돕기도 한다. 9월과 10월에 벼를 벤다"라고 정리되어 있다. 농민생활은 상세히 후술한다.

38 이 점은 상해지역 지식인들의 문집이나 일기를 통해서도 확인할 수 있다. 葉夢珠의 『閱世編』에서는 "邑城市"(卷1 「水利」)라든가 "各府・州・縣城市以及村莊落聚"(卷6 「賦稅」)라고 표현하고 있으며, 姚廷遴(1628-?)의 『歷年記』 「歷年記上」 속에서도 "鄉鎭城市"(58쪽), "城市村鎭"(62쪽)이라고 하여 성시(城市)와 촌진(村鎭)을 대비시키고 있다. 공통적으로 청대 사람들은 부성(府城)이나 현성(縣城)만을 도시로 간주했고, 시진은 농촌으로 인식했다.

4. 강남시진의 화폐와 도량형 관행

과거의 경제생활을 살펴보는 데, 어떤 화폐나 도량형을 사용했는가의 문제를 빼놓아선 안 된다. 『주리소지』 권3 「풍속」은 주가각진에서 사용된 화폐와 도량형에 대해 비교적 상세하게 기록해놓고 있다. 청대 지방지 가운데 이 분야를 세세히 기재해놓은 경우는 찾기 어려운데, 『주리소지』는 드문 경우다. 여타의 지방지나 향진지가 대개 물산소개 위주인 것과 비교했을 때, 『주리소지』만의 세심함이 잘 드러나는 대목이다. 우선 은에 대한 서술은 다음과 같다.[39] 편의상 내용에 따라 번호를 매겼다.

> 주가각진〔珠里〕에는 동전은 많지만 은은 적게 쓰인다. ① 예전에 은을 쓴다고 하면 '원사(圓絲)'라거나 '소원(蘇圓)', '노원(老圓)'이었는데, 오늘날에는 유독 양전(洋錢)이 성행하고 있다. ② 양전 가운데서도 예전에는 '마검(馬劍)'(무게 8전7분), '쌍촉(雙燭)'과 '불두(佛頭)'(모두 무게 7전3분)가 있었을 뿐이지만, 지금은 '불두'만 성행할 뿐이다. '불두' 〔가운데〕 삼공(三工)을 소길(小吉)이라 하며, 은의 비율〔銀色〕이 가장 최상급이다. '노저(鑪底)'는 비율이 족하지만 나무소리가 난다. '대두(大頭)'는 '태자판(太子版)'이라 하며 최근에 나온 것이다. ③ 그다음으로는 '소판(蘇版)'이 있는데 소주에서 생산된 것이다. '토판(土版)'은 어디에서 만들어진 것인지 알 수 없다. '요판(鬧版)'은 품질이 떨어지는 은〔底銀〕으로 만든 것이다. '협판(夾板)'은 양전을 녹여서 동을 녹여 넣은 것이다. '관연(灌鉛)'은 칼로 〔겉〕면이나 바깥을 파서 납을 부어 넣은 것이다. 가장 〔질이〕

39 청대 외국은화의 중국 내 유통에 대해서는 많은 연구가 있지만, 특히 百瀬弘, 「清代に於ける西班牙弗の流通」, 『明淸社會經濟史硏究』(硏文出版, 1980) 참조. 한편 카를로 M. 치폴라에 따르면, "중국인들은 은으로 지불할 필요가 있을 때면, 가위로 은괴나 8레알 은화 등의 주화를 편리한 무게만큼 조각들로 잘라냈다. 각 조각은 무게에 따라 상응하는 가치를 가질 수 있었다"고 하여 외국은화 역시 칭량화폐로 사용되었으며, 자유로이 분할되었다고 지적하고 있다. 同, 앞의 책, 117-118쪽 참조.

> 나쁜 것을 '분은(噴銀)'이라 하는데 구리재질에 약은(藥銀)을 바른 것으로, 광택만은 마치 황금이 불타는 것 같다. 또한 '난인(爛印)', '아양(啞洋)', '좌변(銼邊)'이라는 것이 있는데, 은의 순도는 좋은 편이나 태환할 때는 〔그 가치가〕 감소된다.[40]

이로써 주가각진에서 사용되는 은은 크게 3종류라는 것을 알 수 있다. ① 전통적인 은량(圓絲, 蘇圓, 老圓) ② 수입 양전(馬劍, 雙燭, 佛頭, 大頭=스페인 달러),[41] ③ 중국산 양전(蘇版, 土版, 鬧版, 夾板, 灌鉛, 噴銀, 爛印, 啞洋, 銼邊). 대체로 ① 은량을 사용하는 빈도는 크게 줄어들어서 ②와 ③의 양전이 많이 사용되었다.[42] 다만 흥미로운 점은 원래의 외국산 양전을 대신해 민간에

---

40 『주리소지』 卷3, 「풍속」.

41 스페인제국은 멕시코에 화폐주조소를 짓고 대량의 은을 은화로 주조했다. 이 돈이 바로 스페인 달러다. 이것이 비단이나 도자기와 교환되어 명나라로 유입되었다. 百瀨弘, 『明淸社會經濟史硏究』, 硏文出版, 1980. 49-50쪽 참조. 달러는 독일어로 계곡을 뜻하는 탈(Tal)에서 나왔다. 당시 보헤미아의 은광 이름을 딴 요하힘스탈러(Joachimsthaler)라는 은화와 스페인 8레일화가 은 함유량이 서로 같다는 이유로 8레알화를 달러라고 불렀다. 달러기호($)는 원래 스페인계 화폐단위인 페소(peso)를 표시하는 기호였다고 한다. 당시 1페소의 무게는 대체로 27g이었는데, 순도가 93% 정도여서 순은 함유량은 25.5g 정도였다. 1톤의 은은 약 4만 페소에 해당한다. 중국에서 은 1량의 무게는 약 36.7g 정도였는데, 따라서 1페소는 은 0.66-0.7량 정도에 해당하며, 1톤의 은은 약 2만7,200량이 된다. 실제로 중국에서는 양전을 셀 때, 원(圓)이나 원(元)을 단위로 했는데, 순도로만 따지자면 조평은(漕平銀)으로는 7전 2분, 고평은(庫平銀)으로는 7전 3분에 해당했다고 한다. 范金民, 『明淸江南商業的發展』(南京大學出版社, 1998), 180쪽.

42 중국을 중심으로 한 근세 동아시아 화폐체제에 대한 개괄적 설명으로는 기시모토 미오, 노영구 역, 『동아시아의 「근세」』(와이즈플랜, 2018), 39-47쪽 참조. 19세기 초 화폐체제에 대해서는 하오옌핑, 앞의 책, 3장 「새로운 화폐」 참조. 하오옌핑의 설명에 따르면, 18세기에 스페인 은화가 광동과 복건지역, 즉 해외교역이 빈번한 연안지역에서 활발하게 유통되었으며, 그 뒤 절강과 강소성 등으로 확대되었다고 한다. 그 뒤에는 스페인 은화의 일종인 카를로스(Carlos) 은화가 유입되어 1853년 이전까지는 광주에서 1857년 이후에는 상해에서 표준화폐로 사용되었다. 1850년 이후로는 멕시코 은화로 대체되었다. 1850년대에는 카를로스 은화와 멕시코 은화가 같이 유통되었지만 상인들은 전자를 더욱 선호했다.

〈그림 2〉 스페인 화폐 쌍주(좌)와 불두(우)

서 자체적으로 만드는 중국산 양전도 유통되었다는 점이다.[43]

18세기 카를로스 은화는 태환할 때 중국에서 사용하던 은량보다 더 높은 가치, 즉 프리미엄이 붙는 일이 많았다. 그래서 순도로 보면 은량이 스페인 은화[洋錢]보다 8% 높았는데도 가격은 7-8% 정도 낮았다. 그래서 서양상인들은 은화를 가져와서 은량과 교환하여 이를 캘커타로 가지고 가서 팔면 15-16%의 이익을 거두었다. 한편 멕시코는 1821년 스페인으로부터 독립하여 1824년부터 멕시코 은화를 주조했다. 이를 응양(鷹揚)이라고 했는데, 중국에서 상당히 저렴하게 수령되었으며, 1853년 무렵 스페인 카를로스 은화를 대체하여 광범위하게 사용되었다. 심지어 중국과 서양상인들 모두 내륙 산지에서 차를 구입하기 위해서는 멕시코 은화를 준비해야 했다고 한다. 이에 따라 멕시코 은화들도 카를로스 은화처럼 프리미엄이 형성되었다.
한편 도광연간, 양전의 프리미엄이 은귀전천(銀貴錢賤)의 주요 원인이 되었다는 설명에 대해서는 豊岡康史 外編, 앞의 책, 1장 「アレハンドラ・イリゴイン」(Alejandra Irigoin), 「道光年間の中國におけるトロイの木馬ーそして太平天國反乱期の銀とアヘンの流れに關する解釈」 참조.
반면 岸本美緒는 위와 같이 도광연간에 카를로스 은화가 광범위하게 사용되었다는 설에 대해 실증하기 곤란하다고 비판하고, 여타 다른 외국 은화의 이용 지역도 절강, 복건, 광동과 연해지역 등에 한정된다고 분석하고 있다. 豊岡康史 外編, 앞의 책, 2장 岸本美緒, 「19世紀前半における外國銀と中國國內經濟」 참조.

43 이에 관해서는 박찬근, 『19세기 전반기 淸朝 화폐정책의 원칙과 운용』 2부 3장 「洋錢

즉 위의 양전들이 적어도 함유량 기준으로 일률적으로 환산되어 통합적으로 사용된 것은 아니라는 점을 짚어낼 수 있다. 면화와 미곡 시, 각 거래선마다 선호하는 양전의 종류가 달랐기 때문에 은 사용은 복잡해질 수밖에 없었다. 또 양전들 간의 환산이 서로 불편했기 때문에 대량 거래 시에는 공급이 원활하지 않았다.

은 사용 관행의 이러한 복잡함은 동전 사용에도 마찬가지로 적용되었다.

> 동전에는 '족백전(足百錢)'이 있고, '칠절전(七折錢)'도 있다. '족백(足百)'은 천(千)·백(百)·십(十)〔을 단위로 하고〕, '칠절(七折)'은 양(兩)·전(錢)·분(分)〔을 단위로 한다〕. '저관(低串)'은 족백이고 칠절구구(七折九九)부터 97, 69부터 67까지〔를 단위로 한다〕. '요관(要串)' 1,000량 중에 4〔문(文)〕나 2〔문〕가 모자라다. '무저관(無底串)' 1,000〔문〕을 통족(通足)이라 한다. (…) 양(兩)을 '족저전(足底錢)'이라 한다. '유시전(有時錢)'은 100〔문〕마다 사전(沙錢)을 섞는다. 10부터 30까지〔를 단위로 한다〕. '유신전(有申錢)'. 무사전(無沙錢)으로 96〔문〕을 100으로 한다. '청전(靑錢)'을 제(提)라고 부르고, 크고 작은 동전을 사전(沙錢)이라 한다. 〔동(銅)〕전(錢)을 금하는 것을 피전(疲錢)이라 한다. 동전을 금지하는 데는 3가지가 있는데 사주(私鑄), 전변(剪邊) 및 위호(僞號) 때문이다. 건륭연간에 〔사주전을 금지하는―인용자〕 '금전식(禁錢式)'을 발표했는데, 마을에 의지할 데 없는 노인들에게 일당을 주어, 장터에 궤짝을 마련하여 〔사주전을〕 거두어 녹이도록 했다. 〔사주전을〕 9할까지 〔값을 쳐서〕 교환하거나 대등하게 교환하여 〔거둬들였는데, 무게를 달아〕 근으로 헤아리기도 했다. 고로 능히 〔사주전을〕 거두어 깨끗이 없앨 수 있었다.[44]

의 확산과 倣鑄洋銀의 등장」(연세대학교 박사학위논문, 2022) 참조.

44 『주리소지』 卷3, 「풍속」.

무엇보다 동전의 종류가 생각보다 많다. 종류가 많았을 뿐만 아니라, 각각의 환산율도 달랐다. 동전은 본래 100개의 동전을 백(百) 혹은 맥(陌)이라고 하고 1,000개를 관(串), 조(吊) 혹은 관(貫)이라고 했다. 은량은 량(兩)을 기본 단위로 하여, 그 아래로 전(錢)과 분(分)을 단위로 했다.[45] 그런데 동전의 경우 이른바 단맥(短陌) 관행이 당말오대 시기부터 지속되었다.[46] 즉 1관(串)을 동전 몇 개를 기준으로 하느냐에 따라 1,000문을 1관으로 하는 족백전(足百錢)이 있고, 동전 700개를 기준으로 하는 칠절전(七折錢)의 관행[47]이 있었다. '무저관(無底串)' 역시 족백(足百)처럼 동전 1,000개를 1관으로 하고 있고, '요관(要串)'은 996문이나 998문을 1관으로 하고 있다. 그 밖에도 사전(沙錢), 즉 질 나쁜 동전을 섞는 관행이 있었는데 사주전의 일종이었다. 특히 건륭연간 청정부는 이러한 사주전을 사들여 녹여버리는 형태로 단속했다.[48]

다음은 도량형이다. 편의상 몇 단락으로 나누었다.

> ① 시중(市中)에서 부피를 재는 도구를 곡(斛)이라 한다. (…) 주리(珠里)에는 교곡(橋斛)을 쓴다. 용량은 5두(斗) 6승(升), 사향(四鄕)의 곡(斛)은 5두 4승부터 7승, 8승이 있을 뿐인데, 시중에서 〔미곡을〕 사고팔 때는 교곡을 표준으로 삼는다. 교곡은 동시(東市), 서시(西市), 중시(中市)가

45 顧鳴塘, 앞의 책, 135쪽.

46 井上泰也, 「短陌慣行の再檢討－唐末五代期における貨幣使用の動向と國家」, 『立命館文學』(1985-3).

47 칠절전(七折錢) 관행에 대해서는 岸本美緖, 『淸代中國の物價と經濟變動』(硏文出版, 1997) 9장 「淸代の「七折錢」慣行について」 참조. 岸本美緖에 따르면, 칠절전은 『주리소지』 卷3, 「풍속」에서도 지적하고 있듯이, 동전인데도 량, 전, 푼을 단위로 하고 있는 것이 특징이다. 칠절전은 강소성 상주부(常州府), 소주부(蘇州府), 송강부(松江府), 복건 등지에서 사용되었으며, 그 용도는 부동산 매매계약, 경영자금, 행회나 회관관계, 기부금, 교역 및 임금 지불, 경조사비, 음식대, 책값 지불 등에 쓰였다.

48 건륭연간 청조의 사주전 수매정책에 대해서는, 鄭永昌, 앞의 논문 참조.

모두 표준〔斟準〕으로, 지금은 동시와 서시의 곡이 조금 크다. 또한 각자곡(刻字斛, 5두 8승), 10승을 1두로 한다. 시에는 또한 응곡두(應斛斗, 5두=교곡 1곡), 준두(准斗, 용조승(容糶升) 10승), 풍두(豊斗, 용적 5승으로서 오승두라고 한다). 10두가 1승이 된다. 시중에는 중공승(中公升, 50승=교곡 1곡), 오진승(烏鎭升, 60승=교곡 일곡), 조승(糶升, 쌀가게에서 사용하는 것으로서 70승 혹은 75승=교곡 1곡).

② 무게를 재는 도구를 칭(稱)이라 한다 (…) 천평칭(天平稱, 16승=1근), 쌍칭(雙稱, 32량=1근, 지화(地貨)를 잴 때 쓴다), 행규칭(行挂稱, 19량 5전=1근, 역시 지화를 잴 때 쓴다), 회동칭(會同稱, 22량=1근, 예전에 정육점에서 쓰던 것), 공칭(公稱, 17량 6전=1근, 지금 정육점에서 쓰고 있다), 각칭(角稱, 21량 6전=1근), 점괘칭(店挂稱, 15량 3전=1칭근), 반칭(盤稱, 14량 8전=1근), 주칭(酒稱, 12량=1근), 동유칭(桐油稱, 즉 겁자칭(砝子稱)으로 15량 3전=1근).

③ 물건의 길이를 재는 것을 척(尺)이라 하는데, 관척(官尺, 10촌(寸)), 소척(蘇尺, 9촌 7분), 목척(木尺, 6촌)이 있다.[49]

일단 부피를 재는 곡(斛)부터 보자. 주가각진에서 일단 표준은 '교곡(橋斛)'이었다. 교곡은 소주성의 풍교진(楓橋鎭)에서 사용되는 곡을 말한다. 즉 미곡은 주로 풍교진의 곡을 사용할 정도로 풍교진과의 미곡 거래가 활발했다는 것을 알 수 있다.[50] 그런데 교곡은 예전에는 정확〔斟準〕했지만 현재는 동시, 서시, 남시, 북시의 네 곳 가운데 동시와 서시에서 사용

---

49 『주리소지』 卷3, 「풍속」.

50 실제로 풍교진은 장강 중류 호광지역에서 생산된 미곡이 강남에서 집산되는 지역으로, 미곡은 많은 부분 소주에서 소비되었지만, 다시 풍교에서 거쳐 상해로 가거나, 사포(乍浦)를 거쳐서 다시 복건으로 수송되었다. 『清經世文編』 卷44 蔡世遠, 「與浙江黃撫軍請開米禁書」. "福建之米, 原不足以供福建之食, 雖豊年多取資於江・浙, 亦猶江・浙之米, 浙之食, 雖豊年必仰給於湖廣. 數十年來, 大都湖廣之米, 輳集於蘇郡之楓橋. 而楓橋之米, 間由上海, 乍浦以往福建. 故歲頻祲, 而米價不騰." 청대 소주의 미곡시장에 대해서는 全漢昇, 『中國經濟史論叢』 제2책(新亞硏究所, 1972), 「清朝中葉蘇州的米糧貿易」 참조.

되는 것이 약간 커졌다고 한다. 그리고 농촌지대에서는 상업지구인 시진과는 달리, 5두 4승부터 5두 8승까지의 좀 더 커다란 곡이 사용되었다. 즉 주가각진이라는 하나의 공간에서도 지역에 따라 각각 서로 다른 도량형이 사용되었다. 이런 의미에서 주가각진을 비롯한 강남시진은 경제적 네트워크가 하나로 통일된 공간은 아니었다.[51]

다음으로 저울〔秤〕은 1량의 무게 차이가 아니라 1량의 무게가 동일하다는 것을 전제한 다음, 1근이 몇 량에 해당하는지 그 차이를 말해주고 있다. 가장 작은 저울은 주칭(酒秤, 1근=12량)이고, 가장 큰 저울은 쌍칭(雙秤, 1근=32량)이었다. 두 저울의 차이는 2.6배에 이른다. 이렇게 저울 종류의 다양성은 그 용도와 밀접한 관련이 있다. 특히 주목하고 싶은 것은 정육점에서 사용된 저울인 '회동칭(會同秤)'과 '공칭(公秤)'이다. 사용된 연대에 따라 무게가 22량과 17량으로 각각 다르다. 불행히도 『주리소지』에서는 단지 '옛날〔昔〕'과 '지금〔今〕'만 적혀 있기 때문에 정확한 연대를 알 수는 없지만, 시간이 지날수록 용량이 작아지는 도량형의 변화를 보여주고 있어 흥미롭다.

마지막으로 자〔尺〕를 보자. 소척(蘇尺)과 목척(木尺)의 길이는 관척(官尺)과 비교해서 나온 수치였다고 생각된다. 종류는 많지 않지만 최대 4촌의 차이가 있을 정도로 그 편차가 컸던 것이 주목된다.

곡(斛)에 대해 부언하자면, "주리(珠里)는 교곡(橋斛)을 쓴다", "시중에서 〔미곡을〕 사고팔 때는 교곡을 표준으로 삼는다"라고 했듯이 교곡이라 불리

51 宮下忠雄은 특정 지불수단 사용을 승인하는 협동체를 '지불협동체(currency circuit)'라고 지적하고 있다. 同, 『中國幣制の特殊硏究』(日本學術振興會, 1952), 24쪽. 黑田明伸 역시 이를 자신의 주요한 논거로 사용하고 있다. 同, 앞의 책, 14쪽. 그러나 주가각진의 사례에서도 알 수 있듯이, 같은 시진에서도 화폐와 도량형의 사용이 각각 달랐는데, 이러한 '지불협동체'라는 것이 과연 실재하는 것이었을까. 설령 실재했다고 하더라도 고정적인 형태로 존재한 것인가에 대해서는 의문이 든다.

는 됫박이 존재했고, 그 크기에 대해 "5두 6승을 담을 수 있다"라고 했듯이 됫박을 기준 삼아 곡식량을 표시했음을 알 수 있다. 교곡 계열의 됫박으로는 곡두(斛斗, 1두 됫박으로 5두=교곡 1곡), 시중공승(市中公升, 1승 됫박으로 50승=교곡 1곡) 등이 있었다. 한편 조승(糶升)이라는 보다 작은 한 되짜리 됫박도 있었는데, 10두가 준두(准斗)가 되었다. 여기서 기준이 되는 '두(斗)'는 『주리소지』에서 처음으로 교곡에 대해서 "5두 6승을 담는다"라고 할 때의 기준이 되는 두를 말한다.

이로써 보건대 한 지역 안에 지극히 다양한 도량형기가 존재했고, 그 단위와 용도 역시 각각 달랐음을 알 수 있다.[52] 청대의 도량형은 오늘날처럼 법률 및 제반규정을 정확히 따르거나 고정적인 단위를 가지고 있지 않았다. 정부의 규정이 미치는 범위는 현저히 좁았고, 규정과 실제 사용 사이에는 커다란 차이가 존재했다.

그렇다면 은과 동전은 시진 공간 내에서 실제로 어떻게 사용되었을까. 같은 상해현(上海縣) 주포진(周浦鎭)의 경우를 살펴보자.

> 하인인 심월(沈月)이 배를 타고 소주에 가서 절인 돼지고기〔醃豬〕를 사가지고 왔는데, 12월 18일부터 〔상해현성에서〕 팔기 시작하니 며칠 내다 팔렸다. (…) 당시 동전가격은 1,000문당 은 3전 3분이었고, 설날이 지나니 〔다시 동전가격은〕 매 1,000문당 은 2전 7분으로, 이 동전가격으로 은을 구입하니 20여 량밖에 되지 않았다. 〔이듬해인〕 청 순치 3년(1646) 병술년 (…) 18일 주포〔현〕에 도착했는데 〔와보니 상해현보다〕 동

---

52 스키너는 "도량형이 한 시장권 내에서는 표준화되어 실제로 엄격히 지켜지는 반면, 기층 시장 사이에서는 상당한 차이를 보인다. (…) 경제체제로서 기층 사회는 상대적으로 독립적이며 고립적이었다"(同, 앞의 책, 86-87쪽)라고 주장하고 있지만, 주가각진의 사례에서 보듯이 한 시진 내에서 도량형과 화폐라는 측면에서 볼 때, 시진이라는 작은 공간에서조차 중심성을 지니지 않고 각각 따로따로 분열되어 있었고, 개별 화폐나 도량형 가운데에는 오히려 이웃 시장권과 느슨한 연계의 사례도 찾아볼 수 있었다.

> 전가격이 매우 싸서 급히 거둬들여 소주에 싣고 가서 절인 돼지고기를 사가지고 왔다.[53]

여기서 은은 상해와 소주 사이 지역 간 거래를 위한 통화로, 어떤 물건을 대량 구매할 때 사용되었다.[54] 반면 지역 내에 소매나 일상적인 거래에서는 동전을 사용했다. 오늘날의 시점에 비춰봐도 고액권(=은)과 소액권(=동전)의 구분으로 충분히 납득할 수 있는 사정이긴 하다.

문제는 그다음인데, 오늘날과는 달리 각 지역마다 은과 동전의 환산비율이나 동전 그 자체의 가격이 다 달랐다. 게다가 동전가격은 시간에 따라 그 변동폭도 컸다. 위에서 보듯이 원래 설날 전에는 3전 3분이었던 가격이 설날이 지나면서 2전 7분으로 무려 18%가 떨어졌다. 동전을 가지고 있던 사람은 고스란히 손해를 보게 되는 셈이다. 그런데 주포현에 가보니 동전가격이 더 싸서 이를 사들였다. 동전 무게가 상당해서 배에 싣고 가 소주에서 절인 돼지고기를 사고 이익을 얻었다. 즉 당시 화폐는 시세가 시시각각 변했고, 지역 따라 가격도 달랐다.

그렇다면 왜 이런 현상이 나타났을까. 『주리소지』 등 당시 사료에서 해답을 찾아내긴 어렵다. 추론해보자면, 일단 화폐나 도량형에 대한 중앙정부의 관여도가 현저히 낮았고, 지역 내에서도 시장 네트워크를 통합해내는 움직임이 없었기 때문이다. 청대 중국엔 중앙정부건 지역사회건 시장 네트워크 통합에 관한 동기요소가 애당초 존재하지 않았다고 봐야 한다. 화폐 공급이나 도량형 규제 차원에는 기층 시장의 유력 상

53 姚廷遴, 『歷年記』 「歷年記上」 62쪽.

54 도광연간 상해현의 농업을 서술한 姜皐. 『浦泖農咨』 "猪踐於夏月尤貴. 十擔須洋錢一元, 餅總以二千錢一擔, 爲率甲午年二千四百文一擔." 여기서도 대용량으로 구매하는 저천(猪踐)과 같은 것은 양전(洋錢)으로 계산하고, 간식거리인 떡〔餅〕은 동전으로 계산하고 있다. 즉 물품에 따라서 서로 다른 화폐를 사용했다는 것을 확인할 수 있다.

인이나 행회 등 상인조합 그리고 지역 관행이 더욱 중요한 요소로 작용했다. 공권력에 의한 규제가 차지하는 비중은 낮았다. 그 결과 교역은 주가각진이라는 작은 공간에서조차 중심 없이 분열된 주체들에 의해 이뤄진 것이다. 바로 이것이 지역시장에서 조카마치나 자이고마치(在鄕町)을 중심으로 상공업이 발전했던 에도시대 일본과 지극히 대조되는 측면이다.[55]

또한 은이 지역 간 결제통화로 기능했던 이유는 사실 동전이 그 값어치가 낮아, 고액거래를 위해 휴대하기가 너무 무거웠다는 데 있다. 반대로 위의 사례처럼, 그 무게에도 불구하고 배에 싣고 먼 곳을 찾아가 교역할 수만 있다면, 그것도 물론 가능한 일이었다. 요컨대 지역 간 결제수단인 은과 지역 내 결제수단인 동전이라는 기능분화는 잠정적일 뿐 결코 반드시 절대적인 것은 아니었다.

화폐뿐만 아니라 도량형 역시 '교곡'의 경우처럼 지역 간에 상호 통용되는 것과 지역 내에서만 통용되는 것이 있었다. 이에 대해서는 앞서 인용했던 『역년기(歷年記)』를 다시 살펴보도록 하자. 원래 상해현은 면화생산으로 유명했지만, 강희 35년(1696) 재해로 이를 외지에서 구입해와야 했다. 그 가격을 두고 요정린(姚廷遴)은 다음과 같이 서술한다.

> 당시 면화가격은 매근 문은(紋銀) 3푼 6리이고, 혹은 대전(大錢)으로 40문에 해당한다. 면화씨는 매근 대전 20문이다.[56]

즉 다른 지역과의 교역에서는 순도 높은 은량인 문은이나 양질의 동

55 본서 제3부 제1장 「동아시아 속의 청대 농촌시장」 참조. 16세기 잉글랜드는 동시대 중국과 유사하게 농촌시장이 발달했지만, 시간이 지날수록 도리어 농촌시장의 숫자는 감소했다. 徐浩, 『18世紀的中國與世界: 農民卷』(遼海出版社, 1999), 207-208쪽 참조.
56 姚廷遴, 『歷年記』 「歷年記上」 156쪽.

전인 대전을 사용했다. 반대로 지역 내 교역에서는 순도가 낮은 은이나 사주전이 사용되었다. 앞서 보았듯이 은과 동전 모두 지역 간에 상호 교환되는 것과 시진 내에서만 유통되는 것이 따로 있었다. 물론 동전은 지역 내에서만 거래되는 경우가 더 많았다고 생각되지만, 반드시 은은 자유롭게 지역을 넘나들고 동전은 지역 내에 갇혀 있다는 식의 설명[57]은 재고되어야 한다고 본다. 그리고 은과 동전 간에도 환산('折', '銀錢比價')이 이루어졌기 때문에 기능이 완전히 분리되었다고는 생각하기 어렵다.

앞서 사료에서 나왔던 칠절전 관행이나 교곡과 같은 도량형의 사용에서도 알 수 있듯이, 주가각진은 행정구역상으로 송강부에 속하지만 소주의 경제권과 밀접히 연동되어 있었다. 그럼에도 불구하고 반드시 소주부의 시장만을 상대로 하거나 그 하부시장으로서 기능했던 것은 아니었다.[58] 예를 들면 『주리소지』 권18 「잡기(雜記)」 하에서는 건륭 13년(1748)에 일어난 이 지역의 창미폭동[59]에 대해 적고 있다. 이 해 미가가 크게 올랐는데, 그 원인이 미곡상〔米行〕이 주가각진의 미곡을 "사사로이 바다를 통해 판매한〔私販通海〕" 데 있다는 잘못된 소문 때문이라는 내용이다.

---

57 黑田明伸, 앞의 책, 「序 二つの貨幣」 참조.

58 『沈氏農書』「逐月事宜」에서는 절강성 동향현(桐鄉縣)에서 정월에 거름을 구매하는 것은 소주와 항주에 가서 하고, 콩깻묵은 소주부 원화현(元和縣) 소재의 녹직진(甪直鎭)에서 구입하며, 술지게미로 만든 소주(燒酒)는 소주(蘇州)에서 구입한다고 되어 있다. 4월에는 소 연자방아로 제조한 거름을 평망진(平望鎭)에서 구입하며, 보풀을 남신진(南潯鎭)에서 구입한다. 그리고 10월에 소 거름을 평망진에서 구입하고, 여러 시진에서 (소 거름인) 마로를 구입한다고 되어 있다. 이처럼 한 농부의 행동 역시 시진에 얽히지 않고 자신의 계산과 이해관계에 따라서 멀리 소주와 항주까지 갈 정도로 그 행동은 자유로웠다. 따라서 전통 중국의 시장구조 속에 위계질서가 잡혀 있고 하위시진과 상위시진이 배타적으로 연결되어 있다는 설명은 설득력이 없다.

59 건륭 13년(1748) 3월 폭우로 인한 수해와 우박에 의해 수확량이 급감하여 미가가 급등했다. 이를 원인으로 창미폭동이 강남지역 전반에 걸쳐 일어났다. 창미폭동에 대한 분석으로는 范金民 『賦稅甲天下: 明淸江南社會經濟探析』(三聯書店, 2013), 「乾隆十三年蘇松聚衆阻糶案述論」 참조.

이러한 소문이 돌 만큼 미곡이 다른 지역으로 판매되는 일은 늘 있었다.

다시 말해 주가각진의 미곡 거래는 소주부 풍교진과 상호 밀접한 관련을 맺고 있었지만, 오직 풍교진과 거래했다든가, 주가각진이 풍교진의 하위 시장으로 위치한 것은 결코 아니었다. 더 좋은 조건이 제시되었다면 얼마든지 다른 지역과 거래가 성사되었다. 시장구조 역시 시장의 크기에 따라 얼마간의 계층적 구분이 존재했던 것은 사실이지만, 상인이나 농민들, 수공업자들이 그 위계질서대로 행동한 것만은 아니었다. 더 많은 이윤획득을 위해서라면 이를 넘어 언제나 자유롭게 거래했다. 이 역시 시장 네트워크가 중심성을 결여했기 때문에 가능한 현상이었다.[60]

5. 농민경제: 경제의 여러 층위들

이제 시진을 하나의 경제단위로 인식하고, 그 안에 존재했던 내적·외적 동력을 파악해보고자 한다. 여기서는 시진의 인구구성상 가장 높은 비중을 차지했던 농민층을 중심으로 서술해본다. 앞서 〈표 4〉에서 보았듯이, 전체 인구 가운데 신사나 부호의 집안일을 돌보는 가사노비였던 노복(奴僕)과 비녀(婢女)는 각각 21명과 28명으로, 이 정도 숫자는 농민인구에 한참 모자란다. 농업노동은 농민들이 직접 소가족 중심으로 실행했다. 99명의 고공(雇工)은 일손이 부족할 때 동원되는 인력이었다.

농민들의 경작면적을 중심으로 차근차근 짚어보자. 주가각진의 숙전(熟田)은 9,778.798무였고, 가경연간 주가각진의 전체 인구는 6,700여명

60 미시적인 규모에서 개별 시장권의 분산성은 전국적인 규모에서 낮은 시장통합도로 연결되었다. 시바 요시노부는 근세 중국의 도시체제가 하나의 상하체계로 연결되어 있지 않으며, 단일한 통합체제를 이루고 있지 않다고 서술하고 있다. 시바 요시노부, 앞의 책, 63쪽, 118쪽.

정도였는데 전체 인구의 85% 정도를 농민으로 산정한다면 5,695명이 농민에 해당한다. 이를 토대로 1인당 경지면적은 1.7무 정도이고 호당 3.95명이라고 하면, 1가구당 평균 6.6무에 해당한다. 매우 영세한 경작면적이었다.[61] 무당 생산량을 3석이라고 가정하면(상기했듯이 숙전이 약 9,778무이므로), 연간 29,334석 정도가 생산되는 셈이다. 그 절반이 소작료였고, 거기서 지주가 소비하는 분량을 제외하면, 대략 1만 몇 천석의 미곡이 외부로 유출되었다. 나머지는 시진 내부에서 소비되었다.

가장 중요한 상품이었던 미곡이 어떻게 거래되었는지는 『주리소지』 권18 「잡기(雜記)」 하에 이렇게 나와 있다.

> 건륭 무신〔13년, 1748〕 4월, 쌀값이 갑자기 등귀하여, 매 석당 1,200〔문〕이 되었다. 주가각진의 중개업자〔牙行〕는 오직 심소팽(沈紹彭)만 있었는데, 구입하고자 하는 사람들이 구름같이 모여들었다. 하루에 500〔문〕이나 올랐다.

이처럼 미곡 거래는 진내(鎭內) 아행(牙行), 즉 미곡상〔米行〕[62]을 중심으로 이루어졌다. 소주부 소속 동리진(同里鎭)이나 주장진(周莊鎭) 그리고 송강부(松江府) 청포현 소속의 주가각진은 모두 호수나 수로를 통해 서로 연결되어 있었다. 물론 이를 연결한 사람뿐만 아니라 현지인도 여기에 다수 참여했을 수 있다. 하지만 "주리(=주가각진)에는 사람들이 편히 고장에 안착하고 있어서 수레를 몰면서 상인이 되는 자가 드물다"라는 『주리

61 『주리소지』 卷3, 「풍속」에서는 "一夫佃田, 僅可十畝"라고 하고 "每畝原租一石五斗"라고 하고 있다.

62 주가각진의 미곡상〔米行〕에 대해서는 森正夫, 1990 참조. 1991년에 간행된 『주가각진지』(111-112쪽)에서는 명대 후기와 청대 전기 주가각진의 경제는 면포업을 중심으로 이루어졌으나 청대 중기부터 민국시기 초까지는 미곡거래〔米業〕를 중심으로 번영했다고 적고 있다.

소지』 권3의 구절에서 미루어 짐작할 수 있듯이, 현지인이나 심지어 소주 출신도 여기에 해당되지 않았거니와 아마도 대체로 휘주상인들이었을 것이다.[63] 즉 시진 내부의 상거래는 현지인이 담당하고, 시진과 소주지역과의 거래는 현지인인 아행과 객상인 휘주상인이 담당하고 있었다.

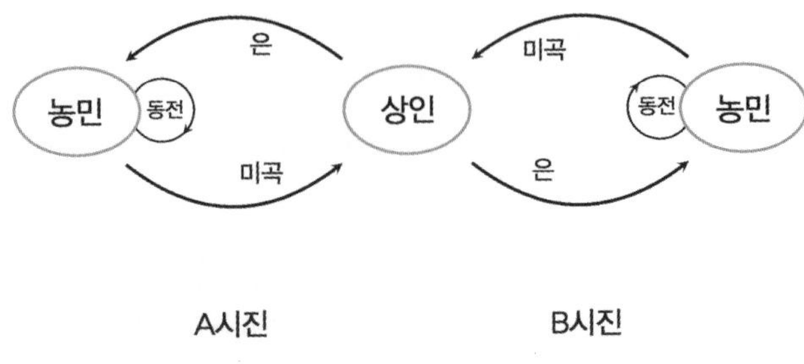

〈그림 3〉 명청시대 상인과 시진 간 교역모델

여기서는 주가각진의 외부교역을 '진외(鎭外)교역'이라고 하고, 주가각진 '재진(在鎭)'지역을 중심으로 이루어진 교역을 '진내(鎭內)교역'이라고 부르고자 한다. 또한 주가각진의 상업지구 역시 미곡이나 면포·면화 등의 진외교역을 담당하는 상인(=객상과 아행)과 진내 소상품 거래를 담당하는 상인으로 크게 나눌 수 있었다. 그리고 진외교역과 진내교역은 서로 분리되어 양자가 밀접한 관련을 맺은 것은 아니라고 생각된다(그림 4 참조).

주가각진에서 대규모로 거래된 물품은 미곡과 면화 그리고 면포였다. 농민들은 지주에게 지조를 내기 위해 생산한 미곡을 아행-객상에게 팔아 현금을 확보해야만 했다.[64] 농민과 상인 간 생산물 거래는 거의 동전

63 『주리소지』 卷6, 「寺廟」에서 성황묘 중수(城隍廟 重修)에 대한 기록 가운데 "乾隆28年, 徽州程履吉舍銀千兩, 里人又各捐資"라고 휘주지역 출신 상인에 대해서 기록하고 있다. 강남지역 휘주상인의 활동에 대해서는 范金民, 앞의 책, 「明清時期徽商在江南的活動」 참조.

64 『江蘇省松江縣農村實態調査報告書』(181쪽)에 따르면, 강남지역 농민들의 수도작 상

으로 이루어졌다.[65] 다음 사료를 보자.

> 가장 이상한 점은 〔지주들이 농민들로부터〕 지조를 받을 때 동전으로 받지, 쌀로는 받지 않는다는 점이다. 쌀로 받지 않는 이유는 그 가격을 올리기 때문이다〔故昂其米之價〕. 시장에서는 1석 2, 3두 혹은 1석 4, 5두의 가격을 1석으로 환산해버린다. 이를 절가(折價)라고 하는데, 즉 부득이 하게 〔판매하는 자의〕 미곡을 사들일 때는 별도로 조곡(租斛)이라는 것이 있는데, 여기는 1석 2, 3두를 1석으로 환산해버린다.[66]

수확기에 농민들이 대량의 생산물을 시중에 파는 탓에 미곡공급이 일시적으로 늘어나 미곡상〔米行〕들이 이를 틈타 매입가격을 낮추지 않았을까 싶다. 이땐 평상시보다 더 큰 도량형기를 사용했을 것이다. 또 "1석 2, 3두 혹은 1석 4, 5두의 가격을 1석으로 환산한다"는 관행에서도 알 수 있듯이, 오늘날처럼 상품가격을 단가만 변화시켜 조정했던 것이 아니라, 교역자들이 처한 상황, 즉 '시가(時價)'에 따라 계량단위 자체와 단가를 동시에 변화시켜 가격을 조정했다는 것도 알 수 있다. 이런 의미에서 당시 시장 참여자들에게 도량형은 고정불변하지 않고, 때마다 유동적인 시가 따라 그 크기가 커지기도 하고 작아지기도 하는 것이었다.

다시 미곡 거래의 흐름을 보면, ① 농민→② 아행(牙行, 현지 중개인)[67]→③ 객상(客商, 다른 지방에서 온 원격지 상인)의 순서였다. 위 인용문 기사 뒤에는

품화율은 높은 경우 82.%인데, 많은 농민들이 상당수의 수확물을 현금화해서 소작료로 납부했고, 모자란 식량은 날품팔이 노동〔日雇〕 혹은 시장 좌판〔小販〕 등의 부업을 통해 얻은 수입으로 구입했다. 청대의 경우도 이와 크게 다르지 않았으리라 추측된다.

65 天野元之助, 앞의 책, 「農村の原始市場」 87쪽. 이 점은 면포 역시 마찬가지였다. 光緖 『靑浦縣志』 卷2, 「疆域」 「鎭市」. "俗務, 紡織里媪抱絲入市易棉歸, 旦復抱絲 (…) 率日成一端, 入市易錢, 以佐薪水, 田家收獲, 完賦償租外, 未卒歲而實如懸磬, 其衣食艱難如此."

66 光緖 『周莊鎭志』 卷4, 「風俗」.

67 시진 내부의 아행(牙行)에 대해서는 天野元之助, 1952, 146-152쪽 참조.

농민과 상인들이 축적해놓은 미곡을 빼앗자 벌어진, 이른바 창미(搶米)폭동 기사가 이어진다. 즉 4월이 되면 생산자였던 농민들도 미곡을 구매해야만 했다. 당시 소농경영의 취약성을 엿볼 수 있는 대목이다.

1석 가격이 1,200으로만 표기되어 있는데, 물론 동전단위인 문(文)이 뒤에 생략된 것이다. 같은 권18 「잡기(雜記)」 하에 "쌀 3두인데도 소곡(小斛)을 쓴다"는 표현에서도 알 수 있듯이, 중량단위도 석에서 두(斗)로 줄고, 가격도 동전을 기준으로 했다는 점을 알 수 있다. 다만 진내(鎭內)로 미곡이 대량으로 유입될 때만은 여전히 은을 위주로 거래했다고 생각된다.

권3 「풍속(風俗)」 "은은 (…) 다만 면화나 미곡 거래 시 〔사용되는 것이〕 가장 복잡하며, 가격 역시 면화와 미곡을 거래할 때 가장 비싸진다〔市中行用, 惟花米市最雜. 價亦惟花米市最昂〕"라는 구절로 보건대, 이 교역은 진내교역이 아니라 진외교역임에 틀림없다. 진외교역은 대규모였고 석(石) 단위로 이루어졌을 것이며 주로 은을 사용해 거래되었다. 반대로 진내교역은 소규모이고 곡 단위며 동전 위주였다. 따라서 권3 「풍속」의 "주리(=주가각진)에서는 동전이 많고 은은 적다〔珠里錢多銀少〕"라는 구절은 농민들의 입장에서 진외교역보다 진내교역이 더 빈번해지고 중요해졌기 때문이라고 생각된다. 아울러 계절적 수요 면에서는 동전보다 은이 더욱 민감했다.[68]

권4 「물산(物産)」조는 이 지역 물산에 대해 상세히 적고 있는데, 이를

68 이러한 점은 『歷年記』에서도 확인할 수 있는데 姚廷遴은 세금〔錢糧〕을 완납하고자 하여도 은을 구할 수 없다는 고충을 적고 있다. 『歷年記』, 「歷年記上」 96쪽. "康熙六年丁未(1667年) (…) 米價每擔六錢, 要完錢糧者, 銀子竟無覓處." 한편 1991년 간행된 『주각각진지』(167쪽)에서는 주가각진의 전장(錢莊)은 광서연간 동호가(東湖街)에 개설한 진태전장(震泰錢莊)이라고 하는데, 그 이전에 전당포 이외에 특별한 금융기구는 존재하지 않았던 것으로 추측된다.

보면 면화는 재배되지 않았음을 알게 된다.[69] 대체로 면화는 물 빠짐이 좋은 곳에서 잘 자라는데, 주가각진의 토질은 찰흙이 섞인 진흙질로서,[70] 면화 재배에 적합하지 않았다. 이곳 인근의 면화 재배 중심은 상해현, 가정현, 태창주 등지였다. 그때껏 이들 지역 절반 이상의 경지에서 면화 재배가 행해졌다.[71] 주가각진은 이곳에서 구입한 면화를 면포로 가공해 다시 판매했으리라.

이러한 과정 속에 면방직업이 활발해지면서 농가 부녀의 노동력, 다시 말해 방직업에 종사하는 노동력이 가계에서 차지하는 비중이 높아졌다. "여성〔女紅〕 가운데 바느질이 능한 자가 1할이고 방직에 능한 자가 9할이다"(권3 「풍속」)이라고 하면서 면방직업에 대다수가 종사한다고 적고 있다. 또한 "농가에서 수확으로 관에 조세를 내고 지조를 내는 것 이외에 이것〔면방직업-인용자〕에 의지하여 의식을 해결한다. 〔반면 주가각진에서는〕 잠상업을 배우는 자가 드물다"(권3 「풍속」)라고 하고 있어서, 면방직업이 가계에 얼마나 중요한 역할을 했는지 알 수 있다.[72]

이처럼 강남지역의 농민들은 경영을 다각화하기 위해 다양한 부업에

69 姜皐, 『浦泖農咨』에서는 "松江七邑, 奉・上・南三處多種木棉, 然亦有三四分. (…) 而三邑田高土厚, 冬無積水"이라고 하여, 송강부(松江府) 7현 가운데 일부 지역에서 목면을 재배하며, 전체 경지의 3, 4할을 차지하고 있다고 하고 하며, 이 세 현은 모두 지대가 높은 편이며 겨울에도 물 빠짐이 좋다고 하고 있다. 이 세 현의 위치가 모두 바다에 가까운 쪽이고, 지형이 약간 높은 지대에 속해서, 태호(太湖) 쪽을 향한 주가각진과는 토질이나 지형이 달랐다.

70 『주리소지』 卷3, 「風俗」. "吾鄕厥土途泥, 藝稻難于他處."

71 吳偉業, 『梅村家藏集』 卷10, 「木棉吟幷序」 "上海·嘉靖·太倉境, 俱三分宜稻, 七分宜木棉." 또한 閱世編』 卷7 「食貨」 4 "吾邑地産木棉, 行於浙西諸郡, 紡績成布, 布被天下, 而民間賦稅, 公私之費, 亦賴以濟, 故種植之廣, 與粳稻等."

72 청대 강남지역의 면방직업 수익에 대해서는 方行, 「淸代江南農民棉紡織的平均收益」, 『中國經濟史硏究』(2010-1期) 참조. 『吳興農村經濟』의 조사에 따르면 오흥(吳興)지역의 1년 전체 농가수입 가운데 잠상과 견직이 42.6%, 농사 40.86%, 재외공작(在外工作) 6.71%, 어업 4.07% 등의 순서였다.

종사했다. 농민들은 여기서 확보된 물건들을 재진(在鎭) 아행을 통해 매매했고, 그 현금으로 자신이 원하는 물품을 구입했다. 청대 후기 강남지역의 농민생활에 대해 도후(陶煦)는 다음과 같이 서술하고 있다.

> 내가 일찍이 주변 여러 마을을 다녀보니, 나이든 사람이나 어린 아이나 모두 근면하게 분주히 일하고 남편이나 부인은 모두 초췌했다. 아침, 점심, 저녁은 물론이고 그 사이 한가한 때, 신발을 만들거나 새끼를 꼬거나 품팔이하거나 채소를 캐 시장에 팔거나 인분이나 가축분뇨를 주워 퇴비를 만들곤 했다. 작은 마을이라도 놀고 있는 사람은 한둘이 안 되었다. 역시 〔농민들이〕 먹고사는 것에 얼마나 지극했는지 알 수 있다.[73]

그리고 『주리소지』 권3 「풍속」은 "농부들은 품팔이〔傭〕가 되기도 하는데, 1년 단위로 하는 사람은 장공(長工)이고, 월 단위로 하는 사람은 망공(忙工)이며, 수시로 잠시 고용되는 자는 환공(喚工)이라 한다. 서로 경작을 도와주는 것은 반공(伴工)이라 한다"라고 하고 있다.[74] 노동력 고용에는 화폐를 매개로 하는 것과 상호 무상으로 노동력을 교환하는 두 가지 방식이 있었다.

한편 외부에서 들여온 쌀과 면화는 어떻게 거래되었을까. 『주리소지』에 이와 관련된 사료가 없는 대신, 요정린(姚廷遴)의 『역년기(歷年記)』에서 다음과 같은 구절을 찾을 수 있다.

> 상해현 주포진(周浦鎭)은 풍속이 한가롭고 여유로운 편이지만 식료품가

---

73 陶煦, 『租覈』 「重租申言」 「推原」.

74 姜皐, 『浦泖農咨』. "窮農無田爲人傭耕曰'長工', 今日長年農月暫用者曰'忙工'. 田多而人少, 倩人助工, 而報之曰'伴工'." 한편 『吳興農村經濟』의 조사에 따르면, 여러 가지 농촌 부업 가운데 傭工이 29.44%로 가장 많았다. 同, 32쪽 참조.

격이 매우 싼 편이다. 성내〔=상해현성〕와 비교하면 크게 다른 점이다. 집 앞에 사람들의 왕래〔交際〕도 적은 편이라 더욱 장사할 만하다. 만약 객상이 쌀을 싣고 〔주포진에〕 도착하여, 한때 〔물건을 살〕 임자가 나타나지 않으면 집집마다 찾아다니면서 〔쌀 살 사람을〕 찾는다. 반드시 그 가격이 싸다고 여기고 사들이는 사람이 있게 마련이다. 다음 날 〔물건의〕 주인이 나타나면 〔객상은〕 그 가격을 부풀려서 팔아버린다. 어쨌든 어떤 물건이든 대략 〔거래하는 방법이〕 이와 같기 마련이다.[75]

여기서 현성과 주포진의 시장가격이 달랐다는 점을 알 수 있다. 이는 청포현성에서 떨어진 주가각진에서도 마찬가지였을 것이다. 또 시진 내 왕래가 뜸해 상점을 여는 것만으로는 영업이 안 되기 때문에 객상이 일일이 방문하는 적극성을 보여야 비로소 물건이 팔리고, 시진 내의 왕래나 네트워크가 빈약하여 주민들 간에 가격정보가 비균질적이어서 객상이 제시한 가격을 그대로 받아들일 수밖에 없었다는 사실도 읽어낼 수 있다.

주가각진의 진외교역은 조정에 조세를 바치거나 소작인에게 받은 미곡을 지주가 환전하는 경우 그리고 소생산을 위해 농민들이 면화를 사고 파는 일이 주종을 이루었다. 진내교역은 농촌지역 거주 농민들이 시진(상업지구)에서 여러 상품과 서비스를 구입하는 일이 주종을 이루었다. 즉 진외교역이 횡적 교역이라면, 진내교역은 주로 주민들끼리의 교역을 의미했다. 진외교역과 진내교역의 비율에 대한 사료는 찾을 수 없지만, 소작료가 생산된 가치의 절반 이상을 차지한다고 가정한다면, 양적으로 볼 때 진외교역이 진내교역보다 더 많았다는 점을 알 수 있다. 요컨대 주가각진의 미곡과 면화는 지역 내 소비를 위해 생산되는 것이 아니라 외부 수요에 의한 것이었고, 미곡 역시 생산자들 간의 수평적 교환이 아니라

75 姚廷遴, 『歷年記』 「歷年記上」 45쪽.

지주와 소작인 간에 성립되는 수직적 교환을 통해 외부로 유출되었다.

물론 시진 상업지구의 거래를 거치지 않는 농민과 농민 간 거래도 있었다. 앞서 살펴보았듯이 노동력 교환에는 화폐를 거치지 않은 것들도 있었다. 『주리소지』 등의 사료에서 물물교환에 대한 언급은 매우 적고 단편적이지만, 『주리소지』 권5 「이항(里巷)」 속의 “음식을 서로 대접하며, 술잔으로 언제나 이웃을 부르네〔菜把互相饋, 酒盞恒邀鄰〕”라는 시구처럼, 이웃끼리는 음식을 주고받으며 술상을 차려 함께 잔을 기울였다는 것을 알 수 있다. 아울러 권3 「풍속」에서는 “모내기 날 농부를 위해 술과 고기를 풍성히 마련하는데, 이를 ‘종앙갱(種秧羹)’라고 부르고 이웃사람들도 불러 같이 대접한다”라고 했고, 공인(工人)의 품삯에 대해 “어떤 때는 돈으로 주고 어떤 때는 상당하는 가치의 물건으로 주었다”라는 구절처럼, 임금에도 때로는 현물지급이 실재했음으로 미루어, 물물교환이 상당 부분을 차지하고 있었다는 사실을 알게 된다. 이러한 물물교환은 기본적으로 대면거래이기 때문에 은과 동전 등 화폐를 매개로 한 교역보다는 그 도달범위가 협소할 수밖에 없었다. 또 시진 내에서 광역적으로 이루어졌다기보다는 가까운 친척이나 이웃 사이에서 제한적으로 벌어지는 일이었다고 생각된다.[76] 이러한 형태의 거래를 여기서는 ‘호혜적 내부교환’이라고 부르고자 한다.[77]

---

76 費孝通, 앞의 책, 163쪽.

77 『江蘇省松江縣農村實態調査報告書』(181쪽)에 따르면 단경기(端境期)의 강남 농촌지역에는 동족 간에 쌀을 서로 빌려주는 것이 자주 이루어졌는데, 쌀을 갚을 때는 이자를 받지 않았다고 한다. 강남지역에서 매우 빈번하게 발생한 흉작이나 자연재해 등의 위기상황에서 시진의 농민들은 근린을 중심으로 상호부조하여 위기를 극복하려 했다. 이러한 측면이 이익을 매개로 하지 않는 ‘호혜적 내부관계’의 좋은 사례일 것이다. 화폐나 도량형이 시진 내부에서 서로 달리 사용되었던 것 역시 이러한 ‘호혜적 내부교환’이 미치는 범위, 즉 사회적 네트워크의 범위를 의미하는 것은 아닐까 생각된다. 이러한 점에서 볼 때, 주가각진이라는 공간은 단일한 경제적 네트워크를 형성하지 못하고 여러 네트워크로 나뉜 상태라는 점을 알 수 있다. 1991년에 간행된 『주가각진

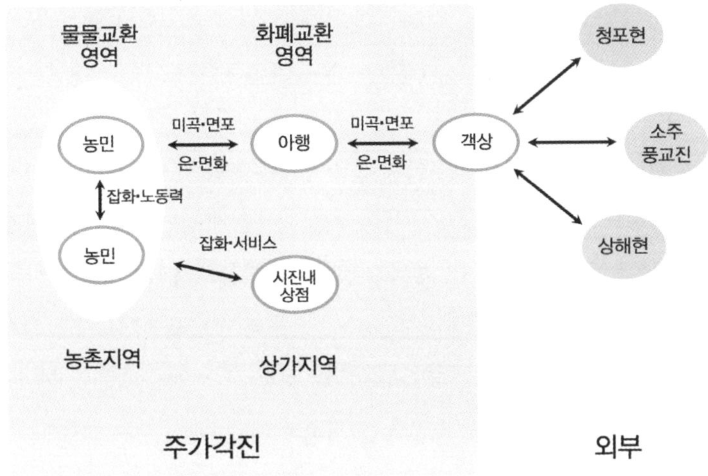

〈그림 5〉 주가각진의 교역과 각 경제영역

하지만 가계 내에서 생산과 소비가 완결되는 자급자족적 형태도 많았다. 특히 부식 부분에서 자급율은 97.66%에 달했다.[78] 의복 역시 면포를 직접 짜던 곳이기 때문에 기본적으로 자급자족이 이루어졌다.[79] 이러한 의미에서 청대 강남지역의 농민경제는 자급경제와 상품경제가 상호 결합된 것이었다.[80] 주가각진의 많은 농민들이 상품생산에 종사했지만, 그것이 생활 내부 구석구석까지 미치고 있었다고는 할 수 없다. 앞서 인용한 『주리소지』 권5 「이항(里巷)」조의 "이곳 사람들은 화합하여 (…) 여성

지』(44쪽)에서는 다수의 이주민들이 운수업에 종사했는데 출신 지역에 따라서 '소북방(蘇北幇)'이나 '소흥방(紹興幇)' 등으로 불렸고, 이발업은 진강과 양주 출신들이 많았다고 한다. 여기서도 강남지역 주변부 지역 사람들이 일자리를 찾아서 중심 지역으로 찾아왔다는 것을 알 수 있다.

78 『吳興農村經濟』 64쪽.

79 청대 강남지역 농민들의 소득수준의 변화에 대한 연구로서는 王家範, 앞의 책, 「淸代江南農民的消費」, 「明淸江南消費風氣與消費結構描述」, 方行, 앞의 책, 黃敬斌, 앞의 책, 참조.

80 方行, 앞의 책, 229쪽.

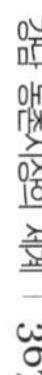

들은 밖으로 시집가지 않고, 남자는 이곳 여인과 혼인한다"에서 알 수 있듯이, 주가각진의 농촌은 의연하고 강고하게 토지와 긴박된 생활을 유지하고 있었다.[81]

흔히 은 경제와 일조편법 이후 농촌지역까지 상품경제가 파급되었다고 하면서도[82] 자급자족경제가 농가경제의 심층에 상당 부분 온존해 있던 것은 무슨 이유에서일까. 중국경제만의 특징일까. 예단하긴 어렵지만 적어도 『주리소지』나 『주장진지(周莊鎭志)』 등의 서술을 따르는 한, 농민들에게 충분한 화폐, 즉 소득이 부족했던 것도 그 원인들 가운데 하나였다는 점은 추측할 수 있다. 농민들은 지조를 내고 나면, 남은 소득으로는 남은 1년을 충분히 지탱할 수 없었다. 실제로 농민층이 생산한 것들은 소작료로 지주층의 이익에 흡수되었고, 농민들로서는 잉여가 거의 남지 않는 구조였다.[83] 따라서 이웃과의 협동, 즉 호혜적 내부 교환망을 구축해 잉여물자와 노동력을 교환하고, 채소 재배 등 토지를 최대한 다각적으

---

81 반면 이러한 양상은 근대 시기 상해 개항 이후 변모하게 된다. 民國 『青浦縣續志』 卷2, 疆域」 下 「風俗」 "鄕村婦女助耕 · 饁餉之外, 兼事紡織爲生. 光緒中葉以後, 梭布低落, 風俗日奢, 鄕女沾染, 城鎭習氣, 類好修飾. 於是生計日促, 一夫之耕, 不能兼養, 散而受雇於他鄕者比比矣. 尤以上海爲獨多利其工值昻也, 謂之做阿婆."

82 傅衣凌, 『明代江南市民經濟試探』(上海人民出版社, 1957), 「導言」 참조.

83 1920년대 중국 농촌에 대한 로싱 벅의 조사에 따르면, 특히 연해지역의 농산물 상품화율은 52.6%에 달했다고 한다. Buck,J. L., *Chinese Farm Economy: a Study of 2866 Farms in Seventeen Localities and Seven Provinces in China* (Nanking, 1930), p. 199 참조. 또한 『吳興農村經濟』의 조사에 따르면, 당시 오흥지역 농촌의 수입과 지출 가운데 현금이 차지하는 비중은 각각 55.02%, 50.86%였다고 한다. 이에 비해서 중국 북부지역의 경우 각각 46.84%, 26.77%였다고 한다. 同, 70쪽 참조. 그리고 매 가구 평균수입은 255.36원(元)인데 생산비와 채무상환을 제외한 순수입은 148.55원에 달한다. 반면 지출이 294.12원으로 매년 38.76원의 적자상태였다고 한다. 또한 지출 가운데 생활비가 63.69%, 생산비가 35.91%, 채무상환이 0.04%를 차지했다고 한다. 앞의 책, 50쪽, 59쪽 참조. 이러한 적자는 돈을 빌리거나 품팔이〔傭工〕로 메꾸어갔다. 光緒 『青浦縣志』 卷2, 「疆域」 「鎭市」. "近於耕時貸玉米, 至於冬亦償以米. 其息甚昻, 有一石償二石者, 謂之債米. 農無田者爲人傭耕曰長工, 暫傭者爲忙工, 田多者而人少者, 倩人助己, 而償之曰伴工."

로 경영해 화폐 지출분을 줄여야만 했다. 즉 충분한 수입이 보장되지 않는 한, 물물교환이나 자급자족 분은 늘 상품교환의 배후에 남아 있을 수밖에 없었다.

이제 농민경제의 여러 층위를 살피기 위해 각각의 거래를 정리해보도록 하자. 일단 앞서 서술했듯이 조세(賦稅)는 50도3구11도의 경우 소모분까지 합쳐 모두 은 710량 2전 9분 5리이고, 50도1구25도는 325량 5전 9리로 부과되어 있다.[84] 최소 1년에 1,200량 이상이 되는 셈이다. 이는 물론 지주들이 부담하는 것이었다. 반면 농민들은 지조를 납부하기 위해 생산한 것을 판매했고, 1만 석 이상의 식량이 매년 시진 밖으로 유출되었다. 이처럼 진외교역을 담당하는 미곡상[米行]의 거래규모는 상당히 컸지만, 진내교역을 담당하는 주가각진 내의 시장규모는 협소했다.

이와 같은 대규모 지역 외 유통에 사용된 것이 은이었다. 다시 이것이 시진 내부에서 환전되어 소규모 지역 내 유통에 사용된 거래수단이 바로 동전이었다. 그러나 이러한 구분은 이념형에 가깝고 현실은 좀 더 복잡했다고 봐야 할 것이다. 즉 외부 결제통화라고 하더라도 그 재고는 지역 내에도 어느 축적되어 있었고, 소액결제 화폐인 동전 역시 내부에만 축적되어 있는 것이 아니라 외부에서도 끊임없이 유입되고 있었다.

이렇게 본다면, 전체적으로 청대 주가각진의 경제활동은 다음과 같은 층위를 이루고 있었다. ① 진외교역(예: 은), ② 진내교역(예: 동전), ③ 호혜적 내부교환(예: 물물교환), ④ 가족을 중심으로 한 자급자족. 여기에서 ①과 ②는 각각 은과 동전, 즉 화폐를 통한 거래이고, ③과 ④는 화폐를 매개로 하지 않는 경제활동이다. 〈표 5〉는 이를 정리한 것이다. 호혜적 내부교환은 좁은 인간관계에 의존하기 때문에, 그 도달 가능한 범위에 한계가 있었다. 동전은 무거운 무게나 일일이 세어서 확인해야 하는 불

84 『주리소지』 卷2, 「田賦」 「賦額」.

편 때문에 여러 가지 공간적 제한을 가지고 있었다. 또 물물교환은 가까운 이웃이나 친족 친구 이상으로 확장되기 어려웠다. 대부분의 농민들에게 ③과 ④의 경제활동은 화폐를 매개로 이루어지지 않았기 때문에, 이는 시장을 통한 거래가 되지 못했다. 따라서 시진 내부의 시장규모는 협소할 수밖에 없었다.

〈표 5〉 주가각진의 경제활동 층위

	주요 거래지역	명칭	거래대상	교환수단
①	상가지역	진외교역	세금와 소작료, 면화 거래	은
②		진내교역	일상적인 생활용품과 서비스	동전
③	농촌지역	호혜적 내부교환	물물교환	물물교환
④		자급자족	부식과 의복	

거래화폐로 진외교역에서는 은이, 진내교역에서는 동전이 많이 쓰였다는 것을 고려하면, 은을 기준통화로 삼은 만력연간 일조편법의 전국적 시행[85]과 진외교역의 발전은 서로 궤를 함께한다. 건륭연간 동전의 대량 발행[86]은 진내교역의 활성화와 밀접한 관계가 있다. 즉 지조와 조세 위주의 진외교역이 명대 후기 활발해지면서 시진의 기본적 형태가 완성되고, 이후 건륭연간 제전이 대량 발행되어 소농경제가 활성화되면서 진내교역도 활발해졌다.

주가각진에서 사용된 화폐는 크게 은과 동전이었는데, 은은 여러 종류의 양전이 사용되었고, 동전 역시 다양했다. 도량형은 특히 소주 풍교진

85 浜口福壽, 「明代の米價表示法と銀の流通－明代貨幣史覺書二」, 新潟縣立新潟中央高等學校, 『研究年報』 15(1968), 20쪽.

86 黑田明伸, 앞의 책, 44쪽.

에서 사용되는 것을 표준으로 삼는 경우들이 있었는데, 이는 주가각진이 소주지역과 상업적으로 얼마나 밀접하게 연관되어 있는가를 보여준다. 은은 지역 간 결제통화로 사용되고 동전은 현지 통화로 사용된다고 하지만, 그것은 어디까지나 대체적인 경향일 뿐, 실제로 동전 역시 지역 간 결제통화로서 사용되기도 했다. 무엇보다 19세기 주가각진에서는 은보다는 동전이 더 많이 사용되고 있었다.

주가각진에서 가장 큰 규모의 거래는 미곡과 면화 거래였다. 소작료와 세금이 은의 형태로 외부로 유출되었고, 미곡과 면포를 판 대가가 다시 은의 형태로 주가각진 내부로 유입되었다. 다만 이 은은 어디까지나 지주층과 외부 상인 등을 매개로 한 것으로서, 농민층의 부를 흡수해 외부로 발산하는 형태를 취했다. 농민들은 농산물을 판매하고 얻은 동전으로 상업구역에서 물품과 서비스를 구입하는 식이었다. 이들은 수입이 많지 않았기 때문에 이웃과 여러 네트워크를 만들어서 물물교환하곤 했으며, 자급자족도 이들의 경제에서 상당한 비중을 차지하고 있었다. 이처럼 주각각진의 농민경제는 상품경제, 물물교환, 자급자족 등 여러 층위가 결합한 형태였다.

더구나 주가각진에서는 다양한 종류의 화폐와 도량형이 사용되었다. 주가각진 내부의 네트워크가 통일되기보단 분열된 양상이었기 때문이었다. 진외 교역량에 비해 작을 수밖에 없는 진내 교역량의 크기도 이 네트워크의 연결성을 느슨하게 만드는 이유였다. 높은 소작료로 농민들에겐 화폐가 늘 부족했으며, 주가각진 자체의 물자 유통량 역시 크지 않아 근본적으로 진 내부에는 통일적 거래·유통 네트워크가 형성되기 어려운 환경이었다.

어떻게 본다면 청대 도광연간의 통화시장은, 비유컨대 물고기가 맘껏 뛰놀 수 있는 커다란 호수라기보다는 작은 격벽들이 세밀하게 쳐져 있는 작은 논〔水田〕과 같은 구조였다고 할 수 있다. 개별 논들은 수로를 통해 연결되어 있으나 정작 그 사이로 물이 교환되지는 않는 구조였달까. 이런 구조에는 아무리 많은 화폐가 유입된다 하더라도 그 유통속도가 상당히 느려질 수밖에 없었다.

앞서 제2부에서 보았듯이 건륭연간에는 활발한 지역 간 교역이 이루어졌다. 이때는 위에서 말한 것 같은 격벽이 그다지 높은 편이 아니었고, 화폐나 도량형단위도 상당히 개방적인 형태였다. 그러나 가경·도광연간에는 지역 간 교역이 점점 줄어들었고, 화폐나 도량형 환산이 점점 세분화되면서 격벽이 점점 높아지는 결과를 낳았다.

앞서 서론에서도 서술했지만, 청대 중국의 관료제도는 내부에서 통일성을 결여했으며, 각각의 독립성과 자율성을 가지고 있었다. 지방관 역시 지역사회를 단독으로 장악할 헤게모니를 결여하고 있었기 때문에, 신사나 상인단체와의 협치 속에서 지역사회에 군림하고 있었다. 청대 지역사회 역시 경제적 핵심이 존재하지 않고, 다양한 중심들이 여기저기 분산되어 있었다. 관용(官用)이든 민용(民用)이든 화폐와 도량형의 규격이 관청과 지역마다 심지어 지역 내에서조차 각각 달랐던 까닭도 바로 이러한 사회구조를 그대로 반영하고 있었기 때문이다. 또한 동시대 유럽이 근대적 국민국가(nation-state)를 통해 사회통합을 추진했다면, 중국은 점점 더 사회통합과는 멀어졌다고 할 수 있다.

지금껏 살펴본 주각각진의 사례가 이를 설명해준다. 물론 시진마다 내부사정이 각각 다르긴 했지만, 농촌에서는 농촌시장, 즉 시진을 기준으로 화폐와 도량형이 달랐고, 도시〔州縣城〕는 회관(會館)과 공소(公所)마다 각각 다른 화폐와 도량형단위를 사용했다.[87] 청대를 거치며 이렇게 농촌에서는 시진, 도시에서는 임의단체(任意團體)인 회관과 공소가 급속히 증

87 이에 대해서는 홍성화, 「淸代 江南 도시지역의 상공업조직과 시장관계」, 『코기토』 80(2016). 베버, 앞의 책, 25쪽 참조.

가했는데,[88] 시진 · 공소 · 회관의 증가는 곧 화폐와 도량형의 분산도 증가를 의미했다. 이는 화폐 간 호환성 저하, 즉 유통속도의 저하로 이어졌다. 결국 화폐가 풍부하게 공급되었다 하더라도 그에 비례해 인플레이션이 일어나기는 어려웠다.[89] 만약 조금이라도 화폐 공급이 줄어들면 디플레이션 효과는 더욱 커지는 결과를 초래하게 되었다.

〈표 6〉 강남지역 회관과 공소의 설립연대 (출처: 范金民, 앞의 책, 285쪽)

	강희 이전	옹정	건륭	가경	도광	함풍 광서	광서 30년 이후	합계
회관	23	1	24	11	15 13	25	14	126
공소	1	3	13	13	25	101	36	192

이러한 환경을 감안할 때, 건륭연간은 화폐 유통속도가 비교적 빠른 편이었고, 가경 · 도광연간은 그 속도가 현저히 줄어들었지 않았을까 생각된다. 화폐의 유통속도는 곧 상업거래의 빈도를 가리키므로, 이 속도가 줄어들었다는 것은 거래빈도의 축소, 즉 불황을 의미한다. 그러므로 상기의 높아진 격벽, 즉 지역 간 교역 축소와 화폐의 유통속도 저하는 '도광불황'과 밀접한 관련을 맺고 있었던 것이다.

88 范金民, 『明淸江南商業的發展』(南京大學出版社, 1998), 319쪽의 수치에 따르면, 명대 가정연간부터 만력연간까지 소주부의 경우 44개의 시진이 있었는데, 건륭-가경연간에는 90곳에 이르렀다고 한다.

89 16세기 중엽 이래, 중국과 유럽에 막대한 양의 신대륙 은이 유입되었는데, 유럽에서는 이른바 '가격혁명'이라고 불릴 정도로 심각한 인플레이션이 일어났다. 그러나 중국 역시 막대한 양의 은이 유입되었음에도 불구하고 유럽만큼의 인플레이션은 일어나지 않았다. 이에 대해서는 기시모토 미오 외, 『조선과 중국, 근세 오백년을 가다』(역사비평사, 2003), 152-153쪽 참조.

| 제 3 장 |

농촌 수공업 선대제 생산문제

3

이제 앞 장들의 내용을 바탕으로 농촌 수공업에서 선대제(先貸制) 생산에 대해 살펴보고자 한다. 여기까지 읽어온 독자라면, 청대 중국의 경제질서가 현대사회와 많이 다르다는 점을 알 수 있으리라 생각된다. 특히 오늘날 한국경제는 근대 서구에서 유래한 '국민경제(nation's economy)'라는 틀 속에서 운용되고 있기 때문에, 청대 중국의 사정을 살펴보자면 보다 근본적인 접근이 필수적이다.

그러나 서로 다른 이 두 경제질서는 공교롭게도 16세기 중엽 전 세계적인 은 교역을 통해 등장한 세계경제의 시스템에 뿌리를 두고 있다. 당시 막대한 양의 은이 동아시아와 유럽으로 흘러들었고,[1] 그 방대한 과

1 빌라르에 따르면 15세기에 국민경제의 태동이 있었으나, 16세기 세계시장의 확대로 인해 국민경제가 형성된 것으로 파악하고 있으며, 국민경제를 중상주의와 등치시키고 있다(빌라르, 위의 책, 47쪽). 한편 김광수는 국민경제의 형성과정을 다음과 같이 서술하고 있다. "화폐의 중요성이 안정되었고 자본은 축적되고 새로운 산업이 일어나게 되었다. 중세까지 지배해왔던 지방적인 지배력만으로는 불충분하여 통일적인 지배를 구하는 기운이 일어났다. 무역이나 상업의 여러 측면에 있어서 봉건제후 중의 유력자인 국왕이 조정해야 할 많은 문제가 야기되었다. 국경에 있어서의 관세징수, 지방의 권력자들 간의 대립의 조정, 특허권 부여문제, 화폐제도의 통일 등의 문제가 일어났다. 이러한 새로운 추세에 따라 근대국가가 발생하게 되었던 것이다. 근대국가에 있어서의 화폐경제의 발달과 더불어 자본주의적인 조직형태가 나타나고 경제의 경영기초도 점진적으로 변모하여 영리주의가 세력을 확장했다." 同, 『중상주의』(민음사, 1984) 14쪽.

잉 유동성을 처리하기 위해 상반되는 경제시스템이 형성되었다.[2] 중화제국과 유럽의 공권력 형태와 지역사회의 질서가 서로 다른 데서 비롯된 결과였다.

중화제국의 경제시스템을 살펴보기 위해, 반복적이지만 앞서 두 장에서 짚었던 청대 농촌과 시장구조의 특징을 두 가지로 요약해본다. 첫째, 정부의 개입이 최소한에 그치고, 시장의 운용과 관리가 거의 민간의 자율에 맡겨졌다는 점이다. 둘째, 시장은 중심이 없고 분산적으로 발달했다는 점이다. 일례로 시장의 크기에 따라 얼마간 계층적 구분이 존재했던 것은 사실이지만, 상인·농민·수공업자들이 그 위계질서대로 행동한 것은 아니었고, 더 많은 이윤획득을 위해서라면 한계를 넘어 언제나 자유롭게 거래했다.

이러한 특징은 시장 내에서도 확인된다. 주가각진이라는 한 공간 안에서도 지역에 따라 서로 다른 화폐와 도량형이 사용되었다. 화폐나 도량형에 대한 중앙정부의 관여도는 현저히 낮았으며, 지역 내 시장 네트워크를 하나로 통합해내려는 자체적 움직임조차 발견할 수 없었다. 즉 주가각진을 비롯한 강남 시진은 통일된 경제 네트워크의 공간이 아니었다. 화폐나 도량형의 통제보다 기층 시장의 유력 상인들이나 행회 등의 상인조합 그리고 지역 관행이 더 중요했다. 그 결과 교역관계는 주가각진이라는 작은 공간에서조차 중심성 없이 분열적으로 유지되었다. 이러한 형국은 시장과 시장 간의 관계, 즉 시장 네트워크에서도 똑같이 재현되었다. 같은 시기 유럽이나 일본처럼 시장과 시장이 체계적으로 연결

2 힐, 홍치모 외 역, 『영국혁명 1640』(새누리, 1998), 30쪽. 크리스토퍼 힐의 견해에 따르면, 1492년 콜럼버스의 신대륙 발견 이래, 막대한 양의 아메리카 은이 유입되었고, 이에 따라 과거에는 지주와 소작농, 고용주와 근로자 간의 물품 및 노동제공에 입각했던 관계를 대신해 화폐관계가 성립했다고 지적하고 있다. 16세기 내내 물가가 상승했으며, 섬유의 가격은 150%가 상승했다고 지적하고 있다.

되어 상하관계를 맺지도 않았다.

시장체제의 이러한 불규칙성은 쌀가격〔米價〕의 전국적 격차를 봐도 확인된다. 각 지역 간 쌀가격의 차이는 17세기 초반보다는 18세기 후반 그리고 19세기 후반에 들어서면서 점점 더 커졌다. 이는 다시 한 번 시장 통합도가 지속적으로 낮아지고, 시장 네트워크에 중심성이 결여되었음을 의미한다. 화폐나 도량형[3] 차원에서도 시장의 분산적 발달양상은 어김없이 재현되었다.

청조를 비롯한 중화제국은 '전제국가(專制國家)'다. 여기에서 말하는 전제국가란 어떤 정책의 계획과 시행에서 사회적 동의에 입각하지 않은 정부형태의 국가를 말한다. 의사결정에 사회적 동의가 필요 없기 때문에 어떤 면에서는 신속하고 용이한 측면도 있을 것이다. 그러나 여기서 지적하려는 것은 중앙에서 의사결정이 이루어졌다고 하더라도 사회의 자원을 동원하는 데서는 여타 사회와 비교할 때 의외로 더 많은 비용이 소모될 수 있다는 점이다.[4]

앞서 제1부 제1장에서 살펴보았듯이 청대의 국가재정은 사회 전체의 부의 규모에 비해서 점차 줄어들고 있었다. 공권력이 축소되어 끝내 세금징수 같은 업무마저 국가가 직접 수행하기 어려워졌을 정도였다.[5] 결국 징세업무는 점차 지역을 대표하는 신사(紳士)들에게 청부〔包攬〕되어갔다. 이렇게 지방관들이 관할지역 내 징세조차 감당할 수 없을 정도로 사회적 동원능력이 저하된 상황에서, 그보다 더 많은 비용이 예상되는 화폐나 도량형의 통일은 불가능에 가까운 사업이었다. 이렇게 본다면 전

3 청대 중국의 도량형에 대해서는 홍성화, 「청대 도량형 연구사」, 『중국사연구』 54(2008) 참조.

4 민국시기의 사례이긴 하지만, 장개석정권의 낮은 지지율로 인해 지방을 철저하게 장악할 수 없었다는 로이드 이스트만의 지적을 참조. 이스트만, 앞의 책, 58쪽 참조.

5 이에 대해서는 홍성화, 「1841-42년 鍾人杰의 난을 통해서 본 청대 지방사회」, 『사림』 43(2012) 참조.

제국가라서 화폐와 도량형을 통일하기 쉬웠던 것이 아니라, 전제국가라서 도리어 화폐와 도량형을 통일하기 어려웠다.

반면 사회적으로 합의가 용이한 구조, 예컨대 국민국가(Nation state)에서는 '동의에 의한 지배'가 이루어지기 때문에, 도리어 사회적 부를 동원하기가 용이한 측면이 있었다. 안토니오 그람시에 따르면, 대의제로써 시민사회의 헤게모니가 정당성을 획득한 뒤 국가권력을 장악하는 시민혁명이 일어날 수 있었다. 이 과정에서 국가에 대한 시민사회의 우위가 확립되고, 동의에 의한 사회통합이 가능해진다.[6] 요컨대 대의제의 발달로 사회적 통합, 즉 여기서는 화폐와 도량형의 통일이 용이해지고, 이를 기반으로 사회적 부의 동원이 훨씬 더 쉬워지게 되는 것이다.[7]

---

6 앤더슨, 「그람시의 이율배반」, 페리 앤더슨 외 지음, 김현우 외 역, 『안토니오 그람시의 단층들』(갈무리, 1995), 68쪽. 빌라르에 따르면, 프랑스의 경우, 16세기 초에 이르러 영주가 발행하는 화폐를 거의 완전하게 폐지함으로써 화폐통일을 달성하게 되었다고 한다. 물론 16세기 초에도 몇몇 영주화폐는 여전히 살아남았지만, 프랑스에서 화폐통일을 달성했다는 것은 국가와 국민적 통합의 진전을 나타내는 중요한 지표라고 지적하고 있다. 빌라르, 같은 책, 212쪽. 이러한 통합 시기 서유럽지역의 세계관 변화에 대해서는 크로스비, 김병화 역 『수량화혁명』(심산, 2005) 참조. 크로스비는 중세 후기부터 근대 초기까지 서구문명의 시공간 수량화과정 속에서 일어났던 공간관과 시간관의 변화를 추적하고 있다. 사실 이러한 인식의 변화가 경제에서 '자본의 탄생'을 가능하게 해준다. 이런 의미에서 단순히 명말청초 시기의 상품경제의 발전만으로 중국에서 '자본주의적 맹아'가 존재했다고 판단하는 것은 지나친 견해이다.

7 장개석정권의 몰락 원인에 대해 이스트만은 다음과 같이 평가하고 있다. "장개석은 매우 전통적이었다. 청대 황제처럼 그에게 정치는 우세(엘리트) 분자들끼리의 경쟁이었다. 그러므로 자기의 힘을 근대화하기 위해 그는 한 우세 분자집단의 지지를 다른 경쟁적인 우세 분자집단의 그것과 경쟁시켜 조종하거나 결합했다. 당시 강대국은 전 국민의 중요한 부분을 성공적으로 동원했지 우세집단만을 동원하지 않았다는 것을 깨닫지 못한 듯싶다. 우세집단 이외에서 지지를 얻어냄으로써 새로운 힘을 만들어낼 수 있다는 것—모택동이 그러한 것처럼—을 이해하지 못했다. 그러나 민주주의와 대중적 지지에 대한 그의 개념은 대중은 병사가 장교의 명령에 복종하듯이 무조건 지도자를 따라야 한다는 것이다. 이 개념은 그가 대중정치의 심리적 구조에 대한 인식이 얼마나 부족한가를 보여주는 것이다. 또한 그 개념 때문에 그의 정권에 확고한 사회적 기반을 제공할 수 있었을 정치적 참여와 경제방안 같은 것을 개발하지 못했다. (…) 그러나 분명한 것은 장개석은 자립적인 대중조직, 토지개혁, 당내의 민주적 절차, 당에 의한

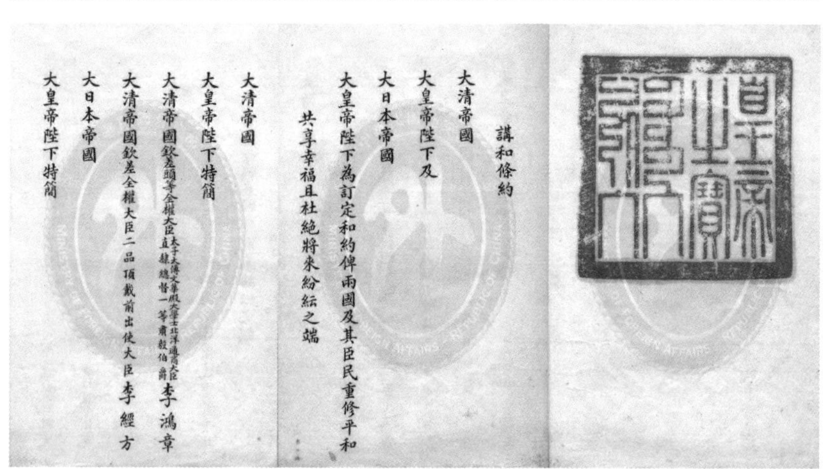

講和條約

大清帝國
大皇帝陛下及
大日本帝國
大皇帝陛下為訂定和約俾兩國及其臣民重修平和
共享幸福且杜絕將來紛紜之端

大清帝國
大皇帝陛下特簡
大清帝國欽差頭等全權大臣太子太傅文華殿大學士北洋通商大臣直隸總督一等肅毅伯爵李鴻章
大清帝國欽差全權大臣二品頂戴前出使大臣李經方
大日本帝國
大皇帝陛下特簡

시모노세키조약 조인서

이러한 국민국가의 시스템과 비교할 때, 전제국가의 시스템은 사회통합도가 훨씬 낮다. 예컨대 청대 중국에서 정부와 여타의 사회부분 사이에 놓인 단절을 잘 보여주는 것이 '고평은(庫平銀)'의 사례다. 고평은은 국가가 세금을 거둘 때 사용하던 표준적 은량이었지만, 신기하게도 이를 다른 사회에 강제하려 한 적이 없었다. 뿐만 아니다. 당시 조정의 서로 다른 관아(官衙) 사이에서도 유기적 연계는 찾아보기 힘들다. 호부에서 제정한 고평은과 해관에서 쓰는 해관량(海關兩)의 규격이 서로 달랐던 까닭이나, 나아가 1895년 청일전쟁 패배 직후 체결된 시모노세키조약에서 배상금은 반드시 '고평은 2억 량'이라는 기준이 명시될 수밖에 없던 이유도 여기에 있다.

이렇게 청대 중국에선 시장, 화폐, 도량형 그리고 앞으로 서술할 농촌

정부와 군의 지배 등에 대한 좌파들의 주장을 침묵시킴으로써 대중적 지지가 있고 유능한 정부가 되기 위한 건전한 기반을 만들 수도 있었을 방안을 배척해버렸다." 이스트만, 앞의 책, 249쪽.

수공업에 이르기까지 그에 대한 국가의 개입이 매우 적거나 거의 방임상태였다. 중화제국이라는 정치시스템은, 중앙권력은 압도적인 힘을 행사했지만, 지방권력은 상대적으로 약했고 중앙권력의 하부기관에 지나지 않는다는 특징이 있었다. 때문에 지방관이 민간경제에 적극적으로 개입하려야 할 수 없었다. 공권력이 사적 경제활동 조정에 관심을 갖지 않자 각 지역은 개별 화폐와 도량형을 사용하는 불특정한 지역들로 나뉘어졌다. 상인과 농민들 역시 자유롭게 시장에 참여할 수 있었다.[8]

국가권력이 시장 개입에 소극적이거나 방임한 결과, 시장은 분산적으로 발달했다. 거래 네트워크가 고정적이지도 인적 결합이 강고하지도 않기 때문에, 거래인이나 아행이 경영하는 상점들도 언제든지 사라질 수 있었다. 농민들에겐 특정 물품을 원할 때 얻을 수 있다는 기대가 사라졌다. 생필품을 직접 확보해야 한다는 생각을 갖기 쉬워지고, 지역 내 분업에 의존하기보다 스스로 모든 것을 다 갖추려는 태도, 원료 구입부터 판매까지 모든 것을 일괄하려는 동기가 우선이었다. 결국 최대한 가정 내 노동력을 동원해 일을 완결하려는 경향이 증가하면서 지역 내에서 분업이나 임금노동이 발생할 가능성이 축소되었다.

반면 국가권력이 지배를 위해 상인들을 일정한 곳에 집중시킨다면, 시장의 발달과 유통 역시 집중화된다. 교역이 안정적일 때 농민들은 생필품을 직접 생산하기보다 시장에서 구입하기를 기대할 것이다. 이를 통

8 여기에서 제국이라고 할 때는 기본적으로 황제를 정점으로 하는 다민족국가를 지칭한다. 통일되지 않는 복수화폐를 사용하는 사례는 반드시 청대 중국만의 고립적 사례라고는 할 수 없다. 예를 들면 인도 무굴제국은 동화(銅貨)와 조개화패〔貝貨〕, 은화 등 다양한 화폐를 사용했으며, 오스만제국은 은 본위제여서 악체(Akçe)와 같은 은화를 발행했지만 매우 조악하여 그 규격이 통일되지 않고 무게도 다양했다. 그 밖에도 두카트 금화가 있었고, 외국으로부터 다양한 동전이 유입되었다. 청대 중국과 비교할 때, 오스만제국과 무굴제국의 경우 은화를 주조했다는 차이는 있지만, 은화의 규격이 통일되지 않았고 외국 동전이 유입되어 사용되었다는 점도 청대 중국의 경우와 유사하지 않을까 생각된다.

해 분업이 발달하고, 개인은 특정 분야에 집중하며, 나머지는 시장에서 거래되는 패턴이 형성된다.

앞의 두 장에서 살펴보았듯이 청대 중국에서 화폐와 도량형 관행은 농촌시장마다 달랐고, 농촌시장 내에서도 달랐다. 이는 지역 간 네트워크의 결합도뿐만 아니라, 지역 내의 그것도 약했음을 의미한다. 화폐와 도량형 그리고 시장구조가 점점 통합되어갔던 서구와는 매우 대조적인 모습이었다. 봉건제 하의 서구에는 지역사회가 성립되어 있었고, 지역 내에서 화폐 통일이 용이했다. 이러한 지역사회를 기반으로 국민국가가 성립된 뒤에는 지역별로 통일된 화폐가 집적되어 단일한 통일화폐를 만들어낼 수 있었다. 이러한 국민국가를 기반으로 한 경제질서를 '국민경제'라고 한다.

이는 중화제국의 구조적 성격과 대립되는 개념으로서, 정반대의 특징을 갖는 시장경제시스템을 말한다. 독일의 경제사가 슈몰러(Gustav von Schmollor, 1838-1917)에 따르면, "중상주의는 그 진수에 있어서는 국가건설이다. 국가건설이라는 것은 동시에 국민경제의 건설이다. 그 본질은 결코 화폐의 증가라든가 무역차액의 학설 속에서나 관세장벽, 보호관세 및 항해조례 속에만 있는 것이 아니고, 사회 및 그 조직과 국가 그리고 제도를 전면적으로 변혁하는 것, 지방적·영역적 경제정책에 대신하는 국가적·국민적 정책을 가지고 행하는 곳에 있다"[9]라고 하고 있다. 즉 국민경제시스템 하에서 중상주의는 단순히 상업을 중시하는 것에 머물지 않고, 국가가 시장질서에 적극적으로 개입하여 한정된 국경 내에서 국가의 통제 하에 통합시키는 것을 목표로 하고 있었다.[10] 여기에서 나온 것이 본위화폐제도이다.

9 김광수, 앞의 책, 16쪽. 재인용.

10 중화제국경제와 국민경제와의 중요한 차이 가운데 하나가, 중화제국경제의 경우 이념적으로는 경계가 없이 무한히 뻗어나갈 수 있다고 상정되었지만, 국민경제의 경우

〈표 1〉 소액화폐와 고액화폐의 관계

소액화폐와 고액화폐의 관계	중국 : 분리
	서구 : 일원화(본위화폐)

16세기 이후 유럽은 화폐의 유출입을 제한하지 않는 경계 없는 중화제국과 달리, 경계를 확정하여 그 경계 안의 화폐를 하나로 통일하여 일정한 태환성을 갖도록 하는 본위화폐제도를 만들어냈다. 이 제도는 한 국가의 시스템 내에서 화폐의 유동성을 균질화하고, 이를 통해 태환이 용이해지는 것을 목적으로 하고 있었다.[11] 화폐주조권 역시 국가가 확고하게 장악하고, 지역의 유동성을 통합시켜나갔다.[12] 이때 지역과 지역을 묶는 상인은 공권력과 금융기관으로부터 화폐를 비교적 쉽게 공급받을 수 있었다.[13] 이처럼 이론적으로는 각 지역 현지통화의 태환이 용이했기 때문에, 지역 간의 가격격차는 빈번하게 상쇄되고 각지의 물가체계는 평균으로 수렴하게 된다. 이처럼 상품시장이 통합되고 화폐 공급이 용이해짐으로써 자연스럽게 공업화로 연결되었다. E. P. 톰슨은 이렇게 설명했다.

> 19세기 초에 가장 일반적인 공업 배치 상황을 보면, 흩어져 있는 공업촌락들이 하나의 원을 이루고 있는 가운데 상업과 제조업 중심지가

어디까지나 명확한 국경을 경계로 하고 있다는 점이다. 이 점은 중국의 사회구조를 "돌덩어리를 던지면 수면 위에 동그라미를 발생시켜 동심원을 밀어내는 파문과 같다"고 한 비효통(費孝通)의 지적을 연상하게 한다. 그는 서양의 경우는 이와 달리 계약을 바탕으로 서로 연결된 인간 관계망으로 구성되어 있다고 하면서 이를 '단체격국(團體格局)'이라고 하고 있다. 서양사회는 안과 밖을 명확히 나누고 또한 여러 단체의 중층적 통합으로 이루어졌다는 것이다. 비효통, 이경규 역, 『중국사회의 기본구조』(일조각, 1995) 29-31쪽 참조.

11 구로다 아키노부, 앞의 책, 73쪽.

12 빌라르, 앞의 책, 212쪽.

13 빌라르, 앞의 책, 346쪽.

> 그 원의 중심축 노릇을 하고 있었다. 그 촌락들이 교외지대가 되어가고 농토들이 벽돌로 뒤덮여감에 따라 19세기 후기의 대규모 도시권이 형성되었던 것이다.[14]

뿐만 아니라 국가가 정한 본위화폐에 의존해 교역이 발전하기 때문에, 시장경제의 발전은 국경 내에서 완성될 수밖에 없었고, 이를 통해 국민경제가 강화되는 효과가 나타났다. 또 광범위한 시장을 통합하는 국민경제는 더 많은 이윤동기를 쫓아 공업화로 향했다. 이 역동성이 국민경제를 '자본주의경제'로 만드는 것이었다. 이러한 급격한 발전이 세계 각지의 경제까지 통합시켜 '세계경제'를 성립시켰다.[15] 이런 의미에서 국민경제야말로 자본주의경제를 만들어내는 근본 전제이며, 그 역은 성립하지 않는다고 할 수 있다.

이에 반해 강력한 중앙권력을 유지했던 중국에서는 지방관이 지역경제의 대외수지나 화폐동향에 그리 관심을 갖지 않았다. 청조 조정은 건륭통보를 대량으로 발행함으로써 소액결제 화폐를 공급했지만, 화폐규격까지 통일시킬 의지는 갖고 있지 않았다. 따라서 규격이 통일되지 않은 동전은 특정 지역에서 정체되기 쉬웠고, 다른 지역과의 유통도 어려웠다. 반복하건대 청조는 지역 내 유동성 유지에도 개입하지 않고, 지역 간 결

---

14 톰슨, 나종일 외 역 『영국 노동계급의 형성』하(창비, 2000), 558쪽.

15 월러스틴은 세계체제론에서 이른바 '장기 16세기'에 '세계-제국'이 해체되고 '세계-경제(world-economy)'가 형성된 이후, 18세기 말에 이르러서야 국민국가를 단위로 세계가 분절화하는 것으로 규정한다. 따라서 그는 장기 16세기 이후 유럽을 세계제국으로부터 국민국가로 이행하는 과도기로 규정하고, 그때 형성된 절대왕정국가를 근대국민국가의 원형(prototype)으로 규정한다. 그러나 이 시기의 비유럽세계는 유럽과는 대조적으로 전근대적인 '세계-제국'이 여전히 굳건하게 자리를 차지하고 있었다. 월러스틴의 논의에 따른다면, 통합되어 있는 서구=세계경제, 분산되어 있는 중국=세계제국으로 간략히 요약할 수 있을 것이다. 월러스틴, 나종일 역, 『근대세계체제』 1(까치, 1999), 「이론적 재고찰」 참조.

제를 위한 편의도 제공하지도 않았다. 앞 장에서 비유로써 설명했듯이, 청대 도광연간 통화시장은 물고기가 마음껏 뛰놀 수 있는 하나의 커다란 호수라기보다 작은 격벽들이 세밀하게 쳐져 있는 작은 논〔水田〕 같은 구조였다. 은을 매개로 한 세계경제에 중국과 유럽이 모두 편입되었는데도, 중국사회의 인플레이션 폭이 적었다는 점은 이로써 충분히 설명되지 않을까 생각된다.[16] 또 본위화폐제도가 존재하지 않았던 탓에 여러 화폐들이 서로 복잡하게 사용되었고, 상호 환산, 즉 태환도 용이하지 않았기 때문에[17] 은과 동전을 소유한 각 계층 간 빈부차도 확대되었다.[18]

하지만 유럽은 중상주의 본위화폐시스템 하에서 화폐의 집적과 자본으로의 전화가 비교적 용이했다. 보다 큰 이윤 획득을 위해 전에 없던 공장시스템을 채용하고, 편성을 바꾸어 전통적 수공업에 변화를 꾀했다.

반면 청대 중국의 화폐는 한곳으로 집중되기보다는 분산되는 경향이 강해 중앙으로 잘 집중되지 않았다. 따라서 자본(capital)으로 집적되기보다는 주로 사용가치를 표시하는 기능에 머물렀다. 그에 따라 화폐를 획득하고서 축적하기보다는 재화를 구입하는 데 사용되기 쉬웠다. 상당수 농민들이 수공업을 통해 획득한 화폐를 생계 보전이나 소비를 확대하는 데 사용했다.[19] 농촌 수공업을 통해 생활이 향상되었던 것은 분명하지만,

16 반면 구로다 아키노부(黑田明伸)에 따르면, 어떤 물건을 교환할 때, 사용되는 화폐가 단수일 때는 대칭적인 교환이 이루어지지만, 복수의 화폐, 예컨대 은과 동전을 사용해서 두 화폐 간 환산비율이 통일되지 않고 교역하는 사람마다 서로 다른 비율을 갖게 되면, 그 교환은 '비대칭적'으로 이루어진다고 한다. 그렇기 때문에 특히 청대처럼 여러 가지의 화폐가 사용되는 경우, 일반적인 화폐수량설로는 설명할 수 없는 현상이 일어나게 된다. 설령 화폐 공급이 많아지더라도 그만큼 물가상승의 압력을 덜 받게 된다고 하고 있다. 구로다 아키노부, 앞의 책, 2-4쪽 참조.

17 王宏斌, 앞의 책, 15쪽.

18 包世臣, 『齊民四術』 卷2, 農2, 「庚辰雜著」 2, 「答王亮生書」. "然國家地丁 · 課程 · 俸餉 · 捐贖, 無不以銀起數, 民間買賣書劵, 十八九亦以銀起數, 錢則視銀爲高下, 故銀之用廣. 富貴家爭藏銀, 銀日少."

화폐가 한곳으로 집적되지 않고 농민들에게 균질적으로 산포되는 경향이 강했던 것이다. 이는 다음과 같이 도식화해볼 수 있다.

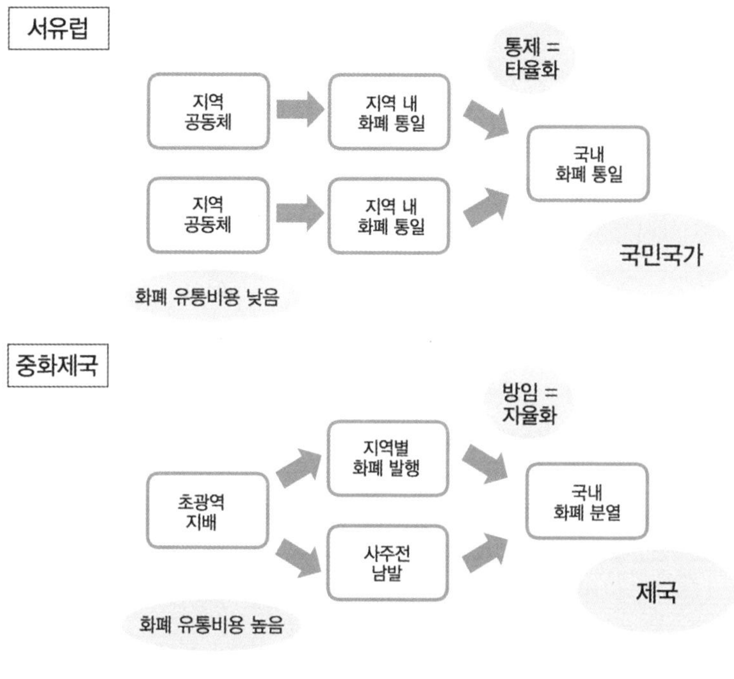

〈그림 1〉 서유럽과 청조의 화폐 기능 차이

19 아편전쟁 이후, 조약항체제가 성립하여 서양과의 교역이 더욱 활발해짐에 따라, 좀 더 안정적인 화폐에 대한 수요가 높아지고 은화와 은행권이 점점 중요한 역할을 맡게 되었다. 하오옌핑의 연구에 따르면, 청말에는 새로운 화폐가 전체 통화량의 71%를 차지했다고 한다. 이렇게 새로운 화폐는 중요한 역할을 수행했는데, 금융기관에서는 새 화폐의 공급으로 현금 유동성이 높아져 신용대출이 확대되었고, 이로써 자금의 유동성문제도 확대되었다. 새 화폐는 내륙과 연해에 유통되면서 대외무역을 촉진시켰으며, 국내 상업에서 중요한 역할을 차지했고 경영 생산성을 높여주었다. 전통 화폐의 태환제도는 지나치게 복잡해서 상품이나 자본이 교역될 때마다 일정한 비율의 교환비용이 들 수밖에 없었다. 이는 필연적으로 상품유통을 지연시켰는데, 새로운 화폐가 도입됨으로써 교환비용이 크게 줄어들었다. 하오옌핑, 앞의 책, 360쪽.

• 중화제국경제 : 화폐의 태환 곤란→주변부 지역에 집적 용이→소비재 획득수단으로 기능→자본으로의 전화 곤란→농촌 수공업 위주
• 국민경제 : 화폐의 태환 용이→중심부에 집적 용이→새로운 산업형태에 투자→자본으로의 전화 용이→공장제 공업 위주

이처럼 화폐시스템은 단순히 물가나 경기변동에만 영향을 주는 것이 아니라, 공업화의 가능성과도 밀접한 관련을 맺고 있었다. 다만 앞서 밝혔듯 면방직업을 통한 수입 확대로 생계유지까지는 가능했지만, 생계수준 이상의 수입을 확대하는 것까지 나갈 수는 없었다. 이는 지역사회 내부의 재화가 한곳으로 통합되기 어려웠기 때문이다. 즉 청조의 동전 공급은 소농경제의 발전과 프로토공업화 자체에는 긍정적 영향을 미쳤으나, 이것을 자본집적적 경제로 발전시키기는 어려웠다.[20] 프로토공업화가 근대적 성장으로 연결되지 못한 것이다. 앞서 누차 거론되었던 시장 확대 현상인 스미스적 성장도 어떤 계층이 주도하느냐에 따라 그 결과는 동일하지 않았다. 청대 중국의 '농민적 스미스 성장'은 젠트리 등이 주도한 근대 영국의 스미스적 성장과는 질적으로 달랐다. 오히려 중국의 스미스적 성장은 농민적 성장이었기 때문에, 상인이 농민을 조직하는 데 저항요소로 작용했다.

청대 국가재정이 지닌 특징 가운데 하나로서, 애초에 정해진 재정규모〔原額〕를 확대하지 않으려 했고, 그 지출 역시 군대나 관원의 녹봉 등에

20 막스 베버는 전통 중국의 화폐경제 발전에 대해서 다음과 같이 평가하고 있다. "귀금속 소유의 상당한 증가는 특히 국가재정에 있어서 화폐경제에로의 발전을 부인할 수 없을 정도로 상당히 강화시켜 주었지만, 그러나 그것은 전통주의의 타파가 아니라 오히려 전통주의의 의심할 바 없는 '강화'를 수반했다. 그렇지만 매우 분명한 바와 같이 자본주의적 현상이라고 하는 것을 그 어떤 명확한 정도로 초래하지 못했다." 『유교와 도교』, 20쪽. 여기서도 화폐경제의 발전이 반드시 자본주의로의 발전을 초래하는 하는 것이 아니라는 점을 알 수 있다.

집중되었다. 국가규모를 확대하기보다는 현상유지〔盛世滋生〕를 목적으로 한 것이었다. 한편 사회에서도 경제행위는 교환가치의 획득에 있었다기보다도 사용가치의 획득에 그 주안점이 놓여 있었다. 반면 서구의 경우, 특히 절대왕정 시기에는 상비군 확대와 관료인원 증가를 도모한 확대재정이었다.[21] 또한 사회 역시 해외에서 식민지를 확대하고, 자본규모를 계속 확대하던 사회였다. 이런 점에서 인류학자 클로드 레비스트로스(Claude Lévi-Strauss)의 표현을 빌리자면, 청대 중국사회가 '차가운 사회(cold society)'였다면, 근세 유럽사회는 '뜨거운 사회(hot society)'라고 할 수 있을 것이다.

그렇다면 이제 프로토공업화의 실례 가운데 하나로서 청대 강남지역 면방직 수공업의 선대제 성립에 대해 살펴보자. 서유럽 역사에서 선대제는 공장제 수공업보다 앞서 형성된 생산조직이었다. 다음과 같은 랜디스의 견해에 의거하면, 이는 농촌 수공업자가 단순한 피고용자로 전락했다는 사실을 반영하는 것이다.

> 선대제의 시초는 13세기에 독립한 수공업자들이 그 독립성을 잃고서 선대주의 관리 아래로 들어간 것이 계기가 되었다. 이러한 생산조직의 변화는 제품시장의 전환으로 발생했다. 제품 판매처가 그 지역의 고객들에서 점차 원격지의 시장으로 넓어졌지만, 수공업자들은 그러한 시장의 변동에 대응하지 못했다. 첫째, 그들은 수요증감에 대응할 자금의 조달능력이 현저하게 떨어졌다. 둘째, 잘 팔릴 것 같은 제품만 골라내 생산을 특화시키는 능력이 부족했다. 대신 이러한 능력을 보유하고 있었던 것이 도시 상인들이었다. 이들은 선대제로 농촌 수공업자들을 조

21 청대 재정에 대해서는 周育民, 앞의 책 참조. 근세 서구의 재정에 대해서는 Brewer, John., *The Sinews of Power: War, Money, and the English State, 1688-1783* (Unwin Hyman, 1989); 이영석, 「18세기 영국의 국가체제와 제국 경영」, 『미국학』 28(2005) 참조.

직해냄으로써 농촌의 값싼 노동력을 이용할 수 있었다. 특히 농촌의 농한기에는 많은 잉여 노동력이 존재했기 때문이다.[22]

크리스토퍼 힐의 견해도 이와 마찬가지였다.

애당초 단체로 조직된 상인들은 중세 때와 마찬가지로 수출을 통제했으며, 중개상인이 국내시장을 지배했다. 공장제는 아직 발달하지 못했으나 상인은 '선대제'－'가내생산체제'라고도 한다－에 의해 모직과 방사(紡絲)를 공급하고 노동자와 그 가족이 집에서 방적 및 직조하게 했다. 선대제 하에서 생산자가 생산수단인 물레나 직조기를 소유했다고는 하지만, 원료 공급을 전적으로 고용주에게 의존하고 있었기 때문에 소득도 전적으로 그에게 의존하게 되었다.[23]

이 역시 선대상인이 수공업자의 인신까지 구속할 수 있을 정도로 수공업자의 경제적 처지가 열악했음이 전제되어 있었다. 이 경우 선대상인이 수공업자에게 도구나 생산원료를 미리 빌려주고 생산한 것에 대해 대가를 지불하는 방식이었다.

그렇다면 이러한 생산형태는 명청시대 강남지역에서 과연 얼마나 가능했을까. 선대제 생산이 성립하기 위해 어떤 유통조건들이 필요했는지, 선대제 하 생산자들의 경영조건은 어떠했는지, 유통과 생산과정으로 구분해 살펴보자. 명청시대 농촌지역 선대제 생산형태를 보여주는 유일한 사료인 왕완(汪琬, 1624-1691)의 『요봉문초(堯峯文鈔)』 「석사인묘지명(席舍人墓誌銘)」은 이렇게 기록했다.

22 Landes, David,. *The Unbound Prometheus: Technological Change and Industrial Development in Western Europe from 1750 to the Present* (Cambridge: University Press, 1969). 제2장.

23 힐, 앞의 책, 30쪽.

> 나는 여러 번 동산〔洞庭東山, 태호(太湖) 안에 있는 섬—인용자〕을 유람했다. 유씨가(兪氏家)에서 설가교(薛家橋)까지 가는 길에 흙다리가 많았다. 매번 비가 올 때마다 번번이 무너져서 통행할 수 없었다. 그곳을 왕래하는 자가 이를 불편하게 여겼다. 최근에 이곳을 지나면서 〔보면 새로운 돌다리가—인용자〕 옆을 가지런히 쌓고, 가운데로 벽돌로 쌓은 것이 매우 정교하고 치밀한 것이었고, 그 길이가 몇 리에 달했다. 내가 누가 이를 했느냐고 묻자, 그들은 "〔휘주상인인〕 석사인(席舍人, 1638-1680)이 쌓은 것"이라고 했다. 당시 산속의 부녀들은 전혀 부업이라고 할 만한 것이 없었고, 항상 일도 안하면서 게으르게 먹기만 했다. 최근에 이들이 직포하는 방법을 알게 되었고, 번화한 거리가 들어섰다. 내가 누가 이 일을 했느냐고 묻자, 그들은 역시 "〔석〕사인이 인근 지역 여공들을 모아 가르쳤다"고 말했다. 나는 솜과 방차(紡車)와 작기(織機) 등의 기구들은 어디에서 얻었냐고 물었다. "사인이 나누어 주었다"라고 대답했다.[24]

이를 보면 석사인은 스스로의 힘만으로는 독립적 경영을 할 수 없었던 동산(東山)의 부녀들에게 직기와 원료인 면화솜을 미리 빌려주었고〔先貸〕, 사료에는 나타나 있지 않지만, 직기와 솜으로 생산한 면포를 수매할 때 이들 부녀에게 임금이든 가공비 형태든 그 노동력의 대가를 지불했을 것이다. 이러한 과정을 통해 이 지역에서 면방직업의 선대제 생산은 성립되었다.

여기서 상품유통의 측면에서 선대제 생산의 조건을 다음과 같이 유추해볼 수 있다. 첫째, 유통망과의 단절이다. 부녀들이 산중에서 다른 곳과

24 汪琬,『堯峯文鈔』卷15,「誌銘五」,「席舍人墓誌銘」. "子數遊洞庭之東山. 自兪家舍抵薛家橋, 其道多圮. 每新雨輒淖, 不可行, 諸往來者病之. 最後過其地, 則旁規以石, 中甃以甓者堅緻, 且袤數里矣, 問誰爲之, 則曰席舍人所築也. 時山中婦女, 無他業, 每空手坐食以爲恒. 最後織作聲, 殷然接衢巷. 問誰爲之, 則又曰, 舍人募鄰郡女工所敎也. 問絮本及紡車織牀諸具, 安所取乎, 則又曰, 舍人所給也."

의 네트워크로부터 고립되어 있었기 때문에〔東山 (…) 自兪家舍抵薛家橋, 其道多圯. 每新雨輒淖, 不可行, 諸往來者病之〕, 석사인은 생산자와 상품유통망 간 단절이라는 조건에서 생산자들을 지배할 수 있었다. 앞서 베버와 브로델의 서양경제사 연구의 결과와 마찬가지로, 여기서도 상품유통망과의 단절이야말로 농촌 면방직업에서 선대제 생산의 중요한 성립조건이었다.[25] 둘째, 상인자본과의 거래 속에서 생산자의 비독립성이다. 소생산자가 유통망과 단절되어 있었기 때문에, 선대상인인 석사인이 이들과 독점적으로 거래했을 것이다. 따라서 이들은 선대상인이 책정한 면포의 가공비용을 그대로 받아들여야만 했다.[26] 선대상인이 복수였거나 소생산자가 이들의 수중을 거치지 않고 직접 시장과 거래했다면 거래과정에서 독립성을 유지할 수 있었을 것이다. 이 두 가지 조건이 모두 충족되었을 때, 비로소 선대제 생산이 가능했고 할 수 있다.

다음은 상품생산의 측면에서 살펴본 선대제 생산의 조건이다. 첫째, 선대상인의 지배 아래 놓인 소생산자의 생산과정에서의 비독립성이다. 위 「석사인묘지명」 속 환경은 산속이다. 농업만으로는 생계유지가 어려운 조건이다. 소생산자들이 자기 경제력만으로 생산도구인 직기나 원료인 면화를 손에 넣기 어려운 비독립적 존재였다. 때문에 이러한 비독립성을 바탕으로 휘주상인 석사인은 이들에게 직기와 원료를 선대할 수 있었다.[27] 반대로 이들이 직기나 원료를 직접 소유하고 있었다면, 선대의

---

25 徐新吾, 앞의 논문, 72쪽.

26 단포업(踹布業)의 경우도 마찬가지이다. 江蘇省博物館編, 『江蘇省明淸以來碑刻資料選集』(三聯書店, 1959), 34쪽. 「奉督撫各大憲核定踹匠工價給銀永遵碑記」 康熙9年 “至于踹布工價, 照舊例每匹紋銀壹分壹厘. (…) 工匠不許多勒.” 견직업에서 이와 같은 사례에 대해서는 盧崇興, 『守禾日記』 卷6(淸史硏究所檔案系中國政治制度史敎硏室合編, 『康雍乾時期城鄕人民反抗鬪爭資料』 下(中華書局, 1979), 526쪽) 참조.

27 단장(踹匠, 단포업 노동자)의 경우도 마찬가지이다. 江蘇省博物館編, 앞의 책, 35쪽, 「蘇州府處理踹匠羅貴等聚衆行凶肆凶科斂一案幷規定以後踹布工價數目碑」, 康熙32

이유가 존재하지 않으므로 선대제 생산 자체가 성립될 수 없었을 것이다. 니시지마 사다오(西嶋定生)의 설[28]과는 달리 소생산자의 비독립성이야말로 선대제 생산의 성립조건 중 하나였다.[29]

둘째, 면포 생산자가 잉여를 축적할 수 있는 가능성이다. 니시지마는 농촌 면방직업은 "단순재생산에 머물렀고 (…) 자본축적은 불가능"했다고 평가했다. 그러나 이 「석사인묘지명」에 따르면, 면포를 생산하기 전

年, "又緣踹匠孑身赤漢, 一無携帶."

28 西嶋定生, 앞의 책, 742쪽, 863-864쪽. 니시지마 사다오(西嶋定生)가 이 지역 면방직업에 대한 연구를 발표했던 1940년대 후반 이래 논쟁의 중심이 된 것은 선대제 생산에 관한 문제였다. 이는 명청시대의 상업자본이 생산과정을 어떻게 지배했는가라는 사실을 확인하는 차원에서뿐만 아니라, 마르크스가 제기한 자본주의 발전의 두 가지 경로 가운데, 상업자본에서 산업자본으로의 전환이라는 경로를 어떻게 평가할 것인가라는 이론상의 문제와 많은 관련을 가지고 있다.

니시지마는 마르크스가 '봉건제에서 자본주의로 이행'의 두 번째 발전경로로 설정한 '상인이 생산을 직접 장악하는 방식'으로서의 선대제 생산을 강남지역 농촌의 면방직업에서 찾고자 했다. 그러나 그는 생산과정에 대한 상업자본 지배의 초보적 형태인 선대제 생산조차 발견할 수 없다고 결론지었다. 선대제 생산이 부재할 수밖에 없었던 첫 번째 원인은 '토지제도의 중압' 때문이었다. 니시지마는 농촌 면방직업을 발전시킨 모태가 무거운 세금이었다고 보았다. 하지만 면방직업은 과중한 부세로 인해 토지제도에서 해방될 정도로 발전할 수 없었던 탓에 선대제로 발전해나갈 수 없었다. 두 번째 원인은 '전기적(前期的) 상인자본의 수탈' 때문이었다. 니시지마는 상인자본이 영세한 소농을 선대제 하에 두기보다 소경영상태로 두고 거래할 때 면포가격을 절하시키는 방법으로 수탈하는 편이 상인자본에 더 이익이 컸다고 보았다. 이 두 가지 이유로 그는 면포 생산농가의 비독립성이 선대제 생산의 성립을 불가능하게 했다고 파악한다. 그의 연구논문은 西嶋定生, 『中國經濟史研究』(東京大學出版會, 1966)에 수록되어 있다.

29 이는 견직업의 경우에서도 마찬가지였다. 民國『吳縣志』卷51, 「輿地考」, 「物產」 2, 「工作之屬 織作」. 한편 田中正俊은 雍正『泰順縣志』의 "或貧不能買棉布苧則爲人分紡分織, 以資其生"라는 구절을 분석하면서 소생산자가 원료를 지급받고, 방적과 직포의 작업에 참가했던 것은 소생산자가 '가난'하고, 경제적으로 '비독립'적인 사회조건하에 있었기 때문이라고 보고, '西嶋說에 대립하는' 사실을 보여주는 것으로 주의할 필요가 있다고 하면서, 西嶋說에 대해 의문을 표시하고 있다. 田中正俊, 「明・淸時代の問屋制前貸生産について－衣料生産を中心とする研究史的覺え書」, 『西嶋定生博士還曆記念論叢－東アジア史における國家と農民』(山川出版社, 1984).

에 이 부녀들에게는 별다른 소득이 없었지만, "직포하는 것을 알게 된" 후에 이 지역에 "번화한 거리가 들어섰다〔最後織作聲, 殷然接衢巷〕"라고 한다. 이는 이 부녀들이 면포 생산에 참가한 후 얼마간의 잉여를 축적할 수 있었고, 이를 기반으로 동산지역 거리가 번화하게 될 정도로 지역경제가 번성했다는 것을 보여준다. 명말 범렴(范濂)의 『운간거목초(雲間据目抄)』에서도 "이것〔송강부(松江府)의 서말(暑襪)공장〕은 사람들에게 혜택을 주는 새로운 일거리"[30]라고 서술했다.

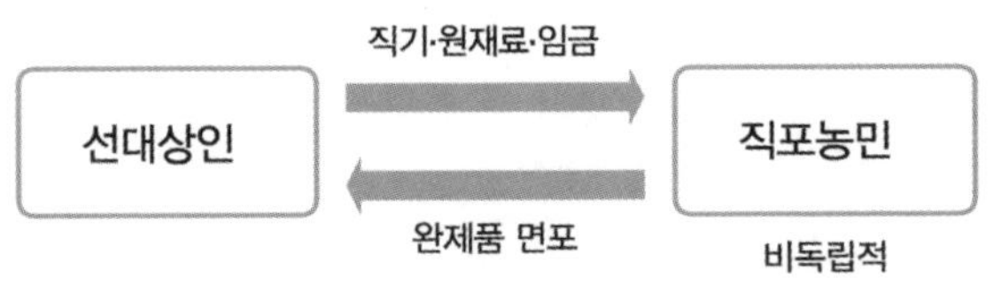

〈그림 2〉 선대제 생산모델

전체적으로 볼 때, 선대제 생산은 상품유통 과정에서의 소생산자의 단절과 상품생산 과정에서 소생산자의 비독립성이라는 두 가지 조건을 토대로 성립된 선대상인의 경영방식이라는 것을 알 수 있다. 또한 선대제 하 소생산자의 경영은 비록 비독립적이었지만, 상품생산에 참여함으로써 얼마간 잉여 축적의 가능성도 있었다는 것을 알 수 있다.

물론 「석사인묘지명」을 제외하고 농촌 면방직업에서의 선대제 생산 형태를 입증할 만한 다른 사료는 지금까지 발견되지 않고 있다.[31] 사료가

30 范濂, 『雲間據目抄』 卷3.

31 嚴中平, 依田熹家 역, 『中國近代産業發達史: 中國綿紡織史稿』(校倉書房, 1966), 52쪽, 許滌新 · 吳承明, 앞의 책, 402쪽. 반면 趙岡 · 陳鍾毅는 면포상인과 면화 생산 농민과의 거래를 선대제 생산〔包買主制〕으로 파악하고 있다(同, 『中國棉業史』(聯經出版業公司, 1977), 76-79쪽). 이들이 제시한 선대제 생산에 대한 사료는 暑襪工場(『雲間據目抄』 卷2)에 대한 것 이외에는 모두 상인과 면포 생산자의 거래에 대한 것이다. 이들 사료 속에서 생산원료의 지급이나 회수 등의 사례가 나오지 않는 이상, 이 사료만으로

존재하지 않는다는 것이 곧바로 그 사실의 부재로 연결될 수는 없기 때문에, 이로써 선대제 생산이 보편적이지 않다고 단정 지을 수는 없다. 입증할 수 있는 사료가 부족하더라도 앞서 살펴본 선대제 생산의 조건과 경영상태를 바탕으로 강남지역 면방직업 생산자들의 경영형태와 상품 유통망과의 관계를 짚어보면, 면포 생산자들이 과연 선대제 생산형태를 거쳤는지, 아니면 이것이 면포 생산에 필수적이었는지에 대해 일정 정도 답을 얻을 수 있을 것이라고 생각된다. 나아가서 명청시대 이 지역에서 선대제 생산이 어떠한 역사적 역할을 했는가에 대해서도 고찰할 수 있을 것이다.

이제 「석사인묘지명」에서 유추된 선대제 생산형태가 청대 강남지역에서 과연 일반적인 농업경영의 형태였는지 상품의 유통과 생산 두 차원에서 확인해보고, 양자 사이에 어떠한 차이가 있었는지 살펴보자.

우선 상품유통 과정에서 선대제 생산의 성립을 위한 조건들에 대해 살펴보자. 첫째, 이 지역의 독립 생산자가 외지의 시장권으로부터 고립되어 있었기 때문에 선대상인을 거치지 않고서는 원료 구입과 면포 판매를 행할 수 없었는지 고찰해보자.

여타 강남지역의 면포 생산자가 동산의 부녀와 같이 시장권에서 고립되려면, 기본적으로 이들 면포 생산지와 원료인 면화 생산지가 서로 상당히 떨어져 있거나, 소생산자가 직접 거래할 수 없는 상황이여야만 된다. 그러나 여타의 강남지역은 주지하다시피 면화 재배지로서 최적이었고,[32] 송강(松江)·상주(常州) 등지에서는 전체 경지의 7-8할을 면화가 차지하고 있었다.[33] 따라서 동산의 부녀들과 달리 이 지역 대다수 농민들은 상인

는 선대제 생산의 존재여부를 판단할 수 없다(이에 대해서는 許滌新·吳承明, 앞의 책, 400쪽).

32 嚴中平, 앞의 책, 19쪽.

33 兩江總督 高晉, 「請海疆禾棉兼種疏 乾隆四十年」(賀長齡·魏源 等編, 『清經世文編』

자본의 매개 없이 원료인 면화를 쉽게 수중에 넣을 수 있었다.[34] 설령 면화를 직접 재배하지 않는 농가라 할지라도 시장망이 발전했기 때문에 근처 시진에서 손쉽게 면화를 구입할 수 있었다.[35] 따라서 동산지역이 아닌 여타의 면포 생산자는 원료의 구입과정에서 선대상인의 매개가 필요 없었음을 알 수 있다.

둘째, 이 지역 여타의 면포 생산자들이 면포 유통과정에서 선대상인의 지배를 받아야 했는지 살펴보자. 기존 연구들은 공통적으로 상인자본에 비해 이 지역 면포 생산자의 열세함을 강조해왔다. 사실 이 지역의 면포 생산자들은 면포 판매 시 그 가격이 상인에 의해 책정된다는 측면에서 상인자본보다 열세의 입장에 놓여 있었고, 거래과정에서 상인자본에게 착취당했던 것이 사실이다.[36] 그러나 상인이 면포의 가격결정권을 장악할 수 있었던 것은 생산자를 인격적으로 지배했기 때문이 아니라 강남지역 상품시장에서의 수요가 기본적으로 외부에서 발생했기 때문이었다.[37] 따라서 상인이 면포의 가격결정권을 장악했다는 사실과 소생산자에 대한 면포 유통과정의 전면적 통제는 서로 다른 차원으로 분리해서 파악해야 한다.[38] 한편 건륭연간 상해 사람인 저화(楮華)는 면포 거래의 모습을 다음과 같이 서술하고 있다.

> 산서지역에서 온 면포상인〔布商〕은 문하(門下)에 항상 수십 명〔의 아행(牙行)〕을 두고 있다. (…) 이들은 점포를 마련해서 〔면포를〕 수매했다.

卷37, 「戶政」 12(中華書局, 1992), 911쪽).

34 方行, 「論淸代前期棉紡織的社會分工」, 『中國經濟史硏究』(1987-1).

35 正德 『松江府志』 卷4, 「風俗」.

36 欽善, 「松問」(『淸經世文編』 卷28, 「戶政」 3, 694쪽), "託命剡縷, 三日兩飢, 抱布入市, 其賤如泥. 名曰殺莊."

37 岸本美緖, 앞의 책, 「康熙年間の穀賤について－淸初經濟思想の一側面」 참조.

38 許滌新·吳承明, 앞의 책, 400쪽 참조.

매일 아침 새벽에서 정오까지 소동문(小東門) 밖에 시장이 열렸다. 〔면포를 짊어지고〕 팔러 오는 농촌 사람들의 어깨가 서로 부딪치고 소매가 스칠 정도였다.[39]

여기서 면포를 전문적으로 취급하는 포행(布行)이 생산자와 고정적 관계를 맺고 면포를 수매하러 순회한 것이 아니라, 아무런 고정적 관계도 없는 면포 생산자가 시장에 가서 직접 포행에게 면포를 팔았다는 사실을 알 수 있다. 『석금식소록(錫金識小錄)』에서도 역시 좌고(坐賈)가 면포를 수매하는 모습이 서술되어 있다.[40] 면포 생산자가 자본력이 막강한 면포상인에게 가치 이하로 면포를 판매해야만 했던 경우가 많은 것은 사실이다. 하지만 면포 생산자는 이미 발전한 시장권 내에 있었고, 소생산자 또한 한 지역이나 촌락에 집중되지 않고 넓은 지역에 편재해 있었기 때문에, 유통과정에서 상인자본이 직접 간섭하거나 이들을 통제할 수는 없었다.[41] 면포 생산자는 면포상인과 일대일의 고정관계를 맺지 않고 시진에 직접 면포를 가지고 가서 알맞은 가격을 제시한 상인과 거래했다.[42] 이러한 모습은 앞서 서론에서 인용했던 풍몽룡 『성세항언』 속 시복(施复)의 사례에서도 확인된다.

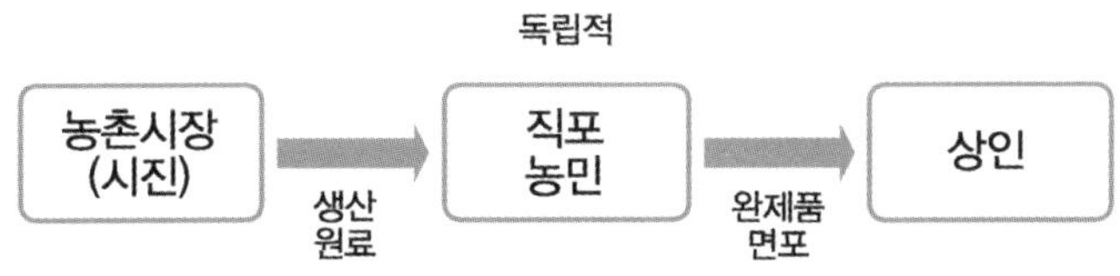

〈그림 3〉 농민의 면방직업 생산과 판매

39 褚華, 『木棉譜』.
40 黃卬, 『錫金識小錄』 卷1, 「力作之利」; 錢泳, 『履園叢話』 卷23, 「雜記」 上, 「換棉花」.
41 徐新吾, 앞의 논문, 72-73쪽.
42 徐新吾, 앞의 책, 98쪽; 許滌新 · 吳承明, 앞의 책, 400-401쪽.

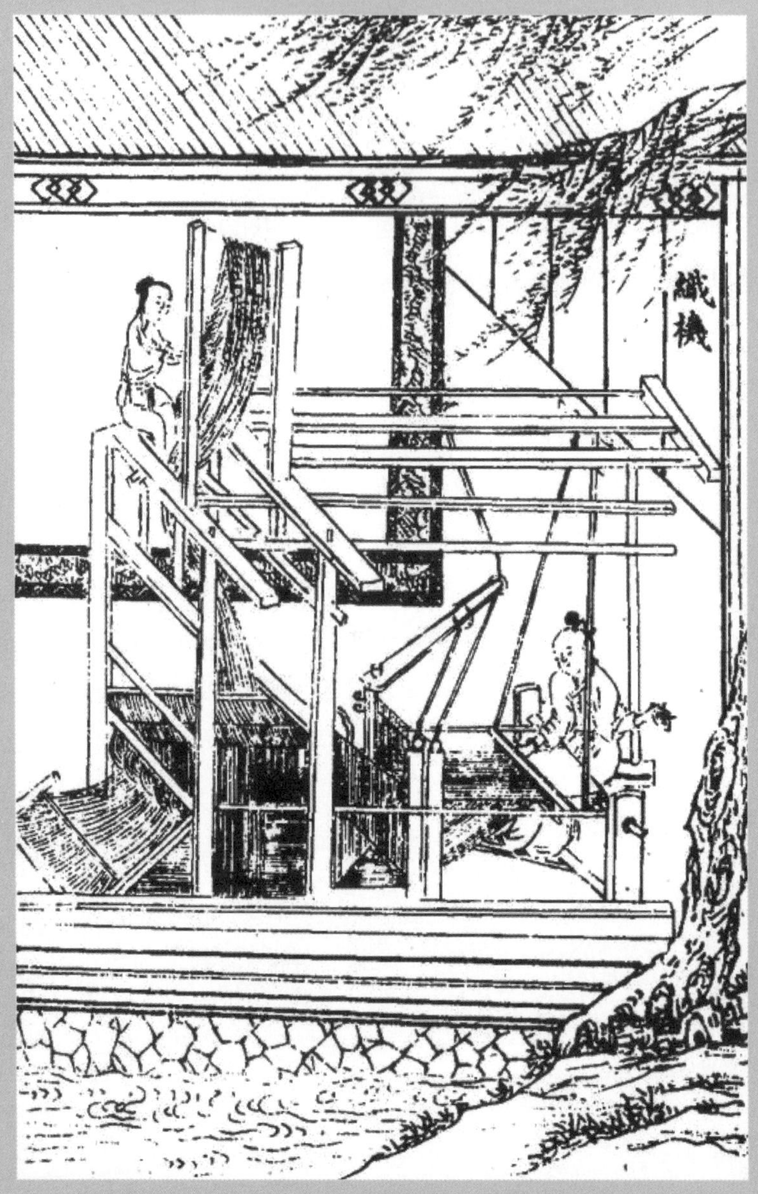

〈방적기〉, 왕정(王禎), 『농서(農書)』(1313)

또 상인자본의 측면에서 볼 때도 선대제 생산을 할 수 있는 상인은 소주(蘇州) 단포업(踹布業)의 경우처럼,[43] 이 지역 상인인 포장(布莊)이나 중개업자인 아행이 아니라 원격지 상인〔客商〕, 즉 포객(布客)이었다. 선대제 생산형태를 유지하기 위해서는 상당한 자본이 필요했다. 중개상인 아행은 대개 그 정도 규모의 자본을 갖고 있지 못했고, '현지 세력〔勢要之家〕'에 의존해야만 했다.[44] 때문에 이들이 선대제 생산을 경영할 수 있을 만큼 발전하지는 못했다. 당시 상업 관행상 다른 지역에서 온 외래상인인 포객이 아행을 거치지 않고서는 직접 농가와 면포 거래를 할 수 없었다.[45] 따라서 포객은 이 지역 농촌의 면포 거래망을 직접 장악할 수 없었다. 이러한 두 가지 이유로 이 지역의 여타 농민들은 동산의 부녀와 달리 원료를 직접 획득하며 상인자본의 손을 거치지 않고 완제품을 판매할 수 있는 독립성을 지닌 존재가 될 수 있었다. 그러므로 니시지마가 묘사한 것처럼 농가가 고립되어 상인자본에 의해 단절되거나 시장권과 멀리 떨어진 동산의 부녀 사례는 강남지역 전체에서 극히 예외적인 경우였다.[46]

다음으로 상품생산 과정에서 면포 생산자의 경영조건에 대해 살펴보자. 첫째, 과연 이 지역의 농업경영이 비독립적이기 때문에 선대상인에게 의존해야만 했었는지 짚어보자. 선대상인이 면포 생산자에게 직기와 원료를 선대하려면, 면포 생산자가 동산의 부녀나 단포업 노동자와 같이

43 乾隆『長州縣志』卷11,「風俗」; 横山英,『中國近代化の經濟構造』(亞紀書房, 1972), 제2부 2장 참조.

44 葉夢珠,『閱世編』,「食貨」5.

45 박기수, 앞의 논문, 149쪽.

46 강남지역의 시진 간 거리는 12 내지 36리 정도였기 때문에, 농민 대부분이 상인의 손을 거치지 않고 항상 시진과 손쉽게 거래할 수 있었다. 樊樹志, 앞의 책, 114-133쪽 참조.

직기나 원료를 스스로 소유할 능력이 없는 비독립적 존재여야만 했다. 그러나 이 지역 농민들은 명말청초 이후 농업생산에서 독립성을 획득했던 것과 마찬가지로 상품생산에서도 독립성을 확보했다.

대다수 농민들이 생산수단인 직기(織機)를 소유했고,[47] 면포 생산자는 상인자본과의 거래 속에서 생산과정에 대한 통제를 받지 않고 자유로이 면포를 생산했다. 이는 이 지역의 농가가 농업경영에서 독립성을 획득한 것과 마찬가지로 생산과정과 판매에서도 역시 다른 지주·상인층의 간섭 없이 독자적인 경영권을 획득했다는 것을 보여준다.[48] 동산의 부녀와 달리 독자적인 면포 생산능력이 있는 이들로서는 상인에게 직기와 면화를 선대 받을 필요가 없었다. 기존의 연구들이 상정한 바와 반대로, 이들의 경영이 비독립적이었기 때문에 선대제 생산이 발전하지 않았던 것이 아니라, 오히려 독립적이었기 때문에 선대제 생산형태가 면방직업에서 불필요했다는 사실을 알 수 있다.

둘째, 선대제 생산 하에서의 임금과 독립적인 소상품 생산에서 얻어지

47 이 점은 田中正俊뿐만 아니라 西嶋定生도 이미 인식했다(856쪽). 嚴中平에 따르면 가내의 직기는 농민이 직접 제작했다고 한다(45쪽). 그러나 전 중국의 면포 생산자가 직기를 소유했던 것은 아니었다. 尹會一(1691-1748)은 소주·송강지역에서 면방직업이 성행한 모습을 서술한 뒤, 하남성에서는 면방직업이 이루어지고 있긴 하지만 농가에서 직기를 소유하고 있지 않기 때문에 지방관의 명에 따라 부유한 이들이 가난한 이들에게 직기를 대여해서 방직을 권장할 것을 주청하고 있다(尹會一, 「敬陳農桑四事疏」, 『淸經世文編』 卷36, 「戶政」 11, 891쪽). 그러므로 다수의 면포 생산자가 직기를 소유하는 것이 강남지역 이외에서도 보편적인 현상이었다고는 할 수 없다.

48 嚴中平, 앞의 책, 45쪽. 이는 면포 생산자가 독립 자영민이 될 수 없다는 西嶋說(863쪽)이 재고되어야 한다는 것을 의미한다. 西嶋定生이 이들을 '비독립'적인 존재로 파악했던 것은 이들의 농업경영면적이 10무 정도로 영세했다는 것이 그 전제이자 유력한 근거가 되었다. 그러나 경영면적의 축소가 반드시 경영의 영세함을 반드시 의미한다고는 할 수 없다. 이는 영세화의 과정, 즉 가계수입의 축소과정이 아니라 농업경영의 집약화로 인한 경영면적의 축소과정이었다(包世臣, 『齊民四術』 第二, 「農二」, 「庚辰雜著」 2. "廣種薄收, 廣種卽糞力無給, 薄收卽無以償本.").

는 소득을 비교해보자. 만약 선대제 생산 하에서 받는 임금이 독립적인 상품생산에서 얻어지는 소득보다 많다면, 이를 토대로 선대제 생산이 발전할 수 있기 때문이다. 이를 면포 가공업의 일종이면서 선대제 생산이 행해진 단포업(踹布業)을 기준으로 살펴보기로 하자.

청대 소주성의 단포업 노동자인 단장(踹匠)의 월수입은 1량 내지 3량 정도였다고 한다.[49] 하지만 단포업은 계절 따라 일감이 늘고 주는 진폭이 상당이 컸던 업종이었다. 다시 말해 포객으로부터 주문이 들어오지 않는 경우라면 일을 쉬지 않을 수밖에 없는 불안정한 업종이었다.[50] 이러한 단장의 연간수입은 15량을 넘지 않았으리라고 생각된다. 즉 단포업의 임금수준은 일반적인 강남지방 농민의 평균수입[51]보다 상당히 낮았다는 점을 쉽게 알 수 있다. 따라서 이 지역 농민이 독립적으로 생산수단을 소유하고 노동대상을 구입해서 상품을 생산할 수 있었다면, 선대상인 아래서 임금노동자가 되어 낮은 임금을 받고 생활할 아무런 이유가 없었다.[52] 왜냐하면 기본적으로 선대제는 생산수단과 노동대상을 노동자에게 선대하고 그 대가로 상품판매에서 얻어진 이윤을 얻는 것이기에, 이 이윤과 투하자본을 제외한 것으로 지급되는 임금은 같은 시장조

49 寺田隆信, 「書評: 『中國近代化の經濟構造』」, 『東洋史硏究』 31-3(1972), 115쪽. 寺田隆信은 월수 13량 5전 내지 6전이라는 橫山英의 계산(橫山英, 앞의 책, 84쪽)을 오류라고 비판했다. 寺田隆信의 비판이 타당하다고 생각된다.

50 許滌新 · 吳承明, 앞의 책, 409쪽.

51 이에 대해서는 본서 제1부 2장 참조.

52 江蘇省博物館 編, 앞의 책, 35쪽, 「蘇州府處理踹匠羅貴等聚衆行凶肆凶科斂一案幷規定以後踹布工價數目碑」, 康熙32年. "踹匠 (…) 俱非有家土著之民" 이러한 경우는 서양사에서도 발견된다. "17세기에 대단히 활발하게 직조업이 발달했던 레이덴도 주변 농촌지역이 워낙 부유한 까닭에 그곳으로 직물업을 확대해갈 수 없었다. 그래서 18세기에 반드시 노동력을 확보해야만 하게 되었을 때, 이 도시에서 멀리 떨어진〔강조－원저자〕 가난한 지역에 의존해야 했다. 역설적이게도 이런 지역이 네덜란드 근대 직물업의 중심지가 된 것이다." 브로델, 주경철 역, 『물질문명과 자본주의』 Ⅱ-1 (까치, 1995), 436쪽.

건 아래서 독립적으로 경영하는 상품생산에서 얻어진 이윤보다 훨씬 낮을 수밖에 없기 때문이다. 동산의 부녀들에게도 잉여 축적의 가능성이 있었지만, 선대제 생산 하에서보다 독립 소생산의 경우가 잉여 축적의 가능성이 더 높다는 것을 고려하면, 실제로 강남지역의 면포 생산자가 동산의 부녀들보다 훨씬 많은 이윤을 획득할 수 있었다는 것을 추측할 수 있다.

상인과 면포 생산자의 관계에서 또 한 가지 고려되어야 할 것은 면방직업의 기술수준이다. 면방직업의 기술수준은 10세가 되면 배울 수 있을 정도로 습득이 용이했기 때문에,[53] 농가로서는 적은 자본과 단기간의 수련만으로도 독립적으로 면방직업을 경영할 수 있었다. 이러한 면방직업의 속성 때문에 농민층의 독립성 제고에 유효한 수단으로 작용했다.[54]

하지만 높은 기술숙련도를 요구하지 않는다는 점은 다른 측면에서 볼 때 잉여 추출의 기회도 그만큼 적어진다는 것을 의미한다. 선대상인도 기술숙련도가 높은 견직업에 투자하는 것이 더 많은 이익을 발생시킬 수 있었기 때문에 면방직업에 투자하려 하지 않았을 것이다.[55] 만약 선대제 생산방식으로 면포를 대량으로 값싸게 생산하려는 상인이 있었을지라도 농가에서는 이에 대항하여 자신과 가족에게 돌아갈 이윤부분을 축소할 수 있기 때문에,[56] 이보다 저렴하게 생산하는 것이 가능했다. 당시

53 乾隆『金澤小志』卷1,「風俗」. “松江棉花布, 衣被天下. (…) 而女紅自鍼黹外, 以布爲恒業. (…) 女生五六歲, 卽敎以紡棉花, 十歲學織布, 無間寒署, 自幼習勞.”

54 徐獻忠,『吳興掌故集』卷13「物産類」. “蘇杭之下, 雖其勤力有餘, 而纖嗇遺陋者尙有. 故其民雖無素封之奉, 而飢疲困苦, 亦稍減少, 是皆有技巧之末多矣.”; 山本進, 앞의 논문.

55 徐新吾, 앞의 책, 89쪽; 趙岡 · 陳鍾毅, 앞의 책, 62-63쪽.

56 『沈氏農書』,「蠶務」4段, 85쪽, “만약 집안에 직기가 있으면, 직포를 하든 하지 않든 모두 모두 밥을 먹기 때문에, 〔식비는〕 품삯으로 치지 않으니, 자연히 남는 바가 있게

선대제 형태의 생산방식으로는 가내공업과 면포가격 면에서 전혀 경쟁할 수 없었다.[57]

정리하자면 상품유통의 측면에서 볼 때, 강남지역의 일반적인 면포생산자가 시장망과 고립되는 경우는 상당히 예외적이었다. 이는 일반 소생산자가 선대상인과 고정적인 관계를 맺지 않았다는 것을 의미한다. 이는 바로 상품유통망이 발전한 결과였다. 명청시대 이 지역에서 시진의 발달을 비롯한 상품유통망의 발전은 선대제 생산이 성립할 수 있는 기반을 제공했던 것이 아니라, 오히려 상인자본이 소생산자층을 지배할 수 있는 가능성을 축소시켰던 것이다.

상품생산의 측면에서 볼 때도, 명대 지주경영 하에서 독자적인 농업경영을 할 수 없었던 이 지역의 농민층은 명말청초 이후 지주의 개입을 받지 않고 농업을 경영했다.[58] 명말청초 이후 이 지역에서 광범위하게 발생한 농촌 면방직업은 바로 이러한 농업경영의 '독립성'에 바탕을 둔 것이었다.[59] 독립성을 바탕으로 면포 생산자층은 선대상인에게 인격적 지배를 받지 않고 자유롭게 상품생산을 할 수 있었다. 이러한 독립성은 상품생산의 발전과 더불어 계속 제고되어 나갔다. 일례로 황종(況鍾, 1383-1442)은 면포 생산이 발전하지 않은 명대 선덕연간(宣德, 1426-1435)에 농업경영이 크게 불안정했다는 사실을 적고 있지만,[60] 면방직업이 발전

된다. 〔수공업을 하면〕 날마다 작은 돈이라도 수입이 생기니 이는 집안을 꾸려 가는 데 가장 좋은 방법이다〔若家有織婦, 織與不織, 總要吃飯, 不算工食, 自然有嬴, 日進分文, 亦作家至計."〕.

57 Philip Huang, ibid, p. 85.

58 張履祥, 『補農書』, 「總論」 6段, 148쪽. 方行, 「清代前期小農經濟的再生産」, 『歷史研究』(1984-5) 참조.

59 趙岡 · 陳鍾毅, 앞의 책, 63-64쪽; 史志宏, 『清代前期的小農經濟』(中國社會科學出版社, 1994), 205쪽.

60 況鍾, 『明況太守治蘇集』 卷9, 「宣德七年九月五日 再請夏稅折布奏」.

했던 시기인 숭정연간의 서광계(徐光啓)[61]와 강희연간의 이후(李煦, 1655-1729)[62]는 각각 면방직업으로 인한 수입으로 농업경영이 크게 안정되었다고 서술했다.

위와 같은 사실들에 비추어볼 때, 농업경영의 독립성과 상인자본과의 관련성에 대한 기존의 연구들은 다음 두 가지 측면을 간과했다고 생각된다. 첫째, 청대 전기 이 지역 농민층의 독립성이 기존 연구들에서 설정한 것보다 더 높은 수준에 이르렀다는 점이다. 강남지역 농민층은 상품생산의 계획과 판매 측면에서도 독립성을 확보했기 때문에, 상인자본의 지배를 받지 않을 수 있었다. 즉 면화 재배와 면방직업을 경영함으로써 노동조건을 점유하고, 생산을 자립적으로 수행하는 경영의 독립성 덕분에 선대제의 지배에 포섭되지 않고 상품을 생산할 수 있었다.

바로 여기서 농업경영이 독립적이었으므로 오히려 선대제 생산이 나타나지 않았다는 결론이 도출된다. 기존의 연구들과는 정반대의 결과다. 이 지역의 농민층이 오로지 '영세과소농(零細過小農)'이었다면, 오히려 상업자본의 과중한 착취 때문에 쉽게 농업경영이 해체되어, 선대제 생산의 성립이 용이했을지도 모른다. 그러나 역사적 사실은 특히 그러한 니시지마의 논리와는 정반대였다.[63]

61 徐光啟,『農政全書』卷35,「木棉」(上海古籍出版社, 1979), 969쪽, "所繇百萬之賦, 三百年而尙存視息者, 全賴此一機一杼而已, 非獨松也. 蘇杭常鎭之幣帛枲紵, 嘉湖之絲纊, 皆恃此女紅末業, 以上供賦稅, 下級俯仰. 若求諸田畝之收, 則必不可辨."

62 李煦,『李煦奏摺』「請預發採辦青藍布疋價銀摺」"上海一縣, 民間於秋成之後, 家家紡織, 賴於營生, 上完國課, 下養老幼."

63 농민층의 경영 독립성이 강고했던 명청시대의 강남지역과는 달리 영주(領主) 권력 하에서 경작과 생산물 판매를 규제당한 소농경영의 취약성 때문에 오히려 일본의 면방직업은 메뉴팩처로 발전하기 용이했다. 이에 대해서는 山本進,『清代社會經濟史』(創成社, 2002), 13쪽 참조. 그러므로 필립 황과 같이 농업경제가 소가족 경영화되는 경향을 가리키는 '소농경제(Peasant Economy)'라는 개념만으로는 같은 소농화의 길을 걸

둘째, 선대제 생산의 존재는 생산수단을 갖추지 못한 비독립적 농민층이 선대상인의 지배 아래로 포섭됨을 의미한다. 그러므로 명말청초 이래 이 지역에서 독립된 농업경영이 성립·유지되었다는 것과 선대제 생산형태가 공존했다는 것은 모순이다. 기존의 연구들이 명청사 연구의 성과 가운데 하나인 소농민의 자립화 경향과 선대제 생산의 발전이 서로 양립할 수 없다는 점에 주목하지 못한 결과다. 물론 농업경영의 독립성은 같은 강남 내에서도 지역이나 개별 농가 수준에 따라 차이가 있었음에는 틀림없지만,[64] 니시지마와 마찬가지로 다나카 마사토시(田中正俊) 역시 농업경영의 독립성이 제고되는 전체적 경향과 선대제 생산이 발전하는 경향이 서로 상충될 수 있다는 점을 생각하지 못한 것은 마찬가지였다.

그렇다면 선대제 생산은 이 지역 농촌의 면방직업에서 과연 어떠한 역할을 했던 것일까. 앞서 주목했듯이 「석사인묘지명」에서와 같은 선대제 생산의 사례는 다른 사료들에서 발견되지 않는다. 동산지역의 선대제 생산형태에 대한 기록이 후대에는 더 이상 나타나지 않았던 것이다. 이는 이후 동산지역 부녀들이 직기를 직접 보유할 정도로 잉여를 축적하게 되었으며, 또한 이 지역 상품유통망의 발전에 따라 상인의 지배 없이도 직접 원료를 구매하고 생산물을 판매할 수 있게 되었기 때문이라고 생각한다.[65]

「석사인묘지명」에서 왕완(汪琬)이 묘사한 석사인이 쌓은 돌다리〔石橋〕나 면방직업으로 번화한 거리는 이러한 의미에서 소생산자를 자신의 지

었던 청대 중국과 에도시대 일본과의 이와 같은 차이를 만족스럽게 설명할 수 없다.

64 면방직업에 종사하는 농가는 노동력의 연령과 자본력에 따라 방직업이 가능한 농가와 가능하지 않은 농가로 구분된다(徐新吾 主編, 『江南土布史』(上海社會科學院出版社, 1992), 77-78쪽). 그러나 방직업이 불가능한 농가라 하더라도 방사업에 종사해서 생계를 유지할 수 있었기 때문에 선대제하로 포섭되는 경우는 적었을 것이다.

65 엘빈은 송대 마직업(麻織業)의 선대제 생산이 그 후 소멸된 것은 상품유통망의 발전이라고 파악했다. 同, 앞의 책, 1989, 284쪽.

배 아래 두고 착취하려던 상인자본의 본원적인 이윤추구의 동기와 무관하게, 선대제 생산이 시장권과 격리되었고 비독립적이던 농가를 상품생산의 흐름 속으로 편입시키는 계기를 만들어냈음을 의미한다. 선대상인이 소생산자를 영속적으로 지배하에 두는 조건을 계속 창출할 수 있었던 도시의 단포업과는 달리, 농촌의 면방직업에서의 선대제 생산은 소생산자의 비독립적인 경영을 자립 재생산으로 발전시키는 작용을 했다.[66]

결론적으로 시장권과 고립된 비독립적인 소수의 농가를 상품생산으로 편입시키고, 경영의 독립성을 제고시키는 조건을 형성하여, 선대제 생산의 가능성을 축소했던 것이 이 지역 농촌의 면방직업 수공업의 역할이었다. 현재까지의 서유럽 경제사 연구에 따르면, 선대제 생산은 기계제 대공업으로 가는 첫 번째 단추라고 할 수 있다. 청대 중국의 경우 이 첫 단추는 존재했지만, 오히려 상품경제가 발전하면서 그 발전 가능성이 소멸되었다고 할 수 있다.

베링턴 무어의『독재와 민주주의의 사회적 기원』은 상업화와 부르주아 계급의 발달을 기준으로 각각 영국, 프랑스, 일본, 중국, 러시아 등이 근대에 어떻게 변모했는지 묘사하고 있는 고전적 저작이다. 이에 따르면 상업화에 의한 새로운 계층의 등장이 근대사회로의 이행에 필수적 요소다. 이를 명청시대 중국에 적용하면, 그 이전 시기보다 상업화가 크게 진전되었다는 점은 유럽이나 에도시대의 일본 등과 마찬가지라고 할 수 있다. 다만 유럽에서 부르주아, 에도시대 일본에서 조닌〔町人〕이 성장한 것과 같은 근본적인 사회구조의 변화는 찾기 힘들다. 이 책에서 반복적으로 주장했듯이 명청시대 중국은 유럽 등과 달리 상업 발달이 특정한

66 앞의 각주 46번 尹會一의 상주문에서는 직기를 소유하지 않은 하남성의 농가에게 부유한 이들이 직기를 대여하고 여기에 대여료를 받는 형태로 면방직업을 권장하려는 것이었다. 이 역시 직기를 대여라는 방법으로 소생산자의 독립성을 제고하려는 의도에서 나온 것이었다.

지역—예컨대 도시부—에 집중되지도 않았고, 특정 계층—예컨대 신사층—으로 집중되지도 않았다. 도시와 농촌, 신사와 상인과 농민층 모두 각각의 상업화를 다양한 방법으로 진전시켰다. 그 결과 양자 사이에는 일종의 균형상태가 만들어졌고, 이것이 상업화가 상당히 진전된 청조사회에 사회적이나 경제적으로도 이렇다 할 근본적 변화가 일어나지 않았던 커다란 원인이 아닐까 싶다.

결론

16세기 중엽 은 교역을 통해 전 지구적 차원의 세계경제가 그 모습을 드러낸다. 막대한 양의 은이 동아시아와 유럽으로 흘러들었고, 이 과잉 유동성에 대처하기 위해 중국의 중화제국경제와 유럽의 국민경제(nation's economy)라는 상반된 성격의 경제시스템이 각각 형성되었다. 이 둘의 차이는 그 공권력의 형태와 지역사회의 질서가 다른 데서 기인하는 것이었다.

시장경제가 발달해 경제사회로 진입한 중국이 왜 독자적으로 자본주의 발전=근대화를 성취하지 못했는가라는 질문에 흔히 국가의 '중농억상정책'을 원인으로 들곤 한다. 이에 여느 중국 사극에서 자주 볼 수 있는 관헌의 가혹한 수탈 장면을 떠올리며 고개를 끄덕일지도 모르겠다. 물론 명말 만력연간에 '광세(鑛稅)의 화' 등의 사건이 실제로 있었고, 특정 시기에는 황제나 관리들의 자의적 수탈이 횡행했던 것도 사실이다. 그러나 이른바 빼앗는 것과 상업을 억압한다는 것 자체는 다른 개념으로 분리해 생각해야 할 듯하다. 농업을 중시한 것은 틀림없지만, 과연 국가가 상업을 억압했는가라는 의문이 먼저 들게 마련이다. 관련하여 이에 대한 청대 사회경제사 연구자인 야마모토 스스무(山本進)의 견해를 다음과 같이 세 줄기로 정리해본다.[1]

1 山本進, 『清代の市場構造と經濟政策』(名古屋大學出版會, 2002), 「序章」.

첫째, 억상정책은 통상 직접 생산자가 상품경제에 편입되어 분해되지 않도록 막는 것을 의미한다. 그런데 명청시대 소주와 송강부의 중세〔重賦〕는 궁핍한 국가재정을 보전하기 위함이었지, 농민을 시장에서 차단하기 위해 실시된 것은 아니었다. 통설에 따르면, 그러기는커녕 소주와 송강부에 대한 명조의 세금 중과 때문에 면화 재배나 면방직업 등 부업적 상품생산이 발전했다고 한다. '약탈적 수탈'이 농업경영을 파괴해버렸을지는 모르나 자급자족적 경제로 유도한 것은 아니었다. 따라서 무거운 세금 부과가 상업을 억제하는 정책이었다고 볼 수는 없다. 어느 정도 약탈적 수탈이 자행되었는가에 대한 충분한 해명이 있는 것도 아니다. 본디 농업경영을 파괴할 정도의 가혹한 수탈은 중농정책과 배치되기 때문이다. 이와 반대로 명말청초 강남지역에서는 상업적 농업이 매우 활발하게 전개되었다.

둘째, 소금이나 차 등 전매품의 생산은 특정 지역에 한정되어 있다. 바로 그런 이유로 전매통제가 비교적 용이하기도 했다. 역대 왕조국가는 재정수입의 상당 부분을 전매세에 의지해왔다. 전매품의 구매자인 일반 인민은 결과적으로 고액의 간접세를 계속 부담하는 셈이었다. 그러나 조정은 이들의 생업인 주곡 생산이나 면화 재배 혹은 가내수공업을 직접적으로 압박하지는 않았다. 더욱이 차 재배의 경우처럼 생산지가 확대되고 많은 농민이 그 생산에 종사하게 되자, 전매통제는 이완되었다. 따라서 조정이 소금이나 차 등의 전매와 더불어 일반상품의 생산이나 유통을 억압한 것은 아니었다.

셋째, 중국은 심지어 청대라고 하더라도 국내경제에서 외국무역이 차지하는 비중이 적고, 국제분업과 국내시장과의 관련성도 낮은 편이었다. 당연히 식량이나 면포 등을 생산하고 판매하는 압도적 다수의 농민이나 상인도 국가분업과 국내시장과의 관련성이 낮았다. 이들은 국가에 의한 광동무역의 통제로부터 어떠한 제약도 받지 않았다. 또한 무역통제가 국내의 상품생산이나 유통을 제한했다는 사실도 확인하기 어렵다. 무역통제도 국가재정과 밀접한 관련을 맺고 있었기 때문에, 이를 직접적으로 억상정책이라고 하기는 어렵다.

이로써 보건대 청조의 정책을 억상정책이라 단정하기는 어렵다. 특히 첫 번째와 두 번째 정리에 의거한다면, 청조가 무거운 세금을 부과해 농민들의 생계를 압박하기도 했지만, 이것이 생산품의 상품화를 저지하기 위한 요인은 될 수 없다. 전제국가는 통치상 필요에 따라 때때로 농민에게 과중한 비용을 강제하기도 했지만, 판매과정을 포함해 농업경영 자체에 대해서는 어떠한 통제도 가하지 않았다. 이데올로기적 효과는 논외로 하더라도 생산이나 유통에서 억제가 보이지 않는 한, 중농억상책이 말 그대로 시행되었다고는 할 수 없다.

이러한 야마모토 스스무의 견해는 꽤 명쾌해서 우리가 흔히 갖고 있는 근세 중국에 대한 편견 가운데 하나를 시정할 수 있을 것이다. 억상정책의 사례를 적어도 사료에서는 찾기 어렵기 때문이다. 물론 청조의 경제정책이 효과적인 상업의 발전을 가져온 것은 아니지만, 반대로 상업을 억제하고 과거 농업세계로의 회귀를 시도한 것도 아니었다. 이 책 제1부 제1장에서 밝혔듯이 청조는 많은 동전을 주조해 상업의 발전을 유도했다.

사실상 청조 경제정책이 가지고 있는 단점이라면 중농억상 혹은 그 반대라기보다 어떤 일관된 경제적 흐름이 이루어지도록 유도하지 않았다는 데 있다고 봐야하지 않을까 생각된다. 야마모토의 지적처럼 청조는 농업 발전에 특별한 관심이 없었다. 뿐만 아니라 지금까지 이 책에서 짚어왔듯이 시진(市鎭)의 발전, 농업과 수공업의 발전, 화폐와 도량형의 통일 등, 경제 전반을 규제하는 데에도 그다지 관심을 기울이지 않았다. 청조가 지켜보던 지점은 왕조의 위엄을 거스를 정도거나, 해당 분야에서 분규가 일어나 아문(衙門)에 이에 관련된 고소장이 접수될 때뿐이었다.

이처럼 경제 분야에서 중앙정부나 지방정부가 어떤 문제가 발생하기 이전에 개입하는 경우는 극히 예외적이었다. 이런 맥락에 유의하면서, 이제까지 달려온 각 장들의 핵심을 요약해본다.

*

청대는 은과 동전 등의 화폐를 기반으로 한 경제사회였다. 지역 내 이웃들 사이에선 물물교환도 존재했지만, 중요한 교역은 모두 화폐를 매개로 했다. 중요 화폐는 동전과 은이었다. 동전은 국내에서 주조되었고, 은은 주로 외국과의 교역을 통해 유입되었다. 중국이 비단, 생사(生絲), 도자기, 차 등을 판매했고, 이에 일본이나 서양에서 은을 그 대가로 지불했다. 두 화폐의 유통량이 늘 일정하진 않았다. 때문에 화폐유통량이 변동에 따라 경기에 영향을 미쳤다. 화폐 유통량이 청대사회의 경기호황과 불황을 좌우했다는 점에서 볼 때, 청대사회는 '경제사회'라고 할 수 있다.

은은 가벼운 대신에 소재가치가 커서 고액결제나 외국과의 거래에 사용되었다. 저울에 달아 측정하는 칭량화폐였다. 반대로 동전은 소액결제에 사용되는 계수화폐였다. 은과 동전은 속성이 서로 달라 그 쓰임도 다른 화폐였다. 동전의 경우, 청조가 발행하는 동전인 제전(制錢)뿐 아니라, 시중에 다양한 사주전(私鑄錢)과 소전(小錢)이 유통되고 있었다. 스페인 은화 등 양전(洋錢) 역시 청대 후기로 갈수록 유행했다. 은은 주로 말발굽 형태로 통용되었고 은량(銀兩)이라 불렸다. 이는 정부와 민간이 서로 아무런 관련도 없이 각자 주조하여 통용시키곤 했다.

제1부 제1장에서는 명말청초 이후 은 유입량과 동전 주조액에 대해 검토했다. 국제무역을 통해 유입된 은은 명말인 17세기 초반 연간 약 370만 량에 달할 정도였고, 그 뒤 청대에 들어오면 백만 량 정도로 크게 줄었다. 특히 1661-1684년 천계령 시기에 급감했다가 옹정연간에 들어

와 연간 약 139만 량 정도, 건륭연간과 가경연간에는 약 217만 량 정도로 늘어났다. 그러다 도광연간에 연간 약 195만 량 정도가 다시 유출되었다.

명말에는 그다지 동전이 주조되지 않았거나 주조되더라도 그 질이 매우 떨어지는 악화(惡貨)가 많았다. 청대 화폐정책이 지닌 특징 가운데 하나는 명조와는 달리 비교적 양질의 화폐를 다량으로 공급해 시장수요를 가급적 충족시키려 노력했다는 점으로, 이러한 측면은 특히 강희연간부터 건륭연간까지 두드러졌다. 청대 동전 주조기구로는 중앙 호부의 보천국(寶泉局)과 공부의 보원국(寶源局), 지방에는 각각의 주전국(鑄錢局)이 따로 있었다. 이들 기구들이 유기적으로 연결되어 있지 않았다는 점도 커다란 특징이었다. 대체로 지방보다는 중앙에서 더 많이 주조했다고 판단된다. 순치연간과 강희연간에는 연간 50-60만 량을 주조했고, 옹정연간이 되면서 연간 105만 량, 건륭연간에는 대폭 늘어나 연간 약 350만 량을 주조했다. 가경연간과 도광연간에는 240여만 량으로 줄어들었다. 은과 동전을 비교하면 대체로 동전 주조량이 은 유입량보다 많았던 것이 청조 화폐 유통의 한 특징이었다. 시기별로 보면, 건륭연간에 동전과 은 유입량이 많았던 반면, 가경·도광연간에는 은 유입량이 줄어들고 동전 유통 속도가 느려진 것이 또 하나의 특징이었다.

결국 청대 경기변동의 근본적 요인은 화폐 유통량의 변화에서 찾아볼 수 있다. 청대 경제에서 해외로부터 유입되는 은의 중요성은 두말할 나위가 없다. 이런 점에서 청대 중국의 경제사회를, 조지 매카트니의 중국 방문 등의 일화를 소재 삼아, 완전히 닫힌 구조로 파악하는 것은 매우 일면적인 이해라고 볼 수밖에 없다. 16세기 이후 중화제국의 경제시스템과 서구의 국민경제시스템은 공히 동시대 전 지구적 은 경제로의 편입과정 속에서 나타난 것이다. 명대 중엽 이후의 중국사회를 세계경제의 차원에서 이해해야만 하는 이유가 여기에 있다.

제1부 제2장에서는 청대 강남지역 농민들의 소득수준 변화에 대해 짚었다. 제1장에서 보았듯 청대에는 화폐량이 크게 늘어났는데, 이는 당연히 농가경영에도 영향을 주었다. 송대는 이미 집약적 농법이 등장한 시기였지만, 이를 실현하기 위한 경지조건이 충족되지 않았고, 농촌시장 역시 충분하게 발전하지 않은 상태였다. 이러한 조건 아래서 농민의 수입은 주로 농경에 의존할 수밖에 없었다. 이후 명대 중기를 거쳐 농촌시장이 발전했고, 경지도 어느 정도 개선되었다. 덕분에 농민들은 농작업을 집약화함으로써 생산량을 증대시킬 수 있었다. 모내기부터 제초·수확에 이르기까지 다양한 작업이 이뤄졌으며, 농번기 노동수요를 계절적으로 균등화하고, 외부 노동력의 차용을 피하기 위해 가족 노동력을 고루 분배했다. 나아가 소농세대의 구성원들은 농한기의 잉여노동을 이용해 면방직업(=프로토공업)에도 종사했다. 이러한 방식이 정착된 것은 명말청초 시기였다고 판단된다.

명말청초 이후 강남지역 농민들은 천연자원의 제약, 즉 가경면적의 축소라는 제약을 기술적·제도적 노력으로 극복해 가족노동을 충분히 흡수하고, 생활수준을 향상시킬 수 있었다. 이처럼 노동집약도가 지속적으로 향상되어 노동의 흡수력(1인당 연간 노동일수, 1일당 노동시간)이 크게 상승했는데, 이러한 측면에서 청대 강남지역에서는 근면혁명이 발생했다고 할 수 있다. 이러한 과정을 통해 송대와 비교할 때 청대에는 20% 정도의 소득 증가가 있었다고 추론할 수 있다. 다만 이 20%라는 증가수치는 약 500여 년간에 걸쳐 달성되었기 때문에 사실 상당히 완만한 증가였다.

제2부 제1장에서는 명대 중기 이래로 진행된 강남지역의 눈부신 성장과 그 이후를 살폈다. 당시 강남 발전의 핵심적 요인은 유리한 입지조건 덕에 주변부의 경제적 잉여를 독점적으로 흡수할 수 있었다는 점이다. 강남지역은 국내적으로 가장 중요한 수공업품인 면직물과 견직물에 대해 전국시장의 중심부로서 여타 지역을 주변부로 거느리고 있었다. 즉

여기서 발생하는 경제적 이익을 독점함으로써 중국에서 가장 부유한 지역이 될 수 있었다. 이후 주변 지역의 자립과 해외무역의 중심 이동은 곧바로 강남지역의 독점적 지위의 상실 그리고 그에 따른 유통의 저하와 경기불황으로 이어졌다.

또 외국에서 은이 대량 유입되고 신대륙 작물이 보급됨으로써 많은 인구가 중심지의 높은 인구압을 피해 서쪽과 북쪽으로 이동한 것이 시장 구조에 커다란 영향을 미쳤다. 주변 지역이 개발되면서 강남으로서는 그 때껏 존재하지 않던 '유효수요(effective demand)'가 대대적으로 창출된 셈이었다. 주변 지역의 소농층은 주곡을 강남지역에 매각하여 현금을 손에 넣을 수 있었고, 부족한 식량은 감자나 옥수수 등의 신대륙 작물로 보충할 수 있었다. 이러한 의미에서 화중과 화남지역의 농지개발과 상품생산은 은과 신대륙 작물의 보급에 힘입은 바가 크다고 할 수 있다.

이러한 변화를 통해 각 지역 시장권은 전국시장과 분업관계를 유지하면서, 성내(省內) 지역 간 분업방식을 도입하고, 특정 상품만을 전문적으로 생산하는 불완전한 입장을 극복함으로써 전국시장 속에서 수급변동에 유연하게 대응할 수 있었다. 청대 중후기 중국시장의 발전이 갖는 특징은 지역시장의 자립화와 강남지역의 독점적 지위 상실이라고 할 수 있다. 결국 명말청초의 강남 중심형 모델은 청 중기 이후가 되면서 지역시장 자립형 모델로 점차 변화해갔다.

제2부 제2장에서는 건륭연간의 물가와 화폐사용에 대해서 살폈다. 청대 중후기의 왕휘조(汪輝祖)와 정광조(鄭光祖)의 기록을 보면, 당시는 대체로 고평은과 제전을 기준으로 물가를 기록하고 있었다. 건륭 20년대까지는 1두=100문 정도였으나, 건륭 59년에는 330문, 340문이 되었고, 다시 가경연간 초에는 두 자료 모두 유례없이 350문에서 400문 정도의 가격으로 인상되었음을 밝히고 있다. 1740-50년대 좋은 경지〔上田〕는 대략 13량 내지 14량 정도로, 당시 제전의 가치는 1량 당 700-740문 정도였다. 당시

1무의 가격은 1,000여 문에 불과했으나 가경 4년(1799)이 되면 3만5천 문이나 3만6천 문이고, 4만 문에 달하는 경우도 있었다. 이는 엄청난 자산버블 현상이라고 할 수 있다. 다만 특이한 점은 토지가격 역시 소액화폐인 동전을 기준으로 표시하고 있다는 점이다.

건륭연간 쌀가격의 꾸준한 상승에도 불구하고 굶주리는 사람이 없다거나 그것을 '정상적인 가격〔常價〕'이라 여겼던 것은 그만큼 농민들의 구매력 역시 어느 정도 상승했기 때문이다. 다시 말해 건륭 후기는 물가변동의 폭만큼 실질소득도 어느 정도 상승하던 경기 활황기였다고 할 수 있다.

건륭연간에 대폭 늘어난 제전 발행액은 시장에 인플레이션(물가상승)을 가져왔다. 이런 의미에서 건륭연간 제전 발행량의 증가는 오늘날의 '양적 완화(quantitative easing)'에 해당된다. 인플레이션으로 일정한 토지자산이나 관직을 보유하고 있는 사람들은 더 많은 이익을 얻게 되었지만, 반대로 토지자산이 없거나 관직을 보유하지 않은 이들은 커다란 타격을 입은 것이나 마찬가지였다. 즉 건륭연간의 제전 발행은 사회에 인플레이션을 초래해 경기 활황을 가져온 것이 분명하지만, 아울러 양극화를 수반할 수밖에 없었다. 인플레이션으로 사회의 콘트라스트는 더욱 확실해졌다.

16세기 중반 중국이 은 경제에 편입된 이후 거쳐 간 두 번의 호황의 역사적 성격은 다음과 같이 요약된다. ① 명말의 경제 활황은 군사·무역거점을 중심으로 발생했고, 광대한 농촌에서는 불황양상이 현저했던 데 반해, ② 청대 중기의 활황은 오히려 농촌을 중심으로 한 것이었다. 경제활동의 활성화와 농민의 생산의욕의 증대가 주목되던 시기였다.

두 시기의 경제활황이 보여준 양상을 양상을 이 책의 문제의식과 결부지어 재해석하면 이렇다. 명말의 활황은 분명 복건을 중심으로 한 일본 은의 유입으로 말미암은 것이었다. 그렇지만 은량 자체를 소농민들이 수령하고 사용하기에는 문제가 있었다. 오히려 은량의 휴대 용이성 때문에 한 지역의 부가 손쉽게 다른 지역으로 운반됨으로써 지역 또는 계층 간의 불균형도 초래되었다. 반면 명조는 동전 발행에 소극적이었고 민간에서는 악화가 남발되었기 때문에, 사회적으로 은이 다른 지역들로 자유롭게 흘러 다니게 되면서 지역사회의 호황과 불황을 가져오는 사태를 가져오게 되었다.

반면 청조는 애당초 동전 발행에 적극적이었다. 이는 안정적인 소액결제 화폐를 갈구하던 시장으로서는 마른하늘에 단비와 같은 조치였다. 한편 이를 통해 은이 지닌 유동성을 어느 정도 제어할 수도 있었다.

1684년 천계령이 해제됨으로써 다시 은 유입은 재개되었지만, 동전이 부족한 상황에서는 은 유입이 가져다 준 부를 소민(小民)의 부로 전환시킬 매개가 부족할 수밖에 없었다. 이를 해결한 것이 바로 건륭연간 제전과 사주전의 대량 유통이었다. 이로 인해 통화시장에 안정적인 유동성이 공급됨으로써 상품생산이 활발해지게 되었고, 나아가 인플레이션과 자산버블까지 발생했다. 즉 건륭연간 제전과 사주전의 유통으로 해외무역과 원격지무역에서 얻어진 막대한 양의 부가 비로소 소민들의 부로 전환되기 시작했다. 이제 농촌지역까지 활황의 모습을 띠게 될 수 있었다. 반면 뚜렷해지는 인플레이션은 소득 양극화를 초래하기 시작했다. 자산소유 계층은 많은 이익을 볼 수 있었지만, 그렇지 않은 계층에는 타격이 불가피했다. 즉 대대적 동전 발행이 가져온 인플레이션 그리고 이어지는 양극화의 심화. 이것이 바로 '건가성세(乾嘉盛世)'의 경제사적 의미라고 할 수 있다.

제2부 제3장에서는 이른바 '도광불황(道光蕭條)'의 구조를 살폈다. 상품경제가 발달했다는 명말까지도 상품·화폐경제가 보편적인 지역과 그렇지 못한 지역 간의 차이가 상당했고, 인구 밀집도 역시 커다란 차이를 보이고 있었다. 명말의 이러한 지역차는 강희연간 후기부터 시장경제의

본격적인 서진(西進)의 바탕이 되었다. 따라서 이러한 지역차로 인해 '스미스적 성장'인가 아니면 '맬서스적 함정'인가라는 기준을 전 중국에 동일하게 적용할 수는 없다고 생각한다. 게다가 서구의 프로토공업화 역시 전국적이 아닌 국지적 현상이라는 점을 고려하면 더더욱 그러하다.

삼번의 난이 최종 진압되고 천계령이 해제되었던 1680년대 중반부터 청조의 본격적인 시장 확대는 시작되었다. 옹정연간을 거치면서 장강을 거슬러 올라가는 대대적인 개간이 이루어졌고, 미곡을 판매하기 위한 시장 네트워크가 형성되었으며, 상품·화폐경제가 보급되었다. 당시의 '성장'은 모두 지역 간 경제적 연결의 형태, 즉 시장구조와 밀접한 연관이 있었다. 이는 후술하듯, '위기' 역시도 경제적 연결의 변화상과 관련이 있음을 의미한다.

18세기는 주지하다시피 번영의 시대였고, 그 결과 폭발적인 인구증가로 이어졌다. 학자들 간에 수치상의 이견은 있지만, 대체로 명말에 1억에서 1억5천이던 중국의 인구는 1850년대에 4억3천만까지 증가했다. 이러한 인구증가의 원인은 잘 알려져 있듯이 신대륙 작물의 보급과 호남성 등을 비롯한 농업 프론티어의 확대〔이른바 湖廣熟天下足〕와 산악지역의 개발〔山區經濟〕에도 있지만, 재연재해에 신속히 대응하는 잘 정비된 관료제도의 뒷받침도 간과할 수 없을 것이다.

다시 말하자면, 18세기 중국의 경제성장은 대량 이주를 허용함으로써 상대적으로 과잉된 인구를 인구집중 지역 외부로 배출하면서 팽창하는 방식이었다. 18세기에도 이전 시기와 마찬가지로 확대된 해외무역을 통해 대량의 은이 계속 유입되었다. 은의 풍요로운 유입은 호경기를 화폐적으로 뒷받침했고, 그 결과로 확대된 고용기회는 인구증가를 가능하게 했다. 그리고 호경기에 따르는 기호품의 다양화, 증가된 욕망은 자원의 보고인 '내부 변경'을 활성화시켜 많은 인구를 흡수할 수 있게 되었다. 하지만 '내부 변경'의 개발이 어느 정도 완료되자 위기는 다시 변경에서부터 시작되어 중심인 강남지역으로 몰려왔고, 청조로서도 이를 만회할 방법을 찾지 못한 채, 1841년 아편전쟁을 맞이하고 말았다. 요컨대 18세기의 경제성장이 19세기에 이르러 위기의 원인이 되어버린 것이다. 19세기 들어 맬서스적 함정에 빠져버린 중국은 결국 스미스적 성장에서 이탈했으며, 18세기도 아닌 19세기에 도리어 '근대적 경제성장'과 멀어지게 되었다고 결론지을 수 있을 것이다.

전체적으로 청대 건륭연간에는 은의 유입과 동전 주조가 매우 활발했지만, 도광연간에는 동전 주조도 정체되었고, 더욱이 은 유출이 가속화되었다. 이러한 상황에서 기존의 지역시장은 강남지역을 중심으로 밀접히 연동되었지만, 각각의 시장에서 면방직업을 도입함으로써 수공업에 관한 한 강남지역의 우위는 점차 상실되었다. 지역 간 교역이 둔화되자, 원격지교역에 의거한 이익이 크게 줄었다. 이익의 감소는 여타 상품에 대한 구매력 감소로 이어졌고 이는 물가의 하락현상으로 나타나게 되었다. 여기에 디플레이션을 더욱 부채질한 것이 화폐 유통속도의 저하였다. 즉 경기불황과 동전의 화폐 유통속도의 저하라는 두 측면의 중첩이 도광연간 불황의 원인인 셈이다. 따라서 '도광불황'은 단순히 은 유출이라는 국제적 요인만으로는 설명하기 힘들며, 청대 중국 시장구조의 변화와 밀접한 관련이 있다고 판단된다.

제3부 제1장에서는 동아시아 속의 청대 농촌시장과 그 비교대상으로서 일본 에도시대의 시장을 다뤘다. 청대를 통해 전국적으로는 선진 지역인 강남지역에서 서쪽의 변경지역으로 개발이 계속 확대되어갔다면, 지역 내부에서는 농촌시장이 계속 확대되고 상설시로 발전하는 과정이 이어졌다. 비효통(費孝通)의 동심원 비유처럼, 규모와 차원이 다른 각각의 시장경제권이 수많은 동심원을 그리며 중국 내부에서 끊임없이 확대되는 과정이었다. 중국 근세 강남지역의 시장 발전을 보면, 행정 중심 지역인 현성에서 시작되어 점차 그 주변부 지역으로 확산되어갔다. 즉 그

순서는 ① 현성→② 진→③ 시의 순서였다. 특히 강남지역의 경우 진과 시 사이에는 규모 차이만 있을 뿐, 실질적으로 별반 차이가 없을 정도였다. 이렇게 보면 강남지역의 시장 발전은 말단부가 계속 분산적으로 확장되는 '확산형'이라고 할 수 있다. 그러나 에도시대 시장구조의 발전방향은 말단의 농촌 정기시〔六斎市〕가 축소되어 자이고마치(在鄕町, =在方町)가 발전하는 '수렴형' 쪽이었다.

중국과 일본 모두 16세기 중후반 전 세계적 범위의 은 경제체제로 편입되면서 도시와 시장체계가 새로 형성되었다. 16세기와 17세기 이후 양국 모두 소농경제가 안정되면서 여러 수준의 농촌시장이 발달하고, 도시·중간지대·농촌시장이라는 세 가지 패턴의 시장구조를 갖추었다는 점을 서로 공유하고 있었다. 다만 중국의 경우 도시부 역시 발달했지만 시간이 지날수록 현저한 발전을 구가한 쪽은 중간지대와 농촌시장이었다. 반면 에도시대 일본의 시장구조 변화는 ① 조카마치(城下町) 성립→② 중앙시장으로 통합→③ 지역시장인 자이고마치의 성장과 정기시 축소라는 패턴을 보였다. 중국과 달리 농촌 정기시 쪽은 쇠퇴했고 대도시는 성장이 그쳤지만 중간지대인 자이고마치 쪽이 발달하는 패턴이었다. 이는 대도시〔三都〕 상품경제가 주변부인 자이고마치까지 확장되었기 때문이다.

면방직업의 발달을 살펴보면, 농가에서 면방직업이 본격적으로 개시된 것은 중국이 16세기 중엽, 일본은 18세기 후기라는 시간차가 존재한다. 기술수준 측면에서도 중국이 에도시대 일본보다 더 높았던 시기가 있었다. 하지만 19세기에 일본은 선대제에서 매뉴팩처로 순조롭게 이행해간 반면, 중국은 여전히 소농들의 강고한 '방직결합'이 유지되었다. 농촌시장을 통해 독립 소생산자가 계속 늘어나고, 선대제 상인 밑으로의 편입을 회피하는 경향이 강했던 중국형 면방직업에 비해, 일본에서는 동일 시장권 내에서 농민층 분해가 일어나고, 여기서 선대상인과 임금노동자로 분리되었다. 또 시장 네트워크로부터 고립되는 것이 농민이나 임금노동자에 대한 선대상인의 지배력을 강화하는 커다란 계기가 되기도 했다.

16-18세기 근세 동아시아 각국에서는 상업(=시장) 확대에 의한 성장, 즉 스미스적 성장이 공통적으로 출현했다. 그러나 시장이라는 성장 측면에서는 공통적일지 모르지만, 그 발전방향은 중국과 조선의 한편과 일본의 또 한편이 달랐다. 중국과 조선의 경제성장은 ① 낮은 시장통합도, ② 통합되지 않은 화폐와 도량형 사용관행, ③ 개별 농가에 의한 분산적 농촌 수공업을 그 특징으로 했다. 반면 에도시대 일본의 경제성장은 ① 조카마치와 자이고마치의 성장, ③ 에도막부에 의한 화폐주조권 장악과 도량형 통일, ③ 조카마치와 자이고마치 등으로의 수공업 집중 등의 특징을 보이고 있다. 설령 스미스적 성장이라 할지라도 구조면에서 확실히 대조적인 성장방향이었다. 19세기 중엽 이후, 동아시아 3국이 세계시장에 통합되면서도 이후 서로 다른 발전양상을 보여주었던 것은 개항 이전 출발선 자체가 이미 서로 달랐기 때문이라고 할 수 있을 것이다.

제3부 제2장에서는 상해 교외의 작은 시진인 주가각진(朱家角鎭)을 소재로 중국 농촌시장의 구조를 분석했다. 주가각진 내부의 교역을 진내(鎭內)교역이라고 하고, 외부와의 교역을 진외교역이라 했다. 주가각진에서는 소작료와 세금 등으로 1만 석 이상의 식량이 매년 시진 밖으로 유출되었다. 이처럼 진외교역을 담당하는 미곡상[米行]의 거래규모는 상당히 컸지만, 진내교역을 담당하는 주가각진 내의 시장규모는 협소했다.

이와 같은 대규모 지역 외 유통에 사용된 것이 은이었다. 다시 이것이 시진 내부에서 환전되어 소규모 지역 내 유통에 사용된 거래수단이 바로 동전이었다. 그러나 이러한 구분은 이념형에 가깝고 현실은 좀 더 복잡했다고 봐야 할 것이다. 즉 외부 결제통화라고 하더라도 그 재고는 지역 내에도 어느 축적되어 있었고, 소액결제 화폐인 동전 역시 내부에만 축적되어 있는 것이 아니라 외부에서도 끊임없이 유입되고 있었다.

미상, 〈태평성시도(太平城市圖)〉(조선시대 후기 추정, 부분)

交易自無私

이렇게 본다면, 전체적으로 청대 주가각진의 경제활동은 다음과 같은 층위를 이루고 있었다. ① 진외교역(예: 은), ② 진내교역(예: 동전), ③ 호혜적 내부교환(예: 물물교환), ④ 가족을 중심으로 한 자급자족. 여기에서 ①과 ②는 각각 은과 동전, 즉 화폐를 통한 거래이고, ③과 ④는 화폐를 매개로 하지 않는 경제활동이다. 즉 호혜적 내부교환이 지닌 특징은 좁은 인간관계에 의존하기 때문에, 그 도달 가능한 범위에 한계가 있다. 동전은 그 무거운 무게나 일일이 세어서 확인해야 하는 불편 때문에 여러 가지 공간적 제한을 가지고 있었다. 또 물물교환은 가까운 이웃이나 친족·친구 이상으로 뻗어나가기 어렵다. 대부분의 농민들에게 ③과 ④의 경제활동은 화폐를 매개로 이루어지지 않았기 때문에, 이는 시장을 통한 거래가 되지 못했다. 따라서 시진 내부의 시장규모는 협소할 수밖에 없었다.

거래화폐로 진외교역에서는 은이, 진내교역에서는 동전이 많이 쓰였다는 것을 고려하면, 은을 기준통화로 삼은 만력연간 일조편법의 전국적 시행과 진외교역의 발전은 서로 궤를 함께한다. 건륭연간 동전의 대량 발행은 진내교역의 활성화와 밀접한 관계가 있다. 즉 지조와 조세 위주의 진외교역이 명대 후기 활발해지면서 시진의 기본적 형태가 완성되고, 이후 건륭연간 제전이 대량 발행되어 소농경제가 활성화되면서 진내교역도 활발해졌다.

이처럼 청대 지역 내의 경제활동은 매우 중층적이었다. 무엇보다 교환수단인 화폐가 단일하게 공급되지 않은 이유가 컸다. 알다시피 화폐는 은과 동전으로 나뉘어 있었고, 다시 또 은과 동전이 각각 다수의 형태로 사용되었다. 주가각진의 주민들은 늘 어떤 교환수단을 사용할 것인지 끊임없이 고민해야 했다. 더구나 높은 소작료로 농민에게 화폐는 늘 부족했다. 주가각진의 거래 네트워크가 협소해지고, 진 내부에서조차 통일적인 네트워크를 형성하기 어려웠던 이유다.

중화제국이라는 정치시스템은, 중앙권력은 압도적인 힘을 행사했지만, 지방권력은 상대적으로 약했고 중앙권력의 하부기관에 지나지 않는다는 특징이 있었다. 때문에 지방관이 지역경제에 적극적으로 개입할 필요를 느끼지 못했다. 공권력이 사적 경제활동 조정에 관심을 갖지 않자 각 지역은 개별 화폐와 도량형을 사용하는 불특정한 지역들로 나뉘어졌다. 상인과 농민들 역시 자유롭게 시장에 참여할 수 있었다.

청대 중국의 관료제도는 내부에서 통일성을 결여했으며, 각각의 독립성과 자율성을 가지고 있었다. 지방관 역시 지역사회를 단독으로 장악할 헤게모니를 결여하고 있었기 때문에, 신사나 상인단체와의 협치 속에서 지역사회에 군림하고 있었다. 청대 지역사회 역시 경제적 핵심이 존재하지 않고, 다양한 중심들이 여기저기 분산되어 있었다. 관용(官用)이든 민용(民用)이든 화폐와 도량형의 규격이 관청과 지역마다 심지어 지역 내에서조차 각각 달랐던 까닭도 바로 이러한 사회구조를 그대로 반영하고 있었기 때문이다. 또한 동시대 유럽이 근대적 국민국가(nation-state)를 통해 사회통합을 추진했다면, 중국은 점점 더 사회통합과는 멀어졌다고 할 수 있다.

청대 중국의 화폐는 지역체류 경향이 강해 중앙으로 잘 집중되지 않았다. 따라서 자본으로의 전화보다 주로 사용가치를 표시하는 기능에 머물렀다. 따라서 화폐를 획득하고서 축적하기보다는 재화를 구입하는 데 사용되기 쉬웠다. 상당수 농민들이 수공업을 통해 획득한 화폐를 생계보전이나 소비를 확대하는 데 사용했다. 농촌 수공업을 통해 생활이 향상되었던 것은 분명하지만, 화폐가 한곳으로 집적되지 않고 농민들에게 균질적으로 산포되는 경향이 강했던 것이다. 이처럼 상당한 정도로 국가권력의 개입이 억제되거나 거의 방임인 상황 하에서 농민층이 능동적으로 상품생산에 참여함으로써 나타난 경제형태가 바로 면방직업 농촌 수공업이라고 할 수 있다. 제3부의 제3장에서 다루고 있는 내용이다.

다만 앞서 밝혔듯 면방직업을 통한 수입 확대로 생계유지까지는 가능했지만, 생계수준 이상의 수입을 확대하는 것까지 나갈 수는 없었다. 이는 지역사회 내부의 재화가 한곳으로 통합되기 어려웠기 때문이다. 즉 소농경제의 발전과 프로토공업화 자체에는 긍정적 영향을 미쳤으나, 이것이 자본집적적 경제로 발전하기는 어려웠다. 스미스적 성장이 근대적 성장으로 연결되지 못한 것이다. 결론적으로 시장권과 고립된 비독립적인 소수의 농가를 상품생산으로 편입시키고 경영의 독립성을 제고시키는 조건을 형성했던 것이야말로 이 지역의 농촌 면방직업에서 선대제 생산의 역할이었다.

16세기 이후 중국과 서구가 세계적인 은 교역에 편입되었다는 점, 아메리카나 일본 은을 바탕으로 국내 상품경제가 발전했다는 점에서는 동일한 처지였지만, 실제로 중국과 서구의 경제질서 자체는 매우 이질적이었다. 중국은 화폐·시장·도량형 등 모든 차원에서 국가의 개입보다 민간의 자발적 질서가 중시되는 사회였고, 때문에 집중화된 상품경제보다 분산적인 상품경제가 발달했다. 화폐에 수반되는 경제적 부(富) 역시 도시에 집중되기보다는 농촌 시진에 편재되는 경향이 강했다. 서유럽과 마찬가지로 면방직업이 발전했지만, 이는 어디까지나 농촌 시진을 중심으로 한 것이었으며, 도시 중심의 공장제 수공업으로는 발전하지 않았다. 물론 여기서 중국과 서구의 서로 다른 경제질서로의 발전은 우열의 문제라기보다 상품경제의 전개방향이 서로 달랐다는 데서 기인하는 것이다.

베링턴 무어의 『독재와 민주주의의 사회적 기원』은 상업화와 부르주아 계급의 발달을 기준으로 영국, 프랑스, 일본, 중국, 러시아 등이 근대사회로 진입하면서 각각 어떻게 변모해갔는지 서술해나간다. 그에 따르면, 상업화에 의한 새로운 계층의 등장은 근대사회로의 이행에 필수적 요소다. 이를 명청시대 중국에 적용해보자면, 그 이전 시기보다 상업화가 크게 진전되었다는 점은 유럽과 에도시대 일본 등의 사례와 마찬가지라고 할 수 있다. 다만 유럽에서는 부르주아, 에도시대 일본에서는 조닌〔町人〕이 성장한 것과 같은 근본적인 사회구조의 변화는 찾아보기 힘들다. 이 책에서 반복적으로 주장했듯이, 명청시대 중국은 유럽 등과 달리 상업 발달이 특정 지역(예컨대 도시부), 특정 계층(예컨대 신사층)에 집중된 것도 아니었다. 도시, 농촌, 신사, 상인과 농민층 등 모두가 각각 다양한 방법으로 상업화를 진전시켰다. 그 결과 양자 사이에 일종의 균형상태가 만들어졌고, 이것이 상업화가 상당히 진전된 청조사회에 사회적·경제적으로 이렇다 할 근본적 변화가 일어나지 않았던 이유가 아닐까 생각된다.

*

이제 이러한 결과들을 종합하여 청조의 경제가 현대 중국의 그것과 어떤 관련을 맺고 있는지 정리해보자.

명대 중기부터 화폐가 기본적으로 사용되고 재정 역시 은을 위주로 하는 '경제사회'가 성립했다고 할 수 있다. 과거 물물교환 위주의 경제시스템과는 전혀 다른 차원의 사회로 접어든 것이었다. 그러나 문제는, 세상은 전과 달라졌으되 새로운 현실을 제어할 관념과 실제가 아직 구체화되지 않았다는 데 있었다. 즉 청조는 기존에 내려오던 명조의 시스템을 거의 그대로 이어받았다.

특히 상업과 관련하여 화폐와 도량형을 둘러싼 분규는 청조로서 매우 곤혹스러운 문제였다. 근본적 해결책이야 균질한 화폐와 도량형을 제정하여 관철시키는 데서 찾아야 했지만, 그럴만한 힘이 청조에도 신사(紳士, gentry)나 상인에게도 존재하지 않았다. 결국 청조는 근본적 해결 대신 이러한 문제가 심각한 사회질서의 동요로 이어지지 않게만 하되, 나머지는 민간 자율에 맡기는 방식을 취했다. 시장이 세분화되어갈수록 민간 영역은 더 커졌고, 반대로 중앙권력의 개입 정도는 점점 더 축소되었다.

사회질서 또한 점점 더 세분화·자율화되었다. 사회의 이러한 자율적 질서를 대표하는 이들이 바로 신사와 상인이었다. 그리고 지방의 문제는 지방관과 신사 그리고 상인 등과의 협치(governance) 속에서 해결되었다고 할 수 있다. 마제은〔銀兩〕에 대한 청조의 방임은 어찌 보면 지극히 당연한 것으로, 제한된 행정과 재정능력 하에서 일상적으로는 그렇게 빈번하게 유통되지 않는 마제은을 통일시킬 필요성을 느끼지 못했을 것이기 때문이다.

청대 사회는 중앙의 전제국가와 자율적 사회 사이의 협치, 즉 양자간 균형〔中〕을 중시했다. 현실과 당위 사이에서 교묘한 균형을 찾아나가는 것이 청조 경제정책의 한 특징이었다. 예컨대 태평천국운동 이후 전개되었던 양무운동 또한 바로 이렇게 황제권력과 신사가 협치하는 과정에서 탄생한 것이고, 청말 신정(新政)에서는 이러한 협치의 구조를 의회제도로서 제도화하려는 시도가 전개되었다.

하지만 청대 사회의 이러한 경향성은 1840년 아편전쟁 이후 영국을 비롯한 서구와의 본격적 접촉으로 변용되어갔다. 특히 1895년 청일전쟁의 패배는 기존의 '전제국가 및 협치사회'라는 틀을 바꿀 수밖에 없는 결정적 계기였다. 1898년 무술변법 이후 청말신정을 계기로 청조는 국가권력 강화를 도모했지만, 이에 대한 신사들의 저항을 계기로 1912년 마침내 붕괴를 맞는다.

청말 상인들의 조직인 회관(會館)이나 민간에서 조직된 비밀결사 등의 임의단체를 '구식사단(舊式社團)'이라 하는데, 민국시기에 들어오면 이들은 점차 근대적인 법적 단체인 '신식사단(新式社團)'으로 바뀌어간다. 1905년 과거제는 폐지되지만 대지주로서 지역에서의 위신을 잃지 않았던 신사층은 상인집단-'신상(紳商)'-으로의 변신을 꾀했고, 지역에 할거하던 군벌들과 함께 지역을 다스려서 이를 군신정권(軍紳政權)이라 불릴 정도였다. 그러다 1931년에 발발한 중일전쟁 시기를 거치며 전쟁동원을 목적으로 적극적으로 사회질서에 간섭하는 국가권력이 그 모습을 드러내기 시작했다. 국민당 정권하에서였다. 하지만 국민당정권은 농촌 대지주층의 지지를 중시했기 때문에 향촌에서 구(舊) 신사층 권력은 여전히 온존된 상태였다. 다만 이들에게는 아래로부터의 개혁을 추진할만한 역량은 존재하지 않았고, 끝내 이들은 농촌의 한정된 자원을 착취하는 존재로 남을 수밖에 없었다.

그러나 국공내전 시기, 중국공산당은 토지개혁을 통해 대토지 소유자인 구(舊) 신사층의 지배를 근본적으로 부정했고, 이 작업은 1966-76년 문화혁명 시기에 절정에 달했다. 이를 통해 민간의 자율적 질서를 완전히 무력화시켰다〔政社一致〕. 즉 민간의 자율적 질서에 의해 지탱되던 부분을 철저히 파괴하고, 그 공백을 국가권력이 채워나가게 된 것이다. 청대의 경우처럼, 지방의 질서와 협치를 이뤄내던 관행은 철저히 부정되고, 오로지 중앙의 전제적 권력이 사회질서의 구석구석까지 관할하는 사회형태가 문화대혁명 이후 현대 중국사회라고 할 수 있으며, 이 시기에 전제국가의 협치는 종언을 고했다고 볼 수 있다. 대신 협치의 빈 자리는 홍위병 등의 대규모 군중을 동원하는 '대중동원'으로 채워졌다. 또한 1949년 신중국 성립 이후, 화폐와 도량형은 통일되어 오랜 세월 지속되던 시장의 분열상은 점차 자취를 감추었다.

마르크스는 봉건제에서 자본주의로의 이행에서 첫 번째 단계를 '자본주의의 시초 축적'이라고 불렀다. 인클로저(Enclosure)운동 등을 상정하고 있는 이 단어는 "직접 생산자와 생산수단의 역사적 분리과정", 즉 농민들을 토지로부터 분리시켜 임금노동자(프롤레타리아트)를 창출하는 과정이었다. 이 책에서 계속 증명했듯이 이러한 '자본주의의 시초 축적' 과정은 도광연간 이전까지 중국사회에서 발생하지 않았다. 그렇다면 중국사회에서 '자본주의의 시초 축적'은 언제 일어났던 것일까. 이는 1949년 중화인민공화국 수립 이후, 1958년 대약진운동 이후, 사회주의 경제건설 과정에서 나타났다고 할 수 있다. 원래 '자본주의의 시초 축적'은 영국사회에서 젠트리나 부르주아 등에 의한 아래부터 이루어진 과정이었다면, 대약진운동 이후 중국사회에서는 이러한 계층을 찾아보기 어려웠다. 현대 중국사회에서는 '자본주의의 시초 축적'이 아니라 '사회주의적 시초 축적(primitive socialist accumulation)'이 이를 대신했다. '사회주의적 시초 축적'은 농민들을 토지로부터 분리시키기보다는 직접생산자를 생산수단에 긴박시키고 토지를 국유화하며 국가권력이 노동규율을 부과하는 과정이라고 할 수 있다.[2] 즉 중국공산당의 힘이 사회 모든 부분에서 사회적 부를 분배하고 배치하는 최종적인 권력으로 자리 잡았다. 이러한 과정을 거치면서 중국사회는 기존의 '차가운 전제국가'에서 점차 '뜨거운 전제국가'로 변모해나갔다. 그리고 협치의 전제국가에서 대중동원의 전제국가로 변화되었다.

2 사회주의 시초 축적에 대해서는 하남석, 「중국의 사회주의적 시초축적과 농민의 희생」, 『도시로 읽는 현대 중국』 1(역사비평사, 2017); 원톄쥔(溫鐵軍), 김진공 역, 『백년의 급진』(돌베개, 2013); 린던, 황동하 역, 『서구 마르크스주의, 소련을 탐구하다』(서해문집, 2012) 참조.

참고문헌 / 찾아보기

참고문헌

청대 중국의 경기변동과 시장

[사료]

明實錄, 淸實錄, 『淸史稿』

魏源 等編, 『淸經世文編』
張廷玉 等編, 『淸朝文獻通考』
劉錦藻, 『淸朝續文獻通考』
『政典類纂』
『籌辦夷務始末 道光朝』
『古今圖書集成』
『宮中檔雍正朝奏摺』
『湖南省例成案』

弘治 『吳江志』
正德 『姑蘇志』
嘉靖 『河間府志』
崇禎 『松江府志』
康熙 『常熟縣志』
康熙 『吳縣志』
康熙 『長州縣志』
乾隆 『金澤小志』
乾隆 『盂縣志』
乾隆 『甫里志』
乾隆 『續外岡志』
乾隆 『吳縣志』
乾隆 『長州縣志』

乾隆『震澤縣志』
嘉慶『珠里小志』
嘉慶『長山縣志』
嘉慶『珠里小志』
嘉慶『松江府志稿』
道光『蘇州府志』
道光『增修鶴市志略』
咸豊『紫堤村志』
咸豐『盛京通志』
同治『蘇州府志』
光緖『南匯縣志』
光緖『靑浦縣志』
光緖『周莊鎭志』
光緖『嘉定縣志』
光緖『嘉定縣志』
光緖『松江府續志』
光緖『鉛山縣鄕土志』
民國『吳縣志』
民國『嘉定縣續志』

姜皐,『浦泖農咨』
顧炎武,『日知錄集釋』
顧炎武,『日知錄』
顧炎武,『天下郡國利病書』
龔煒,『巢林筆談』
郭子章,「錢穀議」
屈大均,『廣東新語』
祁寯藻,『馬首農言』
唐甄『潛書』
陶澍,『陶澍集』
陶煦,『租覈』
勒輔,『勒文襄公奏疏』

凌濛初,『初刻拍案惊奇』

孟元老,『東京夢華錄』

方回,『古今攷』

范濂,『雲間據目抄』

謝肇淛,『五雜組』

徐光啓,『農政全書』

徐獻忠,『吳興掌故集』

葉權,『賢博編』

葉夢珠,『閱世編』

倪岳,『青溪漫稿』

吳敬梓,『儒林外史』

吳偉業,『梅村家藏集』

王慶雲,『石渠餘紀』

王鎏,『錢幣芻言續刻』

汪琬,『堯峯文鈔』

王應奎,『柳南隨筆』

汪輝祖,『病榻夢痕錄』『夢痕餘錄』

魏源,『聖武記』

陸世儀,『陸桴亭思辨錄輯要』

陸楫,『蒹葭堂雜著摘抄』

李拔,『種棉說』

李煦,『李煦奏摺』

張履祥,『楊園先生全集』

褚華,『木棉譜』

錢泳,『履園叢話』

鄭光祖,『一班錄』

包世臣,『齊民四術』

馮桂芬,『顯志堂集』

馮夢龍,『醒世恒言』

馮汝弼,『祐山雜說』

胡適,『胡適自傳』

洪亮吉,『洪北江詩文集』

黃卬,『錫金識小錄』

況鍾,『明況太守治蘇集』

黃宗羲,『明夷待訪錄』

『老乞大』

『沈氏農書』

江蘇省博物館編,『江蘇省明淸以來碑刻資料選集』(三聯書店, 1959)

蘇州歷史博物館他合編,『明淸蘇州工商業碑刻集』(江蘇人民出版社, 1981)

楊正泰 校注,『天下水陸路程·天下路程圖引·客商一覽醒迷』(山西人民出版社, 1992)

中國經濟統計研究所,『吳興農村經濟』(中國經濟統計研究所, 1939)

中國人民銀行總行參事室金融史料組編『近代中國貨幣史資料』上卷 (中華書局, 1964)

清史研究所檔案系中國政治制度史敎研室 合編,『康雍乾時期城鄉人民反抗鬪爭資料』下(中華書局, 1979)

南滿洲鐵道株式會社調査部 編『江蘇省松江縣農村實態調査報告書』(南滿洲鐵道上海事務所, 1940)

東亞同文書院,『淸國商業慣習及金融事情』(東亜同文書院, 1904)

東亞同文會編,『支那省別全誌』卷15,「江蘇省」(1920)

臨時臺灣舊慣調査會『淸國行政法』1卷上(汲古書院, 1972)

Buck, J. L., *Chinese Farm Economy: a Study of 2866 Farms in Seventeen Localities and Seven Provinces in China*, Nanking, 1930.

Buck, J. L., *Land Utilization in China*, University of Nanking, 1937.

Mayers, W. Frederick., *The Chinese Government. A Manual of Chinese Titles, categorically arranged and explained, with an Appendix* (American Presbyterian Mission Press, 1878)

Montgomery, R. Martin., *China; Political, Commercial and Social: In an Official Report to Her Majesty's Government*, James Madden, 1847.

Morse, H.B., *The Trade and Administrations of China* (Kelly and Walsh, 1921)

이사벨라 버드 비숍, 김태성·박종숙 역,『양자강 저 너머』(지구촌, 2001)

[연구서]

강판권, 『청대 강남의 농업경제』(혜안, 2004)
구로다 아키노부, 정혜중 역, 『화폐시스템의 세계사』(논형, 2005)
기시모토 미오 외, 『조선과 중국, 근세 오백년을 가다』(역사비평사, 2003)
기시모토 미오, 노영구 역, 『동아시아의 「근세」』(와이즈플랜, 2018)
기어츠, 김형준 역, 『농업의 내향적 정교화－인도네시아의 생태적 변화 과정』(일조각, 2012).
김광수, 『중상주의』(민음사, 1984)
김종원, 『근세 동아시아 관계사연구』(혜안, 1999)
김형종, 『청말 신정기의 연구』(서울대학교출판부, 2002)
노스, 이병기 역, 『제도·제도변화·경제적 성과』(한국경제연구원, 1996).
다마키 도시아키, 노경아 역, 『물류는 세계사를 어떻게 바꾸었는가』(시그마북스, 2020)
돕, 이선근 역, 『자본주의 발전연구』(동녘, 1986)
로널드 토비, 허은주 역, 『일본 근세의 쇄국이라는 외교』(창해, 2013)
리궈룽, 이화승 역, 『제국의 상점』(소나무, 2008)
리보중(李伯重), 이화승 역 『중국경제사 연구의 새로운 모색』(책세상, 2006)
리처드 폰 글란, 류형식 역, 『폰 글란의 중국경제사』(소와당, 2019)
린던, 황동하 역, 『서구 마르크스주의, 소련을 탐구하다』(서해문집, 2012)
막스 베버, 이상률 역, 『유교와 도교』(문예출판사, 1990)
무라이 쇼스케, 이영 역, 『중세 왜인의 세계』(소화, 1998)
무어, 진덕규 역, 『독재와 민주주의의 사회적 기원』(까치, 1985)
미야모토 마타오 외, 정신성 역, 『일본경영사』(한울, 2001)
미야자키 이치사다, 조병한 역, 『중국통사』(서커스, 2016)
미야자키 이치사다, 차혜원 역, 『옹정제』(이산, 2001)
박영철 역, 『명공서판청명집 호혼문 역주』(소명출판, 2008)
박찬근, 『19세기 전반기 清朝 화폐정책의 원칙과 운용』(연세대학교 박사학위논문, 2022)
벨라, 박영신 옮김, 『도쿠가와 종교－일본근대화와 종교윤리』(현상과인식, 1994)
브로델, 주경철 역, 『물질문명과 자본주의』Ⅱ-1(까치, 1995)
費孝通, 이경규 역, 『중국사회의 기본구조』(일조각, 1995)

빌라르, 김현일 역, 『금과 화폐의 역사』(까치, 2000)
사이토 오사무(齋藤修), 박이택 역, 『비교경제발전론－역사적 어프로치』(해남, 2013)
서성철, 『마닐라 갤리온 무역』(산지니, 2017)
스키너, 양필승 옮김, 『중국의 전통시장』(신서원, 2000)
시바 요시노부, 임대희 외 옮김, 『중국도시사』(서경문화사, 2008)
안드레 군더 프랑크, 이희재 역, 『리오리엔트』(이산, 2003)
애슈턴, 김택현 역, 『산업혁명 1760-1830』(삼천리, 2020)
엘빈, 이춘식 외 역 『중국역사의 발전형태』(신서원, 1989)
오오쓰까 히사오(大塚久雄), 송주인 역, 『자본주의 사회의 형성』(한벗, 1981)
오카자키 데쓰지, 이창민 역, 『제도와 조직의 경제사』(한울, 2008)
우에다 마코토, 임성모 역, 『동유라시아 생태환경사』(어문학사, 2016)
원톄쥔(溫鐵軍), 김진공 역, 『백년의 급진』(돌베개, 2013)
원톄쥔(溫鐵軍), 김진공 역, 『여덟 번의 위기』(돌베개, 2016)
월러스틴, 나종일 역, 『근대세계체제』 1(까치, 1999)
월러스틴, 나종일·백영경 역, 『역사적 자본주의/자본주의 문명』(창작과 비평사, 1993)
원톄쥔, 양솨이, 조형진 역, 『삼농과 삼치』(진인진, 2020)
이계황, 『일본근세사』(혜안, 2015)
이성규, 『중국고대제국성립사연구』(일조각, 1997)
이스트만, 민두기 역, 『장개석은 왜 패하였는가』(지식산업사, 1986)
이스트만, 이승휘 역, 『중국사회의 지속과 변화 1550-1949』(돌베개, 1999)
이영석, 『영국사 깊이 읽기』(푸른역사, 2016)
이준갑, 『중국 사천사회 연구 1644-1911』(서울대학교출판부, 2002)
이화승, 『상인 이야기』(행성B잎새, 2013)
張存武, 김택중 등 역, 『근대한중무역사』(교문사, 2001)
정병철, 『천붕지열의 시대, 명말청초의 화북사회』(전남대학교출판부, 2008)
정철웅, 『역사와 환경－중국 명청 시대의 경우』(책세상, 2002)
제임스 Z. 리·왕펑, 손병규·김경호 역, 『일류 사분의 일』(성균관대학교출판부, 2012)
조복현, 『중국 송대 가계수입과 생활비』(신서원, 2016)
치폴라, 장문석 역, 『스페인 은의 세계사』(미지북스 2015)

코헨, 박영철 역, 『화폐와 권력』(시유시, 1999)
클라크, 이은주 역, 『맬서스, 산업혁명 그리고 이해할 수 없는 신세계』(한스미디어, 2009)
톰슨, 나종일 외 역, 『영국 노동계급의 형성』하 (창비, 2000)
퍼킨스, 양필승 역, 『중국경제사 1368-1968』(신서원, 1967)
포메란츠, 김규태 외 역, 『대분기-중국과 유럽 그리고 근대 세계경제의 형성』(에코리브르, 2016)
하네다 마사시, 조영헌 외 역, 『바다에서 본 역사』(민음사, 2018)
하야미 아키라, 조성원 역, 『근세 일본의 경제발전과 근면혁명』(혜안, 2006)
하오옌핑, 이화승 역, 『중국의 상업혁명』(소나무, 2001)
허핑티, 정철웅, 『중국의 인구』(책세상, 1994)
홉스봄, 전철환 외 역, 『산업과 제국: 산업시대 영국 경제와 사회』(한벗, 1984)
황쫑즈, 구범진 역 『중국의 감춰진 농업혁명』(진인진, 2016)
훙훙펑, 하남석 역, 『차이나 붐』(글항아리, 2021)
힐, 홍치모 외 역, 『영국혁명 1640』 (새누리, 1998)

姜守鵬, 『明淸社會經濟結構』(東北師範大學出版社, 1992)
顧鳴塘, 『「儒林外史」與江南士紳生活』(商務印書館, 2004)
龔勝生, 『淸代兩湖農業地理』(華中師範大學出版社, 1996)
郭正忠, 『兩宋城鄕商品貨幣經濟考略』(經濟管理出版社, 1997)
邱永志, 『「白銀時代」的落地: 明代貨幣白銀化與銀錢竝行格局的形成』(社會科學文獻出版社, 2018)
譚文熙, 『中國物價史』(湖北人民出版社, 1994)
劉逖, 『前近代中國總量經濟研究』(上海人民出版社, 2010)
劉朝輝, 『嘉慶道光年間制錢問題研究』(文物出版社, 2012)
萬繩楠, 『中國長江流域開發史』(黃山書社, 1997)
方行, 『中國古代經濟論稿』(廈門大學出版社, 2015)
樊樹志, 同, 『明淸江南市鎭探微』(復旦大學出版社, 1990)
范金民, 『明淸江南商業的發展』(南京大學出版社, 1998)
范金民, 『江南社會經濟史研究入門』(復旦大學出版社, 2012)
范金民 『賦稅甲天下: 明淸江南社會經濟探析』(三聯書店, 2013)
傅衣凌, 『明代江南市民經濟試探』(上海人民出版社, 1957)

傅宗文, 『宋代草市鎭研究』(福建人民出版社, 1989)
費孝通, 『江村經濟』(中信出版社, 2019)
史志宏, 『清代前期的小農經濟』(中國社會科學出版社, 1994)
徐新吾 主編, 『江南土布史』(上海社會科學院出版社, 1992)
徐新吾, 『鴉片戰爭前中國棉紡織手工業的商品生産與資本主義萌芽問題』(江蘇人民出版社, 1981)
徐浩, 『18世紀的中國與世界: 農民卷』(遼海出版社, 1999)
石毓符, 『中國貨幣金融史略』(天津人民出版社, 1984)
宋敍五·趙善軒, 『清朝乾嘉之後國勢衰頹的經濟原因』(香港樹仁學院, 2004)
岩井茂樹, 『中國近世財政史の研究』(京都大學出版會, 2004)
楊端六, 『清代貨幣金融史稿』(三聯書店, 1962)
嚴中平, 『中國近代經濟史統計資料選輯』(中國社會科學出版社, 2012)
余捷瓊, 『1700-1937年中國銀貨輸出入的一個估計』(商務印書館, 1940)
吳建華, 『明淸江南人口社會史研究』(群言出版社, 2005)
吳承明, 『中國資本主義與國內市場』(中國社會科學出版社, 1985)
吳承明, 『中國的現代化: 市場與社會』(三聯書店, 2001)
吳承明, 『經濟史理論與實證』(浙江大學出版社, 2012)
吳慧 等, 『清代糧食畝産量研究』(中國農業出版社, 1995)
王家範 主編, 『明淸江南史研究三十年』(上海古籍出版社, 2010)
王家範, 『明淸江南史叢稿』(三聯書店, 2018)
王宏斌, 『晚淸貨幣比價研究』(河南大學出版社, 1990)
王業鍵, 『淸代經濟史論文集』 2권(稻香出版社, 2003)
王衛平, 『明淸時期江南城市史研究』(人民出版社, 1999)
龍登高, 『江南市場史』(淸華大學出版社, 2003)
劉石吉, 『明淸時代江南市鎭研究』(中國社會科學出版社, 1987)
劉志偉, 『貢賦體制與市場: 明淸社會經濟史論稿』(中華書局, 2019)
李伯重, 『發展與制約: 明淸江南生産力研究』(聯經出版, 2002)
李伯重, 『江南的早期工業化』(社會科學文獻出版社, 2000)
李伯重, 『多視角江南經濟史 1250-1850』(三聯書店, 2003)
李伯重, 『江南農業的發展(1620-1850)』(上海古籍出版社, 2007)
李隆生, 『晚明海外貿易數量研究』(秀威資訊, 2009)
李隆生, 『清代的國際貿易』(秀威資訊, 2010)

岑大利,『中國歷代鄉紳史話』(審陽出版社, 2007)
張仲禮,『中國紳士的收入』(上海社會科學出版社, 2001)
全漢昇,『中國經濟史論叢』 1冊·2冊(新亞書院, 1972)
鄭永昌,『明末淸初的銀貴錢賤現象與相關政治經濟思想』(國立台灣師範大學歷史研究所, 1994)
鄭昌淦,『明淸農村商品經濟』(中國人民大學出版社, 1989)
趙岡,『中國城市發展史論集』(聯經出版社, 1995)
趙岡·陳鍾毅,『中國棉業史』(聯經出版業公司, 1977)
曹樹基,『中國人口史(淸時期)』(復旦大學出版社, 2000)
周育民,『晩淸財政與社會變遷』(上海人民出版社, 2000)
陳鋒,『淸代財政政策與貨幣政策硏究』(武漢大學出版社, 2008)
陳春聲,『市場機制與社會變遷－18世紀廣東米價分析』(中山大學出版社, 1992)
陳學文,『中國封建晩期的商品經濟』(湖南人民出版社, 1989)
靑浦縣志編纂辦公室·靑浦縣博物館編,『淸浦地名小志』(內部資料, 1985)
漆俠,『宋代經濟史』(上海人民出版社, 1987)
彭凱翔,『淸代以來的糧價－歷史學的解釋與再解釋』(上海人民出版社, 2006)
彭澤益,『十九世紀後半期的中國財政與經濟』(人民出版社, 1983)
彭信威,『中國貨幣史』(上海人民出版社, 1965)
馮爾康,『淸人生活漫步』(中國社會科學出版社, 1999)
許滌新·吳承明主編,『中國資本主義發展史 제1권 中國資本主義的萌芽』(人民出版社, 1985)
許懷林,『江西史稿』(江西高校出版社, 1993)
黃敬斌,『民生與家計: 淸初至民國時期江南居民的消費』(復旦大學出版社, 2009)

スーザン·B. ハンレー, 指昭博 譯,『江戶時代の遺産－庶民の生活文化』(中央公論社, 1990)
トマス C. スミス, 大島真理夫譯,『日本社會史における傳統と創造－工業化の內在的諸要因1750-1920年』(ミネルヴァ書房, 2002)
加藤繁,『支那經濟史考證』 上(東洋文庫, 1952)
高橋美由紀,『在鄕町の歷史人口學－近世における地域と地方都市の發展』(ミネルヴァ書房, 2005)
谷本雅之,『日本における在来的經濟發展と織物業－市場形成と家族經濟』(名古

屋大學出版會, 1998)
臼井佐知子,『徽州商人の研究』(汲古書院, 2005)
宮崎市定,『宮崎市定全集19ー東西交涉』(岩波書店, 1992)
宮本又郎,『近世日本の市場經濟』(有斐閣, 1988)
宮下忠雄,『中國幣制の特殊研究』(日本學術振興會, 1952)
鬼頭宏,『圖說 人口で見る日本史』(PHP研究所, 2007)
內藤湖南,『內藤湖南全集 卷8ー清朝史通論』(筑摩書房, 1969)
黨武彦,『清代經濟政策史の研究』(汲古書院, 2011)
大岡敏昭,『武士の絵日記 幕末の暮らしと住まいの風景』(角川ソフィア文庫, 2014)
大木康,『明末のはぐれ知識人: 馮夢龍と蘇州文化』(講談社, 1995)
大木康,『蘇州花街散歩ー山塘街の物語』(汲古書院, 2017)
大澤正昭,『唐宋變革期農業社會史研究』(汲古書院, 1996)
東亞同文書院,『淸國商業慣習及金融事情』
北村敬直,『清代社會經濟史研究』(朋友書店, 1981)
費孝通, 小島晋治外譯,『中國農村の細密畫: ある村の記錄 1936-82』(研文出版, 1985)
濱島敦俊,『明代江南農村社會の研究』(東京大學出版會, 1982)
寺田隆信,『山西商人の研究』(東洋史研究會, 1972)
斯波義信,『宋代商業史研究』(風間書房, 1968)
斯波義信,『宋代江南經濟史の研究』(汲古書院, 1988)
山根幸夫,『明清華北定期市の研究』(汲古書院, 1995)
山本博文,『參勤交代』(講談社, 1998)
山本進,『明清時代の商人と國家』(研文出版, 2002)
山本進,『清代社會經濟史』(創成社, 2002)
三木聰,『明清福建農村社會の研究』(北海道大學出版會, 2002)
森正夫編,『江南デルタ市鎭研究: 歷史學と地理學からの接近』(名古屋大學出版會, 1992)
上田裕之,『清朝支配と貨幣政策』(汲古書院, 2009)
西嶋定生,『中國經濟史研究』(東京大學出版會, 1966)
石原潤,『定期市の研究』(名古屋大學出版會, 1987)
石井米雄,『タイ國ーひとつの稲作社會』(創文社, 1975)
小葉田淳,『金銀貿易史の研究』(法政大學出版局, 1976)

小竹文夫,『近世支那經濟史研究』(弘文堂書房, 1932)

速水融・宮本又郎　編,『日本經濟史Ⅰ一經濟社會の成立　17-18世紀』(岩波書店, 1988)

市古尚三,『清代貨幣史考』(鳳書房, 2004)

市古宙三,『近代中國の政治と社會』(東京大學出版會, 1977)

安良城盛昭,『幕藩体制社會の成立と構造』(有斐閣, 1986)

岸本美緒,『清代中國の物價と經濟變動』(硏文出版, 1997)

安部健夫,『清代史の研究』(創文社, 1971)

鈴木中正,『清朝中期史研究』(燎原書房, 1952)

鈴木浩三,『江戸商人の經營と戰略』(日本經濟新聞出版社, 2013)

劉世錡, 近藤康男　外譯『中國農業地理』(農産漁村文化協會, 1984)

栗原百壽,『日本農業の基礎構造』(農山漁村文化協會, 1980)

伊藤好一,『江戸地廻り經濟の展開』(柏書房, 1966)

伊藤好一,『近世在方市の構造』(隣人社, 1967)

林滿紅,『臺灣海峽　兩岸經濟交流史』(財團法人交流協會, 1997)

斎藤修,『プロト工業化の時代ー西欧と日本の比較史』(日本評論社, 1985)

田尻利,『清代農業商業化の研究』(汲古書院, 1999)

田代和生,『近世日朝通交貿易史の研究』(創文社, 1981)

井上徹,「宗族普及の一局面ー江蘇洞庭東山を對象として」,『中國ー社會と文化』13(1998)

足立啓二,『明清中國の經濟構造』(汲古書院, 2012)

佐藤常雄・大石慎三郎,『貧農史觀を見直す』(講談社, 1995)

中島樂章,『徽州商人と明清中國』(山川出版社, 2009)

重田德,『清代社會經濟史研究』(岩波書店, 1975)

川北稔,『イギリス近代史講義』(講談社, 2010)

川勝守,『明清江南農業經濟史研究』(東京大學出版會, 1992)

川勝守,『明清江南市鎭社會史研究』(汲古書院, 1999)

天野元之助,『中國農業の諸問題』下 (技報堂, 1953)

太田出,『中國近世の罪と罰ー犯罪・警察・監獄の社會史』(名古屋大學出版會, 2015)

豊岡康史　外編,『銀の流通と中國・東南アジア』(山川出版社, 2019)

横山英,『中國近代化の經濟構造』(亞紀書房, 1972)

Bernhardt, Kathryn., *Rents, Taxes and Peasant Resistance: The Lower Yangzi Region, 1840-1950* (Stanford University Press, 1992)

Brewer, John., *The Sinews of Power: War, Money, and the English State, 1688-1783,* (Harvard University Press, 1990)

Cain P.J. and Hopkins *A.G., British imperialism: 1688-2015* (Routledge, 1993)

Ch'ü, T'ung-tsu, *Local Government in China Under the Ch'ing* (Harvard University Press, 1962)

Deng, Kent., *Demystifying Growth and Development in North Song China, 960-1127,* 2013.

Huang, Philip., *The Peasant Family and Rural Development in the Yangzi Delta, 1350-1988* (Stanford University Press, 1990)

Kuznets, Simon., *Modern Economic Growth: Rate, Structure, and Spread* (Yale University Press, 1966)

Landes, David., *The Unbound Prometheus: Technological Change and Industrial Development in Western Europe from 1750 to the present* (Cambridge: University Press, 1969)

Li Bozhong, *Agricultural Development in Jiangnan, 1620-1850* (St. Martin's Press, 1997)

Lin, M. H., *China Upside Down* (Cambridge: Harvard University Press, 2006)

Maddison, Angus., *Chinese Economic Performance in the Long Run: 960-2030 AD, OECD, 2007* (Second edition, revised and updated)

Maddison, Angus., *Chinese Economic Performance in the Long Run: 960-2030 AD, OECD, 2007.*

Maddison, *Angus., The World Economy: A Millennial Perspective, Organization for Economic Cooperation and Development* (Organization for Economic Cooperation & Devel, 2001)

Mokyr, Joel., *Lever of Riches: Technological Creativity and Economic Progress* (Oxford University Press, 1992)

Rawski, E., *Agricultural Change and the Peasant Economy of South China* (Harvard University Press, 1972)

Rozman, Gilbert., *Urban Networks in Ch'ing China and Tokugawa Japan* (Princeton University Press, 1974)

Souza, George B., *The Survival of Empire: Portuguese Trade and Society in China and the South China Sea, 1630-1754* (Cambridge University Press, 1986)

Yeh-chien Wang, *The Land Taxation in Imperial China, 1750-1901* (Harvard Univ Press, 197)

[논문]

강판권, 「『마수농언』 연구」, 『역사학연구』 22권(2004)

강판권, 「청 가경·도광 시기 강소성 남부지역의 벼 농업 연구—姜皐의 『浦泖農咨』를 중심으로—」, 『계명사학』 6(1995)

금기숙·정현, 「중국 청대 복식에 사용된 색채에 관한 연구」, 『복식』 54-4 (2004)

김형종, 「청조 국가권력의 성격—재정사적 관점에서의 이해」, 『동아문화』 45 (2007)

梶村秀樹, 『한국근대경제사 연구: 이조 말기에서 해방까지』 「이조 말기 면업의 유통 및 생산구조」(사계절, 1983)

민경준, 「清代 江南의 염색업과 외지상인」, 『역사와 세계』 47(2015)

민두기, 「도론: 중국국민혁명의 이해와 방향」, 민두기 외, 『중국국민혁명 지도자의 사상과 행동』(지식산업사, 1988).

박기수, 「清中葉 광서상업과 광동상인」, 『京畿大論文集』 33(1993)

박기수, 「명청시대 생산력과 상품유통의 발전」, 『成大史林』 10(1994)

박기수, 「청대 광동의 대외무역과 광동상인」, 『明清史研究』 9(1998)

박기수, 「청대 광동 광주부의 경제작물 재배와 농촌시장의 발전」, 『명청사연구』 13(2000)

원정식, 「명말—청중기 閩南의 시장과 종족」, 『역사학보』 155(1997)

앤더슨, 「그람시의 이율배반」, 페리 앤더슨 외 지음, 김현우 외 역, 『안토니오 그람시의 단층들』(갈무리, 1995)

이영석, 「18세기 영국의 국가체제와 제국 경영」, 『미국학』 28(2005)

이영석, 「"대분기(大分岐)"와 근면혁명론」, 『역사학연구』 77(2015)

이정수·김희호, 「조선후기 소농의 확대현상에 대한 재해석」, 『역사와 경계』 111(2019)

이헌창, 조선 후기 충청도 지방의 시장망과 그 변동」, 『경제사학』 19(1994)
전형권, 「지역개발」, 오금성외, 『명청시대 사회경제사』(이산, 2007)
차명수, 「산업혁명」, 배영수 편, 『서양사강의』(한울아카데미, 2007)
조영헌, 「'17세기 위기론'과 중국의 사회 변화—명조 멸망에 대한 지구사적 검토」, 『역사비평』 107(2014)
최지희, 「명대 휘주상인의 전당 운영 배경과 분포의 특징」, 『역사학연구』 39(2010)
하남석, 「중국의 사회주의적 시초 축적과 농민의 희생」, 『도시로 읽는 현대 중국 1』(역사비평사, 2017)
하세봉, 「清中期 三省交界地方의 수공업과 상인자본」, 『중국문제연구』 2(1988)
한상권, 「18세기말—19세기 초의 장시발달에 대한 기초연구」, 『한국사론』 7(1981)
홍성구, 「임진왜란과 명의 재정」, 『역사교육논집』 58호(2016)
홍성구, 「청조 해금정책의 성격」, 이문기 외, 『한·중·일의 해양인식과 해금』(동북아역사재단, 2007)
홍성화, 「청대도량형연구사」, 『중국사연구』 54호(2008)
홍성화, 「명대 후기 상업관행 속에서의 정보와 신용」, 『중국학보』 59(2009)
홍성화, 「관잠서를 통해서 본 청대 막우와 법률운용—왕휘조의 사례를 중심으로—」, 『동양사학연구』 115(2011)
홍성화, 「1841-42년 鍾人杰의 난을 통해서 본 청대 지방사회」, 『사림』 43(2012)
홍성화, 「명대 통화정책 연구—동전과 사주전을 중심으로」, 『사총』 86권(2015)
홍성화, 「清代 江南 도시지역의 상공업조직과 시장관계」, 『코기토』 80(2016)
홍성화, 「청대 중기 미가와 인구, 그리고 화폐—건륭연간 미가변동 해외연구 검토」, 『동국사학』 69호(2020)

管漢暉 · 李稻葵, 「明代GDP及結構試探」, 『經濟學(季刊)』 9卷3期(2010)
段偉, 「清代江南市鎭水環境初探—以青浦朱家角鎭爲例」, 『아시아연구』 13(2011)
杜家驥, 「清中期以前鑄錢量問題—兼析所謂清代"錢荒"現象」, 『史學集刊』(1991-1期)
鄧玉娜, 「清代河南集鎭的發展」, 陳樺 主編, 『多元視野下的清代社會』(黃山書社, 2008)

劉瑞中, 「十八世紀中國人均國民收入估計及其與英國比較」, 『中國經濟史研究』(1987-3)

劉永成 · 趙岡, 「十八 · 十九世紀中國農業雇工的實質賃金變動趨勢」, 中國第一歷史檔案館編, 『明清檔案與歷史研究』 下(中華書局, 1988)

林滿紅, 「世界經濟與近代中國農業一清人汪輝祖一段乾隆糧價記述之解析」, 中央研究院近代史研究所編, 『近代中國農村經濟史論文集』(中央研究院近代史研究所, 1989)

方行, 「論清代前期棉紡織業的社會分工」, 『中國經濟史研究』(1987-1)

方行, 「清代江南農民棉紡織的平均收益」, 『中國經濟史研究』(2010-1)

范金民, 「明代江南絲綢的國內貿易」, 『史學月刊』(1992-1)

范金民, 「清代江南絲綢的國內貿易」, 『清史研究』(1992-2)

濱島敦俊, 「土地開發與客商活動一明代中期江南地主之投資活動」, 『中央研究院第二屆國際漢學會議論文集』(1989)

司胡恒, 「清代巡檢司時空分布特徵初探」, 『史學月刊』(2009-1)

森正夫, 「明清時代江南三角洲的鄉鎭志與地域社會一以淸代爲中心的考察」, 『中華民國史專題論文集第五屆研討會』 제1책, 國士館(2000)

徐新吾, 「中國和日本棉紡織業資本主義萌芽的比較研究」, 『歷史研究』(1981-6)

徐新吾 · 韋特孚, 「中日兩國繅糸工業資本主義萌芽的比較研究」, 『歷史研究』(1983-6)

徐昂, 「張仲禮關于19世紀中國國民收入的研究與啓示」, 『上海經濟研究』(2020-9)

蕭放, 「論明清時期河口鎭的發展及其特點」, 『江西師大學報』(1989-3)

葉世昌, 「清乾隆時的私錢和禁私錢政策」, 『中國錢幣』(1998-3)

倪来恩 · 夏维中, 「外國白銀與明帝國的崩壞一關于明末外國白銀的輸入及其作用的重新檢討」, 『中國社會經濟史研究』(1990-3)

吳滔, 「明淸江南基層區劃的傳統與市鎭變遷一以蘇州地區爲中心的考察」, 『歷史研究』(2006-5)

王德泰, 「十九世紀初期清代銅錢産量與當時銀貴錢賤關係的考察」, 『天水師範學院學報』(2002-1期)

袁一堂, 「清代錢荒研究」, 『社會科學戰線』(1990-2)

魏金玉, 「明淸時代農業中等性雇傭勞動向非等給性雇傭勞動的過渡」, 李文治等 『明清時代的農業資本主義萌芽問題』(中國社會科學出版社, 1983)

劉秀生, 「清代棉布市場的變遷與江南棉布生產的衰落」. 『中國社會經濟史研究』

(1990-2)
李伯重,「"道光蕭條"與"癸未大水"一經濟衰退, 氣候劇變及19世紀的危機在松江」, 『社會科學』(2007-6)
李隆生,「清代(1645-1911)每年流入中國白銀數量的初步估計」,『人文暨社會科學期刊』 5卷 第2期(2009)
林滿紅,「與岸本教授論清乾隆年間的經濟」,『中央研究院近代史研究所集刊』 28期(1997)
莊國土,「16-18世紀白銀流入中國數量估算」,『中國錢幣』(1995-3)
莊國土,「明季海外中國絲綢貿易」,『海上絲路與中國國際硏討會論文集』(福建人民出版社, 1991)
張硏,「清代縣以下行政區劃」,『安徽史學』(2009-1)
錢江,「1570-1760年西屬非律賓流入中國的美洲白銀」,『南洋問題』(1985-3)
鄭永昌,「清代乾隆年間的私錢流通與官方因應政策之分析一以私錢收買政策爲中心」,『國立臺灣師範大學歷史學報』 25期(1997)
朱德蘭,「清初遷界時期中國沿海上貿易之硏究」,『中國海洋發展史論文集』 2輯(1986)
朱宗宙,「明末淸初太湖地區的農業雇傭勞動」, 南京大學歷史系明淸史硏究室編, 『明淸資本主義萌芽討論集』(上海人民出版社, 1981)
陳寶良,「明代的物價波動與消費支出一兼及明朝人的生活質量」,『浙江學報』(2016-3)
彭雨新,「清代田賦起運存留制度的演進」,『中國經濟史硏究』(1992-4)
洪煥椿,「明代治理蘇松農田水利的基本經驗」,『明淸史偶存』(南京大學出版社, 1992)
黃國樞·王業鍵,「清代糧價的長期變動」,『經濟論文』 9卷1期 (1981)
黃冕堂,「略論淸代農業雇工的性質與農業資本主義的萌芽」,『淸史論叢』 5(1984)
黃冕堂,『明史管見』「明代物價考略」(齊魯書社, 1985)

加納啓良,「アジア域内交易と東南アジア植民地支配」, 浜下武志·川勝平太編, 『アジア交易圈と日本工業化 1500-1900(新版)』(藤原書店, 2001)
小林一美,「太平天國前夜の農民闘爭一揚子江下流デルタ地帶における一」, 東京敎育大學アジア史硏究會,『近代中國農村社會史硏究』(東京, 大安, 1967)
松田吉郎,「廣東廣州府の米價動向と米穀需給調整一明末より淸中期を中心に」, 『中國史硏究』 8(1985)

佐佐木正哉, 「阿片戦争以前の通貨問題」, 『東方學』 8집(1954)
岡村治, 「寄居六斎市の構成: 寛永期市定を史料に用いて」, 『歴史地理學調査報告』 6(1994)
菅谷成子, 「18世紀後半における福建―マニラ間の中國帆船貿易」, 『寧樂史苑』 34(1989)
臼井佐知子, 「清代賦税關係數値の一検討」, 『中國近代史研究』 1(1981)
宮崎市定, 「明清時代の蘇州と輕工業の發達」, 『宮崎市定全集』 13(岩波書店, 1992)
宮崎市定, 「太平天國の性質について」, 『宮崎市定全集』 巻16(岩波書店, 1993)
宮澤知之, 「唐宋變革と流通經濟」, 『(佛教大學)歴史學論集』 1(2011)
大石慎三郎, 「藩域經濟圈の構造ー信州上田藩の場合」, 『商経法論叢』 12-3(1962)
稲田清一, 「西米東運考ー清代の兩廣關係をめぐって」, 『東方學』 71(1986)
柳澤明, 「康熙56年の南洋海禁の背景ー清朝における中國世界と非中國世界の問題に寄せて」, 『史觀』 140(1999)
李紅梅, 「清代における銅銭鋳造量の推計ー順治~嘉慶・道光期を中心として」, 『松山大學論集』 21-3(2009)
百瀬弘, 「清代に於ける西班牙弗の流通」, 『明清社會經濟史研究』(研文出版, 1980)
北田英人, 「宋元明清期中國江南三角洲の農業の進化と農村手工業の發展に關する研究」, 『唐宋變革研究通訊』 11(2010)
浜口福寿, 「明代の米價表示法と銀の流通ー明代貨幣史覺書」 2, 新潟県立新潟中央高等學校 『研究年報』 15(1968)
濱島敦俊, 「明代の水利技術と江南地主社會の變容」 柴田三千雄等主編 『世界史への問い2: 生活の技術・生産の技術』(岩波書店, 1990)
寺田隆信, 「明末における銀の流通量について」, 『田村博士頌壽東洋史論叢』(1968)
寺田隆信, 「書評: 『中國近代化の經濟構造』」, 『東洋史研究』 31-3(1972)
斯波義信, 「宋代の消費・生産水準試探」, 『中國史學』 1(1991)
斯波義信, 商工業と都市の展開」, 護雅夫 外, 『岩波講座 世界歴史 中世3』(岩波書店, 1970)
山口啓二・佐々木潤之介, 『体系・日本歴史』 4(日本評論社, 1971)
杉原薫, 「東アジアにおける勤勉革命径路の成立」, 『大阪大學經濟學』 54(2004)
森正夫, 「清代江南デルタの郷鎮志と地域社會」, 『東洋史研究』 58-2(1999)
三浦洋子, 「食料システムと封建制度の影響: 日本と韓國の比較」, 『千葉經濟論叢』 30(2004)

三好正喜, 「中國における小經營生産樣式展開の生産力的基礎の理解をめぐつて一」, 中國史硏究會編, 『中國史像の再構成』を讀んて」, 『新しい歷史學のために』 177(1985)

上田裕之, 「洋銅から滇銅へ」, 『東洋史硏究』 70-4(2012)

岸本美緒, 「明末淸初の市場構造」, 古田和子編, 『中國の市場秩序』(慶應義塾大學出版會, 2013)

安冨步・深尾葉子, 「硏究フォーラム 市場と共同体一中國農村社會論再考」, 『歷史と地理』 581(2005)

岩生成一, 「近世日支貿易に関する數量的考察」, 『史學雜誌』 62-11(1958)

永積洋子, 「東西交易の中繼地臺灣の盛衰」, 佐藤次高外編, 『市場の地域史』(山川出版社, 1999)

林和生, 「明淸時代, 廣東の墟と市一傳統的市場形態と機能に關する一考察」, 『史林』(1980)

田中正俊, 「明・淸時代の問屋制前貸生産について一衣料生産を中心とする硏究史的覺え書」, 『西嶋定生博士還曆記念論叢一東アジア史における國家と農民』(山川出版社, 1984)

井上泰也, 「短陌慣行の再檢討一唐末五代期における貨幣使用の動向と國家」, 『立命館文學』 475・476・477호(1985-3)

佐伯富, 「淸代雍正期における通貨問題」, 東洋史硏究會編, 『雍正時代の硏究』(同朋舍, 1986)

佐佐木正哉, 「阿片戰爭以前の通貨問題」, 『東方學』 8(1954)

中村哲, 「江戶後期における農村工業の發達一日本經濟近代化の歷史的前提としての」, 『經濟論叢』 140(1987)

中村治兵衛, 「淸代湖廣米流通の一面」, 『社會經濟史學』 18-3(1952)

川久保悌郎, 「淸代乾隆初年における燒鍋禁止論議について」, 『弘前大學人文社會』 33(1964)

太田健一, 「幕末における農村工業の展開過程: 岡山藩児島地方の場合」, 『土地制度史學』 2-2(1960); 内田豊士, 「岡山県南部地域における農民層の分解」, 『岡山大學大學院文化科學硏究科紀要』 13-1(2002)

坂本勉, 「イスラーム都市の市場空間とイスファハーン」, 佐藤次高・岸本美緒 編, 『市場の地域史』(山川出版社, 1999)

荒井政治, 「イギリスにおける市の發達について」, 『社會經濟史學』 25권 1호(1959)

横田整三,「明代に於ける戸口の移動現象に就いて」下,『東洋學報』26-2(1938)

Atwell, W. S., "International Bullion Flows and the Chinese Economy circa 1530-1630" *Past and Present*, 9(1982)

Atwell, W. S., "Some Observations on the 'Seventeenth-Century Crisis in China and Japan", The Journal of Asian Studies, 45-2(1986)

Atwell, W. S., "A Seventeenth-Century 'General Crisis' in East Asia?", *Modern Asian Studies*, 24-4(1990)

Feuerwerk, Albert., "Presidential Address: Questions About China's Early Modern Economic History That I Wish I Could Answer", *The Journal of Asian Studies* Vol.51, No.4 (1992)

Geertz, Clifford., "The Bazaar Economy: Information and Search in Peasant Marketing", *The American Economic Review*, Vol. 68, No. 2(1978)

Kobata, A., 'The production and uses of gold and silver in sixteenth and seventeenth-century Japan', *The Economic History Review*, 18: 2 (1965)

Kuznets, Simon., "Modern Economic Growth: Findings and Reflections" *American Economic Review*, Vol.63,No.3(June 1973)

Lee and Wong, "Population Movements in Qing China and Their Linguistic Legacy", *Journal of Chinese Linguistics Monograph Series*, No.3 (1991)

Mote, F. W., "A Millenium of Chinese Urban History: Form, Time, and Space Concepts in Soochow", Robert A. Kapp, ed., *Rice University Studies: Four Views on China*, 59-4(1973)

Skinner, G. W., "Cities and the Hierarchy of Local System", in Skinner(ed), *The City in Late Imperial China* (Stanford University Press, 1977)

Skinner, G. W., "Regional Urbanization in Nineteenth Centry China", in *The City in Late Imperial China* (Stanford University Press, 1977)

von Glahn, Richard., "Myth and Reality of China's Seventeenth-Century Monetary Crisis," *Journal of Economic History*, Vol.56, No.2(1996)

Wong and Perdue, "Grain Markets and Food Supplies in Eighteenth-Century Hunan" in Rawski and Li eds, *Chinese History in Economic Perspective* (University of California Press, 1992)

Yamamura and Kamiki, "Silver Mines and Sung Coins: A Monetary History of Medieval and Modern Japan in International Perspective." *In Precious Metals in the Late Medieval and Early Modern World*, edited by Richards, J. F., 329-62.(Carolina Academic Press, 1983)

Yeh-chien Wang, "Secular Trends of Rice Prices in the Yangzi Delta", 1638-1935, in Rawski and Li eds, *Chinese History in Economic Perspective* (University of California Press, 1992)

찾아보기

청대 중국의 경기변동과 시장

가

나

다

라

마

바

사

아

자

차

카

타

파

하

총서 知의회랑 arcade of knowledge 을 기획하며

대학은 지식 생산의 보고입니다. 세상에 바로 쓰이지 않더라도 언젠가는 반드시 인류에 필요할 지식을 생산하고 축적하며 발전시키는 일을 끊임없이 해나갑니다. 오랫동안 대학에서 생산한 지식은 책이란 매체에 담겨 세상의 지성을 이끌어왔습니다. 그 책들은 콘텐츠를 저장하고 유통시키며 활용하게 만드는 매체의 차원을 넘어, 인간의 비판적 사유 능력과 풍부한 감수성을 자극하는 촉매의 역할을 충실히 해왔습니다.

이와 같은 '책을 읽는다'는 것은 단순히 지식과 정보를 습득하는 데 멈추지 않고, 시대와 현실을 응시하고 성찰하면서 다시 그 너머를 사유하고 상상함을 의미합니다. 그러므로 '세상의 밑그림'을 그리는 책무를 지닌 대학에서 책을 펴내는 것은 결코 가벼이 여겨선 안 될 일입니다.

이제 우리는 다양한 방식으로 존재하는 지식과 정보, 그리고 사유와 전망을 담은 책을 엮어 현존하는 삶의 질서와 가치를 새롭게 디자인하고자 합니다. 과거를 풍요롭게 재구성하고 미래를 창의적으로 기획하는 작업이 다채롭게 펼쳐질 것입니다.

대학의 심장부에 해당하는 도서관이 예부터 우주의 축소판이라 여겨져 왔듯이, 그곳에 체계적으로 배치된 다양한 책들이야말로 이른바 학문의 우주를 구성하는 성좌와 다름없습니다. 우리는 그 빛이 의미 없이 사그라들지 않기를, 여전히 어둡고 빈 서가를 차곡차곡 채워가기를 기대합니다.

앎을 쉽게 소비하는 시대를 살고 있지만, 다양한 앎을 되새김함으로써 학문의 회랑에서 거듭나는 지식의 필요성에 우리는 공감합니다. 정보의 홍수와 유행 속에서도 퇴색하지 않을 참된 지식이야말로 인간이 가야 할 길에 불을 밝혀줄 수 있기 때문입니다. 앞으로 대학이란 무엇을 하는 곳이며, 왜 세상에 남아 있어야 하는 곳인지 끊임없이 되물으며, 새로운 지의 총화를 위한 백년 사업을 시작하겠습니다.

총서 '知의회랑' 기획위원

안대회 · 김성돈 · 변혁 · 윤비 · 오제연 · 원병묵

지은이 홍성화

성균관대학교 사학과와 동대학원을 졸업하고, 일본 도쿄대학에서 청대 중국의 사회경제사로 박사학위를 받았다. 중국 톈진의 난카이대학과 미국 일리노이대학에서 수학했으며, 베이징 소재 중국사회과학원 사회사연구실 방문학자를 지냈다. 현재 부산대학교 역사교육과에서 중국사를 가르치고 있다.
옮긴 책으로 『중국은 어떻게 서양을 읽어왔는가』, 『당음비사』(공역) 등이 있으며, 『전쟁과 교류의 역사: 타이완과 중국 동남부』, 『청사고 기초 연구』, 『동아시아의 근대, 장기지속으로 읽는다』 등의 책을 함께 썼다.

知의회랑
arcade of knowledge
032

청대 중국의 경기변동과 시장
전제국가의 협치와 경제성장

1판 1쇄 발행 2022년 10월 30일
1판 2쇄 발행 2023년 10월 30일

지 은 이 홍성화
펴 낸 이 유지범
책임편집 현상철
편 집 신철호 · 구남희
마 케 팅 박정수 · 김지현

펴 낸 곳 성균관대학교출판부
등 록 1975년 5월 21일 제1975-9호
주 소 03063 서울특별시 종로구 성균관로 25-2
전 화 02)760-1252~4 팩스 02)762-7452
홈페이지 http://press.skku.edu

ISBN 979-11-5550-556-4 93910

값 30,000원

⊙ 이 저서는 2017년 정부(교육부)의 재원으로 한국연구재단의 지원을 받아 수행된 연구임(NRF-2017S1A6A4A01019511).